Impressum:

Verlagshaus bifop (Reinke & Hoffmann) GbR
Bremen
www.bifop.de

Dieng, Moussa: *Multidimensionale soziale Benachteiligung Jugendlicher und junger Erwachsener. Theoretische Grundlagen, Lebenslagenanalysen und Entwicklung einer Projektkonzeption zur Verbesserung der Teilhabechancen*

ISBN (print) 978-3-948773-26-7

Satz: bifop
Umschlag: bifop

Herausgeber.:
Prof. Dr. Peter Hoffmann; Prof. Dr. Hartmut Reinke
bifop Verlag, 2021

Vorträge und Präsentationen zu diesem Titel auf Anfrage beim bifop-Verlag.

Moussa Dieng

Multidimensionale soziale Benachteiligung Jugendlicher und junger Erwachsener

Theoretische Grundlagen, Lebenslagenanalysen und Entwicklung einer Projektkonzeption zur Verbesserung der Teilhabechancen

„Das Leben beginnt ungerecht, und es endet ungerecht, und dazwischen ist es nicht viel besser. Der eine wird mit dem silbernen Löffel im Mund geboren, der andere in der Gosse. Der eine zieht bei der Lotterie der Natur das große Los, der andere die Niete. Der eine erbt Talent und Durchsetzungskraft, der andere Aids und Antriebsschwäche. Die Natur ist ein Gerechtigkeitsrisiko. Der eine hat eine Mutter, die ihn liebt, der andere einen Vater, der ihn hasst. Der eine kriegt einen klugen Kopf, der andere ein schwaches Herz. Bei der einen folgt einer behüteten Kindheit eine erfolgreiche Karriere. Den anderen führt sein Weg aus dem Glasscherbenviertel direkt ins Gefängnis. Die eine wächst auf mit Büchern, der andere mit Drogen. Der eine kommt in eine Schule, die ihn stark, der andere in eine, die ihn kaputtmacht. Der eine ist gescheit, aber es fördert ihn keiner; der andere ist doof, aber man trichtert ihm das Wissen ein. ... Der eine müht sich und kommt keinen Schritt voran, der andere müht sich nicht und ist ihm hundert voraus.

Die besseren Gene hat sich niemand erarbeitet, die bessere Familie auch nicht. Das Schicksal hat sie ihm zugeteilt. ... Es teilt ungerecht aus, und es gleicht die Ungerechtigkeiten nicht immer aus. ... Bei der Verteilung des Natur- und Sozialschicksals .. obwalten Zufall und Willkür, und die Gemeinwohlgerechtigkeit ... kommt dort nicht zum Zuge."

(Zitat von Prantl 2005: 185 f)

Dieses Zitat von Heribert Prantl verdeutlicht wie ungleich sich die Lebensbedingungen und die Chancen der Lebensführung einzelner Individuen gestalten. Um der von Prantl (2005: 186) beschriebenen ungerechten Verteilung des Sozialschicksals zu begegnen, soll im Rahmen der vorliegenden Arbeit eine Antwort auf die Frage gesucht werden, wie der ungerechten Verteilung des Sozialschicksals und somit den Ungleichheitsverhältnissen in zentralen Dimensionen Jugendlicher Lebenslagen mit einem theoretisch fundierten und empirisch begründeten Konzept der Sozialen Arbeit begegnet werden kann.

Abstract

Die Lebensphase Jugend geht mit bestimmten Anforderungen und Entwicklungsaufgaben einher, welchen allerdings nicht alle Jugendlichen gleichermaßen gerecht werden können. Laut den Autor/-innen der Shell Jugendstudie (2010) zeigt sich im dargestellten Kontext – neben dem Geschlecht – die soziale Herkunft als differenzierendes Faktum. Während etwa die individuellen Gestaltungsmöglichkeiten bei sozial besser gestellten Jugendlichen in der Regel den Raum zur kreativen Gestaltung der eigenen Zukunft schaffen, lösen sie im Kontext der Lebensführung sozial benachteiligter Jugendlicher vielfach Unsicherheiten und Probleme aus (Shell Jugendstudie 2006: 443). Am härtesten betroffen sind unterprivilegierte Jugendliche männlichen Geschlechts, welche bei internationalen Schulleistungsstandserhebungen (z.B. PISA) unterdurchschnittlich abschneiden (vgl. dazu auch OECD 2007; Prenzel et al. 2006; OECD 2001), welchen traditionelle Ausbildungsberufe wegzubrechen drohen (Diefenbach/ Klein 2002: 953; vgl. dazu auch BMBF 2009), welche eine geringe soziale Netzwerkdichte aufweisen (vgl. Hurrelmann 2010), für welche ein exzessiver Medienkonsum eine vergleichsweise (zu privilegierten Jugendlichen) hohe Versuchung darstellt (Pfeiffer et al. 2007: 4), denen häufiger die gesuchte Anerkennung nicht nur im schulischen oder beruflichen, sondern auch im Freizeitbereich verwehrt bleibt (Beblo et al. 2007: 4) und welche bei Misserfolgen mitunter in die Illegalität abdriften (Babka von Gostomski 2003: 253; Enzmann et al. 2003: 275; Mansel/Hurrelmann 1998: 101; vgl dazu auch Shell Jugendstudie 20210).

Noch schwieriger gestaltet sich die Situation von multidimensional sozial benachteiligten Jugendlichen, bei welchen sich in mehreren bzw. vielen Lebenslagendimensionen (sich gegenseitig beeinflussende) soziale Benachteiligungen verzeichnen lassen und welchen meist die für eine selbstbestimmte und eigenständige Lebensführung erforderliche „soziale Kompetenz“ (Jugert et al. 2011) bzw. die entsprechenden „Lebensbewältigungskompetenzen“ (Böhnisch 2008) fehlen.

Die Folgen sind determinierte Teilhabechancen, welche im schlimmsten Fall zu einem Ausschluss aus der Gesellschaft (Exklusion) führen oder in dauerhafter Abhängigkeit von sozialstaatlichen Angeboten, Diensten und/oder Leistungen münden. Diesem Umstand versucht der Autor der vorliegenden Publikation mit einer theoretisch fundierten und auf empirischen Untersuchungen zur Analyse individueller Lebenslagen begründeten Projektkonzeption zur Verbesserung der Teilhabesituation multidimensional sozial benachteiligter männlicher Jugendlicher zu begegnen. In diesem Rahmen soll jedoch darauf hingewiesen werden, dass nicht die Entwicklung der Projektkonzeption im Fokus steht und die theoretischen und empirischen Darstellungen ausschließlich der Professionalisierung und Legitimierung der Konzeption dienen. Im Zentrum sollen vielmehr die in Teil II dargestellten Lebenslagenanalysen sowie deren Nutzbarkeit für die Praxis der Sozialen Arbeit stehen. Die vorliegende Publikation fügt somit nicht nur der Jugend- und der Lebenslagenforschung einen weiteren Baustein hinzu, sondern ist darüber hinaus auch für die soziale Praxis fruchtbar.

Abkürzungsverzeichnis

Abb.	Abbildung
Abs.	Absatz
ADB	Arbeitsgemeinschaft der Deutschen Bewährungshelfer und Bewährungshelferinnen e.V.
AfSD	Amt für Soziale Dienste
AFZ	Aus- und Fortbildungszentrum
AG	Arbeitsgemeinschaft
AK	Arbeitskreis
a.M.	am Main
APA	American Psychiatric Association
Art.	Artikel
ASD	Allgemeiner Sozialer Dienst
AWO	Arbeiterwohlfahrt
BaföG	Berufsausbildungsförderungsgeld
BAG	Bundesarbeitsgemeinschaft
BB2 Society	Boys back to Society
	(deutsche Übersetzung: Jungen zurück in die Gesellschaft)
BIZ	Berufsinformationszentrum
BMAS	Bundesministerium für Arbeit und Soziales
BMBF	Bundesministerium für Bildung und Forschung
BMI	Bundesministerium des Inneren
BMJ	Bundesministerium der Justiz
BMLFWU	Bundesministerium für Land- und Forstwirtschaft, Umwelt und Wasserwirtschaft
BMWi	Bundesministerium für Wirtschaft und Technologie
BRIGG	Bremer Integrationshilfen

BSB	Berufsbezogene Schule Bremen
bspw.	beispielsweise
BtMG	Betäubungsmittelgesetz
BzGA	Bundeszentrale für gesundheitliche Aufklärung
bzw.	beziehungsweise
d.h.	das heißt
DMT	Dimethyltryptamin
DSM	Diagnostic and Statistical Manual of Mental Disorders (englische Übersetzung für „Diagnostisches und Statistisches Handbuch Psychischer Störungen“)
d. Verf.	der Autor (der vorliegenden Arbeit)
DVJJ	Deutsche Vereinigung für Jugendgerichte und Jugendgerichtshilfen e.V.
ebd.	ebendort/ ebenda
Ed.	Editor (englische Bezeichnung für „Autor/-in“)
Eds.	Editors (englische Bezeichnung für Autor/-innen)
EFRE	Europäischer Fonds für regionale Entwicklung
EG	Europäische Gemeinschaft
ESF	Europäischer Sozialfonds
et al.	et alii (Maskulinum), et aliae (Femininum), et alia (Neutrum); (lateinische Bezeichnung für „und andere“)
etc.	et cetera (lateinische Bezeichnung für „und im Übrigen“)
EU	Europäische Union
e.V.	eingetragener Verein
f	folgende
ff.	fortfolgende
FSJ	Freiwilliges Soziales Jahr

gGmbH	gemeinnützige Gesellschaft mit beschränkter Haftung
GHB	Great Highland Bagpipes (englische Bezeichnung für „große schottische Sackpfeife"; Synonym für die Chemikalie 4-Hydroxybutansäure)
GmbH	Gesellschaft mit beschränkter Haftung
GTA	Gestaltungstechnischer Assistent
Hrsg.	Herausgeber/-in
HzE	Hilfen zur Erziehung
ICD	International Statistical Classification of Diseases and Related Health Problems (englische Übersetzung für „Internationale statistische Klassifikation der Krankheiten und verwandter Gesundheitsprobleme")
IKG	Immanuel-Kant-Gymnasium
IUB	International University Bremen
JArbSchG	Jugendarbeitsschutzgesetz
JIM	Jugend, Information und (Multi-)Media
J.P.	(anonymisiertes) Kürzel für den interviewten Jugendlichen aus der Wohngemeinschaft
JVA	Justizvollzugsanstalt
KFN	Kriminologisches Forschungsinstitut Niedersachsen
KIPSY	Kinder- und Jugendpsychiatrische Beratungsstelle
KJH	Kinder- und Jugendhilfe
KoKoQ	Kommunikation, Kooperation und Qualifikation bei Partnern und Partnerinnen der Altenpflege
LIS	Landesinstitut für Schule
LOS	Lokales Kapital für Soziale Zwecke
LSD	Lysergsäurediethylamid
MASGFF	Ministerium für Arbeit, Soziales, Gesundheit, Familien und Frauen

Mc	Mac
MDMA	Methylendioxymethylamphetamin
MFJFG	Ministerium für Frauen, Jugend, Familie und Gesundheit
mg	Milligramm
Mio.	Million(en)
NDR	Norddeutscher Rundfunk
Nr.	Nummer
O.	Kürzel für den interviewten straffällig gewordenen Jugendlichen
o.A.	oder Andere
o.Ä.	oder Ähnliches
OADP	Oregon Adolescent Depression Project
OECD	Organisation for Economic Co-operation and Development (englische Bezeichnung für „Organisation für wirtschaftliche Zusammenarbeit und Entwicklung“)
o.J.	ohne Jahr
ÖPNV	Öffentlicher Personennahverkehr
PC	Personal Computer (engl. Bez. für „Einzelplatzrechner“)
PIB	Pflegekinder in Bremen
PKS	Polizeiliche Kriminalstatistik
PSB	Periodischer Sicherheitsbericht
R.	Kürzel für den interviewten depressiven Jugendlichen
Rn.	Randnummer
S.	Seite
SAFGJS	Senatorin für Arbeit, Frauen, Gesundheit, Jugend und Soziales
SCHUFA	Schutzgemeinschaft für allgemeine Kreditsicherung
SDJ	Soziale Dienste der Justiz

SGB	Sozialgesetzbuch
SGO	Sportgemeinschaft Oslebshausen
SiT	Stark im Team
sog.	so genannte
St.	Sankt
SV	Sportverein
SZ	Schulzentrum
TV	Television
u.	und
u.A.	und Andere
u.Ä.	und Ähnliches
usf.	und so fort
usw.	und so weiter
u.v.m.	und viele mehr
VAJA	Verein für aufsuchende Jugendarbeit
Vgl.	Vergleich
vgl.	vergleiche
VHS	Volkshochschule
WABEQ	Waller Beschäftigungs- und Qualifizierungsmaßnahmen
WHO	World Health Organization
WiN	Wohnen in Nachbarschaften
Z.	Zeile
ZIS	Zentrum für interkulturelle Studien
ZJJ	Zeitschrift für Jugendkriminalrecht und Jugendhilfe

Gliederung

Einleitung

Der Titel der vorliegenden Publikation lautet „die Verbesserung der Teilhabechancen (multidimensional)[1] sozial benachteiligter männlicher Jugendlicher: Theoretische Grundlagen, Lebenslagenanalysen und Entwicklung einer Projektkonzeption". Im Rahmen der folgenden Ausführungen soll eine Antwort auf die (sozialarbeiterisch relevante) Fragestellung gefunden werden, wie sich die Lebenslage der Zielgruppe der (multidimensional) sozial benachteiligten männlichen Jugendlichen gestaltet, wie den – im Zuge der Ausarbeitung aufgedeckten – sozialen Ungleichheitsverhältnissen begegnet werden kann und wie im Zuge dessen deren Teilhabechancen und deren Teilhabesituation durch gezielte sozialarbeiterische Unterstützungsprozesse verbessert werden können.

Ein wesentlicher Umstand, welcher den Autor zur Bearbeitung der genannten Thematik sowie zur Entwicklung einer Projektkonzeption für die genannte Zielgruppe bewegt, liegt in den Veränderungen bisheriger gesellschaftlicher und staatlicher Strukturen begründet, welche mit einem Wandel der Normalbiografie sowie mit einer Verunsicherung und „erlernter Hilflosigkeit" (Seligmann 1999) auf Seiten der Mitglieder der Gesellschaft einhergehen. So betont Beck (1986), dass sich Unsicherheit zu einem „Prinzip der zweiten Moderne" (Beck 1986) entwickelt hat. Nach Auffassung von Köppel (2009), welche sich diesbezüglich auf Bolz (2001) stützt, werden immer mehr Subjekte durch die vorhandene gesellschaftliche Intransparenz, Kontingenz und Komplexität überfordert (vgl. dazu Bolz 2001), wodurch diese nach Rauschenbach (1992) unweigerlich zum „Planungsbüro der eigenen Lebensführung" (Rauschenbach zit. nach Köppel 2009: 26) mutieren. In diesem Kontext weist Köppel (2009) darauf hin, dass die Befähigung von Subjekten, sich (weitere) Netzwerkstrukturen zu erschließen und ihre individuellen Ressourcen zu erweitern, im Vordergrund stehen muss. Dabei lehnt sie sich an die Ausführungen von Adorno (1971), Bolz (2001) und Keupp (1997) an, nach deren Auffassung bei der Befähigung „mündiger Bürger" (Adorno 1971; vgl. dazu auch Bolz 2001) der Bedarf entsteht, die Subjekte „zur Beherrschung des aufrechten Gehens" (vgl. Keupp 1997) zu befähigen, damit sich die Folgen der Komplexität nicht zum Risiko, sondern zur Chance entwickeln (vgl. Beck 1986). Nach Köppel (2009), welche sich diesbezüglich auf Walter (2001) und Teufel (2001) bezieht, muss dafür Sorge getragen werden, *„dass die Beteiligung,*

[1] Die Klammer soll signalisieren, dass sich die nachfolgenden Darstellungen (abgesehen von Teil II) sowohl auf einfach benachteiligte als auch auf mehrfach benachteiligte Jugendliche beziehen. Wie im Rahmen der vorliegenden Arbeit deutlich wird, sind benachteiligte Jugendliche (aber auch Personen anderer Altersgruppen) ohnehin oft gleich in mehreren bzw. vielen Dimensionen benachteiligt. Dies lässt sich dadurch begründen, dass Benachteiligungen in der einen Dimension häufig zu Benachteiligungen in anderen Dimensionen führen (welche sich mitunter gegenseitig beeinflussen).

das Gewinnen für Menschen möglich wird und die Zahl der ‚Modernisierungsverlierer' auf ein Minimum reduziert wird" (Köppel 2009: 28). Sie weist zudem darauf hin, dass sich Bestrebungen in einem solchen Kontext nicht ausschließlich auf eine Schadensbegrenzung beschränken dürfen, sondern primär die Eröffnung vielfältiger und neuer Lebenschancen für alle Menschen fokussieren müssen (Köppel 2009: 28).

Jugendliche – insbesondere diejenigen, welche als (multidimensional) sozial benachteiligt gelten – sind von den dargestellten gesellschaftlichen Entwicklungen in besonderer Weise betroffen (vgl. dazu Hurrelmann 2010; Shell Jugendstudie 2010; Böhnisch 2008). Entsprechend betont Böhnisch (2008), dass diese sich vermehrt mit sozialen Belastungen und Herausforderungen konfrontiert sehen, welche sie „aus dem Schonraum Jugend heraus katapultieren" (Böhnisch 2008: 32). Ähnliches beschreibt Hurrelmann (2010), welcher diesbezüglich äußert, dass die Lebensphase Jugend zu einem durch strukturelle Unsicherheit und Zukunftsungewissheit geprägten Lebensabschnitt geworden ist (vgl. dazu Hurrelmann 2010). Laut den Ergebnissen der Shell Jugendstudie (2010) werden Jugendliche mit vielfältigen Schwierigkeiten bei der Bewältigung ihres Alltags sowie im Zuge dessen mit einer erhöhten Wahlfreiheit konfrontiert, weil Schule, Ausbildung, berufliche Integration und Partnerschaft (mit Familiengründung) in einem relativ kurzem Lebensabschnitt – der so genannten „Rushhour des Lebens" (Shell Jugendstudie 2010: 18) – erfolgen müssen (ebd.). Diesen Anforderungen können allerdings nicht alle Jugendlichen gleichermaßen gerecht werden. Im dargestellten Kontext zeigen sich – wie bereits im Abstract erwähnt – die soziale Herkunft (bzw. die Schichtzugehörigkeit) und das Geschlecht als bemerkenswert differenzierende Fakten. Während etwa die erhöhte Wahlfreiheit sowie die individuellen Gestaltungsmöglichkeiten bei sozial höher gestellten Jugendlichen meist den Raum zur kreativen Gestaltung der eigenen Zukunft schaffen, lösen sie bei sozial benachteiligten Jugendlichen vielfach Unsicherheiten und Ängste aus (Shell Jugendstudie 2006: 443). Auch der Druck, die Schule erfolgreich abzuschließen, eine Ausbildungsstelle zu finden, die Ausbildung zu absolvieren und anschließend den Übergang in Erwerbsarbeit (möglichst nahtlos) zu vollziehen wird durch die soziale Herkunft geprägt. Laut der Autor/-innen der Shell Jugendstudie (2010) sind die sozial benachteiligten männlichen Jugendlichen am härtesten betroffen: Neben der Tatsache, dass sie bei internationalen Schulleistungsstandserhebungen (z.B. PISA) unterdurchschnittlich abschneiden (vgl. dazu OECD 2007a; Prenzel et al. 2006; OECD 2001), drohen ihnen traditionelle Ausbildungsberufe wegzubrechen (vgl. BMBF 2009; Diefenbach/ Klein 2002: 953). Zudem weisen sozial benachteiligte männliche Jugendliche nach Hurrlemann (2010) eine geringe soziale Netzwerkdichte auf (vgl. Hurrelmann 2010). Pfeiffer et al. (2007) betonen in diesem Kontext, dass für diese ein exzessiver Medienkonsum eine vergleichsweise (zu privilegierten Jugendlichen) hohe Versuchung darstellt (Pfeiffer et al. 2007: 4) und Beblo et al. (2007) fügen hinzu, dass diesen häufiger die gesuchte Anerkennung nicht nur im schulischen oder beruflichen, sondern auch im Freizeitbereich verwehrt bleibt (Beblo et al. 2007: 41). Babka von Gostomski (2003), Ezmann et al. (2003) und Mansel/Hurrelmann (1998) fügen dem hinzu, dass diese Jugendlichen bei Misserfolgen mitunter in die Illegalität abdriften (Babka von Gostomski 2003: 253; Enzmann et al. 2003: 275; Mansel/Hurrelmann 1998: 101; vgl. dazu auch Shell Jugendstudie 2010: 42).

Unter den genannten Lebensbedingungen ist es für viele dieser Jugendlichen „schwierig, ... eine den Verhältnissen entsprechende individuelle Erfolgsstrategie zu entwickeln und zu leben“ (Shell Jugendstudie 2006: 443), weshalb viele von ihnen nicht das Fundament einer grundlegenden Lebenssicherung aufbauen werden, welches es diesen ermöglicht, selbstständig im Rahmen der Erschließung von Ressourcen zu agieren (vgl. dazu Herriger 2010). Im Zuge eigener beruflicher Erfahrungen in unterschiedlichen Handlungsfeldern der Sozialen Arbeit (z.B. im Bereich der ambulanten und der stationären Kinder- und Jugendhilfe, im Bereich der „Jugendintegrations- und -migrationsarbeit“ sowie im Rahmen der Kompetenzagentur Bremen-Nord), welche die genannten Schilderungen bestätigen, entstand bei dem Autor der vorliegenden Arbeit[2] die Idee, auf die beschriebene Bedarfs- und Versorgungslage mit einer entsprechenden Projektkonzeption der Sozialen Arbeit zu reagieren. Entsprechend soll im Rahmen des beabsichtigten Projektvorhabens das Ziel verfolgt werden, zentralen jugendspezifischen Erscheinungen sozialer Ungleichheit zu begegnen und im Zuge dessen die Teilhabechancen (multidimensional) sozial benachteiligter männlicher Jugendlicher zu verbessern.

Dementsprechend soll es im Kern des vorliegenden Buches darum gehen, auf der Grundlage von Literaturrecherchen und den Ergebnissen von (eigenen) Forschungsergebnissen bezüglich der individuellen Lebenslagen (multidimensional) sozial benachteiligter männlicher Jugendlicher, eine theoretisch fundierte und empirisch begründete Projektkonzeption zur Verbesserung der Teilhabechancen der genannten Zielgruppe zu entwickeln. Während die theoretische Fundierung (Teil I) dabei in erster Linie aus Legitimierungs- und Professionalisierungszwecken für das Projektvorhaben (sowie aus eigenem Erkenntnisinteresse) erfolgt, sollen die empirischen Untersuchungen (Teil II) dazu dienen, gemeinsame soziale Problemlagen und Ungleichheitsverhältnisse der Lebenslagen der fokussierten Zielgruppe zu analysieren sowie in Anlehnung daran konkrete Unterstützungsbedarfe festzustellen und

[2] Im Folgenden kurz der Autor genannt.

Handlungsempfehlungen für die Soziale Arbeit zu formulieren, welche wiederum als Grundlage für die Entwicklung einer Projektkonzeption (Teil III) dienen sollen. Zentrales Ziel der vorliegenden Publikation ist es daher, durch die Analyse der Lebenslagen einen fundierten Einblick in und somit ein besseres Verständnis für die Lebenssituation und die Problemlagen (multidimensional) sozial benachteiligter männlicher Jugendlicher zu erhalten. Im Zuge dessen soll veranschaulicht werden, wie es professionell Tätigen im Rahmen bedarfs- und zielgruppenorientierter Unterstützungsprozesse gelingen kann, die Teilhabechancen der genannten Zielgruppe zu verbessern und diese zu einer autonomen und eigenverantwortlichen Lebensführung zu befähigen.

Das vorliegende Buch gliedert sich dementsprechend in drei Teile: In einem ersten Teil sollen die zentralen theoretischen Grundlagen erschlossen werden, um auf diese Weise zu gewährleisten, dass die geplante Projektkonzeption auf einer theoretisch fundierten Basis geplant, entwickelt und durchgeführt werden kann. Für den Ablauf des ersten (theoretischen) Teils der Arbeit ergibt sich dadurch logisch folgende Vorgehensweise: Im Anschluss an die Einleitung wird zunächst der Begriff „soziale Ungleichheit“ erläutert (Kapitel 2). Im Zuge dessen werden die wichtigsten Gruppierungen im Gefüge sozialer Ungleichheit (die Begriffe Klasse und Schicht) und im Anschluss daran die Lagenbegriffe (soziale Lage und Lebenslage) vorgestellt. Im nächsten Kapitel wird – in Anlehnung an Hurrelmann (2010; 2007; 2006; 2005; 1999; 1997), Böhnisch (2008) und Tamke (2008) – über die Lebensphase Jugend und die Auffassung von Jugenden (im Plural!) berichtet (Kapitel 3). In diesem Rahmen werden jugendspezifische Entwicklungsaufgaben und anschließend zentrale Dimensionen der Lebenslage Jugendlicher dargestellt. Abschließend wird über die Adressat/-innengruppe „multidimensional sozial benachteiligte Jugendliche“ (beiderlei Geschlechts) berichtet.

Im zweiten Teil des Buches werden dann die Ergebnisse durchgeführter empirischer Untersuchungen zum Zweck der Analyse der Lebenslage und der Ermittlung von gemeinsamen Unterstützungsbedarfen von Angehörigen der Zielgruppe der (multidimensional) sozial benachteiligten männlichen Jugendlichen abgebildet. In diesem Kontext sollen drei exemplarische Lebenslagenanalysen der fokussierten Zielgruppe vorgestellt werden, welche i.d.R. unter Mehrfachbenachteiligungen leiden. In Anbetracht dessen wurde sich für die Analyse der Lebenslagen folgender Adressaten entschieden: (1) ein Bewohner einer stationären Einrichtung der Hilfen zur Erziehung gemäß § 34 SGB VIII, (2) ein depressiver Jugendlicher gemäß der Kriterien des DSM-IV und des ICD-10 sowie (3) ein jugendlicher Mehrfachtäter gemäß der §§ 22, 123, 212, 223, 224, 226, 231, 255, 303 und 316a StGB. Die qualitativen

Auswertungsergebnisse sollen mit quantitativen Daten aktueller verglichen werden, um auf diese Weise soziale Unterschiede zu beleuchten und eine Differenzierung zwischen Randphänomen und Mainstream zu ermöglichen. Somit ergibt sich für den zweiten Teil folgend dargestellter Ablauf: Um die methodisch-empirische Vorgehensweise im Rahmen der Erhebung der Daten für die geplanten Lebenslagenanalysen der Adressaten vorzustellen (Kapitel 4), soll zunächst auf die Forschungsfrage und anschließend auf die Durchführung eines problemzentrierten Interviews sowie auf dessen Auswertung eingegangen werden. In Anlehnung an die Ergebnisse der quantitativen und qualitativen Untersuchungsergebnisse (Kapitel 5 bis 7) bezüglich der Dimensionen (1) Wohnen, (2) Bildung und Beschäftigung(slosigkeit), (3) Alltag und Freizeit sowie (4) soziale Beziehungen (persönliche Kontakte und soziale Netzwerke) – und der jeweils fallspezifischen Subdimensionen (z.B. „Straffälligkeit" oder „psychische Gesundheit") – werden dann im Anschluss an eine Zusammenfassung der Ergebnisse (Kapitel 8) gemeinsame Unterstützungsbedarfe bestimmt und entsprechende Handlungsempfehlungen für die Soziale Arbeit formuliert (Kapitel 9).

In Anlehnung an die Abbildung der formulierten Handlungsempfehlungen soll dann im dritten Teil des vorliegenden Werkes eine Projektkonzeption entwickelt werden. Ziel der Projektkonzeption soll die Verbesserung der Teilhabechancen (multidimensional) sozial benachteiligter männlicher Jugendlicher und somit die Begegnung sozialer Ungleichheitsverhältnisse in den genannten Lebenslagendimensionen sein. Dabei sollen zunächst der Name des Projekts sowie eine zusammenfassende Kurzbeschreibung der Projektidee vorgestellt (Kapitel 10) und anschließend auf die forcierte Zielgruppe und die dadurch bedingte Standortentscheidung (Kapitel 11) eingegangen werden. Hiernach sollen dann die Zielsetzungen und der sozialarbeiterische Auftrag (Kapitel 12) sowie im Anschluss daran die geplanten Angebote (Kapitel 13) beschrieben werden. Im Anschluss daran sollen dann die für eine erfolgreiche Umsetzung (für die geplante Projektlaufzeit von zwei Jahren) erforderlichen Gesamtkosten des Projekts sowie potenzielle Möglichkeiten der Projektfinanzierung dargestellt werden (Kapitel 14). Danach sollen das geplante Vorgehen im Rahmen der Öffentlichkeitsarbeit sowie potenzielle Kooperations- und Netzwerkpartner vorgestellt (Kapitel 15) und auf die zentrale Rolle von Gender Mainstreaming und Partizipation eingegangen werden (Kapitel 16). Abschließend soll dann die ausgewählte Form der Dokumentation und Evaluation (Kapitel 17) vorgestellt werden, bevor zum Fazit der vorliegenden Arbeit übergleitet wird (Kapitel 18).

Um die theoretischen Grundlagen zu erschließen, wurden insbesondere verschiedene Literaturwerke zum Thema „Soziale Ungleichheit" (z.B. verschiedene Werke von Hradil 2005; 2001; 1999; 1997; 1987; 1983 und Diezinger/Mayr-Kleffel 2009) erschlossen. Ferner wurden verschiedene Ausführungen von Hurrelmann (2010; 2006; 2005; 1997; 1995) zum Thema „Lebensphase Jugend“, Böhnischs (2008) „Sozialpädagogik der Lebensalter“ und Tamkes (2008) Ausführungen zum Thema „soziale Ungleichheit, Werte und Jugend“ sowie die 14., 15. und 16. Shell Jugendstudie (u.v.m.) zur Bearbeitung des beabsichtigten Forschungsvorhabens herangezogen. Zur Entscheidungsfindung bezüglich der Auswahl und Ausgestaltung geeigneter Forschungs- bzw. Untersuchungsmethoden wurden die 2. Auflage von Schaffer (2009) „Empirische Sozialforschung für die Soziale Arbeit – Eine Einführung“, die Ausführungen von Mayer (2009) „Interview und schriftliche Befragung – Entwicklung, Durchführung, Auswertung“, „die Qualitative Sozialforschung“ nach Flick et al. (2010; 2007), Mayrings (2009) „Qualitative Inhaltsanalyse“, Lamneks (2005) „Qualitative Sozialforschung“ u.v.m. hinzugezogen. Durch die breitgefächerte Auswahl von Literatur zum Thema Sozialforschung kann nach Schaffer (2009) gewährleistet werden, dass vor dem Hintergrund der Untersuchungsfragen, Ziel und Verwertungszusammenhang der Untersuchungen bestimmt und undogmatisch die Auswahl von Methoden, Instrumenten und Design getroffen werden können (Schaffer 2009: 10). Zur Gestaltung des konzeptionellen Rahmens des geplanten Projektvorhabens wurde (u.A.) Literatur zum Thema Case Management von Neuffer (2009) und Wendt (2008; 2007) sowie die Ausführungen von Herriger (2010), Lenz/Stark (2002) und Keupp (1990) zum Thema Empowerment verwendet. Des Weiteren wurde Literatur zum Thema „Soziale Diagnose“ – z.B. Heiners (2010) „Diagnostik und Diagnosen in der Sozialen Arbeit“ und Pantučeks (2009) „Soziale Diagnostik“ – herangezogen. Weiterhin wurden zahlreiche Werke zum Thema Selbstständigkeit und Existenzgründung (z.B. Köppel 2008; Klüser …) sowie zum Thema Projektkonzipierung (z.B. Antes 2010, Antes/Czech-Schwaderer 2005) im Rahmen des dritten Teils verwendet. Darüber hinaus wurden zahlreiche weitere Literaturwerke, Zeitschriften und Internetquellen genutzt (vgl. dazu Kapitel …).

Teil I: Theoretische Grundlagen

Im nun folgenden ersten Teil werden die für die bearbeitete Thematik relevanten theoretischen Grundlagen dargestellt, um auf diese Weise zu gewährleisten, dass sowohl das beabsichtigte Forschungsvorhaben (Teil II) als auch die geplante Projektkonzeption (Teil III) auf einer theoretisch fundierten Basis geplant, entwickelt und durchgeführt werden können. Dabei wird zunächst über „soziale Ungleichheit" berichtet (Kapitel 2). In diesem Rahmen werden im Anschluss an eine Begriffsdefinition zunächst die wichtigsten Gruppierungen im Gefüge sozialer Ungleichheit (die Begriffe Klasse und Schicht) und im Anschluss daran die Lagenbegriffe (soziale Lage und Lebenslage) vorgestellt. Im nächsten Kapitel wird – in Anlehnung an Hurrelmann (2010; 2007; 2006; 2005; 1999; 1997), Böhnisch (2008) und Tamke (2008) – über die Vielgestaltigkeit der Lebensphase Jugend sowie über jugendliche Lebenslagen berichtet (Kapitel 3). In diesem Rahmen werden jugendspezifische Entwicklungsaufgaben und anschließend zentrale Dimensionen der Lebenslage Jugendlicher dargestellt. Abschließend wird über die Adressat/-innengruppe „multidimensional sozial benachteiligte Jugendliche" (beiderlei Geschlechts) berichtet.

Soziale Ungleichheit

Zu Beginn der vorliegenden Arbeit soll also über soziale Ungleichheit berichtet werden, weil diese im weitesten (bzw. übergeordneten) Sinne das Thema bzw. einen zentralen Aspekt der vorliegenden Arbeit darstellt. Entsprechend erachtet der Autor die Erschließung der theoretischen Grundlagen zum Thema soziale Ungleichheit sowie im Zuge dessen die Darstellung zentraler Gruppierungen und Begrifflichkeiten als basale Voraussetzung für das weitere Verständnis der nachfolgenden Ausführungen. Entsprechend soll zunächst eine Definition des Terminus soziale Ungleichheit abgebildet werden (Unterkapitel 2.1). Im Anschluss daran sollen dann die nach Ansicht des Autors wichtigsten Modelle zur Erfassung sozialer Ungleichheitsgefüge dargestellt werden (Unterkapitel 2.2.), wobei zunächst das Schicht- und das Klassenmodell und anschließend die beiden Lagenmodelle (Modell der sozialen Lage und Modell der Lebenslage) abgebildet werden.

Definition des Terminus „soziale Ungleichheit"

Im nun folgenden Unterkapitel wird zunächst der Begriff soziale Ungleichheit erläutert, weil dessen Verständnis für das weitere Vorgehen unerlässlich ist. Im Vorfeld soll jedoch betont werden, dass hierbei nicht die Funktionalität sozialer Ungleichheit sowie deren Bewertung im Fokus stehen. Diesbezüglich soll lediglich darauf verwiesen werden, dass soziale Ungleichheit als konstitutiv für die Existenz der Gesellschaft verstanden wird (Klocke 1998: 214 f) sowie dass es von der normativen Vorstellung legitimer Unterschiede abhängt, ob soziale Unterschiede als illegitime und ungerechte Ungleichheiten betrachtet werden (Hillmert 2004: 76). Das Hauptaugenmerk in diesem Kontext Stelle gilt vielmehr dem definitorischen Aspekt.

Nach Hradil (2001) leben die Individuen der Gesellschaft zumeist nicht isoliert voneinander, sondern sind vielfach in relativ stabile zwischenmenschliche Gefüge und soziale Beziehungen eingebunden, in welchen sie unterschiedliche soziale Positionen einnehmen (Hradil 2001: 15). In Abhängigkeit davon, welche sozialen Positionen diese jeweils innehaben, lassen sich zwischen ihnen bestimmte Gemeinsamkeiten (etwa unter leitenden Angestellten) oder Unterschiede (etwa zwischen leitenden Angestellten und ungelernten Arbeiter/-innen) erkennen, welche nach Hradil (2001) als Erscheinungen sozialer Ungleichheit bezeichnet werden (Hradil 2001: 27).

In der soziologischen Terminologie wird von „sozialer Ungleichheit“ gesprochen, wenn als „wertvoll“ geltende „Güter“ ungleich verteilt sind. Ein Beispiel hierfür sind etwa ungleich hohe Einkommen aus Erwerbstätigkeiten (Hradil 2001: 29). Entsprechend definiert er, dass er unter sozialer Ungleichheit „die regelmäßige ungleiche Verteilung von als wertvoll geltenden Gütern aufgrund der sozialen Stellung“ (Hradil 1999: 24) versteht, welche Individuen im Vergleich zueinander nicht bloß als verschiedenartig erscheinen lassen, sondern sie gleichermaßen als höher oder tiefer, besser oder schlechter gestellt charakterisieren. Allerdings betont er in diesem Kontext, dass es sich nicht bei allen Vor- und Nachteilen bzw. Besser- und Schlechterstellungen um Erscheinungsformen sozialer Ungleichheit handelt, sondern nur bei denjenigen, welche in gesellschaftlich verallgemeinerbarer, strukturierter und vergleichsweise beständiger Form zur Verteilung kommen (ebd.: 24 f). Gemäß Hradils (2001) Ausführungen unterscheiden sich soziale von anderen Ungleichheiten durch ihre Bindung an (relativ) konstante gesellschaftliche Positionen und Beziehungen (Hradil 2001: 29 f). Soziale Ungleichheiten stellen somit eine Form sozialer Unterschiede dar, welche Benachteiligungen und Bevorrechtigungen sowie Höher- und Tieferstellungen charakterisieren. Folglich verbindet sich mit dem Begriff soziale Ungleichheit nicht bloß die Vorstellung von Diversität, sondern auch die Über- bzw. Unterordnung gesellschaftlicher Positionen (Hradil 1999: 24 f).

Nach Hradil (1997) stützt sich die Definition sozialer Ungleichheit demzufolge auf Werte und (Gleichheits-)Normen, welche die Wichtigkeit von Gütern bzw. Ressourcen bestimmen sowie auf Theorien gesellschaftlicher Mechanismen, welche soziale Ungleichheit bedingen (Hradil 1997: 590). Wenn also von „sozialer Ungleichheit“ gesprochen wird, ist damit einerseits „die strukturierte ungleiche Verteilung

‚wertvoller' Güter unter allen Betroffenen schlechthin" (Hradil 2001: 30) gemeint (z.B. die ungleiche Verteilung von Einkommen). Andererseits kann damit aber auch die Ungleichheit zwischen verschiedenen Gruppen im Kontext dieser ungleichen Verteilung gemeint sein (etwa die Einkommensungleichheit zwischen den Geschlechtern, zwischen In- und Ausländern etc.). Erstgenannte Strukturierungsart stellt statistisch gesehen eine Verteilung, letztere die Korrelation einer Verteilung (mit gruppenspezifischen Merkmalsausprägungen) dar (Hradil 2001: 30). Wird also den Ausführungen Hradils (2001) gefolgt, liegt soziale Ungleichheit vor, *„wenn Menschen aufgrund ihrer Stellung in sozialen Beziehungsgefügen von den ‚wertvollen Gütern' (z.B. Geld, Bildungstitel, gute Freizeit- und gesunde Arbeitsbedingungen, stabile Netzwerke etc.) einer Gesellschaft regelmäßig mehr als andere erhalten"* (ebd.). Dementsprechend handelt es sich, Hradils (2001) Meinung nach bei sozialen Ungleichheiten um zentrale Aspekte des menschlichen Zusammenlebens, um wesentliche menschliche Daseinsbedingungen, um Vor- und Nachteile, welche das Leben der Einzelnen sowie die Gesellschaft im Ganzen entscheidend beeinflussen (ebd.: 15 f).

Ähnlicher Auffassung wie Hradil (2001) Diezinger/Mayr-Kleffel (2009), nach welchen von sozialer Ungleichheit gesprochen wird, wenn die Gesellschaftsmitglieder dauerhaft in ungleichem Ausmaß über knappe und gesellschaftlich begehrte Güter (z.B. Wohlstand, soziales Ansehen oder Macht) verfügen, sich dies aufgrund des Zusammenlebens von Menschen ergibt und somit eine „soziale Systematik" festgestellt werden kann. Auch sie betonen, dass individuelle Unterschiede wie Aussehen, Größe, Haarfarbe oder Körperkraft nicht zu den sozialen Ungleichheiten gezählt werden (Diezinger/Mayr-Kleffel 2009: 5 f). Eine andere Definition führen Krause (1994) und Burzan (2005) auf. Nach Krause (1994) wird im definitorischen Sinn unter sozialer Ungleichheit *„allgemein jede Art verschiedener Möglichkeiten der Teilhabe an Gesellschaft, d.h. der Verfügung über gesellschaftliche relevante Ressourcen"* (Krause 1994: 697) verstanden, während Burzan (2005) soziale Ungleichheit als „ungleiche Verteilung von Lebenschancen" (Burzan 2005: 7) interpretiert.

Eng verwandt mit dem Begriff soziale Ungleichheit sind nach Aussage von Jungbauer-Gans-Kriwy (2004) die Termini „soziale Benachteiligung" und Armut. Wenn ihrer Aussage nach von sozialer Benachteiligung gesprochen wird, ist damit lediglich ein anderer Ausdruck für Armut gemeint. Ihrer Meinung nach, gilt es im Kontext der Definition von sozialer Ungleichheit somit zunächst den Begriff Armut zu definieren, welcher nicht zwangsläufig mit einer existenzbedrohenden Mangellage einhergeht. In Anbetracht dessen definieren sie Armut als „Ausschluss von wesentlichen Lebenschancen und eine relative Deprivation" (Jungbauer-Gans/Kriwy 2004: 10) und betonen in diesem Zusammenhang, dass der Anteil der in Armut lebenden Personen und der davon betroffenen Kinder und Jugendlichen in der Bundesrepublik Deutschland stetig zunimmt (ebd.: 10 f). In diesem Zusammenhang betont z.B. Scherr in Dollinger/Schmidt-Semisch (2011), dass die Termini „Armut" und „soziale Benachteiligung" allerdings keine homogenen Lebensbedingungen oder Lebenslagen darstellen. Vielmehr verweisen diese ihrer Ansicht nach auf ein breites Spektrum von Wohn-, Bildungs-, Arbeits- und Einkommensverhältnissen (Scherr in Dollinger/Schmidt-Semisch 2011: 208 f). Auch Mansel (1998) betont, dass Armut *„nicht nur durch Unzulänglichkeiten in der Verfügbarkeit über materielle Ressourcen gekennzeichnet (ist), sondern .. im Gefolge auch Mangellagen im immateriellen Bereich nach sich (zieht)"* (Mansel 1998: 141).

In der Fachliteratur (z.B. Hradil 2001; Diezinger/Mayr-Kleffel 2009) lassen sich „absolute" von „relativen" Ungleichheiten unterscheiden. Von *absoluter Ungleichheit* wird gesprochen, wenn ein Gesellschaftsmitglied von den „wertvollen" Gütern seiner Gesellschaft mehr bzw. weniger als ein anderes erhält, während von *relativer Ungleichheit* im Kontext bestimmter Verteilungskriterien (z.B. Alter, Leistung, Bedürfnisse) gesprochen wird (Hradil 2001: 28 f). Weiterhin lassen sich Dimensionen von Determinanten sozialer Ungleichheit unterscheiden. Nach Hradil (2005) beinhaltet der Begriff soziale Ungleichheit verschiedene Ungleichheiten bzw. verschiedene Dimensionen der Ungleichheit (Hradil 2005: 35). Um die enorme Fülle der Phänomene sozialer Ungleichheit zu komprimieren, wurde die Vielfalt ihrer konkreten Erscheinungen mittels beschreibender Kategorien zusammengefasst. Diese werden nach Hradil (2001; 2005) *„Dimensionen"* sozialer Ungleichheit genannt, zu welchen seinen Ausführungen nach materieller Wohlstand, Macht, Prestige und Bildung zählen und welche als „Basisdimensionen" sozialer Ungleichheit gelten. Heutzutage lassen ausgeweitete Zielsetzungen sowie die Pluralität an Ressourcen und Handlungsmöglichkeiten (z.B. infolge wohlfahrtsstaatlicher Leistungen) es notwendig erscheinen, auch soziale Ungleichheiten innerhalb der Dimensionen Arbeits-, Wohn- und Freizeitbedingungen zu beleuchten (Hradil 2001: 31). Zu den nach Ansicht des Autors jugendspezifischen (Teilhabe-)Dimensionen der Lebenslage zählen die Dimension „Wohnen" (vgl. Unterkapitel 3.3.1), „Bildung und Beschäftigungs(losigkeit)" (vgl. Unterkapitel 3.3.2), „Freizeit" (vgl. Unterkapitel 3.3.3) und „soziale Beziehungen" (vgl. Unterkapitel 3.3.4). Hingegen bezeichnen *„Determinanten"* sozialer Ungleichheit soziale Positionen von Individuen in Beziehungsgeflechten – wie z.B. Alter, Geschlecht, ethnische Zugehörigkeit, Beruf, die Wohnregion oder die Kohortenzugehörigkeit (Geburtsjahrgang) –, welche an sich nicht mit einer Besser- oder Schlechterstellung einhergehen, diese jedoch höchstwahrscheinlich nach sich ziehen (Hradil

2001: 34). So ist es bspw. an sich kein Nachteil eine Frau zu sein. Dennoch sind mit dieser Tatsache in der Gesellschaft beträchtliche Nachteile (geringere Bezahlung, weniger Anerkennung etc.) verbunden: Dementsprechend fasst Hradil (2001) zusammen, dass *„Determinanten sozialer Ungleichheit .. Gruppierungen von Menschen mit einem gemeinsamen sozialen Merkmal (schaffen), das bestimmte soziale Chancen eröffnet oder verschließt"* (Hradil 2001: 35).

Da Jugendliche die fokussierte Zielgruppe im Rahmen der vorliegenden Arbeit darstellen, soll nicht zuletzt auf den Begriff des Status eingegangen werden, womit nach Hradil (1999: 29) die Stellung einer Person innerhalb eines Gefüges sozialer Ungleichheit bezeichnet wird. Nach Tamke (2008) sind Statusinkonsistenzen für Angehörige der Lebensphase Jugend prägend, wobei sich der Begriff in diesem Kontext vorwiegend auf Ungleichzeitigkeiten und weniger auf Ungleichheiten des Status innerhalb verschiedener Dimensionen bezieht. So können Jugendliche (wie etwa Studierende) einen hohen Bildungsstatus erreicht haben, während sie unter prekären Wohnbedingungen leben und/oder finanziell abhängig sind. Auf der anderen Seite können erwerbstätige Jugendliche im Vergleich zu nichterwerbstätigen Jugendlichen trotz des geringeren Bildungsgrades über ein höheres Einkommen verfügen (Tamke 2008: 92 f).

Zusammenfassend kann festgehalten werden, dass es sich bei sozialen Ungleichheiten um Besser- oder Schlechterstellungen von Individuen oder Gruppen im Gefüge der Gesellschaft handelt, welche die Teilhabe maßgeblich beeinflussen. Zu den zentralen Dimensionen der sozialen Ungleichheit zählen neben Einkommens-, Bildungs- und Beschäftigungsverhältnissen die Wohn- und Freizeitbedingungen. Auch im Rahmen der Dimension „soziale Beziehungen" – hierunter persönliche Kontakte und soziale Netzwerke – lassen sich zunehmend soziale Ungleichheiten feststellen. Zudem schaffen Determinanten wie Alter bzw. Kohortenzugehörigkeit (Geburtsjahrgang), Geschlecht, ethnische Zugehörigkeit, Beruf oder Wohnregion soziale Ungleichheitsverhältnisse, weil sie gemeinsame soziale Merkmale schaffen, welche den Individuen bestimmte Chancen eröffnen bzw. verschließen (vgl. dazu Tamke 2008; Hradil 2001).

Theorien sozialer Ungleichheit

Im nun folgenden Unterkapitel sollen Theorien bzw. Ansätze sozialer Ungleichheit abgebildet werden. Nach Tamke (2008) dürfen Theorien sozialer Ungleichheit (vgl. dazu Schimank 1998: 62 f; Hradil 1987: 156) keinesfalls mit Theorien sozialer Differenzierung (z.B. Systemtheorien, Rollentheorien; vgl. dazu Schwinn 1998;

Nollmann/Strasser 2004) verwechselt werden. Nach Tamke (2008) lassen sich im Rahmen der Theorien sozialer Ungleichheit Klassen-, Schicht-, Lebensstil-, Milieu-, Lebenslagenkonzepte und integrative Modelle (vgl. z.B. Rössel 2005; Wieland 2002) differenzieren. Ihrer Beschreibung nach, ist die Angemessenheit dieser Konzepte bis heute in ständiger Diskussion (Tamke 2008: 95; vgl. auch Hradil 2001; Meyer 2001; Geißler 1998; 1996a, b; Geissler 1994). In Anbetracht dessen sollen die verschiedenen Ansätze mit den jeweiligen Vor- und Nachteilen und deren empirische Bewährung im Rahmen der vorliegenden Arbeit nicht vollständig dargestellt werden, weil dies den Rahmen sprengen würde. Stattdessen soll auf die nach Ansicht des Autors präzise dargestellten Ausführungen von Tamke (2008), Burzan (2005), Georg (1998) und Konietzka (1995) verwiesen und lediglich die nach Ansicht des Autors zentralsten Ansätze beschrieben werden.[3] Im Rahmen der vorliegenden Arbeit richtet sich der Fokus der Aufmerksamkeit allerdings weniger auf die Beschreibung der Verschiedenheit, Unterschiedlichkeit und Diversität von Jugenden, sondern vielmehr auf den Zusammenhang dieser Verschiedenheit mit unterschiedlichen Handlungsoptionen und -beschränkungen sowie mit dem Grad der gesellschaftlichen Teilhabe Jugendlicher als handelnde Akteure. Dementsprechend richtet sich das Hauptaugenmerk auch nicht auf die Entscheidung für einen der genannten Ansätze bzw. eine der genannten Theorien, sondern auf die Suche nach Kriterien und Beschreibungsmerkmalen, welche es ermöglichen, sowohl die Diversität als auch potenzielle Optionen und mögliche Beschränkungen von Jugenden darzustellen, was nach Tamke (2008) die Entscheidung begründet, sich nicht vorschnell auf einen der dargestellten Ansätze zu beschränken (Tamke 2008: 96). In diesem Kontext betont sie weiterhin, dass Ansätze sozialer Ungleichheit nicht einfach für das Jugendalter zu adaptieren sind (ebd.: 140).

Zentrale Gruppierungen im Gefüge sozialer Ungleichheit – das Schicht- und Klassenmodell

Im folgenden Unterkapitel sollen zunächst die nach Hradil (2001) wichtigsten Gruppierungen im Gefüge sozialer Ungleichheit dargestellt werden, um auf diese Weise zu ermöglichen, „das Gefüge sozialer Ungleichheit im Ganzen zu erkennen" (Hradil 2001: 353). Als wichtigste Gruppierungen in den Ungleichheitsgefügen moderner Industriegesellschaften gelten nach Hradil (2001) Klassen und Schichten. Auch laut Tamke (2008) zählen das Klassen- und das Schichtkonzept zu den (nach Ständen)

[3] Nicht berücksichtigt werden kann die Legitimierung, sondern ausschließlich die Überwindung sozialer Ungleichheit.

ältesten und zugleich zentralsten Konzepten der Ungleichheitsforschung (Tamke 2008: 97). Die Konzepte finden aber auch heute noch Anwendung. So kommt etwa das Schichtkonzept in aktuellen Studien (z.B. in der Shell Jugendstudie 2010) zur Anwendung, wenn nach sozialer Herkunft unterschieden wird. Entsprechend sollen diese beiden Konzepte im folgenden Unterkapitel dargestellt werden.

Zunächst soll daher der Klassenbegriff erläutert werden. Nach Hradil (2001) wird als *Klasse* eine Gruppe von Individuen „mit ähnlicher Stellung im Wirtschaftsprozess, sich hieraus ergebender ähnlicher ökonomischer Macht- bzw. Marktstellung und Lebensbedingungen“ (Hradil 2001: 354) bezeichnet. Demzufolge versteht er unter Klassen *„jene Gruppierungen von Gefügen sozialer Ungleichheit .., die aufgrund ihrer Stellung innerhalb des Wirtschaftsprozesses anderen Gruppierungen über- oder unterlegen sind“* (Hradil 1999: 38). Hradil (1999) bezieht somit die Entstehung von Klassen(gesellschaften) „auf die Dominanz des Besitzes als Statusdeterminante“ (ebd.). Seinen Ausführungen nach ist der Klassenbegriff eng verbunden mit den Arbeiten von Marx (1987 [1867]) und Weber (1980[22]) (vgl. dazu Hradil 2001, 1999; Bolte 1990; Dahrendorf 1957), welche für zwei unterschiedliche Klassenbegriffe stehen, an denen sich sowohl klassentheoretische als auch klassennahe Ansätze orientieren.[4] Auch nach Diezinger/Mayr-Kleffel (2009) haben die „klassischen Theorien“ von Marx und Weber die Kontroversen um eine adäquate Darstellung sozialer Ungleichheit geprägt. So differenzierte Weber z.B. zwischen Besitz- und Erwerbsklassen und Marx zwischen der Produktionsmittel besitzenden Bourgeoisie und dem zum Verkauf der eigenen Arbeitskraft gezwungenen Proletariat. Klassen werden demnach nicht vorrangig hinsichtlich der Vielfalt ihrer konkreten Lebensbedingungen unterschieden (Diezinger/Mayr-Kleffel 2009: 6).

Nach Ansicht von Hradil (2001) konzentrieren sich Klassenbegriffe auf ökonomische Aspekte: Wenn von Klassen gesprochen wird, werden die Wurzeln sozialer Ungleichheit betont, welche mit der Wirtschaftsweise von Menschen einhergehen. Das Verhältnis zwischen den unterschiedlichen Klassen wird im Allgemeinen als ein konfliktbehaftetes – mindestens jedoch als ein konkurrenzbehaftetes – Verhältnis angesehen (Hradil 2001: 354 f). Nach Erbslöh et al. (1990) bezieht sich die allgemeine Kritik an Klassenansätzen insbesondere auf deren ökonomische Orientierung, auf die Stellung im Produktionsprozess bzw. im Erwerbsleben, auf die Vernachlässigung sowohl subjektiver Aspekte als auch neuer sozialer Ungleichheiten sowie auf die Tatsache, dass von einer allgemeinen Ursache sozialer Ungleichheit ausgegangen wird

---

[4] Beide sehen Klassen im ökonomischen Bereich begründet. Weber unterscheidet Besitz- und Erwerbsklassen, wobei Marktmechanismen im Vordergrund stehen, bei Marx sind es eher Machtverhältnisse. Weber geht zudem nicht von einem Klassenbewusstsein aus (Hradil 2005: 58).

(Erbslöh et al. 1990: 198; vgl. dazu auch Müller 1992b). Nach Tamke (2008), verweist Geißler (1996b) im Hinblick auf die Anwendbarkeit von Klassen- und Schichtkonzepten auf ideologische „Gefahren einer Vereinseitigung der Sozialstrukturanalyse“ (Tamke 2008: 97). Hradil (1999) sieht die Angemessenheit des Klassenbegriffs für moderne Industriegesellschaften insbesondere dann als gegeben, wenn diese Bezug auf durch ökonomische Machtstellungen geprägte Lebensbedingungen (unselbstständig) Erwerbstätiger nehmen (Hradil 1999: 39). Da längst nicht alle Jugendlichen erwerbstätig sind, scheinen Klassenansätze nach Ansicht von Tamke (2008) „weniger geeignet, um soziale Ungleichheit im Jugendalter abzubilden“ (Tamke 2008: 97). Dennoch sind Klassenansätze nach Erbslöh et al. (1990) nicht von vornherein infolge ihrer zu geringen Differenziertheit abzulehnen. Vielmehr gilt es danach zu fragen, wie das Qualifikationskriterium als Konstitutionsmerkmal von Klassenverhältnissen (z.B. bei Müller 1997; 1998; Wright 1985; Weber 1980 [22]) in einen Ansatz integriert werden kann, welcher den Zusammenhang zwischen Jugend und sozialer Ungleichheit beschreibt (Erbslöh et al. 1990: 196).

Im Anschluss an die Vorstellung des Klassenkonzepts soll zunächst das Schichtkonzept dargestellt werden. Auch wenn Schichtkonzepte häufig gemeinsam mit Klassenkonzepten diskutiert werden, sind Erstere jüngeren Datums und wurden in Auseinandersetzung mit dem Klassenbegriff entwickelt[5]. Zu den bekanntesten Schichtmodellen zählen bspw. das Zwiebel-Modell von Bolte et al. (1967), welches die Grundlage für das „Modell einer pluraldifferenzierten Wohlfahrtsgesellschaft“ von Bolte (1990) darstellt, sowie Dahrendorfs (1965) „Haus-Modell“, welches in Anlehnung an das „Fünf-Schicht-Modell“ Geigers (1932) entwickelt worden ist (Tamke 2008: 100 f). Neuere Ansätze, welche sich auf das Schichtkonzept beziehen, liefert z.B. Geißler (1996a, b; 1990, 1985). Sein Festhalten am Schichtbegriff begründet er durch die Vernachlässigung weiterhin bestehender Ungleichheitsstrukturen in späteren Ansätzen (Geißler 1996a: 70). Wenn aktuell (im Rahmen empirischer Studien) über die sozioökonomische Stellung oder die soziale Herkunft berichtet wird, beziehen diese Konstrukte sich nach Ansicht von Tamke (2008) in der Regel auf die klassischen Schichtmerkmale (Tamke 2008: 103).

Um den Schichtbegriff zu definieren, soll zunächst kurz auf die Definition Geigers[6] (1987[32]) eingegangen werden, welcher als Begründer der Schichtungssoziologie

[5] Im Rahmen klassischer Schichtungsansätze war die funktionale Schichtungstheorie nach Parsons (1940) einflussreich. Diese betont die Funktionalität sozialer Schichtung im Hinblick auf die Regelhaftigkeit und Stabilisierung des gesellschaftlichen Systems und die Handlungsorientierung von Individuen (Burzan 2005: 33ff.).

[6] Theodor Geiger gilt als der Begründer der Schichtungssoziologie.

gilt und das Schichtkonzept im Rahmen der Sozialstrukturanalyse diskutiert. Geiger (1987) versteht unter Schicht die vertikale Unterteilung der Gesellschaft anhand von beruflicher Stellung, Einkommen und Bildung (Geiger 1987: 78). Daraus resultieren nach Tamke (2008) – welche sich hierbei auf Bolte et al. (1967) und Scheuch (1961) bezieht – in der Regel Ober-, Mittel- und Unterschicht, welche wiederum jeweils in untere, mittlere und obere Schicht untergliedert werden (Tamke 2008: 103; vgl. z.B. Scheuch 1961; Bolte et al. 1967). Nach Auffassung von Geiger (1987) charakterisieren Schichten sich – genau wie Klassen – zudem durch typische gemeinsame Mentalitäten (Geiger 1987: 78). Ähnlich begreift Hradil (2001) den Schichtbegriff, welcher Schichten als „vertikal übereinander anzuordnende Gruppierungen“ (Hradil 2001: 355) definiert und hierunter *„Gruppierungen von Menschen mit ähnlich hohem Status innerhalb einer oder mehrerer berufsnaher Ungleichheitsdimensionen“* (ebd.: 40) versteht. Seiner Auffassung nach werden *„Schichten“* – im Gegensatz zu Klassen – hinsichtlich ihrer beruflichen Stellung, ihrer Qualifikation, ihres Einkommens und/ oder ihres Prestiges unterschieden (ebd.: 355). In Anbetracht dessen finden sich Berufs-, Bildungs- und Einkommensschichten (ebd.: 40).

Werden also Statusgruppierungen hinsichtlich mehrerer berufsnaher Dimensionen sozialer Ungleichheit gleichzeitig angeordnet, wird laut Hradil (2001) von *„sozialen“* Schichten gesprochen (Hradil 2001: 40). Gemäß den Ausführungen Hradils (2001) richtet sich der Schichtbegriff nicht auf die Erklärung, sondern auf die Beschreibung ungleicher Lebensbedingungen (ebd.: 355). Auch nach Ansicht von Bolte/Hradil (1975) wird erst dann von Schichten gesprochen, wenn nicht bloß unterschiedliche Lebenslagen verzeichnet werden können, sondern diese zu abgrenzbaren (sozialen) Unterschieden führen (Bolte/Hradil 1975: 15). Ähnlich definiert Geißler (1996a) Schicht, welcher hierunter „Gruppierungen mit ähnlicher Soziallage und damit verknüpften Subkulturen und Lebenschancen“ (Geißler 1996a: 83) versteht und in diesem Kontext betont, dass es sich dabei weniger um einen deterministischen als um einen typischen Zusammenhang handelt (ebd.: 70).

Das Aufkommen neuer horizontaler sozialer Ungleichheiten und die zunehmende soziale Differenzierung seit den 80er Jahren des vorangegangenen Jahrhunderts lassen die Kritik an den traditionellen Klassen- und Schichtkonzepten laut werden und diese zunehmend inadäquat erscheinen (Tamke 2008: 101). Nach Auffassung von Tamke (2008) berücksichtigen diese Konzepte zu wenige und meist nur ökonomische Dimensionen sozialer Ungleichheit. Daneben sind diese Ansätze nach Meinung von Geißler (1994) und Bolte (1990) „zu abstrakt“, „zu eng gefasst“, „zu statisch“, „zu grob“ und „zu ethnozentrisch“, sodass sie lediglich einen geringen theoretischen Erklärungswert darbieten, folglich „irrelevant“ sind und keine identifikatorische

Bedeutung haben (Geißler 1994: 12 ff., vgl. Bolte 1990: 40 f). Ähnliche Kritik äußert Steinkamp (1998: 255 ff.), welcher darüber hinaus jedoch betont, dass – neben den im Rahmen von Klassen- und Schichtkonzepten erfassten Ungleichheitsdimensionen – *„Ungleichheiten der Wohlfahrtsteilhabe und der sozialen Absicherung [...] der Infrastrukturversorgung, der Integration in soziale Netzwerke, der Freizeitbedingungen"* (ebd.: 256) sowie die mit askriptiven Merkmalen einhergehenden Benachteiligungen berücksichtigt werden müssen (ebd.).

Wer die Struktur sozialer Ungleichheit als Klassengefüge interpretiert, übt nach Hradil (2001) also häufig Kritik an den Resultaten und Kriterien der Güteverteilung (Hradil 2001: 355). Die Vorstellung, dass das Gefüge sozialer Ungleichheit einer Schichtung unterliegt, ist oft mit der Annahme verbunden, dass soziale Ungleichheit auf „Belohnungen" für nicht gleiche Leistungen beruht, welche nach bestimmten Kriterien gemessen werden. Somit beziehen sich sowohl Klassen- als auch Schichtbegriffe (1) auf ökonomische bzw. berufliche Positionen (als die wichtigsten Determinanten sozialer Ungleichheit), (2) auf die Vorstellung einer vertikalen Gesamtanordnung der Gruppierungen im Gefüge sozialer Ungleichheit und (3) die Unterstellung, dass es primär die „objektiven" Lebensbedingungen sind, welche den Menschen prägen (Hradil 2001: 43).

Da – aufgrund der starken Konzentration auf die Erwerbstätigkeit sowie infolge der überwiegend vertikalen Strukturen – weder das Schicht- noch das Klassenkonzept für die Untersuchung sozialer Ungleichheit im Jugendalter besonders geeignet sind, sollen diese Ausführungen genügen und der Fokus im nachfolgenden Unterkapitel auf das Konzept der sozialen Lage und das Lebenslagenkonzept gerichtet werden.

Lagemodelle – Soziale Lage und Lebenslage

Im nun folgenden Unterkapitel sollen also die Lagemodelle (soziale Lage und Lebenslage) erläutert werden, weil diese für eine Unterscheidung ungleicher Lebensbedingungen von Jugendlichen adäquater erscheinen, als die im vorangegangenen Unterkapitel dargestellten Klassen- und Schichtmodelle. Genau wie Tamke (2008) betont Hradil (2001), dass für die Individuen der heutigen Zeit mehr Determinanten sozialer Ungleichheit von Wichtigkeit sind, als in (komplexen) Klassen- und (mehrdimensionalen) Schichtkonzepten tatsächlich berücksichtigt werden. Neben dem Höher und Tiefer im Rahmen von Erwerbstätigkeit sind auch die Vor- und Nachteile von zunehmender Bedeutung, welche Menschen aufgrund ihres Geschlechts, ihres Alters, ihrer familiären Lebensform, ihrer Wohnregion oder ihrer ethnischen Zugehörigkeit erwachsen. Solch komplexe Konstellationen sozialer Ungleichheit werden mittlerweile vielfach mit Lagenmodellen (Modelle der sozialen Lage und der Lebenslage) erfasst, mit welchen versucht wird, einige der Nachteile der Klassen- und Schichtmodelle zu vermeiden (Hradil 2001: 43; 371). Ebenso stellen Diezinger/Mayr-Kleffel (2009) fest, dass Modelle der sozialen Lage und der Lebenslage – im Gegensatz zu Klassen- und Schichtmodellen – die gesamte Bevölkerung und nicht ausschließlich den erwerbstätigen Teil erfassen und somit mehrere Dimensionen sozialer Ungleichheit berücksichtigen (Diezinger/Mayr-Kleffel 2009: 46). Auch nach Hurrelmann (1985: 49) ermöglichen diese, Kombinationen verschiedener Ungleichheitsfaktoren und im Zuge dessen subjektiv und alltagsweltlich relevante Lebensbedingungen zu erfassen (Tamke 2008: 126). Ebenso betont Tamke (2008), dass Lagemodelle neben ökonomischen Dimensionen gleichzeitig *„soziale, soziokulturelle und wohlfahrtsstaatlich erzeugte Ungleichheiten, wie Arbeits-, Freizeit- und Wohnbedingungen, soziale Absicherung und soziale Netzwerke"* (Tamke 2008: 126) umfassen. In Anbetracht dessen sehen Diezinger/Mayr-Kleffel (2009), Tamke (2008), Hradil (2001) und Hurrelmann (1985) also ein Argument für Lagemodelle in der Überwindung der Berufszentriertheit, weil diese hierdurch für Jugendliche adäquater erscheinen (Tamke 2008: 126).

Nach Hradil (2001) bilden die Begriffe soziale Lage und Lebenslage die *„Grundlage für die differenzierte Unterscheidung ungleicher Lebensbedingungen gesellschaftlicher Gruppierungen"* (Hradil 2001: 44). Seiner Auffassung nach können Lagenkonzepte auf spezifische Gruppierungen (z.B. die Lage von Adressat/-innen stationärer Hilfen zur Erziehung, Proband/-innen der Bewährungshilfe oder psychisch erkrankten Adressat/-innen), deren Versorgung in erster Linie von wohlfahrtsstaatlichen Instanzen abhängt, oder auf bestimmte Fragestellungen zugeschnitten werden und sind demzufolge „Ungleichheitsgefügen in pluralen Wohlstands- und Wohlfahrtsgesellschaften besonders angemessen" (Hradil 2001: 44). Lagenmodelle erlauben es somit sehr differenzierte Unterscheidungen gesellschaftlicher Gruppierungen – innerhalb sozialer Klassen oder Schichten sowie über deren Grenzen hinweg – zu erkennen, ohne dabei in bloße Abbildungen sozialer Ungleichheit zu verfallen. Sie konzentrieren sich auf (un-)vorteilhafte Lebensverhältnisse und differenzieren im Hinblick darauf zwischen insgesamt besseren und schlechteren Lagen (Hradil 2001: 376).

Obwohl bereits Friedrich Engels und Max Weber im 19. Jahrhundert Untersuchungen bezüglich der Lage bestimmter gesellschaftlicher Gruppierungen durchgeführt haben, lassen sowohl Definitionen als auch inhaltliche Beschreibungen des Konstrukts bzw. analytischen Konzepts soziale Lage und Lebenslage Klarheit und Eindeutigkeit vermissen. Selbst in renommierten Wörterbüchern lässt sich der Begriff Lebenslage nicht finden, bspw. im Soziologie-Lexikon (vgl. Reinhold 1997) oder im

Wörterbuch der Soziologie (vgl. Endruweit 2002). Im Lexikon der Soziologie wird der Begriff soziale Lebenslage als ein „Konzept der Ungleichheitsforschung" definiert, welches *„gegenüber älteren Klassen- und Schichtungstheorien zur vergleichenden Untersuchung der Lebensbedingungen ... vielfältigere Dimensionen benutzt als Berufsposition bzw. Einkommen ...*" (Fuchs-Heinritz 1994: 393). Tamke (2008) betont in diesem Kontext, dass *„die verschiedenen in Lagemodellen berücksichtigten Dimensionen .. in ihrer Dominanz je nach Lage variieren (können) und .. nicht additiv miteinander verbunden (sind)*" (Tamke 2008: 126), wodurch wiederum „unterschiedliche Kombinations- und Kompensationsmöglichkeiten, Gewinnungen sowie Statusinkonsistenzen berücksichtigt werden" (ebd.). Dies ist ebenfalls eine Tatsache, welche insbesondere für Ungleichheitsforschungen mit der Zielgruppe Jugendliche von Bedeutung ist (ebd.).

In der sozialen Praxis werden die Termini soziale Lage und Lebenslage oft synonym verwendet, obwohl diese Unterschiedliches meinen. Im Rahmen der Konzeption *„sozialer Lagen"* wird von jeweils einer Determinante sozialer Ungleichheit ausgegangen, welche die Lebenssituation bestimmter Gruppierungen weitgehend prägt. Hierzu wird bei Erwerbstätigen die berufliche Position und bei Nichterwerbstätigen das Alter als Determinante sozialer Ungleichheit herangezogen (Hradil 2001: 372). Nach Buhlmann (1996) wurde dieses Modell der sozialen Lage zunächst im Wissenschaftszentrum für Sozialwissenschaft Berlin von Wolfgang Zapf (und seinen Mitarbeiter/-innen) konzipiert und anschließend empirisch umgesetzt (Buhlmann 1996: 25; vgl. dazu auch Zapf 1989 a, b; 1984). Nach Hradil (2001) fügen sich „sozialen Lagen" zu einem Gesamtbild der Sozialstruktur zusammen (Hradil 2001: 372). Soziale Lagen sind als Handlungskontexte – welche mit ungleichen Chancen der Lebensgestaltung einhergehen – von immenser Wichtigkeit (Stat. Bundesamt (Hg.) 2000: 556). Nach Zapf/ Habich (1996), auf welchen sich Hradil (2001) bezieht, kann unter „sozialer Lage" die Situation einer Bevölkerungsgruppe verstanden werden, deren Lebensbedingungen erheblich durch eine soziale Position (Determinante) geprägt werden und sich ähnlich gestalten. In einer bestimmten sozialen Lage sind z.B. Studierende, Erwerbslose, Hausfrauen, Adressat/-innen stationärer Hilfen zur Erziehung, depressive Adressat/-innen, Proband/-innen der Bewährungshilfe etc. (Hradil 2001: 43; vgl. dazu Zapf/Habich).

Im Anschluss an den Begriff der sozialen Lage soll nun der Begriff der *„Lebenslage"* definiert werden, unter welchem Hradil (2001) *„die Gesamtheit ungleicher Lebensbedingungen eines Menschen, die durch das Zusammenwirken von Vor- und Nachteilen in unterschiedlichen Dimensionen sozialer Ungleichheit zustande kommen"* (Hradil 2001: 44) versteht. Weisser (1956) hingegen definiert die Lebenslage als

„Spielraum, den einem Menschen ... die äußeren Umstände nachhaltig für die Befriedigung der Interessen bieten, die den Sinn seines Lebens ausmachen“ (zit. n. Weisser 1956: 986 in Hradil 2001: 44) und nach Kraus (2004) ist die Lebenslage ein Abbild der „Realität“, welches „tatsächliche“ Lebensbedingungen beschreibt und sich somit auf die Qualität und Quantität von Lebenschancen und „wertvollen“ Gütern bezieht. Somit handelt es sich um die Faktoren, aus welchen das Individuum (durch subjektive Wahrnehmung) seine Lebenswelt konstruiert (Kraus 2004: 4 f). Im Gegensatz dazu sieht Wendt (1988) die Lebenslage von Menschen vor allem durch eine Interaktion von „äußeren“, d.h. gesellschaftlichen und kulturellen Lebensbedingungen, sowie „inneren“ Zuständen, d.h. individuellen kognitiven bzw. emotionalen Deutungs- und Verarbeitungsmustern, geprägt (vgl. Wendt 1988). Nach Engels in Maelicke (2008) bezeichnet der Begriff „Lebenslage“ die Gesamtheit der äußeren Bedingungen, durch welche das Leben von Individuen oder Gruppen beeinflusst wird. Seiner Auffassung nach bildet die Lebenslage zum einen den Rahmen von Möglichkeiten, innerhalb dessen ein Individuum sich entwickeln kann und konstituiert auf diese Weise deren Handlungsspielraum. Zum anderen betont er jedoch, dass Individuen allerdings in gewissem Maße auf ihre Lebenslagen einwirken und diese folglich gestalten können. Entsprechend formuliert er, dass der Begriff der Lebenslage damit *„für die konkrete Ausformung der sozialen Einbindung einer Person, genauer: ihrer sozioökonomischen, soziokulturellen, soziobiologischen Lebensgrundlage“* (Engels in Maelicke 2008: 643) steht. Er beschreibt, dass die „Mehrdimensionalität“ ein Grundmerkmal des Lebenslagenbegriffs darstellt. Damit ist gemeint, dass der Begriff immer mehrere Lebensbereiche zugleich umfasst und infolgedessen einlinigen, monokausalen Erklärungsansätzen konträr gegenübersteht. Nach Engels in Maelicke (2008) wird der Lebenslagenansatz z.B. *„in der Armutsforschung genutzt, um eine nur am Einkommen orientierte Armutsmessung zu erweitern in Richtung auf eine Erfassung von Unterversorgung in mehreren Bereichen wie Erwerbstätigkeit, Bildung, materiellem Lebensstandard, Wohnqualität, Gesundheit und weiteren Bereichen“* (ebd.). Gemäß dieser Perspektive beschränkt sich „Armut“ nicht nur auf die Einkommensarmut, sondern bezieht mehrdimensionale Unterversorgungslagen sowie deren Wechselwirkungen mit ein (ebd.: 643 ff.).

Entsprechend betont Tamke (2008), dass heute verwendete Begriffe Rücksicht darauf nehmen, welche Dimensionen sozialer Ungleichheit für die Menschen wirklich von zentraler Bedeutung sind (Tamke 2008: 127). Nach Voges et al. (2003) und Schwenk (1999) verweist die neuere Lebenslagenforschung insbesondere auf Otto Neurath, Gerhard Weisser und Ingeborg Nahnsen (Voges et al. 2003: 37 ff.; Schwenk 1999:

33 ff.). Aktuell kommen Lebenslagenkonzepte bspw. in der Sozialindikatorenforschung bzw. der Sozialstrukturanalyse zur Anwendung[7] (Tamke 2008: 127).

Gemäß der Ausführungen Hradils (2001) wird in der Lebenslagenforschung zwischen individuellen und gruppentypischen Lebenslagen unterschieden. Seiner Definition nach gilt die *individuelle Lebenslage* als eine lebensweltbeeinflusste Kombination von Bedingungen (Hradil 2001: 43; 371). So könnte etwa die Lebenslage eines Menschen durch geringe Qualifikation, ungünstige (belastende) Arbeitsbedingungen, geringe Einkünfte, eine billige, relativ zentral gelegene Wohnung, wenig Freizeit und wenig soziale Beziehungen geprägt sein (ebd.: 44; 373). Seinen Ausführungen nach werden aus der individuellen *gruppentypische Lebenslagen*, indem Gruppierungen von Menschen zusammengefasst werden, welche nicht absolut gleiche, dafür jedoch ähnliche Lebensbedingungen aufweisen (Hradil 1987: 139 ff.). Nach Ansicht von Hradil (2001) bilden die jeweils fokussierten Lebensbedingungen die definitorischen Bestandteile einer „Lebenslage“ (Hradil 2001: 374; vgl. dazu auch Berger-Schmitt 1997; Schwenk 1997). Neben den gewöhnlich als existenzbestimmend angesehenen Dimensionen der materiellen Lage, der Bildung, der Macht und des Ansehens, gibt es zahlreiche Lebensbedingungen, welche die Lage von Menschen vorteilhaft oder nachteilig beeinflussen. Zu diesen Lebensbedingungen zählen nach Hradil (2001) unter anderem Wohn-, Arbeits- und Freizeitbedingungen, welche mitunter als „neue soziale Ungleichheiten“ bezeichnet werden. Indessen sind nur wenige von diesen wirklich neu, jedoch haben sie in letzter Zeit verstärkt an Bedeutung gewonnen (Hradil 2001: 298 ff.). Wie die folgenden Darstellungen zeigen, sind die zuletzt genannten Bereiche sozialer Ungleichheit (besonders für Jugendliche) ebenso bedeutsam wie Erstere, denn Wohn-, Arbeits- und Freizeitbedingungen entscheiden nicht nur über die persönliche Entwicklung, die Handlungschancen und die individuelle Entfaltung, sondern auch über die Gesundheit (Hradil 2001: 301). Da sich ungleiche Lebensbedingungen in vielerlei Gestalt finden, ist es weder möglich noch sinnvoll, allen einzelnen Erscheinungsformen ungleicher Lebensbedingungen nachzugehen. Daher werden sie – wie bereits erwähnt – in den dargestellten Lebenslagenanalysen (vgl. dazu Teil II) innerhalb der Dimensionen „Wohnen“, „Bildung und Beschäftigung“, „Alltag und Freizeit“ sowie „soziale Beziehungen“ zur Darstellung kommen.

Während sich das Konzept der „sozialen Lage“ nach Hradil (2001) also auf zentrale Bestimmungsgründe von Lebensbedingungen (wie z.B. die Berufsstellung oder das

[7] Nach Tamke (2008) finden Lebenslagenkonzepte heute bspw. im Wohlfahrtssurvey und im Datenreport des Statistischen Bundesamts Anwendung und sind mit den Namen Zapf, Noll und Habich (vgl. z.B. Noll/Zapf 1994; Zapf 1989a, b, 1984) verbunden (Tamke 2008: 127).

Alter) bezieht, von welchen direkt auf die Lebensbedingungen gesellschaftlicher Gruppierungen (z.B. von „Heimkindern") geschlossen wird, richtet sich das Konzept der „Lebenslage" auf unmittelbar erfahrbare Lebensbedingungen eines Menschen – auf die jeweilige Kombination seines Einkommens, seiner Wohn-, Arbeits- und Freizeitbedingungen etc. (Hradil 2001: 374).

Die vorangegangenen theoretischen Darstellungen zum Thema soziale Ungleichheit sollen genügen, um einen ersten Eindruck vom Gefüge sozialer Ungleichheit zu erhalten. Im nachfolgenden Kapitel soll über die im Rahmen der vorliegenden Arbeit fokussierte Lebensphase Jugend berichtet werden, bevor zum empirischen Teil übergegangen wird, in welchem die Lebenslagen von Angehörigen dieser Lebensphase bezüglich sozialer Ungleichheitsverhältnisse untersucht werden.

Die Vielgestaltigkeit der Lebensphase Jugend

„Alter" im Sinne chronologisch geordneter Lebensphasen gliedert sich in die Lebensphasen Kindheit, Jugend, Erwachsenen- und Seniorenalter – sofern sich lediglich auf die gröbsten Klassifikationen bezogen wird (Anhorn in Dollinger/Schmidt-Semisch 2011: 23; vgl. dazu auch Böhnisch 2008; Erikson 2005).[8] Mittlerweile herrscht (in den Sozialarbeitswissenschaften) allgemeiner Konsens darüber, dass Jugendliche die Zukunft unserer Gesellschaft verkörpern (vgl. z.B. SAFGJS 2008). Kamawura-Reindl in Dollinger/Schmidt-Semisch (2011) bezeichnet sie in diesem Sinne als das „Mutationspotential" der Gesellschaft, da sie *„als Vorboten eines Wandels nachfolgender Generationen angesehen werden, ... selbst später einmal als Erwachsene die Gesellschaft prägen"* (Kamawura-Reindl in Dollinger/Schmidt-Semisch 2011: 507) und sich folglich die gesellschaftliche Zukunft in ihnen spiegelt (ebd.). In Anbetracht dessen erachtet der Autor es als besonders wichtig, dass diesen zu einer selbstbestimmten und autonomen Lebensführung verholfen wird. Entsprechend richtet sich der Fokus der vorliegenden Arbeit auf die Adressat/-innengruppe Jugendliche, weshalb im nun folgenden Unterkapitel über „die" Lebensphase Jugend und die Lebenslagen Jugendlicher berichtet wird. Dabei wird der Begriff Jugend (als Lebensphase und individuelle Lebenslage) – in Anlehnung an Hurrelmann (2010), die Autor/-innen der Shell Jugendstudie (2010), Tamke (2008) und Böhnisch (2008) – näher konkretisiert (Unterkapitel 3.1) und im Anschluss daran die von Angehörigen dieser Lebensphase zu bewältigenden Entwicklungsaufgaben (Unterkapitel 3.2) sowie zentrale Dimensionen der Lebenslage Jugendlicher (Unterkapitel 3.3) vorgestellt. Da die

[8] Mitunter werden weitere Differenzierungen (z.B. nach früheren, mittleren und späteren Stadien) der einzelnen Lebensphasen vorgenommen (vgl. z.B. Erikson 1966).

soziale Herkunft bei der Bewältigung von Entwicklungsaufgaben eine zentrale Rolle spielt und nicht alle Jugendlichen die gleichen Startbedingungen mitbringen, lassen sich soziale Unterschiede zwischen einzelnen Jugendlichen feststellen. Eine Adressat/-innengruppe, für welche sich insbesondere die Soziale Arbeit zuständig sieht, stellt die Gruppe der (multidimensional) sozial benachteiligten Jugendlichen dar, über welche abschließend berichtet werden soll (Unterkapitel 3.4).

Jugend als Lebensphase und individuelle Lebenslagen Jugendlicher

Der Begriff Jugend scheint auf den ersten Blick wenig problematisch. So betont z.B. Neubacher (2011), dass mit diesem oft Vorstellungen von körperlichem Jung-Sein, Unfertigkeit und Unerfahrenheit, Sorglosigkeit, Leichtsinn oder Optimismus assoziiert werden (Neubacher 2011: 90). Soll dieser Begriff jedoch explizit definiert werden, fällt eine konkrete Benennung Jugend kennzeichnender Momente schwer (Neubacher 2011: 90). Wird beispielsweise in einschlägigen wissenschaftlichen Wörterbüchern nach einer expliziten Definition gesucht, kann der Begriff Jugend entweder gar nicht oder lediglich in Kombination, z.B. mit den Endungen -forschung (vgl. Fuchs-Heinritz 1994a) und -soziologie (vgl. Bertram 2002) oder aber in Bezugnahme auf das Lebensalter (vgl. Münchmeier 1997b) gefunden werden. Ebenso führen gängige Werke zum Thema Jugend sowie zur Jugendforschung (z.B. Hurrelmann 2010; Shell Jugendstudie 2010; Böhnisch 2008; Tamke 2008; Krüger/Grunert 2002; Schröder 1995; Krüger 1993) im Rahmen ihrer Darstellungen keine explizite Jugenddefinition auf, sondern beziehen sich vorwiegend auf die zu bewältigenden Anforderungen von Jugend als Lebensphase. Gleichzeitig wird Jugend aber auch als Lebenslage bezeichnet (Schröder 1995: 23; vgl. dazu auch Tamke 2008, Münchmeier 1997 a, b).

Um den Begriff Jugend zu beschreiben und genauer abzugrenzen, soll im Rahmen des nun folgenden Unterkapitels – in Anlehnung an Hurrelmann (2010; 2006; 1999; 1997; 1985) und die Autor/-innen der Shell Jugendstudie (2010) – über „Jugend als Lebensphase“ sowie – in Anlehnung an Tamke (2008) – über „Jugend als Lebenslage“ berichtet und im Zuge dessen ein (durch die Thematik bedingter) ausführlicher Definitionsversuch gestartet werden.

Zunächst soll dabei – in Anbetracht des allgemeinen Alltagsverständnisses vom Begriff Jugend – mit den Ausführungen von Walter (2005) begonnen werden Seiner Ansicht nach ist die Lebensphase Jugend durch einen Prozess der individuellen Reifung und Sozialisation gekennzeichnet, weshalb der Begriff Jugend seinen

Ausführungen nach im alltäglichen Sprachgebrauch häufig mit dem Begriff Pubertät[9] gleichgesetzt wird. Dementsprechend bezeichnet er die Jugendphase als eine Phase im menschlichen Lebenslauf, welche sich durch den Eintritt und das Verlassen der Pubertät (= Eintritt der Geschlechtsreife) von der vorangegangenen Kindheitsphase und dem nachgeschalteten Erwachsenenalter abgrenzt (Walter 2005: 96 ff.). Hingegen betont Hurrelmann (1995), dass die Jugendphase jedoch „weder als eine bloße Veränderung der Kindheitsphase … noch als eine Durchgangsphase zum Erwachsenenalter" (Hurrelmann 1995: 51) verstanden werden darf. Ebenso ist von Wolf-Fersdorff (1991) der Auffassung, dass die Bezeichnung von „Jugend als ein Übergangsstadium zwischen der Kindheit und der Erwachsenenwelt … der Feststellung einer Binsenweisheit gleich(kommt)" (von Wolf-Fersdorff 1991: 22), weil verlängerte Bildungs- und Ausbildungslaufbahnen keine eindeutigen Abgrenzungen zur vorangegangenen Kindheitsphase und dem nachgeschalteten Erwachsenalter aufweisen und die Jugend in Anbetracht dessen zu einer dauerhaften eigenen „Lebenslage" werden lassen (ebd.). Auch Jugendsoziologen betonen nach Hurrelmann (1995) die strukturelle Eigenständigkeit der Jugendphase im Lebenslauf und gehen von einem gesellschaftlichen Zuschnitt dieser Lebensphase aus. Demnach ist die Lebensphase Jugend aus soziologischer Perspektive insofern „als eine eigenständige Lebensphase .. anzusehen, als in ihr der Prozess des Einrückens in zentrale gesellschaftliche Mitgliedsrollen eingeleitet und zum Ende gebracht wird" (Hurrelmann 1995: 49). Diesbezüglich betont er, dass die Lebensphase Jugend durch eine von den Angehörigen dieser Lebensphase mit zunehmendem Alter selbst zu tragende und zu gestaltende Rollenübernahme in der Bewältigung sämtlicher Anforderungen im Kontext von Alltag, Schule und Berufsausbildung, in der Gestaltung von zwischenmenschlichen Beziehungen und Sozialkontakten, im Kontext der Teilhabe an Konsum und Freizeit sowie im Bereich öffentlicher und politischer Partizipation geprägt wird (ebd.: 39 ff.). Auch in seinen neueren Werken führt Hurrelmann (2010) auf, dass Jugendliche vor der Aufgabe stehen, in den gesellschaftlich jeweils voneinander getrennten Lebensbereichen Bildung, Beschäftigung, Alltag, Freizeit sowie soziale Beziehungen (u.a.) individuelle Strategien der Entfaltung und der sozialen Integration zu entwickeln (Hurrelmann 2010: 7).

[9] Nach Fend (1990) handelt es sich bei der Pubertät um eine Phase, in welcher Jugendliche beginnen, „die eigenen Gedanken, Gefühle, Stimmungen und Affekte zu entdecken" (Fend 1990: 59) und den Sinn des Lebens zu hinterfragen. Darüber hinaus ist die Pubertät seinen Ausführungen nach durch eine Intensivierung des Geschlechtstriebes, durch das Streben nach Autonomie und Selbstständigkeit sowie von intensiven Gefühlserlebnissen geprägt, wodurch es vermehrt zu Gefühlen von Traurigkeit, Schwermut, Selbstzweifel oder Depressivität kommt (ebd.: 59 ff).

Ebenso bleiben physische und psychische Entwicklungsprozesse für die Lebensphase Jugend charakteristisch. Genau wie Walter (2005) betrachtet Hurrelmann (1997) den Pubertätseintritt – welcher neben (körperlichem) Wachstum mit einem Ungleichgewicht in der psycho-physischen Struktur der Persönlichkeit und folglich mit neuen Anforderungen an die Jugendlichen einhergeht – als ein wichtiges Kriterium der Lebensphase Jugend (Hurrelmann 1997: 31 f.). Entsprechend beschreibt Hurrelmann (2010), dass sich in dieser Zeit meist eine besonders intensive und turbulente sowie zugleich produktive „Auseinandersetzung mit der körperlichen und seelischen Innenwelt und der sozialen und gegenständlichen Außenwelt" (Hurrelmann 2010: 7) ereignet. Er merkt in diesem Kontext an, dass Persönlichkeits- und Gesellschaftsentwicklungen sich zwar über die gesamte Lebensphase hinweg wechselseitig beeinflussen, dieses Beziehungsverhältnis in der Jugendphase allerdings eine einzigartige Dichte erreicht (Hurrelmann 2010: 7).

Entstrukturierung und Biografisierung der Lebensphase Jugend

Um weitere Spezifika der Lebensphase Jugend zu benennen, soll zunächst auf die Ausführungen Hurrelmanns (2010) eingegangen werden, nach welchem Jugendliche in dieser mittlerweile recht lang andauernden Lebensphase von im Durchschnitt 15 Lebensjahren „erhebliche Veränderungen der körperlichen, geistigen, emotionalen und sozialen Entwicklung" (Hurrelmann 2010: 7) bewältigen müssen (ebd.). Er stellt fest, dass sich der zeitliche Umfang der Lebensphase Jugend stark ausgedehnt hat, weil deren Angehörige in diese – aufgrund der sich vorverlagernden Geschlechtsreife (Pubertät) – immer früher eintreten. Dass sie diese Phase auch erst später wieder verlassen, sieht er darin begründet, dass der Übergang ins Erwachsenenleben und die Familiengründung (mit Kindern) aufgeschoben oder zum Teil sogar ausgelassen werden (Hurrelmann 2010: 7 f). Aufgrund dieser verschwimmenden Altersgrenzen bezeichnen die Autor/-innen der Shell Jugendstudie (2010) die Lebensphase Jugend als einen „Abschnitt der strukturellen Ungewissheit" (Shell Jugendstudie 2010: 38). Auch Böhnisch stellt fest, dass die Lebensphase Jugend seit dem letzten Drittel des vorangegangenen Jahrhunderts einem enormen Individualisierungsprozess unterworfen wird, welcher in Fachkreisen als *Entstrukturierung* (Olk 1985) der Jugendphase bezeichnet wird. Zudem, so Böhnisch (2008), unterliegt die Lebensphase Jugend einem Prozess der Biografisierung. Er beschreibt, dass Jugendliche das gesellschaftliche Übergangs- und Integrationsarrangement Jugend individuell „bewältigen" müssen und fügt hinzu, dass die Chance einer gelingenden Jugend sowie das Risiko des Scheiterns in bzw. an der Lebensphase Jugend dicht beieinander liegen und biografisch bedingt variieren, was er ebenfalls als Dimension der Biografisierung dieser Lebensphase betrachtet (Böhnisch 2008: 147; vgl. dazu auch Olk 1985).

Laut Hurrelmann (2010) und den Autor/-innen der Shell Jugendstudie (2010) geht der Übergang von der Lebensphase Jugend ins Erwachsenenalter mit ökonomischer Unabhängigkeit durch ein (sicheres) Beschäftigungsverhältnis mit (festem) Einkommen sowie mit der Gründung einer eigenen Familie einher. Wie bereits angedeutet, rücken diese symbolischen Meilensteine auf dem Weg des Erwachsenwerdens zur heutigen Zeit jedoch für viele Jugendliche weiter in die Ferne, sodass die Lebensphase Jugend lediglich für einen Teil von ihnen mit klar erkennbaren Übergängen ins Erwachsenenalter einhergeht. Folglich betonen sie, dass es sich hierbei um eine sehr offene Lebensphase handelt, welche diverse Möglichkeiten zur Entfaltung der Persönlichkeit bietet und ergänzen, dass diese Freiräume in der Ausgestaltung der Lebenslagen allerdings auch zur Folge haben, dass Individuen von der Gesellschaft *nicht* als vollwertige „Mitglieder“ wahrgenommen werden (Shell Jugendstudie 2010: 38). Auch nach Hurrelmann (2010) ist die heutige Jugendphase durch ein Spannungsverhältnis zwischen sozioökonomischer Unselbstständigkeit und soziokultureller Selbstständigkeit geprägt. In anderen Worten heißt das: Parallel zum lebenszeitlichen Aufschub von Erwerbstätigkeit, entwickelt sich die Jugendzeit zu einer in sich gefügten eigenständigen Lebensphase, welche die Bewältigung des Widerspruchs zwischen dem altersbedingt ansteigenden Bedürfnis nach Selbstständigkeit sowie den ökonomischen Hemmnissen bezüglich der Umsetzung dieses Autonomiebedürfnisses zur Aufgabe hat. Dementsprechend finden Angehörige der Lebensphase Jugend einen zwar ökonomisch ungesicherten, aber in den sozialen Bindungen und Wertorientierungen gestaltbaren Lebensraum vor (Hurrelmann 2010: 8). Auch Böhnisch (2008) stellt fest, dass Jugendliche im Rahmen der vorherrschenden gesellschaftlichen Realität abhängig und eigenständig zugleich sind (Böhnisch 2008: 145). In diesem Zusammenhang merkt Hurrelmann (2010) an, dass hierdurch eine etwas sonderbare Kombination der Selbstständigkeit und Abhängigkeit sowie der Selbst- und Fremdbestimmung entsteht, welche Jugendlichen auf der einen Seite zwar hohe Spielräume lässt, auf der anderen Seite jedoch zugleich Zwänge bezüglich der Lebensgestaltung und Lebensführung mit sich bringt (Hurrelmann 2010: 8). Überdies betont er, dass mit dem Übergang ins Erwachsenenalter eine Erweiterung der (eigenen) Handlungsspielräume und sozialen Rollen verbunden ist, welche wiederum mit vermehrten Rechten, Pflichten und Verhaltenserwartungen, mit sozialstrukturell-institutionell veränderten Arrangements sowie insbesondere mit der Ablösung von der Herkunftsfamilie und einer selbstständigen Platzierung in der Gesellschaftsstruktur einhergeht. Aus diesem Grund steht die Jugendphase seiner Ansicht nach in enger

Verbindung mit der Reproduktion gesellschaftlicher Strukturen (Hurrelmann 1997: 39 ff.).

Böhnisch (2008) merkt in diesem Kontext an, dass das Zusammenspiel und die Balance von struktureller Offenheit und Sicherheit, welche den Sozialisationsverlauf der Lebensphase Jugend massiv beeinflussen, in eine risikobehaftete Spannung geraten sind, weil Angehörige dieser Lebensphase sozial Gegensätzliches individuell bewältigen und miteinander in Einklang bringen müssen. So stellt er in diesem Kontext fest, dass Jugendliche *„in der sich wandelnden und pluralen (damit auch unübersichtlichen) Gesellschaft .. offen, flexibel, optionsbereit und fungibel und gleichzeitig bei sich, mit sich identisch, sozialemotional geborgen sein (sollen)"* (Böhnisch 2008: 148) und fügt hinzu, dass diese gesellschaftliche Offenheit lediglich wahrgenommen werden kann, wenn der erforderliche sozialemotionale Rückhalt gegeben ist (Böhnisch 2008: 148). Ebenso stellt Tamke (2008) fest, dass die dargestellten Strukturveränderungen für Angehörige der Lebensphase Jugend einerseits gestiegene Freiheitsgrade und die Erweiterung von Möglichkeitsräumen zur Folge haben, andererseits jedoch auch höhere Selbstverantwortung sowie ein gesteigertes Maß an Eigenleistung fordern. Dies kann ihrer Ansicht nach in zunehmender Verunsicherung münden und macht den „Ambivalenzcharakter gesellschaftlicher Individualisierung" (Tamke 2008: 25) aus. Diesbezüglich sprechen Mansel (1995) und Keupp (1990) von „Risiken des Heranwachsens", welche Auswirkungen auf die psychosoziale Entwicklung Jugendlicher haben (vgl. Mansel 1995; Keupp 1990). Tamke (2008) weist in diesem Kontext ferner darauf hin, dass vor dem Hintergrund dieser Unüberschaubarkeit und Unübersichtlichkeit jugendlicher Lebensformen (vgl. z.B. Ferchhoff/Neubauer 1997), nicht übersehen werden darf, dass Individualisierung und Pluralisierung nicht bloß die Freisetzung von Individuen bedingen, sondern dass diese nicht ohne soziale Ungleichheit denkbar sind (Tamke 2008: 30 f; vgl. dazu auch Hitzler 1999; Hitzler/Honer 1996; Wohlrab-Sahr 1997). Hierauf soll im nachfolgenden Kapitel näher eingegangen werden.

Der Begriff Jugenden (im Plural!) – Individualisierung und Pluralisierung jugendlicher Lebenslagen

Wie im vorangegangenen Unterkapitel gezeigt worden ist, ist die Lebensphase Jugend durch Entstrukturierungs-, Biografisierungs-, Individulisierungs- und Pluralisierungsprozesse geprägt, weshalb heutzutage kaum noch von „der" Jugend gesprochen werden kann. Stattdessen lässt sich eine Vielzahl jugendlicher Lebenslagen feststellen, weshalb es angemessener ist von *Jugenden im Plural* zu sprechen – was nach Pöggeler (1984) bereits als Konsens im wissenschaftlichen Diskurs gilt (Pöggeler

1984: 296). Interessant für die vorliegende Arbeit ist in diesem Kontext (auch) Tamkes (2008) Auffassung, welche infolge der Tatsache, dass ungleiche jugendliche Lebenslagen zu verschiedenen Jugenden führen, ebenfalls von Jugenden im Plural spricht (Tamke 2008: 141). So berichtet sie, dass sich die Lebensphase Jugend *„in einer postmodernen, individualisierten Gesellschaft .. nicht mehr über eine Gruppe gesellschaftlicher Akteure, die sich in dieser befinden, .. beschreiben (lässt)"* (Tamke 2008: 17) und betont in diesem Rahmen, dass diese sich stark differenziert gestaltet und unterschiedlichste Ausformungen zeigt. Sie beschreibt, dass Jugenden sich neben der Dauer, der Abfolge von Statusübergängen und der Bewältigung von Entwicklungsaufgaben, ebenso hinsichtlich ihrer Ausdrucksformen, Stile und Gruppenbildungen unterscheiden (Tamke 2008: 17). Da Jugenden ihrer Ansicht nach in vielerlei Hinsicht ungleich sind, schlägt sie vor, *„sich von der problematischen Homogenitätsvorstellung von ‚einer' Jugend zu lösen und stattdessen ‚ungleichheitstheoretisch' von einer Vielzahl von ‚Jugenden' auszugehen"* (Münchmeier in Tamke 2007: 7). Sie verabschiedet sich somit von älteren Ansätzen der Jugendtheorie und greift die im Fokus der vorliegenden Arbeit zentrale Lebenslagenproblematik produktiv auf. Der von Tamke (2008) bevorzugte Plural („Jugenden") signalisiert nach Münchmeier in Tamke (2008) den Differenzierungswillen und das Bemühen, die Diversität der Lebensformen Jugendlicher zu berücksichtigen (Münchmeier in Tamke 2007: 7), welche der Autor der vorliegenden Arbeit teilt. Auch nach Ferchhoff/Neubauer (1997) scheinen die Unterschiede innerhalb jugendlicher Lebensformen „größer und bedeutsamer als die zwischen ‚Generationen[10]'" (ebd.: 138). So merken sie an, dass jugendliche Lebensformen plural, differenziert und uneinheitlich sind. Da ihrer Auffassung nach der Grad der Vereinheitlichung und Generalisierbarkeit zunehmend abnimmt, raten sie von ungenauen Quantifizierungen und pauschalen Etikettierungen ab (Ferchhoff/Neubauer 1997: 138). Wie bereits erwähnt, gilt Nach Pöggeler (1984) die Fassung von Jugenden im Plural inzwischen längst als Konsens im wissenschaftlichen Diskurs (Pöggeler 1984: 296), was laut Tamke (2008) die Vielzahl der ermittelten Milieu- und Lebensstiltypisierungen (Tamke 2008: 88; vgl. dazu Lüdtke 1989, 1990; Zapf et al. 1987; Gluchowski 1987, 1988; Nowak/Becker 1985; Müller 1992a, b; Georg 1996, 1998; Spellerberg 1996) belegt.

Trotz dieser Vielfalt jugendlicher Lebenslagen existiert nach Tamke (2008) zum Teil weiterhin *„eine soziale Strukturierung der Statuspassagen durch Altersnormen ..., indem Lebensereignisse und Statusübergänge formal institutionalisiert und soziale Teilhabechancen rechtlich geregelt oder durch soziale Konventionen mit strukturiert werden"* (Tamke 2008: 28). In Anbetracht dessen erscheint Jugend ihrer Ansicht

[10] Zum Generationenbegriff vgl. Tamke (2008: 46 ff.) und Zinnecker (2001).

nach weiterhin als eigenständige Lebensphase, obwohl sie nichts über deren individuelle Ausgestaltung aussagt (ebd.). Auch Hradil (1994) betont, dass sozialstrukturelle Merkmale, wie etwa der Bildungsgrad, das Eingehen von Beziehungen zu Gleichaltrigen (Peers) des selben und des anderen Geschlechts oder die Stellung im Familienzyklus– trotz dieser Vielfalt und Differenziertheit jugendlicher Lebensformen – zentrale (wenn auch eingeschränkte) Determinanten der Lebensweise Jugendlicher bleiben. Somit wird die Lebensphase Jugend seiner Ansicht nach zwar unabhängiger, jedoch nicht vollständig unabhängig von äußeren Lebensbedingungen (Hradil 1994: 91). Hieran wird deutlich, dass Jugendliche ein hohes Maß an persönlichen und biografischen Selbstorganisationskompetenzen entwickeln müssen, um Anforderungen der körperlichen und seelischen Innenwelt sowie der sozialen und emotionalen Außenwelt bewältigen zu können. Aus diesem Grund gilt die Jugendphase nach Ansicht von Hurrelmann (2010) als eine der wichtigsten des menschlichen Lebenslaufs (Hurrelmann 2010: 9).

Wie die vorangegangenen Darstellungen gezeigt haben, kommt es im Kontext der Definition des Begriffs Jugend nicht ausschließlich auf das Lebensalter an. Vielmehr handelt es sich bei Jugend um eine Lebensphase, welche durch soziale Bedingungen (z.B. familiäre Bedingungen) geprägt wird. So formuliert Neubacher (2011), dass „Jugend nicht als etwas Absolutes und von sozialen Entwicklungen Unabhängiges“ (Neubacher 2011: 90) zu verstehen ist, sondern vielmehr folgenbezogen definiert werden muss (ebd.).

Schlussendlich kann also resümiert werden, dass es sich bei „der“ Lebensphase Jugend *„nicht um eine universelle, d.h. a-historische und a-gesellschaftliche, primär durch einen ‚natürlichen‘ Wachstum bedingte Lebensphase (handelt), [...] die im Normalfall ihre ‚Vollendung‘ in der Etablierung eines Erwachsenenstatus findet“* (Anhorn in Dollinger/Schmidt-Semisch 2011: 25), sondern dass diese vielmehr als eine soziokulturelle Konstruktion verstanden werden muss, welche sich infolge von Individualisierungs- und Pluralisierungsprozessen bei den Angehörigen dieser Lebensphase stark unterscheidet. Ferner definiert sich die Lebensphase Jugend mit Hinweis auf eine Reihe von Entwicklungsaufgaben (vgl. Unterkapitel 3.2), welche Jugendliche bewältigen müssen, um dann schließlich als autonome und selbstverantwortliche Individuen ins Erwachsenenalter übergehen zu können (ebd.). Insbesondere die Pubertätsphase bringt neben körperlichen und hormonellen Veränderungen, eine Verstärkung des Geschlechtstriebes sowie Veränderungen im psychosozialen Bereich (z.B. im Kontext Rollenanforderungen und Erwartungshaltungen seitens der Gesellschaft) mit sich und verlangt somit eine Umorientierung in diversen (Lebens-)Bereichen. Weiterhin zeichnet sich die Jugendphase durch Individualisierungs-,

Pluralisierungs- und Biografisierungsprozesse aus. Folglich spricht Hurrelmann (2010) in diesem Kontext von einer „Entstrukturierung“ und Böhnisch (2008) sogar von einer „Auflösung“ dieser Lebensphase. Aufgrund der Vielfalt jugendlicher Lebenslagen herrscht im wissenschaftlichen Diskurs Konsens über den Begriff Jugend im Plural („Jugenden“), wodurch nach Münchmeier in Tamke (2008) der Differenzierungswillen und das Bemühen, die Lebenslagenproblematik aufzugreifen, deutlich werden (Münchmeier in Tamke 2008: 7). Auch Neubacher (2011) ist der Auffassung, dass der Begriff Jugend nicht allein biologisch oder psychologisch erfasst werden kann (Neubacher 2011: 140). Er betont in diesem Rahmen, dass die individuellen Lebensbedingungen, unter welchen Jugendliche aufwachsen und welche sich in rascher Folge verändert haben, zu berücksichtigen sind. Besonders hervorgehoben werden dabei in der jugendsoziologischen Debatte die Berufstätigkeit beider Eltern sowie Konsum und Einfluss der Medien (Neubacher 2011: 97 f).

Die vorangegangenen Darstellungen sollen an dieser Stelle genügen, um den Begriff Jugend zu definieren und im Zuge dessen die Individualität der Lebensphase Jugend und die Pluralität jugendlicher Lebenslagen anzudeuten. Sie sollen in den nachfolgenden Ausführungen fortgeführt werden. Stattdessen wird im folgenden Unterkapitel – in Anlehnung an Hurrelmann (2010) – noch einmal auf die zentralen Entwicklungsaufgaben Jugendlicher eingegangen.

Zentrale Entwicklungsaufgaben Jugendlicher

Wie im vorangegangen Unterkapitel verdeutlicht wurde, stellt die Jugendphase eine nicht genau abgrenzbare und äußerst individuelle Übergangszeit zwischen Kindheit und Erwachsenalter dar, welche von einer Vielzahl von Entwicklungsprozessen geprägt ist. Hierzu zählen nach Neubacher (2011) der Wechsel sozialer Bezugsgruppen, das Erlernen von Wertvorstellungen und Lebensbewältigungsformen sowie die kritische Auseinandersetzung mit der gesellschaftlichen Wirklichkeit (Neubacher 2011: 140). Seiner Auffassung nach, erfolgt die Zuerkennung von Jugendphasen demzufolge hinsichtlich bestimmter sozialer Funktionen, welche dessen Angehörige erfüllen müssen. So werden an diese zahlreiche gesellschaftliche Anforderungen und Erwartungen gerichtet. Nach Meulemann (2000), auf welchen sich Neubacher (2011) diesbezüglich bezieht, gelten die Jugendlichen sowohl als Reagierende als auch als Agierende, von welchen erwartet wird, dass sie selbstgestalterisch auf ihre Umwelt einwirken (Neubacher 2011: 97 f). Im folgenden Unterkapitel werden die vielfältigen Entwicklungsprozesse Jugendlicher – in Anlehnung an Hurrelmann (2010) und die Autor/-innen der Shell Jugendstudie (2010) – unter vier (zentrale) „Entwicklungsaufgaben“ zusammengefasst.

Wie bereits im letzten Unterkapitel deutlich geworden ist, zeigt sich der Gestaltwandel der Lebensphase Jugend (infolge von Modernisierungs-, Individualisierungs- und Pluralisierungsprozessen) in einer Entstrukturierung dieser Lebensphase sowie in der „Destandardisierung" der Lebensläufe und Lebenslagen Jugendlicher (infolge gesellschaftlicher Differenzierungsprozesse). Dieser Gestaltwandel zieht nach Hurrelmann (1997) neben dem Verlust bzw. der Einschränkung der Bedeutung von Statuspassagen und Altersnormen, die Ungleichzeitigkeit der Bewältigung von Entwicklungsaufgaben nach sich (vgl. z.B. Schröder 1995). Im Zuge des Verlusts von Synchronität und Chronologie, werden Jugendliche vor weitere Herausforderungen auf dem Weg des Erwachsenwerdens gestellt, wodurch auch im Kontext der Bewältigung von Entwicklungsaufgaben vermehrt Ungleichheitsverhältnisse sichtbar werden. Aufgrund der Tatsache, dass das Konzept der Entwicklungsaufgabe in der einschlägigen Literatur zum Thema Jugend und Jugendforschung vielfach als Definitionskriterium herangezogen wird, soll dieses im folgenden Kapitel im Fokus der Aufmerksamkeit stehen. Allerdings gilt es diesbezüglich zu erwähnen, dass Oerter/Dreher (2002) im Rahmen ihrer Ausführungen kritisieren, dass das Konzept der Entwicklungsaufgabe als Definitionskriterium für die Lebensphase Jugend angesichts lebenslangen Lernens und Entwickelns wenig geeignet scheint, um Jugend zu definieren.[11] Nachdem das Konzept inhaltlich neu definiert und interpretiert worden ist[12], kann es ihrer Ansicht nach jedoch als geeignetes Konzept zur Abgrenzung der Jugendphase gelten (Oerter/Dreher 2002: 273). Auch nach Meinung von Hurrelmann (1997) gelten Entwicklungsaufgaben – trotz der bereits erwähnten Tatsache, dass deren Synchronität und Chronologie verloren gegangen sind – als zentrale Abgrenzungskriterien der Lebensphase Jugend (Hurrelmann 1997: 33). Bevor die Entwicklungsaufgaben Jugendlicher dargestellt werden, soll zunächst erläutert werden, was unter dem Begriff verstanden werden kann.

Nach Auffassung der Autor/-innen der Shell Jugendstudie (2010), lassen die an die Jugendlichen herangetragenen sozialen und gesellschaftlichen Erwartungen sowie

---

[11] Bildung lässt sich als globale Entwicklungsaufgabe verstehen, die lebenslang währt und prinzipiell unabgeschlossen ist (Kordes 1996: 39).

[12] In neueren Konzepten richtet sich der Fokus auf die die subjektive Struktur der Entwicklungsaufgabe, d.h. auf deren individuelle Bewältigung entsprechend der Leistungsfähigkeit und dem Entwicklungsstand der Jugendlichen (Reinders 2002: 16). Nach Kordes (1996) tritt im Zuge der Auflösung der Standardnormalbiografie und der vielfältigen Freisetzung anstelle einer vornormierten Abfolge stationärer Wachstums- und Rollenaufgaben „die selbst zu entwerfende und zu realisierende Erzeugung, Bearbeitung und Verdrängung von Entwicklungsaufgaben" (Kordes 1996: 45). Tamkes (2008) Auffassung nach, entspricht diese Perspektive der in den 1980er Jahren erstarkten akteurs- und handlungstheoretischen Sichtweise, nach welcher Jugendliche als „Produzenten ihrer eigenen Entwicklung" (Lerner 1984) betrachtet werden (Tamke 2008: 26 f).

der Umgang mit diesen gemeinsame Muster erkennen (Shell Jugendstudie 2010: 39). Sozialisationstheoretisch wird nach Hurrelmann (2006; 2010) in einem solchen Kontext auch von „Entwicklungsaufgaben" gesprochen.

Die Entwicklung des Konstrukts der Entwicklungsaufgabe ist auf Havighurst (1981) zurückzuführen, nach welchem an die Menschen der verschiedenen Altersgruppen gesellschaftliche Erwartungen herangetragen werden, welche zum einen der persönlichen Entwicklung dienen und zum anderen für den Erhalt der Gesellschaft von funktionaler Bedeutung sind (Shell Jugendstudie 2010: 27; vgl. dazu auch Havighurst 1981). Nach Havighurst (1982[56]) definieren die Entwicklungsaufgaben für jeden Menschen die vorgegebenen Bewältigungs- und Anpassungsschritte, welchen diese sich im Kontext der Auseinandersetzung mit den äußeren und inneren Anforderungen stellen müssen (Hurrelmann 2010: 26 f; vgl. dazu auch Havighurst 1982[56]).

Im entwicklungspsychologischen Kontext wird mit dem Begriff Entwicklungsaufgabe die Umsetzung körperlicher, psychischer, sozialer und ökologischer Anforderungen der einzelnen Lebensphasen in individuelle Verhaltensprogramme bezeichnet. Hurrelmann (2006; 2010) definiert Entwicklungsaufgaben als in jeder Kultur existierende Zielprojektionen, die Menschen verschiedener Altersgruppen (Kinder, Jugendliche, Erwachsene, Senior/-innen) bewältigen müssen (Hurrelmann 2006: 35) und versteht darunter somit sozial und psychisch vorgegebene Anforderungen und Erwartungen, welche an Individuen in bestimmten Lebensabschnitten gerichtet werden (Hurrelmann 2010: 26 f).

Die Autor/-innen der Shell Jugendstudie (2010) merken an, dass Entwicklungsaufgaben sowohl kulturell als auch zeitlich bedingt sind (Shell Jugendstudie 2010: 27). Nach Aussagen von Hurrelmann (2010), welcher sich dabei auf Oerter/Montada (1995) und Silbereisen/Eyferth/Rudinger (1986) stützt, berühren Entwicklungsaufgaben einander und gehen ineinander über (vgl. dazu auch Oerter/Montada 1995; Silbereisen/Eyferth/Rudinger 1986). Entsprechend betont Hurrelmann (2010), dass die (Nicht-)Bewältigung einer Entwicklungsaufgabe im Jugendalter – etwa der Aufbau sozialer Kompetenz – Auswirkungen darauf hat, wie Anforderungen in anderen Bereichen – etwa im Kontext des Aufbaus von Beziehungen zum gleichen oder anderen Geschlecht – bewältigt werden. Darüber hinaus besteht seinen Ausführungen nach ein Zusammenhang zwischen der erfolgten Bewältigung einer Entwicklungsaufgabe und der Möglichkeit der Auseinandersetzung mit einer neuen – an die alte anknüpfende – Aufgabe in einer anschließenden Lebensphase (Hurrelmann 2010: 27).

Im Anschluss an die Erläuterung das Konzepts der Entwicklungsaufgaben sollen im nun folgenden Abschnitt die für die heutige Lebensphase Jugend typischen und aktuell konstitutiven Entwicklungsaufgaben dargestellt werden, welche sich nach Hurrelmann (2010) und den Autor/-innen der Shell Jugendstudie (2010)[13] in vier zentrale Bereiche gliedern (Hurrelmann 2010: 27 f; Shell Jugendstudie 2010: 40) lassen:

Zunächst nennen sie *(1) die Entwicklungsaufgabe „Qualifikation“,* in deren Kontext es ihrer Beschreibung nach um die Entfaltung einer sozialen und interkulturellen Kompetenz geht, welche wiederum eine autonome und selbstbestimmte Bewältigung schulischer und anschließender beruflicher Anforderungen ermöglicht, zur beruflichen Eingliederung verhilft und hierdurch eine ökonomische Basis für die eigene Existenz sichert. Aus soziologischer Perspektive handelt es sich dabei, laut der Autor/-innen der Shell Jugendstudie (2010), *„um die Übernahme einer Mitgliedschaftsrolle in der Leistungsgesellschaft und die Vorbereitung auf die Übernahme der Verantwortung für die ‚ökonomische Reproduktion‘ der Gesellschaft“* (Shell Jugendstudie 2010: 40) (ebd.; Hurrelmann 2010: 27).

Hiernach nennen Hurrelmann (2010) und die Autor/-innen der Shell Jugendstudie (2010) *(2) die Entwicklungsaufgabe „Ablösung und Bindung“*, im Rahmen derer sich die Herausforderung stellt, die veränderte körperliche Erscheinung zu akzeptieren. Weitere zentrale Aspekte im Rahmen dieser Entwicklungsaufgabe stellen die emotionale und soziale Ablösung vom Elternhaus, die Entwicklung einer Geschlechtsidentität, das Eingehen von (mehr oder minder) festen Bindungen zu Gleichaltrigen sowie der Aufbau (einer hetero- oder homosexuellen) Partnerbeziehung, welche gegebenenfalls die Basis für eine Familienplanung und die Geburt und Erziehung eigener Kinder bilden kann. Bei dieser Aufgabe handelt es sich aus soziologischer Sicht um die Verantwortungsübernahme hinsichtlich der Sicherung sozialer Bindungen sowie „der ‚biologischen Reproduktion‘ der Gesellschaft“ (Shell Jugendstudie 2010: 40; Hurrelmann 2010: 27 f).

Hiernach führen Hurrelmann (2010) und die Autor/-innen der Shell Jugendstudie (2010) *(3) die Entwicklungsaufgabe „Regeneration“* auf, in deren Kontext es um den Aufbau und die Erprobung eigener Handlungsmuster für eine angemessene Nutzung des Konsumwaren- und Medienmarktes sowie um das Erlernen der Fähigkeit zum Umgang mit monetären Mitteln geht. Ziel ist es laut der Autor/-innen der Shell Jugendstudie (2010) und Hurrelmann (2010) in diesem Zusammenhang, einen eigenen Lebensstil sowie einen bedürfnisorientierten und kontrollierten Umgang mit „Freizeit“-Angeboten zu erreichen. Aus der Perspektive von Soziolog/-innen geht es im

[13] Zu den Autor/-innen der Shell Jugendstudie zählt im Übrigen auch Klaus Hurrelmann.

Rahmen dieser Entwicklungsaufgabe um eine Teilhabe an der Konsumwirtschaft sowie um eine Regeneration der Arbeitskraft (Shell Jugendstudie 2010: 40; Hurrelmann 2010: 28).
Abschließend nennen Hurrelmann (2010) und die Autor/-innen der Shell Jugendstudie (2010) *(4) die Entwicklungsaufgabe „Partizipation"*, in deren Rahmen sich der Fokus auf die Entwicklung einer autonomen Werte- und Normenorientierung sowie auf die Bildung eines ethischen und politischen Bewusstseins richtet, welches mit den eigenen Handlungen und Verhaltensweisen konform läuft. Aus soziologischer Sicht geht es in diesem Kontext um die eigenverantwortliche Übernahme gesellschaftlicher Partizipationsrollen als Bürger/-innen im gesellschaftlichen, kulturellen und politischen Raum und somit um die Sicherstellung der Teilhabe des Individuums am Reproduktionsprozess der demokratischen Gesellschaft (Shell Jugendstudie 2010: 40; Hurrelmann 2010: 28).

Nach Hurrelmann (2010) kann von einem Übergang von der Lebensphase Jugend in das Erwachsenenalter gesprochen werden, wenn die vier beschriebenen Entwicklungsaufgaben der Jugendphase bewältigt und somit die „Selbstbestimmungsfähigkeit" des Individuums als erreicht gilt. Dementsprechend muss (1) die Entwicklung der sozialen und interkulturellen Kompetenz abgeschlossen und die Übernahme selbstverantwortlicher und existenzsichernder (beruflicher) Leistungsfähigkeiten erfolgt sein, (2) der Aufbau einer festen hetero- oder homosexuellen Partnerbeziehung vollzogen und die Möglichkeit zur Familiengründung gegeben sein, (3) im Freizeit- und Konsumsektor ein hoher Grad an Selbstständigkeit der eigenen Verhaltenssteuerung eingetreten sein sowie (4) sich ein Normen- und Wertesystem entfaltet und vorläufige Stabilität erreicht haben (Hurrelmann 2010: 28).

Laut Hurrelmann (2010) ist die Bewältigung der genannten Entwicklungsaufgaben – vor dem Hintergrund der gegenwärtigen gesellschaftlichen Entwicklungen – für eine Vielzahl der Jugendlichen zu einer großen Herausforderung geworden, da sie zur heutigen Zeit mehr Informationen verarbeiten und Entscheidungen treffen müssen als die Generationen vor ihnen. Zur Nutzung dieser Wahlfreiheit benötigen Jugendliche heutzutage vielfältige Kompetenzen (Shell Jugendstudie 2010: 40 f). Entsprechend tritt nach Tamke (2008) häufig die Situation ein, dass bestimmte Entwicklungsaufgaben gar nicht vollständig abgeschlossen werden können, weil etwa infolge schlechter Bildungsvoraussetzungen der Eintritt in einen Beruf nicht erfolgt ist oder weil sich aus bestimmten Gründen gegen eine Familiengründung entschieden wird. Gemäß der traditionellen Standards gelten solche Personen – Hurrelmanns (2010) Verständnis nach – nicht als „erwachsen", da sie die Rollenanforderung bezüglich der ökonomischen und biologischen Reproduktion nicht erfüllen, welche seiner

Meinung nach jedoch als charakteristisch für „Vollerwachsene" gelten (Tamke 2008: 27; vgl. dazu Hurrelmann 2010: 9). An diese Kritik ließe sich nach Tamke (2008) eine lange Debatte über problematische Formulierungen, wie den Kompetenzbegriff, oder die Beschränkung auf heterosexuelle Partnerschaften (vgl. dazu Silbereisen/Wiesner 1999) anschließen (Tamke 2008: 27), welche jedoch im vorgesehenen Rahmen nicht geführt werden kann. Wichtig für die vorliegende Arbeit ist der Abgrenzungsbezug über die Persönlichkeitsentwicklung. So postuliert Kordes (1996), dass die Entwicklungsaufgaben Jugendlicher keinesfalls an Bedeutung verloren, sich dafür allerdings verändert haben und dementsprechend neu zu formulieren sind (Kordes 1996: 46).

Zentrale Dimensionen jugendlicher Lebenslagen

Bevor die Ergebnisse der drei durchgeführten (exemplarischen) Lebenslagenanalysen multidimensional sozial benachteiligter männlicher Jugendlicher abgebildet werden, sollen im nun folgenden Kapitel zunächst deren zentrale Dimensionen der Lebenslage vorgestellt werden.

Auch, wenn sich die Lebenslagen Jugendlicher in der Bundesrepublik Deutschland äußerst differenziert gestalten, werden diese – wie bereits erwähnt – jedoch wesentlich durch die Dimensionen „Wohnen" (Unterkapitel 3.3.1), „Bildung und Beschäftigung(slosigkeit)" (Unterkapitel 3.3.2), „Alltag und Freizeit" – hierunter auch: Nutzung (digitaler) Medien, Konsum (il-)legaler Drogen und Straffälligkeit; Unterkapitel 3.3.3) und „soziale Beziehungen (persönliche Kontakte und soziale Netzwerke; Unterkapitel 3.3.4)" beeinflusst, weil diese Dimensionen nach Ansicht des Autors das Fundament einer autonomen und selbstbestimmten Lebensführung Jugendlicher darstellen und innerhalb dieser die Identitätsbildung und die Selbstentfaltung (vorrangig) stattfindet. Entsprechend bietet eine Analyse der folgend dargestellten Dimensionen die Möglichkeit, Rückschlüsse auf die Teilhabesituation Jugendlicher zu ziehen und somit (soziale) Ungleichheitsverhältnisse im Kontext ihrer Lebenslagen zu beleuchten, welche die Feststellung (gemeinsamer) Unterstützungsbedarfe der fokussierten Zielgruppe und die Formulierung von Handlungsempfehlungen für die soziale Praxis ermöglichen.

Wohnen

Eine zentrale Rolle im Kontext jugendlicher Lebenslagen spielt nach Ansicht des Autors die *Dimension „Wohnen"*. Entsprechend betont Hradil (2001), dass die Lebenschancen von Menschen erheblich durch ihre Wohnsituation beeinflusst werden

(Hradil 2001: 300 f), weil große Teile der Freizeit in der Wohnung verbracht werden. So stellt er fest, dass neben Preis, Größe und Ausstattung insbesondere die Sicherheit gegen Verlust und Umwelt einen erheblichen Beitrag zur Selbstverwirklichung der Individuen sowie zur Stilisierung und zum Ausdruck ihrer persönlichen Lebensweise beitragen. In Anbetracht dessen gelten die Beschaffenheit der Wohnung und des Wohnumfeldes seiner Formulierung nach mittlerweile als „wichtige Rahmenbedingung menschlichen Lebens“ (ebd.: 300) (ebd.: 300 f). Nach Ansicht des Autors der vorliegenden Arbeit ist die Wohnsituation für Jugendliche von besonderer Bedeutung. Neben der Tatsache, dass die Wohnung für viele Jugendliche einen Ort der Verpflegung (mit Nahrung) und der Erholung sowie gegebenenfalls den gemeinsamen „Lebensraum“ der (Herkunfts-)Familie oder Partnerschaft darstellt (vgl. z.B. Hurrelmann 2010), dient sie als Raum zur individuellen Entfaltung und demzufolge zur Persönlichkeitsentwicklung, als Rückzugs- und Schutzort sowie als geeigneter Ort zur Erprobung von Verhaltens- und Bewältigungsmustern im Kontext einer Rückkopplung durch Vertrauenspersonen (vgl. z.B. Leutschacher 2007). Allerdings gestaltet sich die Wohnsituation Jugendlicher differenziert und zu weiten Teilen ungleich. Laut der Autor/-innen der Shell Jugendstudie (2010) wächst ein Teil der Jugendlichen in Großfamilien auf, in welchen sie mit den Geschwistern und teilweise (sogar zusätzlich) mit den Großeltern in einer Wohnung leben. Andere leben bei nur einem Elternteil, beim Stiefvater oder der Stiefmutter, in Patchwork- oder Pflegefamilien oder (ohne den erforderlichen Rückhalt durch die Familie) in stationären Einrichtungen der HzE (§§ 34 ff. SGB VIII; vgl. Unterkapitel 7.1).

Laut den Ergebnissen der Shell Jugendstudie (2010) leben beinahe drei Viertel aller Jugendlichen (73%) im Jahr 2010 im Haushalt der Eltern. 2006 belief sich dieser Anteil noch auf 72% und 2002 ließ sich ein Prozentsatz von 75 verzeichnen. Beinahe zwei Drittel aller Jugendlichen im Alter zwischen 22 und 25 Jahren (62%) leben zum Zeitpunkt der Befragung im Jahr 2010 nicht mehr im Elternhaus (Shell Jugendstudie 2010: 18). Nach Aussage der Autor/-innen der Shell Jugendstudie (2010) verlassen insbesondere sozial benachteiligte Jugendliche früh das Elternhaus und wohnen alleine, in Wohngemeinschaften oder leben in einer gemeinsamen Wohnung mit dem/der Partner/-in (ebd.: 53). Können Jugendliche aus bestimmten Gründen nicht mehr bei den Eltern leben, kommen für diese nach Scheffler (2010) verschiedene Wohnformen, wie z.B. stationäre Einrichtungen der HzE (sozialpädagogisch begleitete Wohngemeinschaften oder Jugendwohngruppen, sozialpädagogisch begleitetes Einzelwohnen, Außenwohngruppen u.v.m.) in Betracht. Ansprechpartner für Fragen bezüglich außerfamiliärer Unterbringungsformen sind die zuständigen

Jugendämter[14]. Besondere Problemlagen (und dadurch bedingte Unterstützungsbedarfe) sind gegeben, wenn für Jugendliche keine Wohnform mehr in Frage kommt und diese folglich wohnungslos werden (Scheffler 2010: 63).

Neben den Wohnbedingungen spielt auch das Wohnumfeld eine entscheidende Rolle im Kontext jugendlicher Lebenslagen. So stellt das Wohnumfeld (welches meist bestimmt, welche Schule besucht wird) nach Oberwittler in Dollinger/Schmidt-Semisch (2011) einen zentralen Sozialisationskontext dar, welcher Jugendlichen die Gelegenheiten zum Lernen, zur Erfahrungssammlung, zur Interaktionen und folglich zum Erwerb sozialer Kompetenzen bietet und sie im Zuge dessen mit Ressourcen versorgt (Jugert et al. 2011; Grundmann/Lüscher 2000; Bronfenbrenner 1979). Wohngebiete unterscheiden sich unter anderem hinsichtlich (infra)struktureller und qualitativer Bedingungen voneinander, wodurch Jugendliche aus prekären Wohngebieten andere (meist weniger förderliche) Erfahrungen sammeln und weniger idealen Wohn(umfeld)bedingungen unterliegen als Jugendliche aus privilegierten Wohngebieten. Während einige Jugendliche in wohlhabenden, ruhigen Wohnhaussiedlungen leben, wohnen die anderen in sozialen Brennpunkten, welche die dort lebenden Jugendlichen vor große Herausforderungen stellen. Wie auch in den nachfolgenden Dimensionen gibt es zwischen diesen Extremen diverse Abstufungen und zahlreiche Kombinationsmöglichkeiten lebensweltlicher Erfahrungen mit jeweils unterschiedlichen Auswirkungen auf die Jugendlichen. Ursächlich für die Vielgestaltigkeit und Ungleichheit der sozialräumlichen Kontexte Jugendlicher ist insbesondere die grundlegende Tatsache der sozialen (und ethnischen) Segregation, welche über verschiedene Mechanismen des Wohnungsmarktes und des Städtebaus (u.a.) dazu führt, dass Jugendliche aus Familien in ähnlichen sozialen Lebenslagen in gleichen Stadtvierteln und Wohngebieten leben (müssen) (vgl. z.B. Farwick 2007; Häußermann 2008; Kirsten 2008; Oberwittler 2007a, b; Solga/Wagner 2008). Folglich leben sozial benachteiligte Jugendliche oft in als „soziale Brennpunkte“ bezeichneten Wohngebieten, welche Oberwittler in Dollinger/Schmidt-Semisch (2011) als „Stadtviertel mit hohen Konzentrationen sozial benachteiligter Bewohner“ (Oberwittler in Dollinger/Schmidt-Semisch 2011: 213) definiert (ebd.).

Zusammenfassend kann festgehalten werden, dass sich soziale Ungleichheiten bezüglich der Dimension Wohnen feststellen lassen, welche sich äußerst vielfältig gestalten. In diesem Rahmen kann festgestellt werden, dass prekäre Wohnverhältnisse und ungünstige Wohnumfeldbedingungen zu Benachteiligungen und Problemlagen führen, welche sich negativ auf die Lebensführung Jugendlicher auswirken und somit

[14] Im Bundesland Bremen ist der Fachdienst „Junge Menschen“ des Amtes für Soziale Dienste (AfSD) der zuständige Ansprechpartner.

zu Benachteiligungen in anderen Lebensbereichen (z.B. im Bereich Schule, Ausbildung und soziale Beziehungen) führen können. Soziale (und ethnische) Segregationsprozesse verstärken diese Prozesse und fördern die Exklusion sozialer Randgruppen.

Bildung und Beschäftigung(slosigkeit)

Eine weitere zentrale Dimension der Lebenslage Jugendlicher stellt die *Dimension „Bildung und Beschäftigung(slosigkeit)"* dar, weil diese maßgeblich entscheidend für die Zukunftschancen der Jugendlichen ist. So betonen die Autor/-innen der Shell Jugendstudie (2010), dass sowohl der schulischen als auch der beruflichen Ausbildung von Jugendlichen eine zentrale und richtungsweisende Funktion zukommt, da sich mit dem Erwerb von Bildungstiteln Chancen am Arbeitsmarkt eröffnen (Shell Jugendstudie 2010: 110). In Anbetracht dessen ist der Druck, einen guten Bildungsabschluss zu erreichen, eine Ausbildungsstelle zu finden und anschließend einen Arbeitsplatz zu finden, für viele Jugendliche sehr groß (ebd.: 41).

Nach Scheffler (2010) stellt die Schule einen zentralen Lebensbereich und zugleich einen zentralen Sozialisationskontext für Jugendliche dar. In der Schulzeit bekommen junge Menschen erstmalig soziale Differenzierungsprozesse zu spüren, indem leistungsorientiert zwischen „guten" und „schlechten" Schüler/-innen differenziert wird, diese im Vergleich zueinander ungleich erscheinen und die ersten ungleichen Lebensbedingungen erfahren. Während einige Schüler/-innen gute Leistungen zeigen, hierfür entsprechend Lob aus dem Umfeld (z.B. von Eltern, Lehrer/-innen etc.) erhalten und Interesse an den schulischen Leistungen seitens der Eltern gezeigt bekommen, werden andere oft bereits schon zu Beginn der Schulzeit – infolge schlechterer Leistungen, weniger Lob (bis hin zur Bestrafung) und mangelndem Interesse der Eltern an schulischen Leistungen – entmutigt und verlieren die Motivation zum Lernen. In der Folge erhalten sie bereits in frühen Jahren das Gefühl unfähiger und somit weniger wertvoll zu sein, als andere Schüler/-innen. Dies setzt sich dann im weiteren Lebenslauf fort. Jugendliche, welche einen schlechten oder gar keinen Schulabschluss nachzuweisen haben, haben bekanntermaßen größere Schwierigkeiten einen Ausbildungsplatz zu finden und entsprechend die Integration in den Arbeitsmarkt erfolgreich zu bewerkstelligen. So weist z.B. Scheffler (2010) daraufhin, dass „eine abgeschlossene Berufsausbildung .. die Voraussetzung für eine eigenständige Existenzsicherung (darstellt)" (Scheffler 2010: 68) und *„Problemlagen ... ein(treten), wenn kein Ausbildungsplatz gefunden wird, eine Ausbildung abgebrochen wird oder die schulischen Voraussetzungen für eine Ausbildung nicht gegeben sind"* (ebd.).

Ähnlich beschreibt dies auch Hurrelmann (1997), welcher den schulischen Erfolg und den Erwerb von Bildungstiteln als immens wichtig für die (zukünftige) Lebensgestaltung und -führung Jugendlicher betrachtet. In diesem Kontext berichtet er, dass die Schule allerdings nicht ausschließlich infolge der hohen Bedeutung von Bildungsabschlüssen, sondern ebenso infolge ihrer Sozialisationsfunktion von zentraler Wichtigkeit für die Lebensgestaltung und -führung Jugendlicher ist. So stellt die Institution Schule an Jugendliche bestimmte Leistungs- und Sozialanforderungen, zu welchen bspw. die Zurückstellung eigener Wünsche und Bedürfnisse und die soziale Anpassung zählen (Hurrelmann 1997: 107 f).

Laut der Autor/-innen der Shell Jugendstudie (2010) garantieren jedoch selbst gute Bildungs- und Ausbildungsvoraussetzungen nicht unbedingt die angestrebte Sicherheit im Kontext der Erwerbsbiografie. Die Chancen einer erfolgreichen beruflichen Eingliederung und (damit eng verbunden) die Teilhabe am sozialen, gesellschaftlichen und kulturellen Leben werden somit immer schwerer kalkulierbar. So scheint es nicht verwunderlich, dass dies bei sozial (benachteiligten) Jugendlichen nicht selten zu Überforderung, Desillusionierung, Demotivation, Resignation, Rückzug und/oder Isolation führt (Shell Jugendstudie 2010: 37 f). Entsprechend gewinnt auch das Thema Beschäftigungslosigkeit für Jugendliche zunehmend an Bedeutung. Scheitert nämlich die Bewältigung der Leistungs- und Sozialisationsanforderungen im Bildungs- und Beschäftigungsbereich, erfahren die betroffenen Jugendlichen oft bereits in jungen Jahren das Schicksal der Langzeitarbeitslosigkeit mit ihren psychosozialen Folgen (Ausgrenzung, Stigmatisierung als „Bildungsverlierer" und „Sozialschmarotzer"; vgl. dazu Picot/Willert 2010).

Weil also nicht alle Jugendlichen willens oder in der Lage sind, die Anforderungen in den Bereichen „Bildung und Beschäftigung" gleich erfolgreich zu bewältigen, gewinnt die Dimension Beschäftigungslosigkeit[15] im Kontext jugendlicher Lebenslagen zunehmend an Bedeutung. Weitere Gründe für die vermehrte Relevanz von Beschäftigungslosigkeit im Kontext jugendlicher Lebenslagen stellen nach Scheffler (2010) „Schulmüdigkeit und Schulverweigerung" dar, welche ihrer Auffassung nach erste Anzeichen für einen Rückzug aus dem System Gesellschaft darstellen können (Scheffler 2010: 68). Denn obwohl die meisten Jugendlichen sich bewusst darüber sind, dass sie zur heutigen Zeit ohne oder mit schlechtem Schulabschluss nur schwer eine Ausbildung finden und sie dadurch mit großer Wahrscheinlichkeit ein Leben in Arbeitslosigkeit oder ein ungünstiges Beschäftigungsverhältnis (z.B. schlechte Bezahlung, ungesunde Arbeitsbedingungen, wenig Anerkennung etc.) erwartet,

[15] In diesem Kontext wird der Begriff Beschäftigungslosigkeit dem Begriff Arbeitslosigkeit vorgezogen, weil Ersterer auch die Problematik der Schulverweigerung und Schulvermeidung erfasst.

besagen jüngste Studien, dass immer noch fast jeder dreizehnte Jugendliche in der Bundesrepublik die Schule ohne Abschluss verlässt (vgl. dazu Menker 2010). Folglich haben diese es oft sehr schwer, den Übergang in ein Ausbildungsverhältnis (nahtlos) zu bewerkstelligen und anschließend in ein (unbefristetes) Beschäftigungsverhältnis zu gelangen.

Eine besondere Rolle kommt dem Nebenjob im Kontext jugendlicher Lebenslagen zu, wenn z.B. die mit der (ersten) eigenen Wohnung verbundene größere Eigenverantwortlichkeit finanziert sein will. Sowohl im Studium als auch in der Berufsausbildung muss laut der Autor/-innen der Shell Jugendstudie (2010) aus diesem Grund oft zuverdient werden (Shell Jugendstudie 2010: 85 f). Laut den Ergebnissen der Shell Jugendstudien (2010; 2002) dieses Jahrhunderts erhöht sich der Anteil der Jugendlichen, die sich Geld dazuverdienen, seit 2002 leicht. Während sich im Jahr 2002 noch 32% der Jugendlichen mit einem Nebenjob das Taschengeld aufgebessert haben, verdient sich im Jahr 2010 bereits etwas mehr als ein Drittel (34%) der Jugendlichen zwischen zwölf und 25 Jahren mit Nebenjobs etwas dazu (Shell Jugendstudie 2010: 86). Je nach Statuspassage haben Nebenjobs im Leben der Jugendlichen eine unterschiedliche Bedeutung. Während der Schulzeit sind sie Ausdruck des Versuchs, möglichst schnell mehr Unabhängigkeit vom elterlichen Haushalt zu erreichen. Auch während der Berufsausbildung, welche in der Regel sehr gering vergütet wird, schaffen Nebenjobs erweiterte finanzielle Handlungsmöglichkeiten und somit einen (erweiterten) eigenen Entscheidungsspielraum (Shell Jugendstudie 2010: 85 f).

Zusammenfassend kann festgehalten werden, dass sich auch die Bildungs- und Beschäftigungssituation von Jugendlichen stark differenziert gestaltet. Während sich die einen (sozialisationsbedingt) motiviert und leistungsorientiert zeigen, im Laufe ihrer (Aus-) Bildungskarriere zahlreiche (Aus-)Bildungstitel erwerben und in ein günstigeres Beschäftigungsverhältnis (unbefristet, hohes Einkommen o.Ä.) münden, zeigen sich andere demotiviert und antriebslos, erwerben wenige bis gar keine Bildungstitel und gelangen somit allenfalls in ein ungünstiges Beschäftigungsverhältnis, was sich folglich negativ auf die Lebensführung und Lebensgestaltung auswirkt.

Alltag und Freizeit

Um den Begriff Alltag zu erläutern sollen die die Ausführungen von Thiersch (2005; 1992) herangezogen werden. Gemäß dem Verständnis von Thiersch in Engelke (1992) ist Alltag ein Aspekt von Wirklichkeit, welcher auf den Lebenserfahrungen aller Menschen basiert. Entsprechend betont er, dass das Alltagsleben durch die eigenen Erfahrungen und Aufgaben wahrgenommen wird, welche sich im Umfeld von

Individuen vorfinden sowie dass durch Regeln und Routine Entlastungen für Menschen (Thiersch in Engelke 1992: 274 f) entstehen. Nach Thiersch in Engelke (1992) spiegelt sich in der Bewältigung des Alltags eine Ungleichheit der Ressourcen einzelner Individuen wider. In diesem Kontext berichtet er, dass sich Schwierigkeiten im Alltag ergeben, welche sich seinen Beschreibungen zufolge unter anderem durch Verunsicherung, Verweigerung, Protest und Überlastung zeigen (vgl. dazu emanzipatives Alltagskonzept; ebd.). Ziel sozialpädagogischer Interventionen ist nach Thiersch ein „gelingenderer" Alltag, da ein gelungener Alltag die Vollendung darstellt (Thiersch in Engelke 1992: 275 f). Ein etwas anderes Alltagsverständnis wird im Rahmen des interaktionistischen Paradigmas verfolgt, nach welchem die alltägliche Lebenswelt als strukturiert gilt und in erlebte Zeit, erlebten Raum und erlebte soziale Bezüge untergliedert wird. Nach dieser (phänomenologischen) Konzeption ist die Bewältigung des Alltags durch Deutungs- und Handlungsstrategien geprägt. Dabei werden einzelne Mitglieder der Gesellschaft nicht bloß als Repräsentanten gesellschaftlicher Strukturen, sondern vielmehr in deren jeweils eigenen und individuellen Verhältnissen gesehen, welche sie selbst aktiv mitgestalten können (Thiersch/Grundwald/Köngeter in Thole 2005: 168). Wird hingegen der kritischen Alltagstheorie gefolgt, welche von einer „Doppelbödigkeit" des Alltags ausgeht, ist dieser nach Thiersch/Grundwald/Köngeter in Thole (2005) einerseits durch eine entlastende Funktion gekennzeichnet, weil er Sicherheit, Routine und Produktivität im Handeln bietet. Andererseits erzeugt Alltag ihrer Auffassung nach eine Enge, führt zu Unbeweglichkeit und stellt somit eine gewisse Einschränkung im menschlichen Leben dar (Thiersch/Grundwald/Köngeter in Thole 2005: 168).

Nach Hradil (2001) untergliedert sich der Alltag in Erwerbstätigkeit und Freizeit. Dieses Alltagsverständnis findet auch im Rahmen der nachfolgenden Darstellung Anwendung. Hradil (2001) berichtet in diesem Kontext, dass die durchschnittliche Arbeitszeit der Erwerbstätigen während der vergangenen Jahrzehnte stetig abgenommen hat, sodass sich in der Folge die Interessen und Lebensziele vieler Menschen zunehmend auf den Freizeitbereich verlagert und Ungleichheiten bezüglich der Freizeitchancen an Bedeutung gewonnen haben (Hradil 2001: 315). Was unter „Freizeit"[16] verstanden werden kann, differenziert sich sowohl im allgemeinen Sprachgebrauch als auch in den Sozialwissenschaften (Hradil 2001: 315; vgl. dazu auch Eichler 1979: 13 f; Opaschowski 1994; Scheuch 1977). Im Rahmen der vorliegenden Arbeit soll in Anlehnung an Hradil (2001) *„unter ‚Freizeit' nicht jede Zeit außerhalb der beruflichen Arbeit verstanden werden, sondern nur jene, die weitgehend frei ist von notwendigen Tätigkeiten wie Schlafen, Essen, Behördengängen, Hausarbeiten*

[16] Zur historischen Entwicklung der Freizeit vgl. z.B. Nahrstedt 1974.

etc. und daher mehr oder minder der freien Gestaltung offen steht" (Hradil 2001: 316). Ebenfalls erfasst in diesem Freizeitverständnis ist die so genannte „Halbfreizeit" (Dumazedier 1962), in welcher sich nach Hradil (2001) Pflichten mit frei gewählten Verhaltensweisen mischen (z.B. im Kontext häuslicher Reparaturen oder der Ausführung von Ehrenämtern). Gemäß diesem Verständnis haben Menschen Freizeit in Form von Tagesfreizeit (z.B. nach Feierabend), Wochenend-, Urlaubs- oder Lebensfreizeit (nach der Pensionierung). Nach Neubacher (2011) kann die Freizeit *„als komplementäres Gegenstück zum Schul- oder später Berufs- und Arbeitsbereich verstanden werden"* (Neubacher 2011: 148). Seiner Beschreibung nach umfasst sie nicht bloß eine bestimmte Zeit, sondern birgt vielmehr eine eigene Welt mit bevorzugten Aktivitäten, Partner/-innen und Freund/-innen, Aufenthalten sowie mit dem Erleben von Selbstwirksamkeit, Selbstverwirklichung, Erfüllung und Freude. Er betont diesbezüglich jedoch, dass einige dieser Aspekte lediglich als Sehnsucht erfahren werden und somit bloß als Idealvorstellung gelten (ebd.). Viele Gesellschaftsmitglieder benötigen infolge ungünstiger Arbeitsbedingungen (z.B. starke körperliche und/oder psychische Belastung) einen erheblichen Teil der Freizeit zur Regeneration und Erholung, wodurch ihr Freizeitverhalten nach Hradil (2001: 317) „weniger frei gewählt als vom Beruf diktiert" ist. Diese Personen bezeichnet er als „Freizeitproletariat" (ebd.: 318) (ebd.: 316 ff.).

Laut der Autor/-innen der Shell Jugendstudie (2010) stellt die Dimension „Freizeit" für Jugendliche den wohl wichtigsten sozialen Raum zur Selbstentfaltung sowie zur Persönlichkeitsentwicklung dar (Shell Jugendstudie 2010: 18 f). Allerdings zeigt sich laut Beschreibung der Autor/-innen der Shell Jugendstudie (2010) die soziale Herkunft bezüglich des Freizeitverhaltens als differenzierendes Merkmal. Bei Jugendlichen aus sozial besser gestellten Herkunftsfamilien verstärkt das Freizeitverhalten die Impulse aus dem Elternhaus positiv. Hingegen entfaltet das Freizeitverhalten bei Jugendlichen aus sozial benachteiligten Herkunftsfamilien oftmals keine förderliche Struktur. Auch nach Hurrelmann (2005) gehen Jugendliche aus privilegierten Familien in ihrer Freizeit eher kreativ-künstlerischen Aktivitäten nach, während sich sozial benachteiligte Jugendliche oft auf den Konsum digitaler Medien beschränken. Überdies gibt er an, dass sozial benachteiligte auch seltener „Lesen" als Freizeitbeschäftigung wählen als Jugendliche aus privilegierten Milieus (Hurrelmann 2005: 17 f). Die Autor/-innen der Shell Jugendstudie betonen, dass fehlende Lebensperspektiven in einem solchen Kontext zu einer verstärkten Abkehr gesellschaftlicher Normvorstellungen führen können (Shell Jugendstudie 2010: 18 f). Nach Göppinger et al. (1983) und Glueck/Glueck (1973) resultieren die unterschiedlichen Freizeitrisiken dabei letztlich aus einem Zusammenspiel von familiären (und damit materiellen und kulturellen) Startbedingungen und der jeweiligen Eigendynamik, welche sich entsprechend der vorfindlichen Gegebenheiten entwickelt. Einige erhalten familiäre Anregungen und werden zu sportlichen und kulturellen Aktivitäten angeregt und integrieren sich in gesellschaftliche Gruppierungen. Andere erleben nur wenig Anregung seitens der Herkunftsfamilie, suchen eher in unstrukturiert-offenen und spontanen Abläufen Abenteuer oder versuchen mittels straffälligem Verhalten, Drogenmissbrauch oder exzessivem Medienkonsumverhalten den Alltag zu durchbrechen (Göppinger et al. 1983: 94 f; Glueck/Glueck 1973: 83 f). In diesem Zusammenhang merkt Neubacher (2011) an, dass weiterhin neue – mitunter weitreichende – Gefahren durch exzessiven Alkoholkonsum auftreten, welcher vielfach zur Überbrückung von Leere oder Langeweile erfolgt (Neubacher 2011: 150).

Laut den Ergebnissen der JIM-Studie (2011) sind für die befragten Jugendlichen neben der Beschäftigung mit (digitalen) Medien (vgl. Unterkapitel 3.3.3.1) auch andere Freizeitaktivitäten bedeutsam. An erster Stelle nennen die Autor/-innen der JIM-Studie (2011) die Zusammenkunft mit Freund/-innen. Ihren Erhebungen nach verabreden sich 84% der befragten Jugendlichen regelmäßig zu einem Treffen mit ihren Freund/-innen. Weiterhin hat die Studie ergeben, dass beinahe drei Viertel (72%) der Proband/-innen in ihrer Freizeit sportlichen Aktivitäten nachgehen, 29% regelmäßig Diskotheken und Partys aufsuchen. Etwa jeder Vierte (24%) produziert selbst Musik, sei es durch die Mitwirkung in einer Band oder das Spielen von Instrumenten. Ein beinahe ebenso großer Anteil (23%) unternimmt regelmäßig gemeinsame Aktivitäten mit der Familie und immerhin ungefähr jeder Siebte (14%) betätigt sich kreativ – beispielsweise durch Basteln oder Malen. Jeder Zehnte (10%) besucht mehrmals in der Woche Sportveranstaltungen. Weiterhin feiern 44% der Jugendlichen gern auf Partys und weitere 29% bezeichnen sich selbst als Discogänger. Hinsichtlich der Freizeitbeschäftigungen lassen sich nur wenige geschlechtsspezifische Unterschiede erkennen. So unterscheiden sich männliche und weibliche Jugendliche lediglich in den Bereichen Sport(veranstaltungen) und Partys – welche von Jugendlichen männlichen Geschlechts häufiger genutzt werden – sowie Shoppingtouren, Familienunternehmungen und kreative Tätigkeiten – welche verstärkt von Jugendlichen weiblichen Geschlechts unternommen werden – voneinander (JIM-Studie 2011: 7). Mit zunehmendem Alter der Jugendlichen geraten bestimmte Freizeitaktivitäten zugunsten anderer in den Hintergrund. So geraten sportliche, kreative und musikalische Aktivitäten zugunsten von sich mit Freund/-innen treffen, „chillen“ (sich ausruhen) und Partys feiern und Discogängen in den Hintergrund (ebd.: 8).

Um die vorangegangene Vielfalt der Freizeitbeschäftigungen zu erfassen, wurden diese von den Autor/-innen der Shell Jugendstudie (2010) zu vier unterschiedlichen

Feldern zusammengefasst[17], anhand derer sich die Jugendlichen in vier (fast gleich große) Gruppen einteilen lassen.[18] Beinahe ein Viertel der Jugendlichen (23%) kann als *(1) kreative Freizeitelite* charakterisiert werden. Die Angehörigen dieser Gruppe lesen Bücher (65%), betreiben Freizeitsport (47%), unternehmen viel mit der Familie (38%) und haben eine kreativ-künstlerische Ader (30%). Hingegen besuchen sie eher selten Discos (4%) oder Kneipen (1%). Auch shoppen gehen (7%) oder rumhängen (5%) stehen eher selten auf deren Tagesplan. Eine ebenso große Gruppe (23%) wird als *(2) engagierte Jugendliche* beschrieben, welche oft Vereinssport (74%) und häufig nebenbei noch Freizeitsport treiben (42%), sich in Projekten engagieren (19%) und sich gern mit Leuten treffen (43%). Computer spielen (36%), Musik hören (21%) und Rumhängen (6%) sind bei diesen eher seltenere Aktivitäten. Als *(3) gesellige Jugendliche* lassen sich hingegen 28% der Jugendlichen beschreiben. Diese richten den Fokus ihrer Freizeit auf das Treffen mit Freund/-innen (87%), besuchen gern Diskotheken (57%) und Kneipen (14%) und gehen gern shoppen (12%). Hingegen nimmt die Nutzung digitaler Medien bei diesen Jugendlichen einen geringen Stellenwert ein. Die übrigen 26% bilden die Kontrastgruppe zu den geselligen Jugendlichen und werden als *(4) Medienfixierte* bezeichnet. Bei den Medienfixierten stellt TV schauen (84%), im Internet surfen (77%) und Musik hören (79%), Filme über DVD schauen (46%) und Rumhängen (33%) den Schwerpunkt der Freizeit dar. Sportliche Aktivitäten (9%), Bücher lesen (7%), Familienunternehmungen (3%) und kreative Aktivitäten (1%) spielen im Kontext ihrer Freizeit hingegen eine eher untergeordnete Rolle (Shell Jugendstudie 2010: 98). Laut den Ergebnissen der Shell Jugendstudie (2010) sind in der Gruppe der „Medienfixierten" – bei welchen Computer und Fernsehen als dominierende Bezugspunkte gelten, da hiermit ein großer Teil der Freizeit verbracht wird – insbesondere männliche Jugendliche aus der Unterschicht anzutreffen (ebd.: 18 f), weshalb der Nutzung digitaler Medien im folgenden Unterkapitel besondere Aufmerksamkeit geschenkt wird.

(Digitale) Medien

Wie die Ergebnisse der JIM-Studie (2011) und der Shell Jugendstudie (2010) verlauten lassen, hat das Mediennutzungsverhalten Jugendlicher so drastisch an Umfang

[17] Die Zusammenfassung der Freizeitbeschäftigungen basiert auf einer Hauptkomponenten-Faktorenanalyse. Mit der Vorgabe von vier Faktoren entsteht eine hinreichend ausdifferenzierte Version der Freizeitbeschäftigungen. Mit einem Eigenwert von größer als 1 hätten sich bei 18 Freizeitbeschäftigungen neun Faktoren ergeben, deren inhaltliche Erklärungstiefe sich nicht wesentlich von der vier Faktoren umfassenden Lösung unterscheidet (Shell Jugendstudie 2010: 98).

[18] Die hier im Folgenden dargestellten vier Gruppen von Jugendlichen basieren auf einer Clusteranalyse, der die vier Felder der Freizeitbeschäftigung zugrunde liegen.

und Bedeutung im Kontext der Freizeit von Jugendlichen gewonnen, dass den digitalen Medien ein zusätzliches Unterkapitel gewidmet wird.

Kommunikation verläuft heutzutage immer weniger über das direkt gesprochene Wort, sondern immer mehr auch über (digitale) Medien. Neben die verbreiteten Massenmedien (Fernsehen, Hörfunk, Presse) treten zunehmend neue Medien, wie z.B. das Internet, (Mobil-)Telefone und Computerspiele hervor (Hradil 2001: 453). Laut den Ergebnissen der JIM-Studie (2011) steht den befragten Jugendlichen ein umfangreiches Repertoire an digitalen Medien zur Verfügung. So gut wie jede/r der Proband/-innen (96 %) hat ein eigenes Handy, etwa vier Fünftel einen MP3-Player (82 %) sowie einen eigenen PC (79 %). Knapp zwei Drittel (64%) besitzen ein eigenes Radio und etwas mehr als die Hälfte der Jugendlichen zwischen zwölf und 19 Jahren eine Digitalkamera (53 %), ein eigenes Fernsehgerät (52 %) und eine tragbare Spielkonsole (49 %) – wie etwa eine Playstation Portable (PSP) oder ein Nintendo DS. Über eine feste Spielkonsole – wie z.B. die PlayStation III, das Nintendo Wii oder die X-Box – verfügen immerhin 45 Prozent. Genauso viele besitzen einen Internetzugang im eigenen Zimmer (45 %), jeder dritte Jugendliche (31 %) hat mittlerweile einen DVD-Player und genau jeder vierte (25 %) ein Smartphone bzw. einen Flachbildfernseher (24 %). Selbst die gerade erst in den Markt eingeführten Tablet-PCs wie das iPad können 3% Prozent der Jugendlichen im Jahr 2011 ihr Eigen nennen. Allerdings lassen sich geschlechtsspezifische Unterschiede bezüglich der medialen Besitzverhältnisse verzeichnen. So verfügen mehr weibliche Jugendliche über eine eigene Digitalkamera und über ein eigenes Handy, während Jugendliche männlichen Geschlechts dagegen häufiger einen eigenen Flachbildfernseher oder ein Smartphone besitzen. Besonders deutlich unterscheiden sich die Ausstattungsquoten hinsichtlich des Besitzes fester Spielkonsolen, welche bei männlichen fast doppelt so hoch liegt wie bei weiblichen Jugendlichen (JIM-Studie 2011: 6). Auch hinsichtlich des Nutzungsverhaltens digitaler Medien hat die JIM-Studie (2011) geschlechtsspezifische Unterschiede herausgearbeitet. Während die sich als zentral herauskristallisierten digitalen Medien Internet und TV von beiden Geschlechtern mit vergleichbarer Intensität genutzt werden, zeigen weibliche Jugendliche eine Vorliebe für Handys, Digitalkameras, Radios und Bücher. Im Gegensatz dazu nutzen Jugendliche männlichen Geschlechts hingegen deutlich häufiger Computer- und Konsolenspiele. Laut der Autor/-innen der JIM-Studie (2011) ist das unterschiedliche Nutzungsverhalten von Computer- und Konsolenspielen bei männlichen Jugendlichen dreimal so hoch wie bei weiblichen und zeigt sich somit besonders eklatant (ebd.: 13 f).

Wie die dargestellten Ergebnisse der JIM-Studie (2011) verdeutlichen, sind Mediengeräte allgegenwärtig und fester Bestandteil des Alltags Jugendlicher. So nutzen mittlerweile neun von zehn Jugendlichen regelmäßig (täglich bzw. mehrmals in der Woche) ihr Handy (91%). Etwa genauso viele verbringen regelmäßig Zeit im Internet oder schauen TV (89%). Etwa vier von fünf der im Rahmen der JIM-Studie (2011) befragten Jugendlichen beschäftigen sich regelmäßig mit einem MP3-Player (83%) und/oder hören regelmäßig Radio (78%). Hingegen werden CDs und (im selteneren Fall) Kassetten als weitere auditive Medien mit 59% deutlich seltener von Jugendlichen genutzt (JIM-Studie 2011: 13). Nicht zuletzt spielt das Lesen von Büchern (44%) und Zeitschriften (42%) im Rahmen der Freizeit von Jugendlichen eine Rolle und rangiert sogar noch vor dem „Zocken“ von Computer- und Konsolenspielen (34%). Neu abgefragt wurde im Rahmen der JIM-Studie (2011) die Nutzung von E-Books, welche mit lediglich 1% der Nennungen zum Zeitpunkt der Befragung noch keine besondere Rolle spielt (ebd.: 13; 28). In diesem Zusammenhang betont Hradil (2001), dass die Häufigkeit z.B. des Lesens von Büchern und (Tages-)Zeitungen, des Fernsehens sowie des Surfens im Internet eine Frage der sprachlichen Sozialisation, des Bildungsgrades und der Milieuzugehörigkeit darstellt. Je höher das formale Bildungsniveau und der soziale Status eines Individuums, umso häufiger werden Bücher und Zeitschriften gelesen (und desto seltener wird ferngesehen). Darüber hinaus werden nach Bonfadelli (1994) und Klinger (1999) Bücher (und auch das Fernsehen) in Abhängigkeit vom Bildungsgrad differenzierter und informationsorientierter genutzt (Hradil 2001: 454; Klingler 1999: 5 f; Bonfadelli 1994: 222). Auch im Rahmen der Ergebnisse der JIM-Studie (2011) zeigt sich eine deutliche Differenz der Buchnutzung zwischen den Bildungsgruppen. So lesen Jugendliche mit höherem Bildungsgrad deutlich häufiger, während jeder dritte Jugendliche der Hauptschule *„nie“* in seiner Freizeit liest (JIM-Studie 2011: 28).

Hingegen wurde im Rahmen der Shell Jugendstudie (2010) und der JIM-Studie (2011) festgestellt, dass sich die hohe Computerausstattung kaum noch hinsichtlich des Bildungshintergrundes unterscheidet. Entsprechend ließ sich verzeichnen, dass der Zugang zu einem PC für den Großteil der Jugendlichen gegeben ist. Während noch etwas weniger als die Hälfte der befragten Jugendlichen über einen Internetzugang im eigenen Zimmer verfügt, geben fast alle Jugendlichen (99%) an, mindestens „selten“ das Internet zu nutzen. In der jüngsten Altersgruppe der zwölf- bis 13-Jährigen zählen sich „lediglich“ 95% selbst zu den Internetnutzer/-innen, sodass die meisten Nicht-Nutzer/-innen zu dieser Altersgruppe zählen und es in den übrigen Altersgruppen jeweils 100% sind (JIM-Studie 2011: 30). Hradil (2001) merkt in diesem Kontext jedoch kritisch an, dass die elektronischen Medien in vielerlei Hinsicht für Prozesse sozialer Ungleichheit bedeutsam sind, denn obwohl sie mittlerweile für nahezu alle Mitglieder der modernen westlichen Gesellschaft zugänglich sind, haben sozial benachteiligte Gruppierungen nach Hradil (2001) durchaus schlechtere Chancen und weniger Kompetenzen zur Nutzung elektronischer Medien (Hradil 2001: 453). Obwohl laut den Ergebnissen der jüngsten Shell Jugendstudie (2010) inzwischen bereits 91% der Jugendlichen aus der Unterschicht (im Vergleich zu 98% aus der Oberschicht) online sind, lassen sich hinsichtlich der sozialen Herkunft von Jugendlichen nach wie vor Ungleichheiten bezüglich des Nutzungsverhaltens verzeichnen (Shell Jugendstudie 2010: 101 ff.). Dementsprechend wird zwischen vier Nutzertypen differenziert: Einen ersten Nutzertyp stellen *(1) die „Gamer“* dar, zu welchen 24% der Jugendlichen mit Internetzugang gezählt werden. Diesem lassen sich insbesondere männliche Jugendliche aus der Unterschicht zuordnen, welche mit einer wöchentlichen Stundenzahl von 11,1 Stunden das Internet vor allem als Möglichkeit zum Computer spielen („Zocken“) nutzen. Zum Zweck der Informationsrecherche, zur sozialen Vernetzung oder zum E-Mails schreiben wird es von diesem Nutzertyp hingegen deutlich seltener als von den übrigen Jugendlichen genutzt (ebd.: 19; 106). Den Gegenpol zu den Gamern stellen *(2) die „digitalen Netzwerker“* dar, zu welchen 25% der Jugendlichen mit Internetzugang gezählt werden. Diesem lassen sich insbesondere jüngere und weibliche Jugendliche zuordnen. Ein spezifisches Schichtprofil wird in dieser Gruppe nicht deutlich. Digitale Netzwerker bewegen sich laut Beschreibung der Autor/-innen der Shell Jugendstudie (2010) mit 14,5 Stunden pro Woche, die meiste Zeit über im Netz, wobei die digitalen Foren des Internets, wie Facebook, Schüler-, Studi- und MeinVZ oder Lokalisten.de, die häufigsten Anknüpfungspunkte darstellen (ebd.: 19; 106). 82% dieser Nutzer/-innen sind laut den Ergebnissen der Shell Jugendstudie (2010: 106) „so gut wie täglich oder mehrmals täglich in ihrer Community“. Im Gegensatz zu den Gamern nutzt mehr als die Hälfte (53%) der digitalen Netzwerker das Internet nicht, um Computerspiele zu spielen (ebd.). Einen dritten Nutzertyp stellen rund ein Sechstel (17%) aller Jugendlichen mit Internetzugang dar. Diese werden als *(3) Funktionsuser* bezeichnet, zu welchen überwiegend ältere weibliche Jugendliche gezählt werden. Auch diesem Nutzertyp kann kein spezifisches Schichtprofil zugeordnet werden. Laut Beschreibung der Autor/-innen der Shell Jugendstudie (2010) beschränken Funktionsuser die Nutzung des Internets, auf Aspekte, welche sich lediglich dort regeln lassen. So stehen das Schreiben von E-Mails, die gezielte Informationsrecherche und E-Käufe im Fokus, wodurch das Internet für diese User „nicht mehr als ein nützliches Mittel zum Zweck“ (ebd.: 19) ist (ebd.: 19; 106). Hingegen beschränkt sich die Nutzung des Internets bei *(4) den Multi-Usern*, zu welchen ein Drittel der Jugendlichen (34%) gezählt werden, nicht ausschließlich auf die Funktionalitäten E-Mails schreiben, E-Käufe tätigen und Suchmaschine. Vielmehr stellt das Internet, laut den Ergebnissen der Shell

Jugendstudie (2010), für diesen Nutzertyp „bereits eine eigenständige Informationsquelle“ (ebd.: 107) dar (ebd.: 19; 106 f).

Genau wie die Autor/-innen der JIM-Studie (2011) betonen die Autor/-innen der Shell Jugendstudie (2010) die zunehmende Bedeutung des Internets. Während „im Internet surfen“ 2002 erst für 26% der Jugendlichen zu den fünf häufigsten Freizeitbeschäftigungen gezählt hat, gilt es in 2010 gemeinsam mit „sich mit Leuten treffen“ zu den häufigsten Freizeitaktivitäten von Jugendlichen (Shell Jugendstudie 2010: 97). Entsprechend berichten sie, dass insbesondere die gestiegene Vielfalt des elektronischen Medienangebots diverse Gestaltungsmöglichkeiten im Rahmen des Freizeitsektors sowie symbolische Spielräume für die eigene Identitätsbildung Jugendlicher bietet (Shell Jugendstudie 2010: 101). Während ein Leben ohne Internet nach Neubacher (2011) schon für viele Erwachsene kaum noch vorstellbar ist, trifft dies auf Jugendliche, welche mit dem „world wide web“ aufgewachsen sind und für welche dieses einen festen Bestandteil ihres alltäglichen Lebens darstellt, verstärkt zu. So informieren Jugendliche sich zu einem großen Teil über das Internet, und kommunizieren häufig über dieses neue Medium. Nach Neubacher (2011) tut sich in Online-Computerspielen, Chat-Foren, sozialen Netzwerken und zahlreichen anderen „Online-Gemeinden“ eine spannende und faszinierende Parallelwelt auf, in welche ein Großteil der Erwachsenen nicht (mehr) folgen kann oder will (Neubacher 2011: 151). Entsprechend hat sich in einem relativ kurzen Zeitraum von etwa 20 Jahren mit dem Internet eine neue technologische Errungenschaft verbreitet, welche weite Teile der Alltagsgewohnheiten von Individuen der (post)modernen Gesellschaft verändert (Shell Jugendstudie 2010: 101) und seine Nutzer/-innen durch die Pluralität der Möglichkeiten vor große Herausforderungen stellt (Shell Jugendstudie 2010: 101; Mikos 2004: 158; Göttlich 2004: 173).

Laut den Ergebnissen der JIM-Studie (2011) wird das Internet nach Angaben der befragten Jugendlichen insbesondere als Kommunikationsplattform genutzt. Etwa vier Fünftel der befragten Jugendlichen geben an, sich regelmäßig in Online-Communities aufzuhalten, wodurch die Online-Communities laut der JIM-Studie (2011) inzwischen als omnipräsent gelten (JIM-Studie 2011: 33 ff). Den derzeit größten Anbieter stellt in diesem Kontext das Forum Facebook dar, welches mittlerweile beinahe zum Synonym für die sozialen Netzwerke geworden ist, da es für Jugendliche die meistgenutzte Kommunikationsform im Netz darstellt (ebd.: 47). Im Vergleich zum Vorjahr hat sich der Anteil der Facebook-Nutzer/-innen nahezu verdoppelt (von 37% im Jahr 2010 auf 72% im Jahr 2011), während sich der Anteil des bisherigen Marktführers (SchülerVZ) fast halbiert hat (von 53% im Jahr 2010 auf 29% im Jahr 2011). Neben der generellen Problematik, dass Facebook kein explizites Angebot für

Jugendliche darstellt, sondern grundsätzlich auf die Kommunikation unter Erwachsenen ausgerichtet ist, weist die öffentliche (Datenschutz-)Diskussion laut der Autor/-innen der JIM-Studie (2011) auf Gefahren der Nutzung hin, da sich bei Facebook (im Vergleich zu anderen sozialen Netzwerken) schwieriger einschätzen lässt, inwieweit hier vom Anbieter Datenschutzbestimmungen berücksichtigt werden (ebd.: 48).

Eine weitere Nutzungsmöglichkeit bezieht sich auf unterhaltende Inhalte. Laut den Ergebnissen der JIM-Studie (2011) nutzen etwas mehr als zwei Drittel der Jugendlichen (68%) regelmäßig Videoplattformen wie YouTube oder sevenload zum Zeitvertreib. Etwas weniger Jugendliche stöbern regelmäßig durch die Profile von „social network"-Usern (64%) oder hören einfach Musik über ihren Computer (offline) bzw. über das Internet (62%). Ungefähr die Hälfte der Jugendlichen zwischen zwölf und 19 Jahren surft regelmäßig (ohne feste Absichten) drauf los (45%) oder schaut sich Videos an und downloaded diese (43%). Etwa jeder Zehnte nutzt mehrmals in der Woche Onlineradio (11%), schaut über einen Rechner DVDs (10%) oder guckt sich zeitversetzt Fernsehsendungen im Internet an (9%) (JIM-Studie 2011: 34 f).

Zusammenfassend kann festgehalten werden, dass Jugendliche zur heutigen Zeit diverse Möglichkeiten zur Nutzung (digitaler) Medien zur Verfügung haben. Vom Internet und Computer über Fernsehen, DVD, Musikanlagen über Handys und Tablet-PC bietet der Markt zahlreiche Möglichkeiten, sich mittels digitaler Medien die Zeit zu vertreiben. Vor diesem Hintergrund nehmen digitale Medien in der Freizeit heutiger Jugendlicher einen immer größeren Stellenwert ein, wobei sich das Nutzungsverhalten Jugendlicher stark voneinander unterscheidet. Auch bezüglich der Nutzungsintensität lassen sich gravierende (soziale) Unterschiede zwischen einzelnen Jugendlichen verzeichnen. Zudem kann festgestellt werden, dass die Kontaktpflege mittels „social networks" eine immer zentralere Rolle im Alltag und in der Freizeit der Jugendlichen einnimmt, weshalb diese mittlerweile als omnipräsent gelten.

(Il-)legale Drogen

Auch der Konsum legaler und illegaler Drogen ist mittlerweile zu einem (mehr oder minder) zentralen Bestandteil des Freizeitverhaltens vieler Jugendlicher geworden. So ist nach Neubacher (2011) bereits der Ausdruck „Party-Droge" (z.B. Ecstasy) sehr bezeichnend hierfür (Neubacher 2011: 153 f). Im folgenden Unterkapitel soll daher die – der Dimension „Freizeit" untergeordnete – Subdimension „(il-)legale Drogen" thematisiert werden.

Wird das Drogenkonsumverhalten Jugendlicher untersucht, wird in diesem Kontext zwischen legalen Drogen (wie Alkohol, Tabak und bestimmte Medikamente) und illegalen Drogen (z.B. Cannabisprodukte wie Haschisch und Marihuana, LSD, Ecstasy, Kokain, Crack, Heroin u.A.) unterschieden, wobei lediglich Letztere von strafrechtlicher Relevanz[19] sind (vgl. dazu Drogenaffinitätsstudie 2011). Laut den Ausführungen der BZgA (2012) und der Drogenaffinitätsstudie (2011) erweist sich der Konsum legaler und illegaler Drogen unter Jugendlichen zwischen zwölf und 25 Jahren als rückläufig (vgl. dazu BZgA 2012; Drogenaffinitätsstudie 2011.

Laut den Ergebnissen der Drogenaffinitätsstudie (2011) geben insgesamt 70,8% der im Jahr 2011 befragten 12- bis 17-Jährigen an, noch nie geraucht zu haben. Bei den 18- bis 25-Jährigen beträgt dieser Anteil hingegen lediglich 27,6%. Die Raucherquote bei den Jugendlichen zwischen zwölf und 17 Jahren beträgt 11,7%, bei denjenigen zwischen 18 und 25 Jahren beträgt sie hingegen bereits mehr als das Dreifache (36,8%). Die Ergebnisse der Drogenaffinitätsstudie (2011) zeigen, dass sich der Tabakkonsum sowohl bei männlichen als auch bei weiblichen Jugendlichen als rückläufig erweist (Drogenaffinitätsstudie 2011: 11).

Ebenso berichtet die Bundeszentrale für gesundheitliche Aufklärung (BZgA 2012), dass *„der regelmäßige, das heißt mindestens wöchentliche, Alkoholkonsum .. bei den 12- bis 17-Jährigen von 17,9 Prozent im Jahr 2001 auf 14,2 Prozent im Jahr 2011 deutlich zurückgegangen (ist)"* (BZgA 2012).[20] Im Gegensatz zum insgesamt positiven Trend bei den 12- bis 17-Jährigen ist jedoch bei der Altersgruppe der 18- bis 25-Jährigen „der Alkoholkonsum unverändert hoch" (Drogenaffinitätsstudie 2012: 10) geblieben. Ebenso zeigen die Ergebnisse der Drogenaffinitätsstudie (2012), „dass der Alkoholkonsum Jugendlicher mit steigendem Alter und bei männlichem Geschlecht problematischer wird" (Drogenaffinitätsstudie 2012: 58). Nach Patzak/Goldhausen (2007) gilt Cannabis – hinter den legalen Drogen Tabak und Alkohol – inzwischen als die von Jugendlichen am häufigsten konsumierte (illegale) Droge (vgl. dazu Patzak/Goldhausen 2007). Allerdings erweist sich auch der Konsum von Cannabis bei den befragten Jugendlichen insgesamt als rückläufig. Entsprechend berichtet die BZgA (2012), dass 6,7% der in der Drogenaffinitätsstudie (2011) befragten 12- bis 17-jährigen Jugendlichen angeben, „schon einmal Cannabis konsumiert zu haben" (BzGA 2012). Somit hat sich der Anteil derjenigen, die bereits direkt mit Cannabis

[19] Die gesetzliche Grundlage stellt dabei das Betäubungsmittelgesetz (BtMG) dar.

[20] Obwohl das regelmäßige Trinken von Alkohol seit über 30 Jahren kontinuierlich abnimmt, ließ sich dieser Trend für Jugendliche im Jahr 2004 nicht bestätigen. So betont Osterloh in Baudisch/Albrecht/Stiller (2004), dass sich der Anteil Jugendlicher, die alkoholische Mixgetränke („Alkopops") konsumieren, im Zeitraum von 2001 bis 2004 von 8 auf 16% verdoppelt hat. Durch die Besteuerung der Alkopops ließ sich bezüglich des Konsums jedoch ein leichter Rückgang verzeichnen, der auf andere alkoholische Getränke – wie Bier, Wein und vor allem harte Spirituosen – leider nicht bestätigt werden konnte (Osterloh in Baudisch/Albrecht/Stiller 2004: 106; vgl. dazu auch Drogenaffinitätsstudie 2004).

in Kontakt gekommen sind (Lebenszeitprävalenz[21]) im Vergleich zum Spitzenwert von 15,1% im Jahr 2004 mehr als halbiert. Im Gegensatz dazu ist die Lebenszeitprävalenz des Cannabiskonsums unter 18- bis 25-Jährigen von 43,0 Prozent im Jahr 2004 auf 39,2 Prozent im Jahr 2011 nur unwesentlich zurückgegangen. Der Konsum von anderen illegalen Substanzen – wie Amphetamine, Ecstasy, LSD, Kokain, Crack, Heroin, psychoaktive Pflanzen, Schnüffelstoffe oder ein Mischkonsum – lässt sich laut den Ergebnissen der Drogenaffinitätsstudie (2011) lediglich bei 1% aller befragten Jugendlichen im Alter von 12 bis 17 Jahren verzeichnen. Bei den 18- bis 25-Jährigen lassen sich insgesamt höhere Anteile feststellen. So berichten 14,3% der Befragten im Jahr vor der Befragung eine illegale Droge genommen zu haben. Der Konsum von Cannabis wurde von 13,5% der Befragten angegeben. 2,8% berichten eine der oben genannten illegalen Drogen im Jahreszeitraum vor der Untersuchung konsumiert zu haben (Drogenaffinitätsstudie 2011: 49). Wie hieran deutlich wird, ist der Konsum (il-)legaler Drogen in bei Jugendlichen rückläufig, wobei hier deutliche Unterschiede zwischen der Altersgruppe der 12- bis 17-Jährigen und der Altersgruppe der 18- bis 25-Jährigen deutlich werden. So ist das Konsumverhalten bei der letztgenannten Altersgruppe stagniert. Lediglich beim Tabakkonsum ist auch in dieser Altersgruppe ein deutlicher Rückgang zu verzeichnen (BZgA 2012; Drogenaffinitätsstudie 2011: 10).

Doch entgegen den Suchtängsten vieler Erwachsener zeigt sich die (mitunter exzessive) Erfahrung (il-)legaler Drogen laut Schneider (1991) bei einem Großteil der Jugendlichen als ein episodenhaftes (also vorübergehendes) Phänomen, welches nicht zwangsläufig in einer unentrinnbaren Drogenkarriere mündet (Schneider 1991: 193). Dies bestätigen Untersuchungen des 2. Periodischen Sicherheitsberichts (PSB), welche belegen, dass mehr als ein Viertel der Schüler/-innen (27,7%) in ihrer Jugendzeit bereits (mindestens einmal) Cannabisprodukte probiert haben, hiervon jedoch weniger als die Hälfte (also insgesamt 11% aller befragten Schüler/-innen) im vergangenen Jahr und hiervon wiederum etwas mehr als die Hälfte (also insgesamt 6% der befragten Schüler/-innen) wöchentlich konsumieren (2. PSB: 287). Nach Neubacher (2011) erhöhen bestimmte Faktoren das Risiko, in die Gruppe der „Problemkonsument/-innen“ zu fallen. Hierzu zählt er *„geringes elterliches Kontrollverhalten, niedrige Bindung an die Schule, häufiger Aufenthalt in ‚Kneipen‘ u.Ä., die Zugehörigkeit zu einer delinquenten Freundesgruppe, hohe Risikobereitschaft und häufige Suizidgedanken“* (Neubacher 2011: 156; zum Thema Drogenkonsum als Ausdruck selbstschädigenden Verhaltens vgl. Baier/Rabold 2009: 297, 300). Geraten

[21] Unter der „Lebenszeitprävalenz“ wird laut der BZgA der Konsum eines bestimmten Suchtstoffs im Laufe des bisherigen Lebens verstanden (Drogenaffinitätsstudie 2011: 45).

Jugendliche in Abhängigkeit von illegalen Drogen beherrscht das Streben, diese Droge zu beschaffen, oft die gesamte Lebensführung (Neubacher 2011: 156) und führt mit der Zeit zu unterschiedlichen Benachteiligungen in verschiedenen Dimensionen der Lebenslage (z.B. durch Verlust der Wohnung und des Arbeitsplatzes, Abbruch von positiven sozialen Kontakten, Beschaffungskriminalität etc.).

Zusammenfassend kann festgehalten werden, dass der Konsum von Tabak, Alkohol und illegalen Drogen sich laut den Ergebnissen der Drogenaffinitätsstudie (2011) und der Berichterstattung der BZgA (2012) sich insgesamt als rückläufig erweisen. Dabei gilt es allerdings zwischen der Altersgruppe der 12- bis 17-Jährigen und der Altersgruppe der 18- bis 25-Jährigen zu differenzieren, da sich bei Letzterer der Konsum nicht als rückläufig, sondern als konstant erweist. Fachleute betonen jedoch, dass Jugendliche, welche in Kontakt mit illegalen Drogen kommen, nicht zwangsläufig in eine unentrinnbare Drogenkarriere geraten, sondern dass sich der Konsum illegaler Drogen bei einem Großteil der Jugendlichen als ein vorübergehendes Phänomenen zeigt. Neubacher (2011) weist in diesem Kontext darauf hin, dass es bestimmte Risikofaktoren gibt, welche eine Zuordnung zur Gruppe der „Problemkonsument/-innen" ermöglichen (Neubacher 2011: 156).

Soziale Beziehungen – Persönliche Kontakte und soziale Netzwerke

Die Bedeutung von sozialen Beziehungen – insbesondere die Beziehung zur Familie und zu Freund/-innen – ist enorm. Die sozialen Netzwerke haben nach Ansicht der Autor/-innen der Shell Jugendstudie (2010) vor allem eine stabilisierende Funktion, wenn Jugendliche sich stärker ausbalancieren müssen, um prekäre Lebensbedingungen oder sozialen Druck auszugleichen (Shell Jugendstudie: 34). Parallel zum bewährten Freundeskreis vor Ort, etablieren sich durch die neuen Medien zunehmend zahlreiche Formen der Kontaktpflege mit Freund/-innen (JIM-Studie 2011: 33; Shell Jugendstudie 2010: 47). Die Möglichkeit, enge Bindungen zu Gleichaltrigen mittels „Social Networks" auch über eine größere Distanz zu pflegen, ist bei vielen der in der JIM-Studie (2011) und der Shell Jugendstudie (2010) befragten Jugendlichen von zentraler Bedeutung (JIM-Studie 2011: 33 f; Shell Jugendstudie: 34). Auch nach Hradil (2001) stellen die sozialen Beziehungen (vor allem für sozial benachteiligte Personengruppen) eine zentrale Quelle der Hilfeleistung dar (Hradil 2001: 459). Dementsprechend soll im nun folgenden Unterkapitel die Dimension „soziale Beziehungen" vorgestellt werden, welche in Anlehnung an Hradil (2001) in die Dimensionen „persönliche Kontakte" (Unterkapitel 3.3.4.1) und „soziale Netzwerke" (Unterkapitel 3.3.4.2) untergliedert wird (ebd.: 457 ff.).

Persönliche Kontakte – Familie, Partnerschaft, Peergroup

In Anlehnung an die Ergebnisse der 16. Shell Jugendstudie zeigt die Wertorientierung der Jugendlichen, dass bei diesen der soziale Nahraum von zentraler Bedeutung ist. Neben der Familie haben insbesondere Partnerschaften und Peergroups eine hohe Bedeutung (Shell Jugendstudie 2010: 82). Demzufolge sind es also besonders persönliche und verbindliche soziale Beziehungen, in der Reihenfolge Familie, Partnerschaft, Freundschaften (zu Gleichaltrigen[22]), welche für die im Jahr 2010 befragten Jugendlichen an Wichtigkeit gewonnen haben (Shell Jugendstudie 2010: 196). Entsprechend sollen die persönlichen Beziehungen in vorangegangener Reihenfolge dargestellt werden.

Zunächst soll also über die Bedeutung der *Familie* berichtet werden. Für die Jugendlichen, welche an der Untersuchung der 16. Shell Jugendstudie (2010) teilgenommen haben, „bedeutet Familie vieles, manchmal auch die ‚klassische' Form" (Shell Jugendstudie 2010: 18), in welcher die Eltern zusammenleben und verheiratet sind, der Vater den Lebensunterhalt der Familie bestreitet und die Mutter für Haushalt und Erziehung der Kinder verantwortlich ist. Neben dem klassischen Familienmodell haben sich mittlerweile allerdings zahlreiche Familienmodelle etabliert, sodass heute diverse Lebensformen nicht nur Realität, sondern (größtenteils) gesellschaftlich akzeptiert sind (ebd.). Die Herkunftsfamilie ist für Jugendliche von zentraler Bedeutung. Gerade in der so genannten Rushhour des Lebens, in welcher zahlreiche Anforderungen gleichzeitig bewältigt werden müssen, bietet diese bestenfalls den erforderlichen Rückhalt sowie die positive emotionale Unterstützung auf dem Weg der Verselbstständigung. Laut den Ergebnissen der Shell Jugendstudie (2010) bewerten über 90% der befragten Jugendlichen das Verhältnis zu den eigenen Eltern als gut. Immerhin 35% schildern, dass sie bestens mit den Eltern auskommen und weitere 56% geben an, mit diesen – abgesehen von gelegentlichen Meinungsverschiedenheiten – zurechtzukommen (Shell Jugendstudie 2010: 17 f).

Aber nicht alle Jugendlichen kommen mit ihren Eltern gut zurecht, erhalten den erforderlichen Rückhalt seitens ihrer Herkunftsfamilie und/oder werden ausreichend positiv (emotional) unterstützt. So zeigt sich auch an dieser Stelle die soziale Herkunft als differenzierendes Faktum. Entsprechend beschreibt Leutschacher (2007), dass die soziale Randständigkeit der Herkunftsfamilie von sozial benachteiligten Jugendlichen nicht bloß materielle Einbußen, sondern auch Einbußen im Bildungs-, Teilhabe- und Gesundheitsbereich fordert (Leutschacher 2007: 24). Nach Leutschacher (2007) können Jugendliche aus „sozial randständigen Familien" aufgrund

[22] Im Folgenden wird der Begriff Peergroup verwendet.

unzureichender finanzieller Mittel oftmals nicht in dem Ausmaß am gesellschaftlichen Leben teilhaben, wie Jugendliche aus privilegierten Herkunftsfamilien. Zudem laufen sozial benachteiligte Jugendliche ein besonders hohes Risiko, dass deren Eltern den an sie gerichteten Erziehungsanforderungen sowie den geforderten Sozialisationsfunktionen nicht adäquat gerecht werden. In diesem Kontext betont Leutschacher (2007), dass *„insbesondere psychische Erkrankungen der Eltern (in erster Linie Alkoholismus und/oder Depressionen), das Aufwachsen in einem gewaltbereiten Umfeld oder das Aufwachsen mit einem Elternteil .. zu den Hauptfaktoren (zählen), weshalb die betroffenen Jugendlichen sich nicht wie gewünscht entwickeln können"* (Leutschacher 2007: 5).

Im Anschluss an die Familie soll über die Bedeutung von *Partnerschaften* für Jugendliche berichtet werden. Laut den Autor/-innen der Shell Jugendstudie (2010) ist die Lebensphase Jugend nicht zuletzt durch eine starke Auseinandersetzung mit der sexuellen Orientierung, den ersten sexuellen Erfahrungen sowie dem Eingehen von (mehr oder weniger) festen Partnerschaften geprägt. Mehr als ein Drittel (39%) der Jugendlichen zwischen zwölf und 25 Jahren gibt an, sich zum Zeitpunkt der Befragung in einer festen Partnerschaft zu befinden. Im Vergleich zu den Ergebnissen der vorangegangenen Studien aus den Jahren 2006 und 2002 stellt dies einen leichten Anstieg im Gegensatz zum vorliegenden Prozentsatz von 37 dar. Partnerschaften werden demnach für Jugendliche mit zunehmendem Alter selbstverständlicher. Während sich nur jeder zehnte Jugendliche zwischen zwölf und 14 Jahren zum Zeitpunkt der Befragung in einer festen Partnerschaft befindet, ist es bei den 15- bis 17-Jährigen bereits jeder Vierte (25%), bei den 18- bis 21-Jährigen beinahe jeder Zweite (47%) und in der Altersklasse der 22- bis 25-Jährigen bereits eine deutliche Mehrheit (59%). Insbesondere für diejenigen Jugendlichen, bei welchen sich der Kontakt zu den Eltern schwierig gestaltet, ist eine feste Partnerschaft von zentraler Bedeutung. Aber auch für alle anderen Jugendlichen bietet sie neben dem Gefühl von Zweisamkeit, Liebe und Geborgenheit, positiven emotionalen Rückhalts, gegenseitige Unterstützung und (somit) Sicherheit. Zudem bietet die Partnerschaft die Grundlage für die Familiengründung und bei heterosexuellen Paaren für die Fortpflanzung und somit für die Reproduktion der Gesellschaft (Shell Jugendstudie: 63 f).

Im Anschluss an das Thema Partnerschaft soll die Bedeutung von *freundschaftlichen Beziehungen bzw. Peergroups* geschildert werden. Während also mit Eintritt in die Lebensphase Jugend eine (schrittweise) Ablösung und Distanzierung zur Herkunftsfamilie erfolgt, gewinnen Freundschaften zu Gleichaltrigen (Peergroups) für Jugendliche umso mehr an Bedeutung (Shell Jugendstudie 2010: 128 ff.). Nach Hurrelmann (1997) beschränken sich Freundschaften im Jugendalter allerdings nicht ausschließlich auf das Vertrauensverhältnis zu einer Person, sondern haben vielfach einen Gruppencharakter (Hurrelmann 1997: 151). So lässt sich eine verstärkte Bildung von Gruppen Gleichaltriger in der Lebensphase Jugend verzeichnen, welche als „Gleichaltrigengruppen", „Peergroups" oder „Cliquen" bezeichnet werden. Laut Hurrelmann (1997) bestehen Peergroups aus mehreren Mitgliedern, welche „gemeinsame Aktivtäten unternehmen, wobei zwischen den Mitgliedern jedoch meist keine ganz engen Beziehungen bestehen" (Hurrelmann 1997: 151). Nach Hurrelmann (1997) ermöglichen Freundschaften zu Gleichaltrigen Jugendlichen den Aufbau sozialer Bezüge unabhängig vom Elternhaus. Stabile Zwischenbeziehungen werden seinen Ausführungen nach allerdings ausschließlich in seltenen Fällen innerhalb von Cliquen vorgefunden (Hurrelmann 1997: 151). Laut Hurrelmann (2006) spielen Peergroups, wegen des frühen Eintritts in die Pubertät, schon bei den 10- bis 12-Jährigen eine entscheidende Rolle bezüglich sämtlicher Fragen der Lebensstilgestaltung (inklusive Freizeit- und Medienorientierung), der Wertorientierung sowie der Lebensperspektivität (Hurrelmann 2010; 2006). Laut der Autor/-innen der Shell Jugendstudie (2010) bilden gemeinsame Interessen und Aktivitäten die Grundlage von Peergroups (Shell Jugendstudie 2010: 8) und nach Hurrelmann (2006) können diese als „Trainings- und Übungsräume für das Sozialleben in postmodernen Gesellschaften" (Hurrelmann 2006: 134) betrachtet werden (ebd.; Shell Jugendstudie 2010: 8). Nach Mansel/Hurrelmann (1991) stellt die Beziehung zu Gleichaltrigen ein basales Element zur Identitätsentwicklung Jugendlicher dar (Mansel/Hurrelmann 1991: 17), da sie diesen den erforderlichen Halt und die notwendige Unterstützung bietet. Insbesondere emotionale und sexuelle Themen werden nach Kolip (1993) eher innerhalb der Peergroup als innerhalb der Familie besprochen (ebd.: 79 f). Somit zeigen sich Peergroups für die Vergesellschaftung einzelner Jugendlicher als besonders einflussreich. Während des Übergangs zwischen Schule und Berufsausbildung nimmt die Intensität der Anbindung der Jugendlichen an ihre jeweilige Peergroup häufig ab. Dementsprechend verliert diese mit zunehmendem Alter an Bedeutung und die Zeit, welche in dieser verbracht wird, reduziert sich. Auch in diesem Zusammenhang lassen sich geschlechtsspezifische Unterschiede feststellen. So verliert die Peergroup bei männlichen Jugendlichen mehr an Bedeutung als bei weiblichen Jugendlichen (Schumann in Dollinger/Schmidt-Semisch 2011: 254; vgl. dazu auch Othold/Schumann 2003). Weiterhin lassen sich schichtspezifische Unterschiede hinsichtlich der Intensität der Anbindung und der Bedeutung von Peergroups verzeichnen. So kann festgehalten werden, dass Jugendliche aus weniger stabilen (und weniger emotionalen Rückhalt bietenden) Familien mehr Zeit mit der Peergroup verbringen als jugendliche aus privilegierten Elternhäusern und sich (kompensierend) dort zu holen versuchen, was ihnen in der Herkunftsfamilie verwehrt geblieben ist: Sicherheit, Geborgenheit und positiven (emotionalen) Rückhalt (Hurrelmann 2006: 134 ff.).

Zusammenfassend kann festgehalten, dass für Jugendliche der heutigen Zeit der persönliche Nahraum – in der Reihenfolge Familie, Partnerschaft und Freundschaften (Peergroups) von immenser Wichtigkeit ist. Aber auch hier zeigen sich massive Unterschiede in der Ausgestaltung und der Intensität) hinsichtlich der sozialen Herkunft. Während sozial privilegierte Jugendliche häufig über gut ausgebaute Netzwerke sowie entsprechend über förderliche und positiven (emotionalen) Rückhalt bietende Kontakte verfügen, sind sozial benachteiligte eher prekär vernetzt und verfügen über wenige förderliche und Rückhalt bietende Kontakte.

Soziale Netzwerke

Wie die Ergebnisse der Shell Jugendstudie (2010) zeigen, stellt der soziale Austausch mit Familienmitgliedern und Freund/-innen „die am meisten gewählte Bewältigungsstrategie (dar), wenn sich für Jugendliche Probleme auftun“ (Shell Jugendstudie 2010: 227). Auch Beziehungen, welche zu gesellschaftlichen Einrichtungen sowie zu Menschen außerhalb des Familienkreises unterhalten werden, beeinflussen nach Auffassung von Hradil (2001) die Stellung von Individuen im Gefüge sozialer Ungleichheit, da (persönliche) Beziehungen und Beziehungsnetzwerke ihrerseits mit Vor- bzw. Nachteilen einhergehen. So können soziale Beziehungsnetze im Kontext der Erlangung eines Berufs, bei der Durchsetzung der eigenen Interessen usw. von Vorteil sein und werden im Volksmund vielfach als „Vitamin B“ bezeichnet. Vorhandene soziale Beziehungen von Individuen werden von Bourdieu (1983) in seiner Kapitaltheorie *„als so wichtig angesehen, dass er sie als eine Art des ‚Kapitals' von Menschen ansieht, das nahezu gleichrangig neben Geld- und Bildungskapital rangiert“* (Hradil 2001: 457) (ebd.; vgl. dazu auch Bourdieu 1983).

Nach Hradil (2001) vollziehen sich in modernen Gesellschaften zahlreiche Selbstverwirklichungs- und Mitwirkungsmöglichkeiten über die Teilnahme an gesellschaftlichen Institutionen und Organisationen. Solche Kontakte werden von sozial besser gestellten Gesellschaftsmitgliedern häufiger unterhalten als von sozial benachteiligten. Dementsprechend sind sozial privilegierte Gesellschaftsmitglieder in Vereinen, Kultur- und Bildungseinrichtungen (z.B. in Theatern, Museen, Volkshochschulen etc.), in Selbstverwaltungsgremien (z.B. von Schulen oder Kirchen) sowie in politischen Organisationen (Gremien, Bürgerinitiativen, Parteien etc.) und Interessenverbänden nach Hradil (2001) eindeutig über- und sozial benachteiligte Personen deutlich unterrepräsentiert (Hradil 2001: 457). Als maßgebliche Gründe für das

Entstehen von Schwellenängsten und Zugangshemmungen sozial Benachteiligter betrachtet Hradil (2001) die vielfach vertretene *„resignative Vorstellung, dass man sich infolge geringer Sprachfertigkeit, unzureichender Informationen und mangelhaften ‚Auftretens' in Organisationen und Gremien ohnehin nur schlecht durchsetzen kann"* (ebd.: 458). Dabei betont er, dass sich dieses Verhalten besonders bei Randgruppen zu mitunter „ausgeprägten Rückzugstendenzen und fatalistischen Einstellungen" (ebd.) steigert. Hingegen vertrauen (eher) besser gestellte Gesellschaftsmitglieder auf ihre Selbstwirksamkeit, da sie im Vergleich zu sozial Benachteiligten bereits vielfach die Erfahrung gesammelt haben, dass sie sich aufgrund ihres (größeren) Besitzes an Geld, Bildung, Kontaktfertigkeiten, rhetorischem Vermögen, Macht und/oder Prestige ihre Interessen gegenüber der Umwelt durchsetzen können. Dementsprechend lässt sich eine Teilnahme an Institutionen und Organisationen, in welchen Ressourcen und Potenziale nutzenbringend eingesetzt werden können, bei sozial privilegierten Gesellschaftsmitgliedern häufiger feststellen als bei sozial benachteiligten (ebd.).

Abschließend soll die – der Dimension soziale Netzwerke untergeordnete – Subdimension „politische Teilhabe" dargestellt werden, welche im Kontext der Lebenswelten Jugendlicher – insbesondere jedoch im Kontext der Lebenswelten sozial benachteiligter Jugendlicher – eine immer unwesentlichere Bedeutung zukommt. Während es laut Aussage der Autor/-innen der Shell Jugendstudie (2010) in den 1970er und 1980er Jahren noch üblich gewesen ist, als Jugendlicher politisch interessiert zu sein, änderte sich diese Haltung spätestens in den 1990er Jahren und sank auf einen im Jahr 2002 (im Rahmen der 14. Shell Jugendstudie) gemessenen Tiefpunkt von 34% aller 15- bis 24-jährigen Jugendlichen, welche über sich selbst behaupteten politisch interessiert zu sein. In den Folgestudien (2006 und 2010) stieg dieser Anteil dann mit 39% in der 15. Shell Jugendstudie und 40% in der 16. Shell Jugendstudie allmählich wieder etwas an. Auch wenn dieser Anstieg im politischen Interesse seitens der Politik als positiv bewertet wird und sich dieser in der Zeitreihe als (schwacher) Trend fortsetzt, sind immer noch deutlich weniger als die Hälfte der befragten Jugendlichen im Alter von 15 bis 24 Jahren politisch interessiert, sodass der Abstand zur Situation in den 1980er Jahren – in welchen sich bis zu 57% der Jugendlich als politisch interessiert bezeichneten – immer noch ein sehr großer ist (Shell Jugendstudie 2010: 130). Wird die von den Autor/-innen der Shell Jugendstudien seit dem Jahr 2002 befragte Altersspanne von Jugendlichen zwischen zwölf und 25 Jahren mit einbezogen, lässt sich ein Anstieg politisch interessierter Jugendlicher von dem im Jahr 2002 gemessenen Tiefpunkt von 26% auf 30% im Jahr 2006 und 31% im Jahr 2010 verzeichnen. Als „stark interessiert" bezeichnen sich im Jahr 2002 hingegen lediglich 4% aller Jugendlichen, was in den Folgestudien jeweils um einen Prozentpunkt gestiegen ist, sodass sich im Jahr 2006 5% aller Jugendlichen und im Jahr 2010 6% stark für Politik interessieren (Shell Jugendstudie 2010: 130). Die dargestellten Ergebnisse unterschreiten die Ausführungen Hradils (2001) – nach welchem ausgeprägtes Interesse an politischen Themen keineswegs allgemein ist, sondern lediglich bei ungefähr einem Drittel der Bürger/-innen vorhanden ist – sogar noch bei Weitem. Nach Hradil (2001) lassen sich in diesem Kontext Unterschiede hinsichtlich Alter, Geschlecht und sozialer Herkunft feststellen. So zeigen sozial privilegierte Bevölkerungsgruppen wesentlich mehr Interesse an politischen Themen und Aktivitäten als sozial benachteiligte, „deren Lage durch Modernisierungsprozesse bedroht ist“ (Hradil 2001: 460) und welche eher „Desinteresse bis hin zur politischen Verdrossenheit (auf)weisen“ (ebd.). In diesem Zusammenhang betont er, dass ein gewisses Interesse an politischen Fragen die Voraussetzung für jede politische Beteiligung darstellt, welche sich jedoch in den unterschiedlichen Bevölkerungsschichten sehr verschieden gestaltet (Hradil 2001: 459 f). Auch die Autor/-innen der Shell Jugendstudie nennen als zentrale Einflussgrößen auf das politische Interesse neben dem Alter und dem Geschlecht vor allem Bildungs- und Herkunftsschicht und betonen, dass sozial besser gestellte, ältere, männliche Jugendliche in der Regel interessierter sind. Im Gegensatz zu Hradil (2001) fügen sie jedoch das politische Interesse der Eltern als zentralen Einflussfaktor hinzu (Shell Jugendstudie 2010: 130 f; vgl. dazu auch Shell Jugendstudie 2006). Überdies kann festgestellt werden, dass der Anteil derjenigen Jugendlichen, welche sich für Politik interessieren in den vergangenen Jahren zunächst stark gesunken ist, seit Beginn des neuen Jahrhunderts allerdings wieder allmählich ansteigt. Insbesondere bei sozial benachteiligten Jugendlichen ist das Interesse an politischen Themen so gering, dass Hradil (2001) sogar von einer Politikverdrossenheit spricht.

Zusammenfassend kann festgehalten werden, dass auch Beziehungen, welche zu fremden Personen oder gesellschaftlichen Institutionen gepflegt werden, förderlich für die Bewältigung der Anforderungen in den zentralen Lebensbereichen sind. Diese Kontakte werden von privilegierten Jugendlichen häufiger geführt als von sozial benachteiligten, weil letzteren die hierfür erforderlichen Kompetenzen fehlen. Entsprechend sind sozial benachteiligte Jugendlichen sowohl in gesellschaftlichen Institutionen und Organisationen (z.B. politische Gremien o.Ä.) seltener vertreten als privilegierte Jugendliche.

Die Zielgruppe der multidimensional sozial benachteiligten Jugendlichen

Wie im vorangegangenen Unterkapitel deutlich geworden ist, setzen sich die Lebenslagen von Individuen aus verschiedenen kategorialen (Lebens-)Bereichen zusammen, welche im Rahmen der vorliegenden Arbeit – in Anlehnung an Hradil (2001) – als Dimensionen der Lebenslage bezeichnet werden. Ebenso ist verdeutlicht worden, dass sich bei der detaillierten Betrachtung von Ungleichheitsverhältnissen in den Dimensionen jugendlicher Lebenslagen bestimmte Gemeinsamkeiten und Unterschiede feststellen lassen, welche eine Abgrenzung von sozial benachteiligten und privilegierten Jugendlichen zulassen. Entsprechend stellt Leutschacher (2007) fest, dass sich die Lebenslagen sozial benachteiligter Jugendlicher im Gegensatz zu denen von privilegierten Gleichaltrigen (höherer sozialer Schichten) besonders schwierig gestalten. So berichtet sie, dass sozial benachteiligte Jugendliche neben (bzw. infolge) knapper finanzieller Mittel zahlreiche weitere (z.B. materielle, soziale und kulturelle) Entbehrungen erfahren und mit schwierigen Lebensbedingungen innerhalb der verschiedenen Dimensionen der Lebenslage umgehen müssen. Bedingt durch eine unzureichende Betreuung primärer Bezugspersonen sowie infolge belastender Familiensituationen verfügen sozial benachteiligte Jugendliche ihrer Beschreibung nach oft nicht über angemessene Entfaltungsmöglichkeiten. Zudem wird die Förderung sozialer, emotionaler und intellektueller Fähigkeiten in vielen Fällen vernachlässigt (Leutschacher 2007: 5). Entsprechend weisen sozial benachteiligte Jugendliche laut Böhmer (2009b) vielfach eine schwierige Bildungssituation auf und haben folglich deutlich schlechtere Zukunftschancen als Jugendliche aus privilegierten Elternhäusern (Böhmer 2009b: 4). Zudem erleben sie im Laufe ihrer Schullaufbahn häufiger Misserfolge als Gleichaltrige, welche in gesicherten Milieus aufwachsen Ebenso berichtet Leutschacher (2007), dass sozial benachteiligte Jugendliche seltener das Gymnasium besuchen und die Schule häufiger ohne oder mit schlechtem Schulabschluss verlassen. Überdies befinden sich sozial benachteiligte Jugendliche, seltener in Ausbildungsverhältnissen, erwerben seltener die (Fach-)Hochschulreife und beginnen seltener ein Studium als Jugendliche höherer Schichten (Leutschacher 2007: 33 f). Nach Lampert/Schenk (2004) leben sozial benachteiligte Jugendliche im Vergleich zu besser gestellten Gleichaltrigen (infolge geringer finanzieller Mittel) meist in einkommensschwachen und wenig (sozial)kompetenzfördernden Familien, in weniger gut ausgestatteten Wohnungen, in prekären Wohnumfeldern, verfügen über ungünstige Bildungs- und Beschäftigungs-, Freizeit- und Teilhabemöglichkeiten und nehmen wenig bis gar nicht am gesellschaftlichen, kulturellen und/oder politischen Leben teil. Folglich erfahren sie materielle Benachteiligungen und können sich bspw. teure Statussymbole (z.B. digitale Medien oder Markenkleidung) im Gegensatz zu Jugendlichen aus besser situierten Elternhäusern nicht leisten. Dies nehmen nicht nur sie selbst, sondern auch die Gleichaltrigen in ihrem Umfeld wahr, wodurch soziale Ausgrenzungsmechanismen in Gang gesetzt werden, welche nicht selten in einem Außenseiterdasein dieser Jugendlichen münden (Lampert/Schenk 2004: 58).

Des Weiteren betont Leutschacher (2007), dass sozial benachteiligte Jugendliche infolge negativer (durch das bewusste Wahrnehmen ihrer Situation hervorgerufene) Gefühle in ihrer Lebensführung und -bewältigung eingeschränkt sind. In diesem Kontext stellt sie fest, dass soziale Benachteiligungen sowohl psychische als auch physische Auswirkungen auf die gesundheitliche Verfassung Jugendlicher haben. Außerdem weisen sozial benachteiligte Jugendliche häufiger abweichendes Verhalten auf als privilegierte Gleichaltrige und greifen vermehrt zu psychoaktiven Substanzen (Leutschacher 2007: 33 f). Darüber hinaus berichtet sie, dass sozial Jugendliche aus sozial benachteiligten Familien häufiger als Jugendliche aus privilegierteren Milieus *extreme* Problemlagen und Belastungen erfahren müssen. Hierzu zählt sie in erster Linie physische und psychische Gewalterfahrungen, Vernachlässigung sowie sexuellen Missbrauch (ebd.: 53). Darüber hinaus dominiert Schröders (1995) Meinung nach bei sozial benachteiligten Jugendlichen das Muster einer „gestauchten Jugendphase" (Schröder 1995: 223), da sie in der Regel eher die sozioökonomische Selbstständigkeit erreichen und demzufolge früher eine Familie gründen (können), den Ablösungsprozess von der Herkunftsfamilie im Vergleich zu privilegierten Jugendlichen allerdings später vollziehen. Hingegen konstatiert er für Jugendliche privilegierter Sozialschichten „günstigere Ausgangsbedingungen ihres sozial(ökologisch)en Umfeldes" (ebd.: 226) sowie eine „höhere Ambiguitätstoleranz" (ebd.) und betont, dass die biografische Ungewissheit in dieser Gruppe als „Ausdruck gestiegener Optionen und alternativer Suchbewegungen" (ebd.) gelesen werden kann und sich sowohl in den „alten" als auch in den „neuen" sozialen Ungleichheiten eine „Prädominanz sozialstruktureller ‚Ausgangsvariablen'" (ebd.) zeigt (ebd.).

In Anbetracht der vorangegangenen Darstellungen haben sozial benachteiligte Jugendliche es besonders schwer, weil sich bei diesen in bestimmten Dimensionen der Lebenslage Probleme und Defizite verzeichnen lassen, welche zu ungleichen Bedingungen im Sinne sozialer Benachteiligung führen. Da Benachteiligungen in der einen Dimension der Lebenslage nicht selten mit Benachteiligungen in anderen Dimensionen einhergehen (vgl. dazu z.B. Staub-Bernasconi 1995), leiden sozial benachteiligte Jugendliche oft unter Mehrfachproblematiken. So führt bspw. ein schlechter Bildungsabschluss in der Regel zu ungünstigen Beschäftigungsverhältnissen mit geringem Einkommen. Das geringe Einkommen führt wiederum zu schlechten Wohn- und/oder Freizeitbedingungen usw. Lassen sich bei Individuen in mehreren (bzw. vielen oder sogar allen) Dimensionen Ungleichheitsverhältnisse feststellen, wird in Fachkreisen von einer „multidimensionalen Benachteiligung", also einer

Benachteiligung in mehreren (bzw. vielen oder sogar allen) Dimensionen der Lebenslage, gesprochen. Bei multidimensional benachteiligten Jugendlichen handelt es sich dementsprechend um junge Menschen im Übergang von der Kindheits- zur Erwachsenenphase, bei welchen sich in verschiedenen Dimensionen ihrer (individuellen) Lebenslage soziale Ungleichheitsverhältnisse im Sinne von Benachteiligungen verzeichnen lassen, und welche somit an einer so genannten Mehrfachproblematik bzw. einer multidimensionalen Benachteiligung leiden. Insbesondere diejenigen Jugendlichen, für welche sich die Soziale Arbeit zuständig sieht, befinden sich häufig in Lebenssituationen, welche durch multidimensionale Benachteiligungen geprägt sind und welche zu ungleichen Lebensbedingungen und Lebenslagen dieser Jugendlichen führen. Zu diesen multidimensional sozial benachteiligten Jugendlichen zählen (mitunter) Jugendliche aus Einrichtungen der stationären und ambulanten Hilfen zur Erziehung gemäß der §§ 34 ff. SGB VIII, Jugendliche mit Migrationshintergrund gemäß der Definition des Mikrozensus 2005[23], straffällig gewordene Jugendliche, junge Bewährungshäftlinge und junge Haftentlassene gemäß JGG, StGB und StVollzG, wohnungslose Jugendliche, psychisch Kranke Jugendliche sowie Personen mit Sucht- oder Abhängigkeitsproblematik gemäß PsychKG.[24] Die Mehrheit der Jugendlichen der aufgeführten Adressat/-innenkreise (der Sozialen Arbeit) sind in verschiedenen Dimensionen der Lebenslage schlechter gestellt als der Mainstream, gelten somit als multidimensional benachteiligt und zählen in der Regel zur Unterschicht.

Mehrfachproblematiken führen nicht selten zu einer Überforderung der Jugendlichen und folglich zu Demotivation, Resignation und Isolation. Meist fehlt multidimensional benachteiligten Jugendlichen das Fundament einer grundlegenden Lebenssicherung, welches es ihnen ermöglicht, selbstständig im Rahmen der Erschließung von Ressourcen zu agieren. So kann festgehalten werden, dass (multidimensional) sozial benachteiligte Jugendliche nur selten imstande sind, die Anforderungen des Alltags selbstständig, eigenverantwortlich und selbstbestimmt zu bewältigen. Zudem lassen

[23] Im alltäglichen Sprachgebrauch sowie in der Mehrheit der Fachliteratur wird oft der Begriff „Migrant/-innen" verwendet, welcher allerdings genau genommen lediglich die Personengruppe „Menschen mit Migrations*erfahrung*" meint (KoKoQ 2008: 9). Hingegen bezeichnet die Bevölkerungsgruppe „Menschen mit Migrationshintergrund" nicht ausschließlich Zuwander/-innen mit direkter Migrationserfahrung, sondern auch Eingebürgerte sowie Ausländer/-innen, welche in der Bundesrepublik geboren sind (KoKoQ 2008: 9). Gemäß der Definition des Mikrozensus (2005) meint der Begriff Mensch mit Migrationshintergrund *„alle nach 1949 auf das heutige Gebiet der Bundesrepublik Deutschland Zugewanderten, sowie alle in Deutschland geborenen Ausländer und alle in Deutschland als Deutsche Geborenen mit zumindest einem nach 1949 zugewanderten oder als Ausländer in Deutschland geborenen Elternteil"* (Statistisches Bundesamt 2007).

[24] Auf die gesetzlichen Grundlagen soll im Rahmen der vorliegenden Arbeit nicht gesondert eingegangen werden, weil dies zu weit führen würde.

sich bei dieser Adressat/-innengruppe zunehmend schwerer prognostizierbare Risiken im Punktum alltäglicher Lebensführung und Übergang zwischen Schule und (Berufs-)Ausbildung bzw. Erwerbstätigkeit verzeichnen. In Anbetracht dessen betonen sie, dass Gleichgültigkeit und Misserfolge unter den geschilderten Bedingungen rasch zu Resignation, Isolation, Aggression und Verweigerung führen und Jugendliche „aus der Balance bringen" (Shell Jugendstudie 2010: 15) können.

Zusammenfassend kann festgehalten werden, dass es sich bei der Adressat/-innengruppe der multidimensional sozial benachteiligten Jugendlichen, um diejenigen Jugendlichen handelt, welche in vielen bzw. mehreren Dimensionen ihrer Lebenslage Benachteiligungen erfahren, welche diesen eine „normale" Lebensführung erschweren. Die Bedingungskonstellationen der Lebenslagen Jugendlicher sowie die Kombinationen der verschiedenen Benachteiligungen gestalten sich dabei äußerst differenziert und vielgestaltig, was im folgenden Teil der vorliegenden Arbeit anhand von drei Lebenslagenanalysen multidimensional sozial benachteiligter männlicher Jugendlicher exemplarisch veranschaulicht werden soll.

Teil II: Lebenslagenanalysen multidimensional sozial benachteiligter männlicher Jugendlicher – Datenerhebung und -auswertung

Wie im vorangegangenen Teil der vorliegenden Publikation verdeutlicht wurde, müssen Jugendliche in diversen Lebensbereichen agieren und sich im Zuge dessen den an sie gerichteten Anforderungen stellen. Wird versucht, die Ausführungen verschiedener Literaturwerke zum Thema Jugend (z.B. Hurrelmann 2010; Tamke 2008) sowie der Jugendforschung (z.B. Shell Jugendstudie) und Jugendsoziologie (Fuchs-Heinritz 1994 a, b) zu vereinen, lassen sich bestimmte Lebensbereiche erkennen, welche die Lebenslagen (multidimensional sozial benachteiligter) Jugendlicher prägen und welche daher deren Teilhabesituationen maßgeblich beeinflussen. Wie bereits in Unterkapitel 3.3 erwähnt, handelt es sich dabei in erster Linie um die Dimensionen (1) „Wohnen“, (2) „Bildung und Beschäftigung(slosigkeit)“, (3) „Alltag und Freizeit“ (hierunter auch die Subdimensionen „digitale Medien“ und „(il-)legale Drogen“) sowie (4) „soziale Beziehungen“. Diese stellen für die Jugendlichen besonders wichtige soziale Kontexte dar und haben grundsätzlich Sozialisationsfunktionen sowie einen massiven Einfluss auf die Identitätsbildung der Jugendlichen (vgl. dazu Hurrelmann 2010; Shell Jugendstudie 2010; Tamke 2008; Hradil 2001; Fuchs-Heinritz 1994 a, b). Zudem gewinnt die Dimension (5) „Gesundheit“ (hierunter insbesondere die Subdimension „psychische Gesundheit“) im Kontext der Lebenslagen (multidimensional) sozial benachteiligter Jugendlicher zunehmend an Bedeutung, weil einige die gegenwärtigen gesellschaftlichen Entwicklungen und die damit einhergehenden Lebensbedingungen weniger „vertragen“ als andere und in der Folge mit (psychischer) Erkrankung reagieren (Essau 2007: 113). Auch die Dimension (6) „Straffälligkeit“ zunehmend ins Visier von Jugendforschern und sorgt (vor allem infolge der medialen Berichterstattung) für Bedrohungsängste (vgl. z.B. Dollinger/Schmidt-Semisch 2011; Neubacher 2011). Obwohl das politische Interesse in den vergangenen Jahren leicht gestiegen ist, kann dennoch festgehalten werden, dass die Dimension (7) „Politik“ für die heutigen Jugendlichen eine immer unwesentlichere Rolle spielt und verstärkt in den Hintergrund jugendlicher Lebenslagen gerät (vgl. dazu Hurrelmann 2010; Shell Jugendstudie 2010; Tamke 2008; Hradil 2001; Fuchs-Heinritz 1994 a, b).

Obwohl sich bestimmte Trends bezüglich der Lebenslagen und Lebenschancen Jugendlicher als konstant erweisen, nimmt die Bedeutung individualisierter jugendlicher Lebenswelten stetig zu (Shell Jugendstudie 2010: 39). Werden jedoch die Fallportraits aktueller Studien zum Thema jugendliche Lebenswelten bzw. Lebenslagen betrachtet, fällt auf, dass hier verstärkt diejenigen Jugendlichen in den Fokus geraten, welche von Walter (2005) und Beck (1986) als „Individualisierungsgewinner“

bezeichnet werden. Die „Individualisierungsverlierer“ werden dabei meist nur am Rande erwähnt, etwa um bestimmte Phänomene nach sozialer Herkunft zu unterscheiden. So werden beispielsweise im zweiten (qualitativen) Teil der Shell Jugendstudie (2010) – welcher die Vielfalt der Lebenslagen „der“ Jugend (2010) exemplarisch zu veranschaulichen versucht – beinahe ausschließlich Portraits von denjenigen Jugendlichen abgebildet, welche das Bild der „auffallend pragmatischen Generation, die optimistisch in die Zukunft blickt“ (Shell Jugendstudie 2010: 338 ff.) bestätigen. Die Klientel der Sozialen Arbeit bleibt im Rahmen der abgebildeten Portraits der Shell Jugendstudie (2010), den Enttäuschungen des Autors zu trotz, nahezu unberücksichtigt – möglicherweise, weil sie das Bild der „auffallend pragmatischen Generation, die optimistisch in die Zukunft blickt“ (ebd.) trüben würde.
Im nun folgenden zweiten Teil des Buches werden daher drei individuelle Lebenslagen multidimensional sozial benachteiligter männlicher Jugendlicher abgebildet und im Zuge dessen soziale Ungleichheitsverhältnisse beleuchtet. In diesem Kontext wird aufgezeigt, was die interviewten Jugendlichen im Gegensatz zu anderen Jugendlichen als besser oder schlechter, privilegiert oder benachteiligt höher oder tiefer gestellt erscheinen lässt. Auf der Grundlage der Ergebnisse der durchgeführten Lebenslagenanalysen werden dann gemeinsame Unterstützungsbedarfe festgestellt und Handlungsempfehlungen für die Soziale Arbeit formuliert, welche wiederum die Grundlage für die in Teil III vorgestellte Projektkonzeption darstellen.

Dementsprechend wird im Rahmen des zweiten Teils zunächst auf den Aufbau und die Untersuchung im Kontext der Datenerhebung (Kapitel 4) und anschließend auf die Auswertung der Ergebnisse der Lebenslagenanalysen (Kapitel 5 bis 7) eingegangen. Hiernach folgt eine Zusammenfassung der zentralen Ergebnisse (Kapitel 8). Abschließend werden die sich aus den ausgewerteten Ergebnissen ergebenden gemeinsamen Unterstützungsbedarfe festgestellt und daran anknüpfend Handlungsempfehlungen für die soziale Praxis formuliert (Kapitel 9).

Zudem soll im Vorfeld noch einmal betont werden, dass der Umfang des zweiten Teils des vorliegenden Buches den der anderen beiden Teile (bei Weitem) überschreitet. Dies lässt sich schlussendlich dadurch begründen, dass es sich bei der fokussierten Zielgruppe der multidimensional sozial benachteiligten männlichen Jugendlichen um Adressaten handelt, deren individuelle Lebenslagen sich – infolge der Mehrfachproblematiken – meist sehr kompliziert gestalten. Ein weiterer Grund besteht darin, dass die Probanden – infolge ihres jeweiligen kognitiven Entwicklungsstandes sowie durch ihre Bereitschaft, (ausführlich) über die aktuelle Lebenssituation und die eigene Lebensgeschichte zu berichten – sehr umfassende und informative Ergebnisse im Rahmen der durchgeführten Interviews geliefert haben. Um den

Interviewten gerecht zu werden und deren Lebenslagen adäquat darzustellen, ist der Umfang der dargestellten Lebenslagen nicht noch weiter reduziert worden.

Aufbau und Untersuchung im Kontext der Datenerhebung

Im folgenden Kapitel wird die (empirisch-)methodische Vorgehensweise im Rahmen der Erhebung der gewünschten qualitativen Daten für die nachfolgenden Lebenslagenanalysen (Kapitel 5 bis 7) von multidimensional sozial benachteiligten Jugendlichen vorgestellt werden. Hierbei soll zunächst auf die Forschungsfrage und die Orientierungshypothese (Unterkapitel 4.1), die Auswahl der Probanden (Stichprobenziehung; Unterkapitel 4.2) sowie anschließend auf die Durchführung des problemzentrierten Interviews (Unterkapitel 4.3) und die Strategie zur Auswertung der erhobenen Daten (Unterkapitel 4.4) eingegangen werden.

Forschungsfrage und Orientierungshypothese

Im nun folgenden Unterkapitel soll also zunächst die Forschungsfrage und anschließend die Orientierungshypothese dargestellt werden.

Die *Forschungsfrage*, welcher vor dem Hintergrund des bisher Dargelegten im Rahmen der nachfolgenden Lebenslagenanalysen nachgegangen werden soll, richtet den Fokus darauf, wie es um die – die soziale Teilhabesituation beeinflussenden – Dimensionen der Lebenslage (Wohnen, Beschäftigung, Alltag/Freizeit, soziale Beziehungen) und die Lebenssituation (multidimensional) sozial benachteiligter männlicher Jugendlicher bestellt ist. Hierzu sollen exemplarisch die individuelle Lebenslage eines jugendlichen Mehrfachtäters (vgl. Kapitel 5), eines Jugendlichen mit depressiver Störung (vgl. Kapitel 6) sowie eines Bewohners einer stationären Einrichtung der KJH (vgl. Kapitel 7) untersucht und auf soziale Ungleichheitsverhältnisse beleuchtet werden.

Im Kontext des beabsichtigten Forschungsvorhabens wird von der *Orientierungshypothese* ausgegangen, dass die befragten Jugendlichen im Kontext mehrerer bzw. vieler Dimensionen ihrer jeweils individuellen Lebenslage soziale Benachteiligungen erfahren, welche deren Teilhabechancen determinieren und folglich deren Teilhabesituation verschlechtern. Ferner wird angenommen, dass die Jugendlichen gemeinsame Problemlagen und Unterstützungsbedarfe aufweisen, welchen mittels bestimmter sozialarbeiterischer Interventionen wirksam und nachhaltig begegnet werden kann. In Anbetracht der Orientierungshypothese sollen dann auf der Grundlage der aufgedeckten Ungleichheitsverhältnisse sowie in Anlehnung an die

Orientierungshypothese Unterstützungsbedarfe festgestellt und Handlungsempfehlungen formuliert werden, welche wiederum die Basis der geplanten Projektkonzeption für die Verbesserung der Teilhabechancen darstellen sollen.

Stichprobenziehung

Im folgenden Unterkapitel soll über die Vorgehensweise bei der Stichprobenziehung bzw. das Stichprobenziehungsverfahren im Kontext des beabsichtigten Forschungsvorhabens berichtet werden. Im Rahmen der Durchführung von qualitativen Studien stellt sich zu Beginn der Untersuchung die Frage, welche Fälle in diese mit einbezogen werden sollen oder müssen, damit die Auswertung der Einzelfälle am Ende gemeinsame Rückschlüsse zulässt. Dementsprechend stellt sich die Frage der Stichprobenziehung, welche nach Kelle/Kluge (1999) wie folgt lautet „Wie kann sichergestellt werden, dass für die Untersuchungsfragestellung und das Untersuchungsfeld relevante Fälle in die Studie einbezogen werden?" (Kelle/Kluge 1999: 39).
Mögliche Herangehensweisen für eine Stichprobenziehung im dargestellten Forschungsvorhaben stellen etwa die Methode des „Selektiven Samplings" („Qualitative Stichprobenpläne") und die des „Theoretical Sampling" („Quantitative Stichprobenpläne") nach Glaser/Strauss (1979) dar, welche im Folgenden kurz erläutert werden. Nach Kelle/Kluge (1999) handelt es sich beim sog. *„Theoretical Sampling"* um ein offenes Forschungsdesign, bei welchem nur (relativ) wenige Informationen über das Forschungsfeld zur Verfügung stehen. Im Rahmen dieses Stichprobenziehungsverfahrens werden zunächst Daten von einem ersten Fall erhoben, anschließend ausgewertet und entsprechende Kategorien gebildet. Gemäß dem Prinzip der minimalen und maximalen Kontrastierung, nach welchem ähnliche und zugleich möglichst unterschiedliche Fälle gesucht werden, wird dann in einem nächsten Schritt ein weiterer Fall bestimmt. Dieser Vorgang wird solange fortgesetzt, bis durch nachfolgende Fälle keine weiteren Erkenntnisse (mehr) erwartet werden, was Kelle/Kluge (1999) als „theoretische Sättigung" bezeichnen. Da diese Methode jedoch sehr zeitaufwendig ist, sich eher für Forschungen in einem Team eignet und im Vorfeld der beabsichtigten Forschung eine Orientierungshypothese (vgl. Unterkapitel 4.1) bestanden hat, eignet sich dieses methodische Vorgehen nicht für den fokussierten Untersuchungsgegenstand (vgl. dazu Kelle/Kluge 1999: 44 ff.).

Hingegen werden bei der Methode des *„Selektiven Samplings"* im Vorfeld relevante Merkmale über das (theoretische) Vorwissen des Forschers hergeleitet und entsprechend formuliert. Erst wenn die Fälle für die Untersuchung ausgewählt worden sind, erfolgt – anders als beim Theoretical Sampling – die Datenerhebung und im Anschluss daran die Datenanalyse (vgl. dazu Kelle/Kluge 1999: 46 ff.). Neben der Tatsache, dass bei dieser Vorgehensweise die Gefahr besteht, dass nicht alle relevanten

Fälle für das Sample berücksichtigt werden[25], kritisiert Egloff (2002) an diesem Vorhaben, dass die Auswahl äußerer Kriterien dem Postulat qualitativer Forscher/-innen – in Anlehnung an die erhobenen Daten zu Kategorien zu gelangen – konträr gegenübersteht. Allerdings besteht im Rahmen dieses Vorgehens die Möglichkeit, im Anschluss an eine erste Datenerhebungsphase weitere Daten zu erheben. Seiner Auffassung nach ist dies bspw. erforderlich, wenn die Analyse erkennen lässt, dass entscheidende Fälle im Sample fehlen (Egloff 2002: 66 ff.).

Unter Berücksichtigung der jeweiligen Vor- und Nachteile (vgl. dazu Kelle/Kluge 1999: 45 f.) wurde sich also für die Methode des Selektiven Samplings als Stichprobenverfahren entschieden. Entsprechend wurden im Rahmen der nachfolgenden Lebenslagenanalysen in Anlehnung an Kelle/ Kluge (1999) – unter Berücksichtigung des aus der Literatur gewonnenen sowie aus eigener Praxiserfahrung mitgebrachten Vorwissens[26] – zunächst zehn Fälle für die Untersuchung ausgewählt (vgl. dazu Kelle 1999: 27 ff.). In diesem Kontext wurde sich für eine Analyse der individuellen Lebenslagen von denjenigen Zielgruppen der Sozialen Arbeit entschieden, welche nach einer ersten Einschätzung die Spezifika von multidimensional sozial benachteiligten Jugendlichen (also Problemlagen bzw. Benachteiligungen in mehreren Dimensionen der Lebenslage) deutlich werden lassen (vgl. Unterkapitel 3.4).

Um an interviewbereite Angehörige der fokussierten Zielgruppe „(multidimensional) sozial benachteiligte männliche Jugendlichen“ zu gelangen, hat der Autor seine vielfältigen Kontakte zu diversen Einrichtungen der Kinder- und Jugendhilfe in der Stadt Bremen genutzt. Nachdem im Kontext der Stichprobenplanung zunächst 10 (zu einem Interview bereite) (multidimensional) sozial benachteiligte männliche Jugendliche – darunter (1) ein Adressat der stationären sowie (2) ein Adressat der ambulanten Jugendhilfe, (3) ein Jugendlicher mit psychischer Erkrankung gemäß PsychKG, (4) ein jugendlicher „Mehrfachtäter“, (5) ein neuzugewanderter Jugendlicher mit unbefristetem Aufenthaltsstatus, (6) ein Jugendlicher mit befristetem Duldungsstatus [Flüchtling gemäß AufenthG], (7) ein wohnungsloser Jugendlicher, (8) ein beschäftigungsloser Jugendlicher, (9) ein ehemals inhaftierter Jugendlicher sowie (10) ein Jugendlicher mit Sucht- bzw. Abhängigkeitsproblematik – fokussiert worden sind, wurde eine engere Auswahl getroffen.

Allerdings ergab sich im Kontext der Stichprobenziehung eine erste Problematik: Die Eltern aller sich zum Interview bereit erklärten Jugendlichen unter 18 Jahren, stimmten dem Interview nicht zu. In der Folge setzt sich die Stichprobe ausschließlich aus

[25] Diese Problematik lässt sich ohnehin nicht generell ausschließen.

[26] Zu Formen und Integration theoretischen Vorwissens siehe ausführlicher bei Kelle/Kluge (1999: 27 ff.).

volljährigen Personen zusammen, welche mitunter (bspw. im Strafrecht) bereits als „junge Erwachsene"[27] bezeichnet werden. Gemäß des Verständnisses der vorliegenden Arbeit zählen aber auch die interviewten Jugendlichen (im Alter von 19 bis 24 Jahren) zur fokussierten Zielgruppe (der 12 bis 27-jährigen Jugendlichen) – nicht zuletzt, weil sie die Entwicklungsaufgaben der Jugendphase (vgl. Unterkapitel 3.2) noch nicht vollständig bewältigt haben (vgl. Anhang F). Auch wenn der Autor durch die Alterszusammensetzung der Stichprobe zunächst mit Artefakten (Verzerrungseffekten) gerechnet hat, erachtet er die (altersmäßige) Stichprobenzusammensetzung rückblickend als positiv. Dadurch, dass sich bei den Jugendlichen altersbedingt bereits ein gewisser (kognitiver) Reifeprozess vollzogen hat, lassen sich Entwicklungsprozesse besser nachvollziehen und es kann ausgeschlossen werden, dass es sich bei bestimmten Aspekten bloß um pubertär bedingte bzw. episodenhafte Phänomene handelt. Zudem wurden umfassendere und detaillierte Ergebnisse erzielt, als im Vorfeld der Untersuchung erwartet. Dies lässt sich dadurch begründen, dass die Jugendlichen durch den fortgeschritteneren (kognitiven) Reifeprozesses und der damit einhergehenden vermehrten Einsicht sowie dem ausgeprägten Artikulationsvermögen besser imstande sind, ihre subjektiv empfundene Lebenssituation reflektiert darzulegen, Problemlagen zu erkennen und zu formulieren, als dies bei jüngeren Probanden zu erwarten wäre. So konnte im Anschluss an die Untersuchungen geschlussfolgert werden, dass die altersmäßige Stichprobenzusammensetzung nicht zu Artefakten, sondern stattdessen zu expliziteren, detaillierteren und reflektierteren Ergebnissen geführt hat, als dies vermutlich bei Interviews mit jüngeren Probanden der Fall gewesen wäre.

Als dann schließlich drei (volljährige) multidimensional sozial benachteiligte Jugendliche gefunden worden sind und das Stichprobenziehungsverfahren abgeschlossen werden konnte, wurde jeweils ein Termin für ein erstes Kennenlernen (und ein gemeinsames Essen) an einem Ort vereinbart, welchen die Jugendlichen jeweils selbst bestimmen konnten. Unabhängig voneinander fanden alle drei Treffen bei Mc Donald's statt. Um dann nach dem Kennenlernen die für den Untersuchungszweck relevanten Daten zu gewinnen, wurde sich für die im nachfolgenden Unterkapitel dargestellte methodische Vorgehensweise entschieden.

[27] Im Rahmen der folgenden Arbeit wird allerdings gemäß der Ausführungen Hurrelmanns (2006) für Personen bis zu einem Alter von 27 Jahren der Begriff „Jugendliche" dem Begriff „junge Erwachsene" vorgezogen.

Methodik im Kontext der Datenerhebung – Das problemzentrierte Interview als geeignetes Erhebungsinstrument

Auf der Grundlage der Auseinandersetzung mit der aktuellen Fachliteratur zum Thema qualitative Sozialforschung[28] wurde sich – unter Berücksichtigung sowohl der jeweiligen kognitiven Fähigkeiten der Interviewten als auch des Untersuchungsgegenstandes – für die Anwendung qualitativer Forschungsmethoden zur Analyse ausgewählter Dimensionen der Lebenslage gewählt, weil diese dem Forscher ermöglicht, „komplexe soziale Wirklichkeiten zu erfassen und analysieren zu können" (Fähnrich 2011: 40). Im Rahmen der Vorüberlegung, welche der qualitativen Datenerhebungsmethoden im Kontext des beabsichtigten Forschungsvorhabens zur Anwendung kommen soll, wurden zunächst das in den Sozial(arbeits)wissenschaften verbreitete und häufig angewandte offene Verfahren des narrativen Interviews nach Schütz (1976, 1977) sowie das Leitfadeninterview (vgl. z.B. Mayer 2009; Schaffer 2009; Flick et al. 2007; Lamnek 2005) in Betracht gezogen. Im Kontext der *narrativen Interviewführung* werden die Interviewten im Anschluss an eine Erzählungsaufforderung (Hauptfrage bzw. Stimulus) animiert, in der Erzählperspektive über ein bestimmtes Thema zu berichten, ohne dabei unterbrochen zu werden. Erst nach Abschluss der Erzählung werden sie in einem Nachfrageteil detaillierter zum Thema interviewt. Von der Durchführung narrativer Interviews wurde im Rahmen des beabsichtigten Forschungsvorhabens abgesehen, weil vermutet wurde, dass die fokussierte Zielgruppe eventuell damit überfordert gewesen wäre, zu bestimmten Themen über längere Zeit ohne entsprechende Nachfragen oder sonstiges Intervenieren ausführlich zu erzählen. Diese Vermutung wurde im Rahmen der durchgeführten Interviews dadurch bestätigt, dass die Jugendlichen an einigen Stellen des Interviews Probleme hatten, längere (zusammenhängende) Sätze zu formulieren sowie ausführlich über ihre Lebenssituation und ihre individuellen Problemlagen zu berichten. In Anbetracht der dargestellten Vermutung wurde sich für die Durchführung von *Leitfadeninterviews* im Kontext des beabsichtigten Forschungsvorhabens entschieden. Nach Marotzki (2003) genießen den Vorteil, dass den Interviewten gezielt Fragen gestellt werden sowie dass der/die Interviewer/-in den Erzählprozess anleiten und sich darüber hinaus aktiv (bzw. konstruktiv) an diesem beteiligen kann, indem er/sie die Interviewten durch aktives Zuhören und verbale Äußerungen (z.B. durch Aufrechterhaltungs- oder sonstige Nachfragen) motiviert, sich mit ihrer Lebenssituation und ihrer Lebenslage auseinanderzusetzen. In diesem Zusammenhang betont Marotzki (2003), dass die Leitfadeninterviewfragen so offen formuliert werden müssen,

[28] z.B. Flick et al. (2010); Flick (2010; 2007); Schaffer (2009); Mayer (2009); Mayring (2009); Lamnek (2005) u.v.m.

dass die Proband/-innen ihre Erzählungen erforderlichenfalls ausführlicher darstellen können (Marotzki 2003: 113 f). Zudem wird nach Flick et al. (2007) durch einen Leitfaden sichergestellt, dass für das Forschungsvorhaben relevante Themenbereiche im Rahmen der Interviews angesprochen werden (Flick et al. 2007: 95 f). Weiterhin kann nach Böttger (1998) im Rahmen von Leitfadeninterviews die Wahrscheinlichkeit erhöht werden, dass die Interviewten sich stärker mit ihren Erinnerungen auseinandersetzen und die „subjektive Wahrheit" erzählen (Böttger 1998: 108). Um (Not-)Lügen zu minimieren, wurde dem Jugendlichen vor dem Interview zugesichert, dass die Ergebnisse ausschließlich in anonymisierter Form (datenschutzrechtlich erforderliche Änderung von Namen der Interviewten, der jeweiligen Schulen, zuständigen betreuenden Stellen u.a. Aspekte, die Rückschlüsse auf die Interviewten zulassen) veröffentlicht werden sowie dass diese auf für sie unangenehme Fragen nicht antworten müssen.

Um dem bereits dargestellten Forschungsvorhaben (vgl. Unterkapitel 4.1) nachzukommen, wurden also mit „ausgewählten" Jugendlichen entsprechende Leitfadeninterviews geführt. Dabei wurde sich für das problemzentrierte Interview – als eine Form des Leitfadeninterviews[29] – nach Flick und Witzel entschieden, welches es nach Lamnek (2005) ermöglicht, Interviews mittels eines flexiblen Leitfadens zu strukturieren, ohne dabei die Befragten in ihren Antworten zu sehr einzuengen (Lamnek 2005: 363 ff.). Die zur Orientierung dienenden offenen Fragestellungen geben dabei lediglich einen Rahmen vor, innerhalb dessen die Interviewten uneingeschränkt antworten können. Auf diese Weise wird der Datenerhebung eine Struktur verliehen, welche sicherstellen soll, dass die für den zu untersuchenden Forschungsgegenstand wesentlichen Aspekte im Kontext des Interviews Berücksichtigung finden (Mayer 2009: 37).

Im Kern des problemzentrierten Interviews geht es somit darum, die Interviewten, deren Lebensbedingungen und Lebenssituationen sowie deren persönliche Sichtweisen in den Fokus der Untersuchung zu rücken. Dementsprechend stehen im Rahmen der folgend dargestellten Lebenslagenanalysen die interviewten Jugendlichen und deren individuelle Deutungen und subjektive Einstellungen ihrer Lebenswelten im Fokus des Untersuchungsinteresses. Um die gewünschten Daten zu erheben, wurde im Rahmen der Durchführung der Interviews das Ziel verfolgt, möglichst ehrliche, authentische und informative Aussagen über die Lebenssituation und die zentralen (in Unterkapitel 3.4 dargestellten) Dimensionen der Lebenslage der befragten Jugendlichen zu erhalten und diese (gegebenenfalls) gemeinsam mit den (fallweise

[29] Zur Übersicht unterschiedlicher Arten von Leitfadeninterviews siehe Flick (2007: 194 ff.).

vorhandenen) Daten aus Aktenmaterial, Entwicklungsberichten etc. der betreuenden sozialen Einrichtungen und Dienste auf die Forschungsfrage hin auszuwerten.

Ferner gilt es zu erwähnen, dass – infolge der Tatsache, dass lediglich drei exemplarische individuelle Lebenslagen multidimensional sozial benachteiligter männlicher Jugendlicher dargestellt werden – die erhobenen Daten (den Grundsätzen qualitativer Forschungen zu Trotz) nicht den Anspruch der Vergleichbarkeit zur Lebenslage anderer multidimensional sozial benachteiligter männlicher Jugendlicher erfüllen, sondern lediglich die Lebenslage von Angehörigen der genannten Zielgruppe exemplarisch deutlich werden lassen. In einem solchen Kontext handelt es sich nach Mayer (2009) lediglich um die Darstellung eines Realitätsausschnitts, durch welchen seiner Auffassung nach allerdings Akzente gesetzt und Unterschiede verdeutlicht werden können (Mayer 2009: 37 f).

Um die für die Forschungsfrage relevanten Aspekte in diesem Rahmen aufgreifen zu können, wurde – zunächst im Sinne der deduktiven Kategorienanwendung (vgl. dazu Mayring in Flick et al. 2010: 472; Mayring 2010: 66) – eine dimensionale Analyse zur Erhebung der für die Darstellung der Lebenslage relevanten Daten erstellt. Um eine strukturierte Ordnung der dimensionalen Analyse zu erreichen, wurden die in diesem Kontext als wichtig erscheinenden Aspekte in verschiedene Dimensionen der Lebenslage eingeteilt, welche nach Ansicht des Autors die für Jugendliche zentralen Dimensionen der Lebenslage darstellen (vgl. Unterkapitel 3.3).

Nach der Festlegung der Erhebungsmethode, wurden konkrete Fragestellungen für die verschiedenen Dimensionen formuliert, welche den Interviewten zunächst zum „freien Erzählen“ anregen sollten. Dadurch wurde die Gewinnung eines möglichst hohen Maßes an (subjektiv wahrgenommenen) Informationen bezüglich der Lebenssituation der Probanden erhofft. Außerdem sollten Aufrechterhaltungsfragen und Nachfrageformulierungen gewährleisten, dass sämtliche zu gewinnenden Informationen erschlossen werden konnten. Da *„die Sorge um die Darstellung der eigenen Person und die Beurteilung durch andere .. zu den häufigsten Ängsten des Jugendalters (gehören)“* (Essau 2007: 35), und es Jugendlichen oft wichtig ist, sich anderen Personen auf sozial erwünschte Weise darzustellen (ebd.), hat der Autor beschlossen, zirkuläre Nachfrageformulierungen zum Einsatz kommen zu lassen, wenn vermutet wird, dass ein Perspektivwechsel zu mehr Informationen führen könnte (vgl. Anhang A). Nach Simon/Rech-Simon (2009) zielt das sogenannte zirkuläre Fragen mittels eines Perspektivwechsels zudem darauf ab, „die gegenseitige Bedingtheit des Verhaltens von Menschen, deren Lebensgeschichte miteinander verknüpft ist, zu verdeutlichen“ (Simon/Rech-Simon 2009: 12).

Um zu veranschaulichen, ob es sich bei den Darstellungen um Randphänomene handelt oder diese (weitestgehend) dem Mainstream entsprechen, wurden die qualitativ gewonnenen Daten jeweils (adressatenspezifisch) um quantitative Daten – z.B. aus der Drogenaffinitätsstudie (2011), der JIM-Studie (2011), 14., 15. und 16. Shell Jugendstudie (2002; 2006; 2010), der Bremer Jugendstudie (2000), u.a. Studien – sowie um theoretische Hintergrundinformationen ergänzt. Laut den Autor/-innen der Shell Jugendstudie (2010) ermöglicht die Ergänzung qualitativ gewonnener Daten um quantitative Befunde eine Einschätzung, ob aufgezeigte Aspekte und Phänomene qualitativ bedeutsam sind oder eher Randerscheinungen darstellen. Umgekehrt kann aber auch die qualitative Untersuchung die quantitativen Befunde illustrieren und plausibilisieren (Shell Jugendstudie 2010: 246). Um die qualitativ erhobenen Daten mit quantitativen Befunden aktueller Studien vergleichbar zu machen, wurden in Anlehnung an die 16. Shell Jugendstudie Schichtanalysen mit dem Interviewten erstellt (vgl. Anhang C).

Darüber hinaus wurde die Methode des sozialen Kontaktschemas (vgl. Anhang D; vgl. dazu Shell Jugendstudie 2010: 246 f) zur Analyse des sozialen Netzwerks der Interviewten in die Untersuchung integriert. Da die für die interviewten Jugendlichen relevanten Lebensbereiche (aus Gründen der Individualität der Probanden) im Vorfeld nicht klar bestimmt werden konnten, wurde vom Einsatz der traditionellen Netwerkkarte abgesehen und alternativ auf die Methode des sozialen Kontaktschemas ausgewichen, in welches die Jugendlichen die für sie relevanten Lebensbereiche selbst angeben können. Auch wenn das Ausfüllen (und die anschließende Analyse) dieses Netzwerkschemas relativ zeitintensiv ist, wurde der Einsatz dieses Befragungsinstruments aufgrund der existenziellen Bedeutung des sozialen Netzwerks für (multidimensional sozial benachteiligte) Jugendliche als sinnvoll erachtet, da sich hierdurch ebenfalls aufdecken lässt, ob Interviewte zu prekär vernetzt sind (vgl. dazu: Shell Jugendstudie 2010: 246 f). Um darüber hinaus das institutionelle (Unterstützungs-)Netzwerk des Interviewten zu erfassen, wurde sich für die Erstellung einer eigens entwickelten Ecomap (in Anlehnung an Pantuček 2009: 197 ff.) im Rahmen der Datenerhebungsphase entschieden (vgl. Anhang E).

Die methodische Abwechslung im Rahmen der Untersuchung sollte dabei jedoch nicht bloß zur Vermeidung von Lageweile erfolgen, sondern vielmehr einen eigenen methodisch fruchtbaren Zugang ermöglichen und im „Gegeneinanderbewegen" der verschiedenen methodischen Zugänge eine größere Aspektvielfalt erzeugen. Entsprechend betont Gudjons (2008), dass ängstlich gemiedene oder Tabu-Bereiche erst bei unterschiedlichen Zugängen zu einem bestimmten Ereignis zum Vorschein kommen (Gudjons 2008: 29).

Die problemzentrierten Interviews wurden lebensweltorientiert (vgl. dazu Thiersch 1992) an von den Jugendlichen selbst gewählten Orten durchgeführt. Während der Interviewdurchführung waren ausschließlich der Interviewer und die jeweiligen Interviewten anwesend, weil die Gegenwart einer weiteren Person – etwa von Betreuer/-innen oder Familienangehörigen – vermutlich die Darstellung bestimmter Themen (z.B. Drogenkonsum, Straffälligkeit/Kriminalität o.a.) verfälscht hätte. Nachdem der Interviewer sich vorgestellt und die Interviewten jeweils über Zweck und Inhalt der Forschung aufgeklärt hatte (vgl. dazu Fuchs-Heinritz et al. 2005: 238), wurden diesen die thematischen Schwerpunkte und die Fragen des problemzentrierten Interviews ausgehändigt und gemeinsam mit ihnen besprochen. In diesem Zusammenhang wurde den Jugendlichen mitgeteilt, dass ihre persönlichen Erfahrungen, ihre Ansichten und Einstellungen zu allen Dimensionen ihrer Lebenslage von zentraler Wichtigkeit sind und sie die Gelegenheit erhalten sollen, dazu persönlich Stellung zu beziehen (vgl. dazu Fuchs-Heinritz et al. 2005: 240) und somit entsprechend ihre subjektive Wahrnehmung wider zu spiegeln. Im Rahmen der Durchführung der Interviews bestand das Bestreben, die Jugendlichen zu animieren, ihre jeweilige Lebenssituation möglichst eigenständig zu schildern sowie die an sie gerichteten Fragen wahrheitsgetreu und authentisch zu beantworten. Um möglichst unverfälschte Antworten zu bekommen, wurde den Jugendlichen – neben der Verschwiegenheit – zugesichert, dass zu den mit einem Diktiergerät aufgezeichneten Interviews nur befugte Personen Zugang haben. Für die Beantwortung der Interviewfragen wurde den Jugendlichen ein grober Zeitrahmen von 120 Minuten gesetzt. Dabei wurde nach Bedarf (spätestens jedoch alle 45 Minuten) eine fünfzehnminütige Pause eingelegt, um zu gewährleisten, dass die Konzentration nicht verloren geht. Während des gesamten Interviews wurden keine Notizen gemacht, weil dies vermutlich zu Verunsicherungen seitens der Interviewten geführt hätte. Um bestimmte Themen zu konkretisieren bzw. eventuelle Unklarheiten beseitigen zu können, wurde im Anschluss an die Interviews mit den befragten Jugendlichen darüber gesprochen, wie sie das Interview empfunden haben und ob sie noch etwas ergänzen möchten. Die Interviews dauerten (inklusive Vorgespräch und Pausen) durchschnittlich 109 Minuten. Alle Interviews wurden vollständig und wörtlich transkribiert. In diesem Kontext gilt es zu betonen, dass im Rahmen der folgenden Auswertungen nicht jeder einzelne transkribierte Satz exakt und ausführlich interpretiert wurde, sondern lediglich die für das Forschungsvorhaben wichtigen, jugendspezifischen Aspekte, um somit den Rahmen des empirischen Teils nicht vollends zu sprengen. Da qualitative Untersuchungen sowie dessen Auswertungen im Gegensatz zu quantitativen schwer messbar sind, können die folgenden Interpretationen nicht frei von subjektiven Sichtweisen sein, weshalb der Anspruch auf Objektivität in diesem Zusammenhang nicht erfüllt und dem Postulat von Poppers nicht gerecht werden kann (vgl. dazu Eberhard 1987).

Auswertungsstrategie: die kategoriengeleitete Textanalyse

Im Anschluss an die Datenerhebungsphase wurde dann mit der Auswertung der erhobenen Daten begonnen. Für die Analyse qualitativer Interviews lassen sich diverse Auswertungsstrategien finden.[30] Unter Auswertungsstrategie wird nach Schmidt in Flick et al. (2010: 448) *„eine Zusammenstellung verschiedener, für die Analyse von Leitfadeninterviews geeigneter Auswertungstechniken verstanden“*. Welche Auswertungsstrategien im Rahmen einer Untersuchung gewählt bzw. entwickelt werden, wird im Wesentlichen von der Forschungsabsicht, der Forschungsfrage, der Orientierungshypothese, der Zielsetzung, vom vorhandenen Zeitrahmen, den zur Verfügung stehenden Forschungsmitteln sowie von den personellen Ressourcen beeinflusst (Schmidt in Flick et al. 2010: 448 f).

Im nun folgenden Unterkapitel wird die vom Autor angewandte Auswertungsstrategie für die Erhebung der vor dem Hintergrund des Forschungsgegenstands relevanten Daten vorgestellt. Diese entspricht im Grundsatz der zusammenfassenden („kategoriengeleiteten“) Textanalyse, da sie das Material so reduzieren will, „dass die wesentlichen Inhalte erhalten bleiben, aber ein überschaubarer Kurztext entsteht“ (Mayring in Flick et al. 2010: 472). Kategoriengeleitete Textanalysen bieten sich immer dann an, wenn sich das Forschungsinteresse lediglich auf die inhaltliche Materialebene bezüglich im Vorfeld bestimmter Themen und Aspekte richtet und eine kategoriale Komprimierung des Textes angestrebt wird (ebd; Mayring 2010: 13). Dieses Bestreben besteht auch im Kontext des beabsichtigten Forschungsvorhabens, sodass sich der Autor für eine Auswertung gemäß der kategoriengeleiteten Textanalyse entschieden hat.

Um zu gewährleisten, dass sämtliche relevanten Daten bei der Erhebung erfasst werden konnten, wurde – unter Einverständnis der Interviewten – ein Diktiergerät verwendet. Nach Schmidt in Flick et al. (2010) ermöglicht der Einsatz eines Diktiergerätes Forscher/-innen, sich ausschließlich auf die (jeweiligen) Befragungen zu konzentrieren, die Interviews im Anschluss an diese zu transkribieren und in Anlehnung an die Transkripte (vgl. Anhang B) detailgetreue und exakte Auswertungen der erhobenen Daten vornehmen zu können. Auf diese Weise können die Inhalte der Befragung vollständig festgehalten werden. Die Transkription, das wiederholte,

[30] Überblicke hierzu bieten z.B. Flick (2010; 2007); Flick et al. (2010); Mayring (2009), Schaffer (2009); Lamnek (2005).

aufmerksame und exakte Lesen des Transkripts sowie die damit einhergehende Bereinigung von Übertragungsfehlern (Korrekturhören) sind zwar zeitaufwendig, dennoch sind diese notwendig, damit Textpassagen nicht vorschnell den eigenen Fragestellungen zugeordnet oder solche übersehen werden, deren Zusammenhang zur Fragestellung auf den ersten Blick nicht sofort erkennbar ist (Schmidt in Flick et al. 2010: 450). Die Transkription des durchgeführten Interviews gibt dieses – abgesehen von verschluckten Endungen und Silben, dafür jedoch mit nonverbalen Äußerungen (wie Lachen) und Pausen – wie gehört wieder, sodass sich das Transkript nicht als Abbildung des gesprochenen Wortes darstellt, sondern den inhaltlichen Aussagen des Interviewten gerecht wird (vgl. dazu Shell Jugendstudie 2010: 247). Da die Interviewten in den Lebenslagenanalysen das Wort haben sollten, finden sich in diesen an vielen Stellen wörtliche Zitate (kursives Schriftformat) aus dem Interview wieder.

Damit der Offenheit des Interviews Rechnung getragen werden konnte, erachtete der Autor es als wichtig, die im problemzentrierten Interviews aufgeführten Fragestellungen nicht zwangsläufig „eins zu eins" in die Interviews zu übernehmen, sondern diese erforderlichenfalls um adressat/-innenspezifische Aspekte zu ergänzen. Dabei sollte darauf geachtet werden, ob die Interviewten die vordefinierten Themen überhaupt aufgreifen, welche Bedeutung diese für sie haben, welche Aspekte sie ergänzen und welche sie weglassen und ob neue, im Leitfaden des problemzentrierten Interviews nicht bedachte Themen im erhoben Material auftauchen (Schmidt in Flick et al. 2010: 471 f).

Um die Inhalte der Interviews thematisch ordnen zu können, wurden diese zunächst paraphrasiert, d.h. „in eine knappe, nur auf den Inhalt beschränkte, beschreibende Form umgeschrieben" (Mayring 2010: 69) (ebd.: 68 ff.). Die Gesprächsinhalte wurden somit textgetreu in eigenen Worten – unter Einbezug aussagekräftiger Zitate (kursives Schriftformat) – wiedergegeben sowie in Anlehnung daran systematisch (durch intensives Lesen des Transkripts) Begriffskombinationen gebildet, welche Schmidt in Flick et al. (2010) als Auswertungskategorien bezeichnet (Schmidt in Flick et al. 2010: 448 ff.).

Die Auswertungskategorien und -strategien für (problemzentrierte) Interviews, welche zum Zweck der qualitativen Forschung entwickelt und durchgeführt worden sind, entstehen im Zuge der fundierten Auseinandersetzung mit dem erhobenen Material. Nach Schmidt in Flick et al. (2010: 448) „(kann) eine der offenen Fragetechnik angemessene Auswertung .. das Material nicht mit vorfixierten Themenkatalogen interpretieren und zusammenfassen", da sich diese nur zum Teil vor der Erhebung bestimmen lassen (ebd.). Im Kontext einer deduktiven Kategorienanwendung, bei welcher das Hauptkategoriensystem im Vorfeld festgelegt wird, muss also damit gerechnet werden, dass sich bei der Auswertung der vorhandenen Daten zusätzliche Kategorien ergeben (Mayring 2010: 66). Welche Form die Auswertungskategorien haben, hängt nach Becker-Schmidt et al. (1982) stark vom Untersuchungsgegenstand ab. So kann es sich beispielsweise um inhaltliche Aspekte und Themen (Argumentationen oder Argumentationskonfigurationen) handeln, einzelne Kategorien können sich allerdings auch auf die sprachliche Form oder das Antwortverhalten beziehen (Becker-Schmidt et al. 1982: 109 ff.). Bezüglich des vorliegenden Untersuchungsgegenstandes kann festgestellt werden, dass es sich bei den Auswertungskategorien um die (im Vorfeld der Untersuchung in Anlehnung an die theoretischen Grundlagen festgelegten) zentralen Dimensionen jugendlicher Lebenslagen – „Wohnen", „Bildung und Beschäftigung", „Alltag und Freizeit" sowie „soziale Beziehungen" – handelt. Entsprechend werden die Auswertungskategorien im Rahmen der nachfolgenden Darstellungen logisch als Dimensionen (der Lebenslage) bezeichnet.

In Auseinandersetzung mit vorliegenden Studien, Sekundärliteratur sowie mit theoretischen und empirischen Konzepten, entstanden vor dem Hintergrund von Theorietraditionen sowie im Rahmen von Diskussionen mit Fachkolleg/-innen und -dozent/-innen zunächst eher vage Kategorien (hier: Dimensionen).[31] Diese wurden im Laufe der Erhebung sowie im Kontext der Auswertung nur unwesentlich korrigiert[32] (induktive Kategorienbildung; vgl. dazu Mayring 2010: 66). Nachdem das erste Dimensionsgerüst entstanden war, wurde dieses an die nachfolgenden Fälle (zuerst auf den zweiten und dann auf den dritten) angelegt, wobei der Forscher im Rahmen dessen offen und sensibel für weitere Dimensionen gewesen ist. In diesem Kontext gilt es zu betonen, dass einzelne (Sub-)Dimensionen aus dem vorangegangenen Fall mitunter keine Relevanz für den nachfolgenden Fall gehabt haben, sodass letzten Endes jeweils individuell modifizierte Dimensionsgerüste für die unterschiedlichen Fälle entstanden sind. Als dieser Arbeitsschritt beendet gewesen ist, wurden alle (Sub-) Dimensionen in der Weise modifiziert, dass letztendlich ein einheitliches Dimensionsgerüst der drei Fälle entstanden ist. Die im Vorfeld ausgewählten Dimensionen wurden somit jeweils um fallspezifische (z.B. um die Dimensionen „Psychische Gesundheit", „Straffälligkeit/Kriminalität") ergänzt, da die in dem Interview erhobenen wesentlichen Informationen dem im Vorfeld entwickelten Dimensionsverständnis

---

[31] Verfahren der Kategorien- bzw. Dimensionsbildung am Material beschreiben Mayring (2009) im Rahmen der zusammenfassenden Inhaltsanalyse und Witzel (2005) als Teilschritt der Auswertung problemzentrierter Interviews (Schmidt in Flick et al. 2010: 451).

[32] So wurde bspw. die Dimension „institutionelle Netzwerke" aufgrund der geringen Dichte bei den jeweils Interviewten und des damit verbundenen knappen Informationsgehalts zur Dimension „soziale Kontakte/ soziale Netzwerke" hinzugefügt, welche hiernach in Anlehnung an (Hradil 2001: 459) gemeinsam zur Dimension „soziale Beziehungen" umformuliert wurde, die sich wiederum in persönliche Kontakte und sozial(staatlich)e Netzwerke spaltet.

nicht genau zugeordnet werden konnten (Subsumption) (vgl. dazu Schmidt in Flick et al. 2010: 450 ff.). In Anbetracht dessen wurde beschlossen, eine Darstellung der Auswertung in Anlehnung an die im Verlauf der Interviews entstandenen Themenschwerpunkte bzw. Dimensionen – also partiell entgegen der Struktur der Leitfadeninterviews – zu erstellen, indem Textpassagen mit ähnlichem Inhalt zusammengefügt wurden (induktive Kategorienbildung; vgl. dazu Mayring 2010: 66).

Im Anschluss an die Auswertung folgt eine Ergänzung der Auswertungsergebnisse um Forschungsergebnisse aktueller Studien (vgl. z.B. Drogenaffinitätsstudie 2011; JIM-Studie 2011; Sekundäranalysen der 14., 15. und 16. Shell-Jugendstudie, der Bremer Jugendstudie 2000 und der PKS Bremen 2011) sowie um theoretische Aspekte aus der aktuellen Fachliteratur zum Thema Jugend (z.B. Hurrelmann 2010; Böhnisch 2008; Tamke 2008), um auf diese Weise – wie bereits erwähnt – eine Abgrenzung zwischen Randphänomen und Mainstream-Erscheinungen zu ermöglichen.

Im Anschluss an die durchgeführten Lebenslagenanalysen wurden die in diesem Kontext festgelegten Subdimensionen sowie die thematischen Bereiche, auf welche sich in den jeweiligen Fällen bezogen wird, miteinander abgeglichen. Im Zuge dessen entstand eine thematische Struktur, welche für die Analyse weiterer Fälle zugrunde gelegt wurde, um deren Vergleichbarkeit zu erhöhen (Flick et al. 2007: 403 f). Hiernach wurden thematische Bereiche einzelner Textpassagen mithilfe bestimmter Leitfragen genauer interpretiert (Feinanalyse), um gemeinsame Unterstützungsbedarfe zur Verbesserung der Teilhabesituation der Interviewten zu finden und Handlungsempfehlungen für die Soziale Arbeit zu formulieren. Die Ergebnisse der Feinanalyse bezeichnen Flick et al. (2007) als fallbezogene Darstellung der Auseinandersetzung mit dem Untersuchungsgegenstand, welche sich durch Haltungen und Sichtweisen über die verschiedenen Dimensionen hinweg als fallspezifisch (bzw. fallunspezifisch) festhalten lassen. Durch die auf diese Weise entwickelte thematische Struktur konnten die Fälle dann miteinander verglichen und Gemeinsamkeiten (insbesondere gemeinsame Problemlagen und Unterstützungsbedarfe) sichtbar gemacht werden. Flick et al. (2007) haben eine im Material begründete thematische Struktur für schematische Fallanalysen und Vergleiche entwickelt, durch welche sie die Vergleichbarkeit der Interpretation zu maximieren versuchen und welche darüber hinaus im Hinblick auf den Untersuchungsgegenstand offen und sensibel für fallspezifische (neue) Inhalte bleibt (Flick et al. 2007: 408). Sie beschreiben dieses Vorgehen wie folgt: *„Dabei werden ähnliche Kodierungen in den einzelnen Gruppen zusammengefasst und spezifische Themen der jeweiligen Fälle ... herausgearbeitet. Aus dem konstanten Vergleich der Fälle auf der Grundlage der entwickelten Struktur lässt sich* *das inhaltliche Spektrum der Auseinandersetzung der Interviewpartner mit den jeweiligen Themen skizzieren."* (Flick et al. 2007: 407).

Zusammenfassend kann festgehalten werden, dass zur Erhebung der gewünschten Daten problemzentrierte Interviews mit den Adressaten durchgeführt worden sind. In diese wurden unter anderem verschiedene Erhebungsmethoden – wie z.B. Übungen der Biografiearbeit, das soziale Kontaktschema, die Ecomap u.A.) integriert, um einen methodisch fruchtbaren Zugang zu gewährleisten. Die Auswertung der Ergebnisse ist nach den Prinzipien der kategoriengeleiteten Textanalyse erfolgt, um hierdurch gemeinsame Unterstützungsbedarfe der Adressatengruppe zu ermitteln und daran anknüpfend Handlungsempfehlungen für die Soziale Arbeit zu formulieren.

Analyse der individuellen Lebenslage eines jugendlichen Mehrfachtäters

Wird das Ziel verfolgt, abweichende oder straffällige Verhaltensweisen Jugendlicher zu erforschen und in Anlehnung an die Forschungsergebnisse zu beschreiben, werden diese nach Fähnrich (2011) meist aus einer entsprechenden Kriminalitätstheorie abgeleitet und mit personenbezogenen Daten jugendlicher (Mehrfach-)Straftäter/-innen zu einem Kombinationsmuster verknüpft. Er kritisiert, dass hierbei die abweichenden Verhaltensweisen zu sehr in den Fokus der Aufmerksamkeit gerückt werden sowie dass die Sicht der straffälligen Jugendlichen bezüglich ihrer Straftaten vergleichsweise unzureichend berücksichtigt wird (Fähnrich 2011: 10). Im nun folgenden Kapitel soll daher ein jugendlicher „Mehrfachtäter" (Dollinger/Schmidt-Semisch 2011; Fähnrich 2011; Neubacher 2011) das Wort haben und die Gelegenheit erhalten, eigene Sichtweisen und Empfindungen hinsichtlich seiner Straftaten wiedezugeben bzw. über seine subjektiv wahrgenommene Lebenssituation und seine individuelle Lebenslage zu berichten.

Für die Untersuchung der Lebenslage eines jugendlichen Mehrfachtäters wurde sich entschieden, weil deren individuelle Lebenslagen in der Regel durch Mehrfachbenachteiligungen geprägt sind.[33] Dies bestätigen z.B. die Darstellungen des Deutschen Jugendinstituts (2008) sowie die Ergebnisse der Lebenslagenuntersuchung der Arbeitsgemeinschaft der Bewährungshelfer und Bewährungshelferinnen (ADB) e.V.[34]

[33] Neubacher (2011) betont in diesem Kontext jedoch, dass kein kausaler Zusammenhang zwischen Mehrfachbenachteiligungen und Mehrfachtäterschaften besteht.

[34] Im Rahmen der „Lebenslagenuntersuchung der Arbeitsgemeinschaft der Bewährungshelfer und Bewährungshelferinnen (ADB) e.V. aus dem Jahr 1999" wurden die soziale und materielle Mehrfachbelastung von Proband/-innen der Bewährungshilfe untersucht (vgl. dazu ADB 2000).

– nach welchen die Lebenslagen von Mehrfachtäter/-innen häufig durch multidimensionale Benachteiligungen geprägt sind, welche wiederum kriminelle Karrieren begünstigen (vgl. dazu ADB 2000). In Anlehnung an diese Ergebnisse stellt Scherr in Dollinger/Schmidt-Semisch (2011) fest, dass *„psychische Defizite, Gewalt in der Familie, Armut, familiäre Sprachlosigkeit und Vernachlässigung, ein problembehaftetes Wohnumfeld, schulische Defizite, soziale Benachteiligung, ethnische Probleme, mangelhafte Sprachkenntnisse bei ausländischen Jugendlichen ebenso eine Rolle spielen (können), wie schlechte Ausbildung, fehlende Zukunftsperspektiven und sozialer Neid"* (Scherr in Dollinger/Schmidt-Semisch 2011: 204). Auch Kamawura-Reindl in Dollinger/Schmidt-Semisch (2011) betont, dass eine über das in der Lebensphase Jugend als „normal" bewertete Maß hinausgehende, deviante Form der Problembearbeitung seitens der Mehrfachtäter meist angesichts massiver Problemlagen erfolgt. In diesem Kontext nennt sie neben familiären und finanziellen Problemlagen, soziale Randständigkeit und dauerhafte soziale Exklusion, ungünstige Wohnsituation, Probleme in Schule, Ausbildung und Beruf, massive Suchtprobleme sowie damit einhergehend objektive und subjektive Chancen- und Perspektivlosigkeit (Kamawura-Reindl in Dollinger/Schmidt-Semisch 2011: 499).

Vor dem Hintergrund der vorangegangenen Ausführungen hat der Autor beschlossen, einen jugendlichen Mehrfachtäter zu interviewen, um dessen Lebenslage zu analysieren und diese exemplarisch im folgenden Kapitel abzubilden. Vorweg werden hierzu die in diesem Kontext zentralen Begriffe Jugendkriminalität und Mehrfachtäterschaft definiert (Unterkapitel 5.1), um ein besseres Verständnis der nachfolgenden Darstellungen zu gewährleisten. Im Anschluss daran werden die Auswertungsergebnisse der Lebenslagenanalysen dargestellt (Unterkapitel 5.2), wobei in diesem Rahmen mit einer Kurzbiografie des Probanden begonnen und mit der Abbildung der Ergebnisse bezüglich der jugendspezifischen Dimensionen (vgl. Unterkapitel 3.3) fortgesetzt wird. Die Dimensionen wurden adressaten- bzw. fallspezifisch um die Subdimensionen „Konsum (il-)legaler Drogen" sowie „Straffälligkeit" ergänzt.

Jugendkriminalität und Mehrfachtäterschaft

Wird straffälliges Verhalten Jugendlicher beschrieben, kann nach Hees/Wahl (2009) nicht darauf verzichtet werden, den Begriff der Jugendkriminalität zu definieren (Hees/Wahl 2009: 13). Bevor die Ergebnisse der Lebenslagenanalyse des jugendlichen Mehrfachtäters[35] dargestellt werden, soll daher im nun folgenden Unterkapitel über die Begriffe „Jugendkriminalität“ und „Mehrfachtäterschaft“ berichtet werden.

Um den Begriff der Jugendkriminalität explizit zu definieren, soll zunächst auf die Ausführungen von Hees/Wahl (2009) zurückgegriffen werden, nach welchen der Begriff Jugendkriminalität Gesetzesverstöße Jugendlicher im Alter von 14 bis 18 Jahren bezeichnet. Da die seitens der Justiz als „Heranwachsende“ bezeichnete Altersgruppe der 18 bis 21-jährigen (straffälligen) Personen – zu welcher auch der Interviewte O. zum Zeitpunkt seiner ersten Verurteilung gezählt hat – bedingt durch ihre Reife nach dem Jugendstrafrecht verurteilt werden können, zählt auch diese Altersgruppe dazu (Hees/Wahl 2009: 13). Ob eine abweichende Verhaltensweise als Straftat gewertet wird, regeln die gesetzlichen Bestimmungen des Strafgesetzbuches (StGB). In diesem Zusammenhang betonen Diemer/Schoreit/Sonnen (2008), dass das deutsche Recht keine Straftatbestände kennt, welche speziell auf Jugendliche ausgerichtet sind (Diemer/Schoreit/Sonnen 2008: § 2, Rn. 7 f). In diesem Zusammenhang betont Neubacher (2011), dass jugendtypische Verhaltensweisen (z.B. das „Abziehen“ von Gegenständen oder Kleidung, die Beschädigung von öffentlichem oder privatem Eigentum, wie Telefonzellen oder Parkbänken oder Graffitiwandbemalungen) lediglich in dem Fall als Kriminalität definitorisch werden, dass eine allgemeine Deliktumschreibung auf diese anwendbar scheint. So werden die Graffitiwandbemalungen und die Beschädigung von öffentlichem oder privatem Eigentum unter dem Aspekt einer Sachbeschädigung (§§ 303 f StGB) strafrechtlich relevant, während das „Abziehen“ von Gegenständen oder Kleidung dem Tatbestand der räuberischen Erpressung (§§ 253, 255 StGB) zugeordnet wird (Neubacher 2011: 20).

Selbst, wenn die Kataloge der Straftaten des StGB und des JGG identisch sind, sieht das im JGG verankerte Jugendstrafrecht allerdings vielfältigere und flexiblere Reaktionsmöglichkeiten vor, als das im StGB manifestierte Erwachsenenstrafrecht (Scheffler 2010: 7). Gemäß § 10 StGB gelten für Jugendliche die gesetzlichen Bestimmungen des JGG, welches zum Tragen kommt, *„wenn ein Jugendlicher oder ein Heranwachsender eine Verfehlung begeht, die nach den allgemeinen Vorschriften mit Strafe bedroht ist“* (§ 1 JGG). Im Gegensatz zum für Erwachsene geltenden Recht, fokussieren jugendrechtliche Regelungen nicht vorzugsweise freiheitsentziehende (Jugendstrafe als Freiheitsstrafe), sondern erzieherische Maßnahmen (Erziehungsmaßregeln und Zuchtmittel; vgl. §§ 5 Abs. 1 u. 2; 9; 13 JGG). Welche Momente jeweils „das erzieherische Aliud zur Strafe“ (Neubacher 2011: 20) darstellen sollen,

[35] Sie werden in Fachkreisen und der Fachliteratur auch als jugendliche Intensiv- oder Wiederholungstäter bezeichnet.

liegt dabei im Ermessen der Jugendgerichte. Entsprechend richtet das Jugendkriminalrecht den Fokus neben der Jugendstrafe als Freiheitsstrafe (in Abhängigkeit vom Strafausmaß) auf alternative jugendrechtlich-erzieherische Sanktionen (ebd.). Nach Scheffler (2010), welche sich hierbei auf die Ausführungen des JGG bezieht, können Jugendliche strafrechtlich zur Verantwortung gezogen werden, wenn sie „als reif genug gelten, das Unrecht ihrer Tat einzusehen" (Scheffler 2010: 21). Ist diese Reife nicht vorhanden, kommen erzieherische Maßnahmen zum Tragen, welche vom Jugendgericht angeordnet werden können. Bei den 18- bis 21-Jährigen entscheidet der Jugendrichter unter Berücksichtigung der Stellungnahme des zuständigen Jugendamtes, ob die jeweiligen Jugendlichen (bzw. im juristischen Sinne Heranwachsende) – bedingt durch eine als jugendtypisch bewertete Verfehlung bzw. eine noch nicht ausgereifte Persönlichkeit – nach Jugendstrafrecht oder – wenn die hierfür erforderliche Reife vorliegt – nach Erwachsenenstrafrecht verurteilt werden (Scheffler 2010: 21).

Nach Scheffler (2010) handelt es sich bei Straftaten von Jugendlichen überwiegend um Bagatelldelikte (leichtere Straftaten). So gibt sie an, dass etwa die Hälfte aller von Jugendlichen begangenen Straftaten Diebstähle (§ 242 StGB) sind – hierunter insbesondere Laden- und Automatendiebstähle. Als weitere jugendtypische Delikte nennt sie einfache Körperverletzung, Drogendelikte, Sachbeschädigung und Schwarzfahren und betont in diesem Zusammenhang, dass schwere Gewaltdelikte wie schwere Körperverletzung, Totschlag, Mord und Vergewaltigung nur zwischen fünf und zehn Prozent der von Jugendlichen ausgeübten Straftaten ausmachen (Scheffler 2010: 8 f). Laut Bliesner/Lösel (2003) handelt es sich bei den meisten strafrechtlich sanktionierten Verhaltensauffälligkeiten Jugendlicher um normale entwicklungstypische Phänomene im Jugendalter. So betrachten sie die Auflehnung gegen (von Erwachsenen geschaffenen) Normen und Regeln *„als Ausdruck eines notwendigen und entwicklungstypischen Prozesses mit dem Ziel der persönlichen und sozialen Identitätsbildung"* (Bliesener/Lösel 2003: 9 f). Richter (2006) und Heinz (2005) fügen in diesem Kontext hinzu, dass die meisten Bagatelldelikte vorwiegend spontan und ungeplant ausgeübt werden (Heinz 2005: 18; Richter 2006: 177 ff.), weshalb diese häufig zu einer Festnahme und der damit einhergehenden polizeilichen Registrierung der Jugendlichen Täter/-innen führen (Heinz 2005: 18). Entsprechend berichtet Scheffler (2010), dass sich die überwiegende Mehrheit der Straftaten „durch eine einfache Tatausführung und eine ausgeprägte Gruppenorientierung aus(zeichnet)" (Scheffler 2010: 9). Oft stecken ihrer Ansicht nach Motive wie Mutproben, Gruppenzwang oder Rivalitäts- und Bandenkämpfe hinter den Straftaten Jugendlicher. In diesem Kontext merkt sie an, dass sich aus diesen strafrechtlichen Auffälligkeiten heraus bei den meisten jugendlichen Straftäter/-innen keine „kriminellen

Karrieren" ergeben, sondern dass es in der Regel zu einer so genannten „Spontanremission" kommt und sich das abweichende Verhalten somit von selbst (oder durch äußere Einflüsse bedingt) einstellt (Scheffler 2010: 9). In Anbetracht dessen merkt Schumann in Dollinger/Schmidt-Semisch (2011) an, dass Jugendkriminalität im allgemeinen Konsens als ubiquitär und episodisch bezeichnet wird. Als ubiquitär wird sie in Anlehnung an zahlreiche Befragungsstudien über delinquentes Verhalten bezeichnet, in welchen die überwiegende Mehrheit der Jugendlichen (und Heranwachsenden) von eigenen Straftaten berichtet. Der episodische Charakter wurde hingegen aus diversen Längsschnittstudien erkannt, welche kriminelle Karrieren und delinquente Lebensläufe untersuchen (Schumann in Dollinger/Schmidt-Semisch 2011: 243). Auch nach Heinz (2003), auf welchen sich Scherr in Dollinger/Schmidt-Semisch (2011) diesbezüglich bezieht, beginnt die Quote der Normverstöße im Alter von zehn bis zwölf Jahren anzusteigen, erreicht mit 17 bis 18 Jahren ihren Höhepunkt, um dann im Anschluss an das 20. Lebensjahres allmählich wieder abzusinken (Scherr in Dollinger/Schmidt-Semisch 2011: 203; vgl. dazu auch Heinz 2003).

Des Weiteren betont Scheffler (2010), dass Jugendkriminalität sich auf der deskriptiven Ebene als geschlechtsspezifisch zeigt. Entsprechend liegt die registrierte Kriminalität weiblicher Jugendlicher um ein Vielfaches unter der männlicher Jugendlicher. So sind ein Viertel aller tatverdächtigen Jugendlichen zwischen 14 und 18 Jahren weiblich, bei den 18- bis 21-Jährigen beläuft sich der Anteil hingegen lediglich auf 20%. Als die häufigsten Delikte junger Frauen nennt Scheffler (2010) Diebstahl und Betrug, während diese bei den jungen Männern um Sachbeschädigungs- und Rauschgiftdelikte ergänzt werden (Scheffler 2010: 55).

Durch die zahlreichen Straftaten und gewalttätigen Vorfälle in der Öffentlichkeit, welche sich in den vergangenen Jahren ereignet haben, wie etwa die brutalen Angriffe auf Zivilbürger/-innen an S-oder U-Bahn-Stationen, wird in Deutschland vielfach darüber diskutiert, warum Jugendliche immer häufiger mit Gewalt- und Straftaten in Erscheinung treten. Nach Timmer (2010) wird dieser Anschein mitunter dadurch erweckt, dass nahezu jeder dieser Vorfälle (unter Angabe verschiedenster Ursachen und Motive) von den Medien berichtet und zumeist quotenbringend skandalisiert wird (Timmer 2010: 5). So berichten etwa das BMI/BMJ (2006), dass das durch Politik und mediale Berichterstattung vermittelte Bild bezüglich der Jugendkriminalität (BMI/BMJ 2006: 29) sowie die nach Hellmer (1978: 3) verbreitete Annahme, dass Jugendkriminalität die hiesigen gesellschaftlichen Verhältnisse widerspiegelt, in der Realität nicht zutreffen. Trotz dieser Erkenntnisse wird Jugendkriminalität nach Neubacher (2011) seit Beginn ihrer Wahrnehmung als kontinuierlich wachsendes Problem betrachtet, welches mit (erzieherischen, maßregelnden und freiheitsentziehenden) Maßnahmen bekämpft werden muss. Das Erscheinungsbild von Jugendkriminalität hängt in diesem Kontext von zahlreichen Aspekten, wie z.B. den entsprechenden gesetzlichen Deliktbeschreibungen, dem Anzeigeverhalten der Gesellschaftsmitglieder, der Strafverfolgung durch die Polizei, der Auslegung von Gesetzen durch die Justiz, vom Maß der sozialen Kontrolle und der Effektivität von Strafverfolgungsmaßnahmen ab. In Anbetracht dessen sind Straftaten Jugendlicher nach Neubacher (2011) „keine quasi-natürlichen Ereignisse, sondern komplexe soziale Konstrukte" (Neubacher 2011: 42) (ebd.). Schumann in Dollinger/Schmidt-Semisch (2011) weist in diesem Zusammenhang darauf hin, dass im Rahmen der öffentlichen Diskussion um die Entwicklung der (Jugend-)Kriminalität meist auf Daten der polizeilichen Kriminalstatistik (PKS) zurückgegriffen wird, obwohl diese bekanntermaßen die Dunkelziffer[36] nicht erfasst (Schuman in Dollinger/Schmidt-Semisch 2011: 259). Entsprechend betont er, dass in Wahrheit nämlich lediglich ein Bruchteil der Delikte in dieser erfasst wird, was er damit begründet, dass *„zwischen dem Delikt und der polizeilichen Registrierung .. die Bereitschaft des Opfers – bzw. Zeugen – (liegt), das Delikt der Polizei zu melden"* (ebd.). Als weiteren zentralen Einflussfaktor nennt er die Strafverfolgung bzw. die Erfassung des Delikts durch die Polizei und merkt dabei an, dass diese Einflussfaktoren Trends in der Kriminalitätsentwicklung suggerieren und Veränderungen (im Zeitverlauf) unterliegen können, welche nicht real existieren (ebd.).

Zusammenfassend kann festgehalten werden, dass einschlägige Untersuchungen zum Thema Jugendkriminalität zeigen, dass diese überwiegend Bagatellkriminalität (z.B. Ladendiebstähle, Vandalismus und einfache Körperverletzungen) sowie ein ubiquitäres und lebensphasentypisches Phänomen darstellt, weil nahezu alle Angehörigen der Lebensphase Jugend gelegentlich strafbare Handlungen begehen und nicht bloß diejenigen, welche in irgendeiner Weise als sozial benachteiligt gelten. Nach Scherr in Dollinger/Schmidt-Semisch (2011) kann Jugendkriminalität somit meist als eine Folge lebensphasentypischer Effekte und somit als „normal" gewertet werden (Scherr in Dollinger/Schmidt-Semisch 2011: 203).

Von der Gruppe der „normalen" straffälligen Jugendlichen lässt sich jedoch die Gruppe der jungen Mehrfachtäter/-innen unterscheiden, welche bereits in der Lebensphase Jugend mit zunehmend schwerwiegenderen Straftaten dauerhaft in

[36] In der Kriminologie wird das Dunkelfeld der Kriminalität vom Hellfeld (= Aufklärungsquote) unterschieden. Während das Hellfeld die (polizeilich registrierten) Delikte erfasst, umfasst das Dunkelfeld Geschehnisse, welche den Strafverfolgungsbehörden nicht als Straftat gemeldet worden und somit nicht zu ihrer Kenntnis gelangt sind. Damit bezeichnet der Begriff Dunkelziffer die Zahl der nicht offiziell bekannt gewordenen Delikte (Neubacher 2011: 209).

Erscheinung tritt (Neubacher 2011: 310) und welche seit dem Ende des letzten Jahrhundert verstärkt in den Fokus kriminologischer Forschung geraten ist (Kunkat 2002: 11). Obwohl diese jungen Mehrfachtäter lediglich 3 bis 5% eines Jahrgangs ausmachen, sind sie für 30 bis 50% der von Angehörigen der Lebensphase Jugend ausgeübten Straftaten verantwortlich (BMI/BMJ 2006: 35; Naplava 2006: 263; Kerner 2004: 16; Dünkel: 2002: XV; Huck 2002: 188; BAG Polizei 2001: 197; Farrington 1992: 531; Heinz 1990: 34 f; vgl. dazu auch Boers/Reinicke 2007; Traulsen 1999). Nach Kreher/Schmiedl (2000) ließen sich im Kontext einer Untersuchung zu Beginn diesen Jahrhunderts sogar rund 63% aller aufgeklärten Straftaten auf jugendliche Mehrfachtäter/-innen zurückzuführen. Bei Betäubungsmitteldelikten liegen die entsprechenden Anteile noch höher (Kreher/Schmiedl 2000: 19). Somit kristallisiert sich nach Fähnrich (2011) eine Gruppe Jugendlicher heraus, welche als besonders kriminalitätsbelastet gilt (Fähnrich 2011: 16). Nach Neubacher (2011) weisen diese jugendlichen Mehrfachtäter/-innen in der Regel klassische Mehrfachbenachteiligungen (z.B. Sozialisationsdefizite, Broken-Home-Situation in der Herkunftsfamilie, Heimaufenthalte, Schulversagen, Schulabbruch, Drogenmissbrauch, Beschäftigungslosigkeit etc.) auf. Hingegen heben Lösel/Bliesner (2003) und Elsner/Steffen/Stern (1998) hervor, dass diese im Allgemeinen (jeweils individuelle) Defizite im sozialen Bereich aufweisen (Lösel/Bliesner 2003: 146 ff.; Elsner/Steffen/Stern 1998: 115, 203). Hinzu kommen nach Steffen (2003) problematische Sozialisationserfahrungen (wie z.B. Gewalterfahrungen in der Familie), materielle Notlagen, ungünstige Wohnsituationen, Schwierigkeiten in Schule und Ausbildung, Perspektivlosigkeit sowie soziale Randständigkeit und soziale Ausgrenzung (Steffen 2003: 153), welche nach Auffassung des BMI/BMJ (2006) meist schon vor der Strafmündigkeit vorliegen und von daher geeignete Präventionsmaßnahmen erfordern (BMI/BMJ 2006: 354). Neubacher (2011) betont allerdings, dass derartige Mehrfachbenachteiligungen nicht zwangsläufig zu einer Mehrfachtäterschaft führen, weil längst nicht alle Jugendlichen, bei welchen solche Belastungsmomente vorlie

gen, eine „kriminelle Karriere“ einschlagen. Er fügt hinzu, dass Längsschnitt-Untersuchungen gezeigt haben, dass selbst die „kriminellen Karrieren“ von Mehrfachtäter/-innen lediglich eine gewisse Zeit und somit keinesfalls über die gesamte Lebenszeit andauern müssen (Neubacher 2011: 310)

Zusammenfassend kann zum Thema Mehrfachtäterschaft festgehalten werden, dass verschiedene Untersuchungen ergeben haben, dass eine kleine Gruppe (3-10%) der jugendlichen Straftäter für einen Großteil (30-63%) aller von dieser Altersgruppe ausgeübten Straftaten verantwortlich ist (Neubacher 2011; Fähnrich 2011; Scherr in Dollinger/Schmidt-Semisch; BMI/BMJ 2006: 35; Naplava 2006: 263; Kerner 2004:

16; Dünkel: 2002: XV; Huck 2002: 188; BAG Polizei 2001: 197; Kreher/Schmiedl 2000; Farrington 1992: 531; Heinz 1990: 34 f; vgl. dazu auch Boers/Reinicke 2007; Traulsen 1999). In der Regel weisen diese jugendlichen Mehrfachtäter/-innen Mehrfachbenachteiligungen auf bzw. gelten als multidimensional sozial benachteiligt. Zu dieser nach Dollinger/Schmidt-Semisch (2011), Fähnrich (2011), Neubacher (2011) als Mehrfachtäter (bzw. als Intensiv- oder Wiederholungstäter) bezeichneten kleinen Gruppe zählt der Interviewte O., dessen Lebenslage im nun folgenden Kapitel dargestellt werden soll.

Auswertungsergebnisse

Im nun folgenden Unterkapitel werden die Auswertungsergebnisse der Lebenslagenanalyse des jugendlichen Mehrfachtäters dargestellt. Dabei werden im Anschluss an die Darstellung der Kurzbiografie des Interviewten (Unterkapitel 5.2.1) insbesondere die „Ethnische Herkunft“ (Unterkapitel 5.2.2) sowie die Dimensionen „Wohnen“ (Unterkapitel 5.2.3), „Bildung und Beschäftigung(slosigkeit)“ (Unterkapitel 5.2.4), „Alltag/Freizeit“ (Unterkapitel 5.2.5) – darunter die Subdimensionen „Konsum (digitaler) Medien“ und „Konsum (il-)legaler Drogen“, „Straffälligkeit“ – sowie „soziale Beziehungen“ (Unterkapitel 5.2.5) – darunter die Subdimensionen „persönliche Kontakte“ und „soziale Netzwerke“ - dargestellt.

Kurzbiografie des Interviewten (O.)

Der zum Zeitpunkt des Interviews 23 Jahre alte O. hat einen gambianischen Migrationshintergrund, lebt jedoch seit seiner Geburt in dem sozial benachteiligten Stadtteil Bremen-Gröpelingen. Obwohl O. bereits eine eigene Wohnung hat, lebt dieser überwiegend im Haushalt seiner Eltern. Seine Mutter stammt aus Deutschland und sein Vater aus Gambia. O. selbst ist zwar in Deutschland geboren, leidet aber dennoch an migrationsbedingten Nachteilen. So berichtet er über Diskriminierungserfahrungen, wie Beleidigungen und Beschimpfungen, und lässt Anzeichen einer Identitätsdiffusion bzw. eines Identitätsverlusts erkennen.

O. hat im Rahmen seiner Schullaufbahn verschiedene Schulen in Bremen-Gröpelingen besucht. Bereits während der Schulzeit hat O. aufgrund von Verhaltensauffälligkeiten häufig Probleme gehabt. So standen Schlägereien und Streitigkeiten mit Lehrer/-innen bei ihm auf der Tagesordnung. Dies hat sich soweit entwickelt, dass er im Rahmen der Höheren Handelsschule aufgrund einer Amoklauf-Androhung der Schule verwiesen wurde.

Nachdem O. im Anschluss an die Beendigung der Hauptschule eine Berufsausbildung zum Einzelhandelskaufmann begonnen hat, ist dieser dort aufgrund von mehreren Diebstählen entlassen worden. Nachdem er dann seinen Einfachen Handelsschulabschluss erreicht hat und an der Höheren Handelsschule der Schule verwiesen worden ist, hat O. dann eine zweite Ausbildung zur Fachkraft für Lager und Logistik begonnen, welche er dann auch (mit dem Abschluss „Fachlagerist") abgeschlossen hat. Auch dort kam es jedoch zu Problemen, sodass er zwei Abmahnungen erhalten hat. Eine Kündigung hat er allerdings vermeiden können.

Seit O. seine zweite Berufsausbildung als Fachlagerist beendet hat, ist dieser – mit Ausnahme eines kurzen Leiharbeitsverhältnisses – arbeitslos, wodurch es bei ihm vermehrt zu Langeweile kommt. Um die Langeweile zu bewältigen, vertreibt er sich die (mit der Beschäftigungslosigkeit verbundene vermehrte) Freizeit mit digitalen Medien, wie Fernsehen und Internet, und konsumiert verstärkt legale und illegale Drogen (insbesondere Marihuana, Speed und Kokain). Sportliche Aktivitäten spielen in seinem Leben kaum noch eine Rolle, sodass er seiner Aussage nach meistens *„rum chill(t)"* (O. 2011: S. 39, Z. 22) und *„den ganzen Tag kifft"* (ebd.: S. 39, Z. 24).

Wie bereits zu Beginn des Kapitels erwähnt, kann O. zu der kleinen Gruppe der jugendlichen Mehrfachtäter gezählt werden, welcher mit der Anzahl und dem Ausmaß seiner Straftaten über eine für die Jugendphase typische Verhaltensauffälligkeit weit hinausgeht. O. hat in seiner Vergangenheit zahlreiche Straftaten begangen, von welchen insgesamt 64 zur Strafanzeige geführt haben, sodass er im Jahr 2008 zu einer Bewährungsstrafe verurteilt wurde und in seinem Stadtteil offiziell als Mehrfachtäter gilt. Im Rahmen seiner Bewährungszeit kam es zu weiteren Anzeigen, sodass als letzte Alternative (zur Jugendstrafe als Freiheitsstrafe) die Bewährungszeit von O. per Gerichtsbeschluss auf Ende 2012 verlängert wurde. Im Rahmen seiner Bewährungsstrafe wurden ihm verschiedene Auflagen und Weisungen erteilt, um ihn (ohne die Anwendung freiheitsentziehender Maßnahmen) zu resozialisieren.

Über seine Familie berichtet O., dass diese ihm *„Nähe und Geborgenheit"* (O. 2011: S. 3, Z. 8) bietet sowie dass er positiven emotionalen Rückhalt durch dieser erfährt. Zudem hat er seit etwa drei Jahren eine feste Partnerin, mit welcher er seit zwei Jahren nach islamischen Recht verheiratet ist (ebd.: S. 65, Z. 2-30). Eine weitere Rolle spielt O.'s bester Freund R. für diesen, mit welchem er – nach seiner Ehefrau – die meiste Zeit verbringt. Mit den Freunden, mit welchen er straffällig geworden ist, hat O. zum Zeitpunkt des Interviews keinen Kontakt mehr.

Infolge der ihm angeordneten Weisungen und Auflagen sowie im Zuge seiner Arbeitslosigkeitssituation ist O. zum Zeitpunkt des Interviews in ein relativ gut ausgebautes institutionelles Netzwerk eingebunden.

Ethnische Herkunft – „In Deutschland bin ich der Schwarze und bei Gambianern bin ich der Weiße!" (O. 2011: S. 2, Z. 6-7)

Auch wenn es sich bei der ethnischen Herkunft im eigentlichen Sinne nicht um eine Lebenslagendimension sondern um eine Determinante (vgl. Unterkapitel 2.2.2) handelt, stellt diese für O. eine existenzielle Randbedingung dar, welche seine Lebenssituation (maßgeblich) beeinflusst und mit Benachteiligungen einhergeht, wie im Folgenden dargelegt werden soll.

Als Sohn einer deutschen Mutter und eines gambianischen Vaters ist O. 1988 in Deutschland geboren. Er berichtet, dass er aus finanziellen Gründen *„noch nie"* (O. 2011: S. 1, Z. 29) in Gambia gewesen ist und betont in diesem Kontext, dass ihn interessiert, *„wo (s)eine Wurzeln liegen"* (ebd.: S. 2, Z. 2). Dadurch, dass im elterlichen Haushalt ausschließlich Deutsch gesprochen wird, spricht er allerdings *„nur ein paar Wörter"* (ebd.: S. 2, Z. 3) Gambianisch (ebd.: S. 1, Z. 26 – S. 2, Z 2).

O. gibt an, dass er sich *„weder Deutsch, noch Gambianisch, noch Halb-Halb"* (O. 2011: S. 2, Z. 6), sondern, wie er es formuliert, *„als gar nichts"* (ebd.) fühlt. Er schildert, dass er sich aufgrund seiner „gemischten" Hautfarbe keinem der Herkunftsländer seiner Eltern zugehörig fühlt, weil er seiner Formulierung nach *„in Deutschland ... der Schwarze und bei Gambianern ... der Weiße"* (ebd.: S. 2, Z. 6-7) ist und betont, dass das *„voll das Scheiß-Gefühl"* (ebd.: S. 2, Z. 9) ist (ebd.: S. 2, Z. 5-10). Nach Weiss (2007) zählt O. somit zu denjenigen Jugendlichen, die „zwischen den Kulturen" (Weiss 2007: 10) leben und sich keiner der beiden zugehörig fühlen, *„wie dies im Bild des ‚marginal man' schon in der frühen Migrationsforschung als Scheitern der Assimilation beschrieben wurde"* (ebd.). Das fehlende Zugehörigkeitsgefühl geht bei ihm also offensichtlich mit Identitätsproblemen einher. Entsprechend lassen sich bei O. Ansätze einer „Identitätsdiffusion" bzw. eines Identitätsverlust feststellen (vgl. dazu Weiss 2007: 11 ff.).

Ferner berichtet O., dass er aufgrund seiner Hautfarbe *„schon ziemlich oft"* (O. 2011: S. 2, Z. 12) diskriminiert worden ist. So nennt er exemplarisch Beschimpfungen wie *„‚Du Scheiß Neger!', ‚Geh zurück in dein Land!', ‚Du gehörst in Busch!', ‚Deine Eltern sind Affen!'"* (ebd.: S. 2, Z. 13-14). Er betont in diesem Zusammenhang, dass diese Beleidigungen allerdings nicht bloß seitens deutscher Mitbürger/-innen, sondern auch seitens türkischer Mitbürger/-innen erfolgt sind (ebd.: S. 2, Z. 11-17).

In Anbetracht des mit seiner ethnischen Herkunft einhergehenden fehlenden Zugehörigkeitsgefühls und den vielfach erlebten Diskriminierungserfahrungen, verwundert es nach Neubacher (2011) kaum, dass Jugendliche wie O. sich mit der hiesigen Gesellschaft nicht identifizieren können und dementsprechend (insbesondere bei den Gewaltdelikten) in der Kriminalstatistik überrepräsentiert sind. Diesbezüglich betont er, dass daraus indessen nicht folgt, dass eine andere Nationalität als kriminogener Faktor gilt, sondern dass die vermehrte Kriminalität vielmehr auf die mit der Migrationslage verbundenen äußeren Lebensumstände sowie im Zuge dessen auf deren Lebenssituationen und Lebenslagen (z.B. die stärkere Konzentration von Menschen mit Migrationshintergrund in sozialen Ballungsgebieten) zurückzuführen ist. Weiterhin betont er, dass sich infolge der Migrationslage vielfach schwierigere Bedingungen für Zuwander/-innen ergeben und nennt hier exemplarisch Sprachschwierigkeiten, Probleme bei der Bewältigung der Anforderungen in Schule, Ausbildung und Beruf. Auch innerfamiliäre Spannungen gehen häufig mit der Migrationslage einher (Neubacher 2011: 140; Weiss 2007: 59 ff.).

Zusammenfassend kann festgehalten werden, dass O. bedingt durch seinen Migrationshintergrund zwar nicht an Sprachproblemen o.Ä. leidet, dafür aber im Alltag häufig Diskriminierungen erfährt und Beleidigungen und Beschimpfungen ertragen muss. Im Zuge des fehlenden ethnischen Zugehörigkeitsgefühls leidet O. – allem Anschein nach – unter Identitätsproblemen (Identitätsdiffusion, Identitätsverlust).

Wohnen – „Bei meinen Eltern habe ich Geborgenheit und in meiner Wohnung habe ich Privatsphäre!"(O. 2011: S. 4, Z. 9)

Die Dimension Wohnen gestaltet sich in der Lebenslage von O. besonders interessant, weil diesbezüglich ein verlangsamter Prozess des Übergangs in die eigene Wohnung festgestellt werden kann, welcher dadurch bedingt wird, dass O. zwar überwiegend im Haushalt seiner Eltern wohnt und sich gleichzeitig im Punktum selbstständige Lebensführung in einer eigenen Wohnung ausprobiert. Diese Wohnsituation resultiert daraus, dass ihm damals gerichtlich auferlegt worden ist, den elterlichen Haushalt zu verlassen und in eine eigene Wohnung zu ziehen. Die vom Staat finanzierte eigene Wohnung nutzt O. allerdings nur sporadisch (bspw. um dort zu „chillen" und dort Cannabis zu konsumieren), während er in Wahrheit weiterhin noch in der Wohnung der Eltern lebt.

Obwohl O. also bereits eine eigene Wohnung hat, lebt dieser zum Zeitpunkt des Interviews nicht dort, sondern *„geh(t) da nur hin .., um zu chillen"* (O. 2011: S. 4, Z. 19). Er schätzt an der eigenen Wohnung, dass er *„da ... (s)eine Privatsphäre"* (ebd.)

hat und ihn dort Niemand *„nervt"* (ebd.: S. S. 4, Z. 19-20). O. betont, dass er *„zum Glück nicht"* (ebd.: S. 4, Z. 25) ständig in dieser Wohnung wohnt, weil er dann *„alles selber machen"* (ebd.: S. 4, Z. 26) müsste. So betont er, dass ihn *„am Meisten ... das Aufräumen .. nervt"* (ebd.: S. 4, Z. 24) sowie dass er fürchtet, in einer eigenen Wohnung *„den ganzen Tag immer nur Haushalt machen"* (ebd. S. 4, Z. 28-29) zu müssen (ebd.: S. 4, Z. 24-29). In Anbetracht dessen bevorzugt O. es zum Zeitpunkt des Interviews noch bei seinen Eltern zu leben. Das Wohnen bei seinen Eltern hat für O. *„einen sehr großen Wert"* (ebd.: S. 3, Z. 7), weil es sich bei dieser Wohnung für ihn um einen Ort handelt, an dem er mit seinen Eltern Probleme besprechen kann, an dem für ihn gekocht, an dem seine Wäsche gewaschen wird und an dem er das Gefühl von *„Nähe und Geborgenheit"* (ebd.: S. 3, Z. 8) erhält (ebd.: S. 3, Z. 7-12). Diese Äußerungen spiegeln die Ergebnisse der Shell Jugendstudie (2010) wider, welche den Begriff des „sicheren Heimathafen Elternhaus" (Shell Jugendstudie 2010: 18) hierfür benutzen und hiermit die von den Jugendlichen geschätzten Vorteile des emotionalen Rückhalts assoziieren. Die Beschreibungen von O. erwecken den Anschein, dass er die Beziehung zu seinen Eltern als positiv bewertet und mit diesen gut auskommt. Damit zählt O. zu den 56 % der in der Shell Jugendstudie 2010 befragten Jugendlichen, welche angeben, mit den Eltern (abgesehen von kleinen Meinungsverschiedenheiten) zurecht zu kommen und welche das Verhältnis zu den Eltern somit als positiv bewerten (Shell Jugendstudie 2010: 65).

Am Wohnen bei seinen Eltern stört O. hingegen, dass diese ihn *„immer kontrollieren"* (O. 2011: S. 3, Z. 14). In diesem Zusammenhang beschreibt er, dass sie ihm ständig vorschreiben, was er zu tun hat und ihn *„tausend Mal ... hintereinander"* (ebd.: S. 3, Z. 14-15) anrufen. Weiterhin berichtet er, dass sein Vater ihn *„früher ... extrem viel kontrolliert"* (ebd.: S. 3, Z. 20) und ihm *„zum Beispiel ... in die Taschen gefasst"* (ebd.: S. 3, Z. 20-21) hat. Warum sein Vater dies getan hat, kann (oder will) O. nicht genau sagen (ebd.: S.3, Z. 11-24). Auf die zirkuläre Frage hin, was andere Jugendliche seiner Ansicht nach am Wohnen bei den Eltern schätzen, betont er, dass *„jeder .. andere Probleme (hat)"* (ebd.: S. 4, Z. 10) und schildert diesbezüglich, dass seine Freunde von ihren Eltern zwar nicht kontrolliert, dafür aber auch *„genervt werden"* (ebd.: S. 4, Z. 15), was er als *„de(n) gemeinsame(n) Punkt"* (ebd.: S. 4, Z. 17) bezeichnet (ebd. S. 4, Z. 1-17). Er kritisiert damit die Einschränkung in einer selbstbestimmten Lebensführung durch die Eltern.

Dass O. die Möglichkeit hat, zwischen der eigenen Wohnung und der seiner Eltern hin- und herzupendeln, sieht er als vorteilhaft, weil er hierdurch in der einen Wohnung *„(s)eine Ruhe (hat) und in der anderen Wohnung ... Probleme besprechen und essen kann"* (O. 2011: S. 5, Z. 25-26) (ebd.). Bei dem Gedanken an den endgültigen

Übergang in die eigene Wohnung fürchtet er am meisten, dass er mit dem Haushalt sowie mit der Erledigung von Ämter- und Behördenangelegenheiten überfordert sein könnte, weil *„das .. bisher immer seine Mutter gemacht (hat)"* (ebd.: S. 6, Z. 5). So gibt er an, beispielsweise *„noch nie einen Antrag allein ausgefüllt oder eine Bewerbung selber geschrieben"* (ebd.: S. 6, Z. 9) zu haben, weil diese Aufgaben seine Mutter übernommen hat. Er erkennt allerdings, dass er hierdurch *„unselbstständig"* (ebd.: S. 6, Z. 13) geworden ist und *„nichts alleine hin(kriegt)"* (ebd.) (ebd.: S. 5, Z. 31 – S. 6, Z. 13). Auf die zirkuläre Frage, was er vermutet, welche Unterstützung andere Jugendliche seiner Einschätzung nach brauchen, um ihr Leben in der eigenen Wohnung selbstständig und selbstbestimmt bewältigen zu können, deutet dieser darauf hin, dass diese ebenfalls Unterstützung im Punktum Haushaltsführung benötigen (ebd.: S. 6, Z. 26-27).

Zusammenfassend kann festgehalten werden, dass O. eine besondere Wohnsituation erfährt, da er zwar noch in der Wohnung seiner Eltern lebt, gleichzeitig jedoch eine eigene Wohnung hat. Am Wohnen bei seinen Eltern schätzt er, dass er dort umsorgt und unterstützt wird sowie, dass er dort Nähe und Geborgenheit durch seine Eltern erfährt. Hingegen stört ihn hieran, dass er hier nicht (völlig) selbstbestimmt leben kann. Entsprechend schätzt er an seiner eigenen Wohnung, die mit dieser verbundene Selbstbestimmung und die Privatsphäre.

Bildung und Beschäftigungslosigkeit

Im nun folgenden Unterkapitel soll die Bildungs- und Beschäftigungssituation von O. dargestellt werden. Da diese maßgeblich durch die Bildungs- und Erwerbsbiografie beeinflusst wird und diese wiederum entscheidende Auswirkungen auf die Teilhabesituation von Individuen hat, soll sich der Fokus im Rahmen des nun folgenden Unterkapitels zudem in die Vergangenheit des Interviewten richten, wodurch neben der aktuellen Beschäftigungssituation zudem (bildungs- und erwerbs-) biografische Aspekte beleuchtet werden. Dabei wird zunächst über die schulische und berufliche Laufbahn berichtet (Unterkapitel 5.2.4.1 und 5.2.4.2), in welchen (rückblickend) bereits erste (Verhaltens-)Auffälligkeiten, welche auf eine kriminelle Karriere hindeuten (könnten), zu erkennen gewesen sind. Im Anschluss daran wird über seine derzeitige Arbeitslosigkeitssituation sowie in diesem Kontext über seine schulischen und beruflichen Ziele berichtet (Unterkapitel 5.2.4.3).

Schulische Laufbahn – „Die ganze Schulzeit war eigentlich die reinste Katastrophe!“ (O. 2011: S. 11, 27)

Zunächst soll mit O.‘s schulischen Laufbahn begonnen werden, über welche er selbst behauptet, dass diese *„eigentlich die reinste Katastrophe“* (O. 2011: S. 11, Z. 27) gewesen ist. O. ist in der Grundschule und der Orientierungsstufe am Schulzentrum (SZ) P. gewesen. Im Anschluss an die Orientierungsstufe, hat er dann die Realschule am SZ S. besucht. Weil er seiner Formulierung nach *„zu schlecht gewesen“* (ebd.: S. 9, Z. 19) ist, wurde er auf die Hauptschule heruntergestuft, welche er mit dem Erweiterten Hauptschulabschluss abgeschlossen hat. In diesem Rahmen berichtet er *„einen Durchschnitt von 1,8 oder 1,7“* (ebd.: S. 9, Z. 21-22) gehabt zu haben. Entsprechend beschreibt er, mit dem Lernstoff am SZ S. gut zurechtgekommen zu sein und betont, dass er besonders gut in den Fächern Mathematik, Deutsch, Wirtschaftslehre und Sport gewesen ist und er in den anderen Fächern *„so mittelmäßig“* (ebd.: S. 12, Z. 18) zurechtgekommen ist. Er fügt hinzu, dass er lediglich in Englisch mit der Note Vier bewertet worden ist, begründet dies jedoch damit, dass das SZ S. *„eine Scheiß-Schule“* (ebd.: S. 12, Z. 28) gewesen ist und er schlechte Lehrer/-innen in dem Fach gehabt hat, bei denen er seiner Formulierung nach *„nichts gelernt“* (ebd.: S. 13, Z. 3) hat (ebd.: S. 12, Z. 10- S. 13, Z. 3).

Obwohl O. seiner Beschreibung nach in der Schule *„gute Noten .. geschrieben“* (O. 2011: S. 11, Z. 28) hat, beschreibt er seine Schulzeit als *„die reinste Katastrophe“* (ebd.: S. 11, 27), weil er in dieser *„nur Scheiße gebaut“* (ebd.: S. 11, Z. 27-28) hat. Er berichtet, dass er *„früher Sachen durch die Gegend geworfen“* (ebd.: S. 12, Z. 5) hat (ebd.: S. 11, Z. 27 – S. 12, Z. 5). Auf die Frage hin, ob es auch andere Probleme in der Schule gegeben hat, antwortet O., dass *„die ganze Schulzeit .. ein Problem“* (ebd.: S. 13, Z. 5) gewesen ist. Entsprechend merkt er an, alle Probleme gehabt zu haben, *„die es gibt“* (ebd.: S. 13, Z. 9), weshalb er diese seiner Aussage nach *„gar nicht alle aufzählen“* (ebd.) kann. Er gibt an, das größte Problem damit gehabt zu haben, *„sich unter Kontrolle zu bringen“* (ebd.: S. 13, Z. 12) sowie dass er von der siebten bis zur zehnten Klasse *„keinen Tag normal sein (konnte)“* (ebd.: S. 13, Z. 13-14) und *„jeden Tag Scheiße gebaut“* (ebd.: S. 13, Z. 14) hat. So beschreibt er, dass er mit seinen Klassenkameraden das *„Lehrerpult aus dem Fenster geworfen“* (ebd.: S. 13, Z. 16), in das Tafelwischwasser uriniert, Lehrer/-innen angespuckt, das *„Klassenbuch verbrannt“* (ebd.: S. 14, Z. 21) und anschließend auch darauf uriniert hat. Weiterhin haben er und seine Freunde sich beinahe täglich mit Mitschüler/-innen *„einfach ohne Grund“* (ebd.: S. 14, Z. 29) geschlagen. Er resümiert, dass er und seine Schulfreunde sehr oft negativ aufgefallen sind (ebd.: S. 13, Z. 5-S. 15, Z. 2). Wird O.s Beschreibungen bezüglich seines damaligen Verhaltens gefolgt, so haben sich schon zur damaligen Zeit extreme Verhaltensauffälligkeiten sowie ein erhebliches Aggressionspotenzial erkennen lassen, welche die Entstehung einer „kriminellen Karriere“ (rückblickend) vorausahnen ließen.

In der Einfachen Handelsschule, welche er im Anschluss an seine erste gescheiterte Berufsausbildung (vgl. Unterkapitel 5.2.4.2) begonnen hat, ist er seiner Empfindung nach *„viel ruhiger“* (ebd.) geworden (ebd.: S. 11, Z. 27-S. 12, Z. 6). Als O. die Einfache Handelsschule erfolgreich abgeschlossen hat, hat er nach einer neuen Herausforderung im Bildungsbereich gesucht und begann im Anschluss die Höhere Handelsschule in Bremen-Mitte. Er berichtet allerdings, dass er von der Höheren Handelsschule verwiesen worden ist, weil er aufgrund einer (seiner Empfindung nach) ungerecht bewerteten Leistung, dem Lehrer massiv gedroht hat. Als er dann bei der Schulpsychologin geäußert hat, *„dass (er) die alle umbringen (wird)“ (ebd.: S. 15, Z. 16)*, ist er der Schule verwiesen worden, weil die Androhung zum Amoklauf offensichtlich ernst genommen und hierauf entsprechend reagiert wurde. Er fügt hinzu, dass der Hauptgrund für den Verweis, allerdings seine übermäßigen Fehlzeiten gewesen sind. Trotz der Tatsache, dass sich die Eltern einen Anwalt genommen haben, um den Schulverweis anzufechten, änderte sich an der Entscheidung der Schule nichts (ebd.: S. 15, Z. 5 – S. 16, Z. 22).

Zusammenfassend kann festgehalten werden, dass O. zunächst die Realschule besucht hat, jedoch infolge mangelnder Leistungen nach einiger Zeit in die Hauptschule heruntergestuft worden ist. Auf der Hauptschule ist er mit dem Lernstoff gut zurechtgekommen, sodass er diese mit dem Erweiterten Hauptschulabschluss verlassen hat. Hiernach hat er die Einfache Handelsschule besucht und erfolgreich abgeschlossen. Im Anschluss daran hat er versucht, den Höheren Handelsschulabschluss zu erreichen, ist allerdings daran gescheitert, weil er aufgrund einer Amoklaufandrohung einen Schulverweis erhalten hat. Auch in seiner bisherigen Schullaufbahn ist O. durch abweichende Verhaltensweisen (vgl. dazu Böhnisch 2009) negativ aufgefallen, sodass er die Schulzeit rückblickend als „die reinste Katastrophe“ (O. 2011: S. 11, Z. 27) bezeichnet.

Nach seinem Schulverweis ist O. dann erneut arbeitslos gewesen (vgl. Unterkapitel 5.2.4.3), bis er im darauf folgenden Sommer eine zweite Berufsausbildung als Fachkraft für Lager und Logistik begonnen hat, welche im folgenden Unterkapitel thematisiert wird.

Berufsausbildung – „Ich war voll zufrieden, weil ich endlich mal wieder etwas fest in die Hand genommen und geschafft habe!“ (O. 2011: S. 17, Z. 18-19)

Im nun folgenden Unterkapitel soll über die Ausbildungssituation des Interviewten berichtet werden.

Nachdem O. den Erweiterten Hauptschulabschluss erreicht hat, hat er seine erste Berufsausbildung zum Einzelhandelskaufmann bei Lidl begonnen. Nach drei Monaten hat er dort allerdings wegen Diebstahls die fristlose Kündigung erhalten. Er äußert, dass er dort *„alles geklaut“* (O. 2011: S. 10, Z. 1-2) hat, von Süßigkeiten und *„Essen zur Pause“* (ebd.: S. 10, Z. 2) über *„Handys und DVD-Brenner“* (ebd.) bis hin zu *„Geld ... aus der Kasse“* (ebd.: S. 10, Z. 1). Nachdem er bei Lidl die fristlose Kündigung erhalten hat, ist er dann zunächst neun Monate arbeitslos gewesen, bis er die Handelsschule begonnen und erfolgreich abgeschlossen hat.

Auch wenn O. sich in seinem ersten Ausbildungsverhältnis bei Lidl *„richtig ungerecht behandelt“* (O. 2011: S. 16, Z. 28-29) gefühlt hat, bewertet er sein zweites Ausbildungsverhältnis als Fachkraft für Lager und Logistik als noch schlechter, weil er sich dort *„wie ein Sklave“* (ebd. S. 17, Z. 2) bzw. wie *„ein Zweite-Klasse-Mensch“* (ebd.: S. 17, Z. 28) vorgekommen ist. So beschreibt er, dass *„die Gesellen unhöflich“* (ebd.: S. 17, Z. 25) gewesen sind und die Auszubildenden *„scheiße behandelt“* (ebd.: S. 17, Z. 25-26) haben. Gleichzeitig berichtet er, sich dort rückblickend *„eigentlich gut“* (ebd.: S. 17, Z. 13) gefühlt zu haben und fügt hinzu, dass er dort *„Disziplin“* (ebd.: S. 16, Z. 24) und *„Selbstbeherrschung“* (ebd.: S. 16, Z. 27) gelernt hat und lässt somit verlauten, dass ihn die Berufsausbildung den eigenen Empfindungen nach in seiner sozialen Kompetenz gestärkt hat. Besonders positiv bewertet er das Verhältnis zu den anderen Auszubildenden, mit welchen er sich seiner Aussage nach *„richtig gut verstanden“* (ebd.: S. 17, Z. 23) hat, sowie das mit dem Abschluss der Ausbildung verbundene positive Erfolgserlebnis. In diesem Kontext beschreibt er, dass das *„sehr gut“* (ebd.: S. 17, Z. 18) für ihn und er *„voll zufrieden“* (ebd.) gewesen ist, als ihm der Gesellenbrief überreicht worden ist (ebd.: S. S. 16, Z. 24-S. 17, Z. 28).

Abgesehen vom guten Kontakt zu den anderen Auszubildenden, konnte O. den Mitarbeiter/-innen seines Ausbildungsbetriebes *„nichts abgewinnen“* (O. 2011: S. 22, Z. 9), weil diese wie er formuliert *„komisch drauf“* (ebd.: S. 22, Z. 15) und *„ganz anders“* (ebd.: S. 22, Z. 8) als er gewesen sind. Zudem kritisiert er rückblickend, dass er (und die anderen Auszubildenden) seiner Äußerung nach herablassend von den Gesell/-innen als *„Stifte“* (ebd.: S. 22, Z. 29) bezeichnet und *„schlechter .. als die Hubwagen (behandelt)“* (ebd.: S. 23, Z. 11) worden sind. In diesem Kontext berichtet er lachend, dass die Auszubildenden in seiner Firma *„weniger Wert als die*

Hubwagen" (ebd.: S. 23, Z. 13) gewesen sind. Auch wenn er hierüber mittlerweile lachen kann, hat es ihn zur damaligen Zeit allerdings *„sehr, sehr wütend"* (ebd.: S. 23, Z. 20) gemacht (ebd.: S. 22, Z. 8 – S. 23, Z. 20).

Auch im Rahmen seiner zweiten Berufsausbildung ist O. negativ durch sein Verhalten aufgefallen. Entsprechend hat er im Rahmen seiner Ausbildungszeit eine mündliche und eine schriftliche Abmahnung erhalten (O. 2011: S. 25, Z. 20). Auf Nachfrage hin berichtet er, dass er seine erste Abmahnung erhalten hat, weil sein Chef ihn mit einem *„Feierabend-Joint"* (ebd.: S. 25, Z. 29) erwischt hat. Daraufhin hat dieser ihn O.'s Formulierung nach dazu *„gezwungen"* (ebd.: S. 26, Z. 9), einen Aufhebungsvertrag zu unterzeichnen und ihn *„runter gestuft auf zwei Jahre, damit (er) nicht so lange da (ist)"* (ebd.: S. 26, Z. 11). Somit hat sein Drogenkonsumverhalten dazu geführt, dass er die anerkanntere und besser bezahlte Berufsausbildung zur Fachkraft für Lager und Logistik beenden und eine (weniger anerkannte) zweijährige Berufsausbildung als Fachlagerist fortführen musste. Dies bewertet er rückblickend allerdings als positiv, *„weil ganz am Schluss .. (s)eine Nerven ... am Ende (waren)"* (ebd.: S. 26, Z. 11-12). So beschreibt er am Ende der Ausbildung *„überhaupt keinen Bock mehr"* (ebd.: S. 26, Z. 15) gehabt und *„nur noch krank gemacht"* (ebd.) zu haben. Er fügt hinzu, dass er in den letzten fünf Monaten seines Ausbildungsverhältnisses *„jeden Monat zwei Wochen krank"* (ebd.: S. 26, Z. 18) gewesen ist, weil er keine Lust mehr gehabt hat (ebd.: S. 25, Z. 20-S. 26, Z. 23).

Zusammenfassend kann festgehalten werden, dass O. sein erstes Ausbildungsverhältnis im Einzelhandel begonnen hat, aber aufgrund mehrerer Diebstahldelikte fristlos entlassen worden ist. Seine zweite Ausbildung hat er im Bereich Lager und Logistik absolviert und diese auch – trotz mehrerer Abmahnungen – abgeschlossen. Obwohl ihm die Ausbildungen keinen Spaß bereitet haben, berichtet O., dass er im Rahmen der Ausbildung Selbstbeherrschung und Disziplin entwickelt hat, wodurch geschlussfolgert werden kann, dass dieser in seiner „sozialen Kompetenz" (Jugert et al. 2011) gestärkt worden ist.

Arbeitslosigkeit – „Es ist voll langweilig als Arbeitsloser!" (O. 2011: S. 31, Z. 28)

Im Anschluss an seine Berufsausbildung hat O. sich dann auf dem 1. Arbeitsmarkt beworben. Er berichtet, dass ihn allerdings *„nur so Leasingfirmen übernehmen"* (O. 2011: S. 30, Z. 4) wollten, welche er allerdings als *„Verarscher-Firmen"* (ebd: S. 30, Z. 5) betrachtet, weil es *„da ... halt viel weniger Geld"* (ebd.: S. 30, Z. 7) gibt. So ist er zu der bitteren Erkenntnis gelangt, dass er entgegen seiner Erwartungen nicht *„mindestens zwölf Euro für den Anfang"* an Stundenlohn, sondern maximal acht

Euro zwanzig brutto vergütet bekommen hätte. Die geringe Bezahlung hat O. demotiviert, sodass er *„da gar nicht mehr hingegangen"* (ebd.: S. 30, Z. 14) ist und *„den Rest krank gemacht"* (ebd.: S. 30, Z. 19-20) hat. Er äußert, dass die Leasingfirma seiner Ansicht nach hieran selbst schuld ist. *„Wer (ihn) abzocken will, den (zockt er) ab"* (ebd.: S. 30, Z. 21-22) lautet seine Devise diesbezüglich (ebd.: S. 30, Z. 4-22). Er weist somit auf die mit den Niedriglöhnen verbundene Demotivation und Frustration hin und zeigt, wohin zu niedrige Entlohnungen erwerbsfähige Personen treiben (können) und wie wichtig (allein vor diesem Hintergrund) die Einführung gesetzlicher Mindestlöhne ist.

Zum Zeitpunkt des Interviews befindet O. sich somit – wie auch bereits in den vergangenen zehn Monaten vor dem Beschäftigungsverhältnis in der Leihfirma – erneut in Arbeitslosigkeit. Damit zählt O. zu den 3.700 der in der saisonbereinigten amtlichen Statistik der Agentur für Arbeit (im Januar 2011) erfassten arbeitslos gemeldeten Jugendlichen im Alter von 18 bis 25 Jahre (Agentur für Arbeit 2012: 10). Er hofft allerdings *„schnell einen Schulplatz"* (O. 2011: S. 30, Z. 24) an der Erwachsenenschule zu erhalten, wo er sich zwar beworben hat, allerdings zum Zeitpunkt des Interviews *„nur auf der Warteliste"* (ebd.: S. 30, Z. 28) steht. Seine Situation als Arbeitsloser beschreibt er als *„deprimierend"* (ebd.: S. 11, Z. 13) und *„voll langweilig"* (ebd.: S. 31, Z. 28), weil er *„den ganzen Tag nichts zu tun"* (ebd.: S. 31, Z. 27) hat. Er berichtet, dass er meist gegen fünfzehn oder sechzehn Uhr aufsteht, *„ungefähr bis zwölf Uhr draußen (ist), dann ... langsam nach Hause (geht), .. in seiner Wohnung sitzt (und) ... chillt"* (ebd.: S. 11, Z. 19-20). Irgendwann geht er dann in die Wohnung seiner Eltern, isst dort etwas, schaut bis fünf Uhr morgens Fern und schläft wieder bis sechzehn Uhr (ebd.: S. 11, Z. 11-22). Er fügt hinzu, dass *„das Fernsehen .. langweiliger als früher geworden (ist)"* (ebd.: S. 31, Z. 30) und der Alltag somit auch *„noch langweiliger geworden"* (ebd.: S. 32, Z. 1) ist (ebd.: S. 30, Z. 23 - S. 32, Z. 1). Als O. an späterer Stelle des Interviews gefragt wird, wie häufig er sich langweilt, antwortet er, dass dies *„eigentlich jeden Tag"* (ebd.: S. 43, Z. 24) der Fall ist. Wenn er sich langweilt, fühlt er sich seiner Formulierung nach *„nutzlos"* (ebd.: S. 43, Z. 30), weil er mit sich und seiner zur Verfügung stehenden Zeit *„nichts anzufangen"* (ebd.: S. 44, Z. 1) weiß. Meist raucht er seiner Aussage nach *„einfach einen Joint"* (ebd.: S. 44, Z. 5), damit er wieder bessere Laune bekommt. Er bestätigt, dass er *„auf jeden Fall"* (ebd.: S. 44, Z. 9) oft aus Langeweile Cannabis konsumiert (ebd.: S. 43, Z. 24 - S. 44, Z. 9; vgl. Unterkapitel 5.2.5.2).

Im Rahmen seiner Mitwirkungspflichten gemäß SGB II hat O. seit Beginn seiner letzten Arbeitslosigkeitsphase einen Eignungstest beim Jobcenter machen müssen. Nachdem ihm dann ein *„Ein-Euro-Job"* (O. 2011: S. 32, Z. 21) im Rahmen seiner

Mitwirkungspflicht gemäß SGB II auferlegt werden sollte, *„der gar nichts mit (s)einer Ausbildung zu tun hatte"* (ebd.: S. 32, Z. 16) und *„(s)eine Mutter da derbst Stress"* (ebd.: S. 32, Z. 17) gemacht und gedroht hat, sich an die Öffentlichkeit zu wenden, hat dieser einen Gabelstaplerschein finanziert bekommen und musste auch den Ein-Euro-Job nicht ausüben. An einem für beschäftigungslose Jugendliche vorgesehenen Bewerbungstraining musste O. ebenfalls nicht teilnehmen, weil die von seiner Mutter verfasste Bewerbung seitens des Jobcenters als *„gut"* (ebd.: S. 32, Z. 28) bewertet und somit kein Anlass für ein Bewerbungstraining gesehen worden ist. Obwohl er sich darüber im Klaren ist, dass ein Bewerbungstraining förderlich für ihn gewesen wäre, betont er, dass er kein Interesse an einem Bewerbungstraining hat, da *„(s)eine Mutter .. die Bewerbung ruhig weiter schreiben (kann)"* (ebd.: S. 33, Z. 6-7). Er fügt hinzu, dass er zur Not zwar imstande wäre, eine Bewerbung zu verfassen, ihm seine Mutter allerdings immer zuvorkommt.

Um seinen Status als Arbeitsloser verlassen zu können, hofft O., dass er einen Schulplatz an der Erwachsenenschule Bremen erhält. Falls er diesen nicht erhält, plant er, sich den Schulplatz auf dem Rechtsweg zu erstreiten oder sich notgedrungen eine Arbeitsstelle zu suchen. Unterstützung bei der Jobsuche benötigt er seiner Aussage nach nicht. Beim Verfassen der Bewerbung nimmt er hingegen die Hilfe seiner Mutter in Anspruch (O. 2011: S.32, Z. 14 - S. 34, Z. 11). Seine beruflichen (und schulischen) Ziele sieht O. darin, zunächst auf dem Weg des Abiturs eine Universitäts- und Hochschulzugangsberechtigung zu erwerben und im Anschluss daran Botanik zu studieren, um dann als Botaniker in einem Gewächshaus tätig werden zu können. Um diesem Ziel näher zu kommen, hat er sich bereits für das Abitur an der Erwachsenenschule angemeldet und sich im Internet über den Studiengang Botanik informiert. Hierbei hat er festgestellt, dass sein angestrebter Studiengang nicht in Bremen angeboten wird. Um seinem Berufswunsch des Botaniker näher zu kommen, ist er seiner Aussage nach allerdings bereit nach Oldenburg zu pendeln, so dass er zum Zeitpunkt des Interviews ein Studium an der Universität in Oldenburg fokussiert (ebd.: S. 37, Z. 29 - S. 38, Z. 13).

O. übt zum Zeitpunkt des Interviews keinen Nebenjob aus (O. 2011: S. 34, Z. 13). Dies ist hinsichtlich seiner sozialen Herkunft üblich, von welchen laut den Ergebnissen der Shell Jugendstudie (2010) lediglich 20% einer Nebenbeschäftigung nachgehen (Shell Jugendstudie 2010: 86 f). Er fügt jedoch hinzu, dass er in der Vergangenheit zwei Nebenjobs als Reinigungskraft bei der Firma Tchibo sowie als Callcenter-Agent bei der Deutschen Telekom AG ausgeübt hat (O. 2011: S. 34, Z. 13-14), welche er rückblickend jedoch beide als *„voll beschissen"* (ebd.: S. 34, Z. 19) bewertet.

Abschließend bleibt festzuhalten, dass O. sich zum Zeitpunkt des Interviews in Arbeitslosigkeit befindet, weil er im Anschluss an seine Berufsausbildung zum Fachlagerist keine seinen Gehaltsvorstellungen entsprechende Beschäftigung gefunden hat. Während der Arbeitslosigkeitsphase wurde ihm seitens des für ihn zuständigen Jobcenters ein Gabelstaplerschein finanziert. O. betont, dass er sich infolge der Arbeitslosigkeit massiv langweilt. Um seine Langeweile zu bewältigen flüchtet er in „digitale Parallelwelten“ oder versucht den Alltag durch den Konsum (il-)legaler Drogen zu entfliehen, wie im nachfolgenden Kapitel verstetigt werden soll.

Alltag und Freizeit – „Mein Alltag ist im Moment voll langweilig!“ (O. 2011: S. 38, Z. 17)

Wie die vorangegangenen Darstellungen zur Dimension „Bildung und Beschäftigung“ gezeigt haben, lassen sich in dieser verschiedene soziale Ungleichheitsverhältnisse erkennen. Auch in der nachfolgend abgebildeten Dimension „Alltag und Freizeit“ lassen sich verschiedene soziale Benachteiligungen erkennen. Im nachfolgenden Unterkapitel sollen daher die Alltags- und Freizeitbedingungen des Interviewten vorgestellt werden.

O. berichtet, dass *„(s)ein Alltag .. im Moment voll langweilig (ist)“* (O. 2011: S. 38, Z. 17). Er beschreibt, dass er zum Zeitpunkt des Interviews, infolge seiner Arbeitslosigkeit meist nur rumsitzt, TV schaut, Freunde trifft, kifft und schläft (ebd.: S. 38, Z. 17-20). Entsprechend werden auch sein Alltag und seine Freizeit massiv durch seine derzeitige Arbeitslosigkeitssituation beeinflusst. Dadurch, dass er zurzeit keiner Beschäftigung nachgeht, langweilt O. sich seiner Aussage nach *„den ganzen Tag“ (ebd.: S. 39, Z. 17)*, schaut Fernsehen, trifft Sich mit Freunden, um mit diesen *„(zu) kiffen und (zu) chillen“* (ebd. S. 39, Z. 22) und *„ab und zu“* (ebd.: S. 39, Z. 24) Fußball zu spielen, was er gemeinsam mit dem Kiffen als sein Hobby bezeichnet. Er fügt hinzu, dass er allerdings in letzter Zeit *„nicht mehr so oft“* (ebd.: S. 39, Z. 26) Fußball spielt und schildert, dass er im Alter von 15 bis 19 Jahren sehr viel öfter Fußball gespielt hat. So berichtet er, dass er *„bis vor (ein) paar Jahren jeden Tag“* in einer Mannschaft vom SV Werder gespielt hat. Des Weiteren hat er in der Sportgemeinschaft Oslebshausen (SGO) sowie im Sportverein (SV) Lesum gespielt. O. berichtet, dass er beim SV Werder aufgrund einer Aktion mit einem Feuerlöscher – mit welchem er gespielt hat, bis dieser explodiert ist – aus der Mannschaft geworfen worden ist. So hat sein Verhalten auch an dieser Stelle zu einer Beendigung der Mitgliedschaft geführt, sodass festgestellt werden kann, dass O.s „abweichendes Verhalten“ (vgl. dazu Böhnisch 2009) erneut zu einem Ausschluss aus einem für ihn zentralen Teilhabebereich geführt hat. Aktuell ist O. seinen Schilderungen nach noch in der

SGO angemeldet, wo er zum Zeitpunkt der Befragung allerdings bereits seit drei Monaten nicht mehr hingeht. Dies plant er jedoch in naher Zukunft zu ändern (ebd. S. 38, Z. 17-S. 41, Z. 18). Als weiteres Hobby nennt er Schwimmen, Grillen und Angeln. Diese Hobbys verfolgt er allerdings *„nur sehr selten"* (ebd.: S. 41, Z. 3-4).

Darüber hinaus werden der Alltag und die Freizeitbedingungen von O. erheblich durch sein straffälliges Verhalten und seine ihm auferlegte Bewährungsstrafe geprägt. Daher wird im Kontext der nachfolgenden Darstellungen zur Dimension „Alltag und Freizeit" die Subdimension „Straffälligkeit" (Unterkapitel 5.2.5.1) thematisiert. Wie bereits angedeutet, versucht O. die durch seine Arbeitslosigkeit bedingte Langeweile dadurch zu bewältigen, dass er dem Alltag mittels digitaler Medien und/oder (il-)legalen Drogen zu entfliehen. Daher sollen außerdem die Subdimensionen „(il-)legale Drogen (Unterkapitel 5.2.5.2) und „(digitale) Medien" (Unterkapitel 5.2.5.3) besondere Berücksichtigung finden.

Straffälligkeit – „Wie lange wollen wir hier denn sitzen, wenn ich alle Straftaten aufzählen soll?" (O. 2011: S. 50, Z. 29-30)

Wie bereits in Unterkapitel 5.1 erwähnt, treten straffällige Verhaltensweisen in der Jugendphase mit vermehrter Häufigkeit auf. Mehr als die Hälfte aller Jugendlichen gibt an, in der Lebensphase Jugend bereits eine einfache Straftat begangen zu haben. In der Regel lässt sich bezüglich der Ausübung der (meist bagatellhaften) Straftaten Jugendlicher eine gewisse Episodenhaftigkeit feststellen, sodass geschlussfolgert werden kann, dass Kriminalität in der Jugendphase meist ein vorübergehendes Phänomen ist. Lediglich ein geringer Anteil (5-10%) der jugendlichen Straftäter begeht wiederholt (schwere) Straftaten. Zu dieser als Mehrfachtäter bezeichneten Gruppe zählt auch O., wie im Folgenden dargelegt wird (vgl. z.B. Dollinger/Schmidt-Semisch 2011; Fähnrich 2011; Neubacher 2011).

Wie im Rahmen der Analyse der individuellen Lebenslage von O. deutlich geworden ist, besteht der Grund für seine Bewährungsstrafe in seinem aggressiven Verhalten und seiner hohen Gewaltbereitschaft (O. 2011: S. 50, Z. 15-17). O. begründet dieses Verhalten dadurch, dass er sich in den jeweiligen Situationen ungerecht behandelt gefühlt hat. Solche von ihm als ungerecht wahrgenommenen Situationen können gemäß der Coping-Theorie als Verlust von Handlungsfähigkeit erlebt werden. Nach Böhnisch (2009; 2008) versuchen Individuen den – durch diese selbst wahrgenommene Handlungsunfähigkeit bedingten – „Druck" durch „Gegendruck" zu kompensieren und folglich die Handlungsfähigkeit durch die Ausübung von Gewalt –

zumindest vorübergehend – wiederherzustellen (Coping-Theorie; Böhnisch 2008: 34; vgl. dazu auch Böhnisch 2009).

Als O. gebeten wird, ob er bereit ist, etwas über seine Straftaten zu berichten, äußert dieser, dass er insgesamt 64 Strafanzeigen erhalten hat, wobei er diesbezüglich betont, dass es sich dabei lediglich um diejenigen Strafanzeigen handelt, welche vor Gericht verhandelt worden sind und diejenigen außen vor sind, bei welchen die Strafanzeigen fallen gelassen worden sind. Dementsprechend lassen sich verschiedene Delikte in O.'s Vorstrafenregister verzeichnen. Als Straftaten nennt er *„Körperverletzung, gefährliche Körperverletzung, schwere Körperverletzung, versuchte(n) Totschlag, ... Räuberische(n) Angriff mit schwerer Körperverletzung, räuberische Erpressung [...] Hausfriedensbruch"* (O. 2011: S. 50, Z. 21-26). Er fügt hinzu, dass er für die einzelnen Straftaten jeweils in mehreren Fällen verklagt wurde und betont, dass „Diebstahl" das einzige Delikt ist, für welches er nicht belangt worden ist. An anderer Stelle berichtet er jedoch, dass er seine erste Berufsausbildung aufgrund mehrerer Diebstahldelikte verloren hat (vgl. Unterkapitel 5.2.4.2). Hätte sein Ausbildungsbetrieb zum damaligen Zeitpunkt nicht von einer Strafanzeige abgesehen, ließe sich die Liste seiner Straftaten also noch um dieses Delikt ergänzen. Wie daran deutlich wird, geht O.'s Vorstrafenregister über die vom Ministerium für Frauen, Jugend, Familie und Gesundheit (2002) als jugendtypisch bezeichneten Delikte – hierunter Diebstahl (§ 242 StGB), Einbruch bzw. schwerer Diebstahl (§ 243 StGB), Räuberische Erpressung (§ 255 StGB), Fahrlässige Körperverletzung (§ 229 StGB) und Sachbeschädigung (§ 303 StGB) weit hinaus (vgl. dazu MFJFG 2002: 144).

Als *„ausschlaggebende(n) Punkt"* (O. 2011: S. 50, Z. 17) für seine Verurteilung nennt O. den versuchten Totschlag (§ 212 StGB) gegenüber eines russischen Jugendlichen in dessen Alter. Er berichtet, dass dieser ihn und seine Freunde unter Drogeneinfluss angegriffen hat und sie sich entsprechend zur Wehr setzen mussten (ebd.: S. 50, Z. 15-20). Wie auch an späterer Stelle deutlich wird, richten sich die strafbaren Handlungen von O. – mit Ausnahme des räuberischen Angriffs gegen einen Kraftwagenfahrer (§ 316a StGB) – kontinuierlich an Gleichaltrige, was die Ausführungen von Dollinger/Schmidt-Semisch (2011) und die Ergebnisse des BMI/BMJ (2006) bestätigen, nach welchen sich die Mehrheit der Straftaten Jugendlicher an Gleichaltrige richten (Dollinger/Schmidt-Semisch 2011: 112; BMI/BMJ 2006: 74 f).

O. berichtet, dass er die Körperverletzungsdelikte begangen hat, *„weil Leute immer genervt haben oder frech waren"* (O. 2011: S. 50, Z. 31) und er diese dann *„halt ... verprügelt"* (ebd.: S. 50, Z. 31 – S. 51, Z. 1) hat. Seinen ersten versuchten Totschlag (§ 212 StGB) hat er bei einer Schlägerei mit *„Nazis"* (ebd.) begangen, bei welcher er und seine damaligen Freunde seiner Schilderung nach *„die ganze Zeit"* (ebd.) auf einen der Beteiligten *„raufgetreten"* (O. 2011: S. 51, Z. 4) haben, nachdem dieser bereits zu Boden gefallen war. Hausfriedensbruch (§ 123 StGB) hat er an seiner damaligen Schule begangen, weil er von dieser *„lebenslang Hausverbot"* (O. 2011: S. 51, Z. 5) erhalten und hiergegen verstoßen hat (ebd.: S. 51, Z. 14). Das nach O.'s Empfindung *„Heftigste, was er jemals gemacht (hat)"* (ebd.: S. 51, Z. 24), sind die versuchten Totschläge gewesen. Beim zweiten versuchten Totschlag hat er sein Opfer seiner Beschreibung nach so dermaßen geschlagen, dass dieser mehrere Zähne verloren hat und durch die Schläge sogar unfruchtbar geworden ist. Bezüglich dieses brutalen Vorgehens und der damit einhergehenden massiven Schäden der Opfer zeigt O. keine (für den Autor sichtbaren) Anzeichen von Reue. Hingegen äußert er lachend, dass er *„vorzeitig abgetrieben"* (ebd.: S. 51, Z. 29) hat und fügt ironisch hinzu, dass er auf diese Weise *„für etwas Gutes gesorgt"* (ebd.) hat, weil sein Opfer *„sich nicht fortpflanzen sollte"* (ebd.: S. 52, Z. 1) und fügt hinzu, dass er nur erledigt hat, *„was Tschernobyl nicht geschafft hat"* (ebd.: S. 52, Z. 2).

Nach Aussage von O. ist es zu den meisten der genannten Straftaten gekommen, weil dieser *„immer provoziert worden (ist)"* (O. 2011: S. 52, Z. 5). Als Ausnahme nennt er den *„Räuberischen Angriff auf den Kraftwagenfahrer (Taxifahrer, d. Verf.) mit gefährlicher Körperverletzung"* (ebd.: S. 52, Z. 5-6). Zu dieser Straftat, ist es seiner Schilderung nach gekommen, weil er *„zu betrunken"* (ebd.: S. 52, Z. 6) gewesen ist. Er fügt hinzu, dass auch die übrigen Straftaten *„wegen Drogenkonsum oder Alkohol"* (ebd.: S. 52, Z. 7) ausgeübt worden sind. Dabei betont er jedoch, dass der Konsum von Cannabisprodukten in diesem Kontext keine Rolle gespielt hat, sondern dass dieser vielmehr eine beruhigende Wirkung auf ihn hat und bestätigt somit Reubands (1980) These, nach welcher Cannabisprodukte auch positive Wirkungen bzw. Begleiterscheinungen – wie Entspannungsmomente und verstärktes Auftreten von aggressionsfreier Geselligkeit – haben können (vgl. dazu z.B. Reuband 1980: 59). O. betont, dass Alkohol und Kokain seiner Ansicht nach bei der Ausführung seiner Straftaten eine wesentlich entscheidendere Rolle gespielt haben (O. 2011: S. 52, Z. 5-12).

O. gibt an, sich bei der Ausübung seiner Straftaten *„meistens im Recht"* (O. 2011: S. 52, Z. 14) gefühlt zu haben. Als Ausnahme nennt er auch diesbezüglich den Räuberischen Angriff auf den Taxifahrer (§ 316a StGB) in Tateinheit mit gefährlicher Körperverletzung (§ 224 StGB). Er wiederholt, dass er an diesem Tag im Vollrausch gewesen ist und in diesem Zustand gemeinsam mit zwei Freunden *„den Taxifahrer verprügelt und abgezogen haben"* (O. 2011: S. 52, Z. 19), weil dieser sich geweigert hat, diese im betrunkenen Zustand zu transportieren. Daraufhin hat einer von O.'s Freunden eine Waffe gezogen und dem Taxifahrer mit dieser auf den Kopf geschlagen. Er begründet seine Tat dadurch, dass er *„(s)einem Freund helfen“* (ebd.: S. 53, Z. 8-9) und *„ihm den Rücken decken“* (ebd.: S. 53, Z. 9) musste und beruft sich diesbezüglich entsprechend auf den auf Ehre und Gewalt basierenden „code of the street“ (Anderson 1999), welcher die Verhaltenserwartungen in sozial benachteiligten Wohnquartieren prägt und besagt, dass Freund/-innen (aus Loyalitätsgründen) in jeglicher Situation beigestanden und sich jederzeit für diese stark gemacht werden muss (Anderson 1999: 23 ff.; vgl. dazu auch Harding 2007; Friedrichs/Blasius 2000; Friedrichs 1997; Crane 1991; Frehsee 1979; von Trotha 1977). O. fügt hinzu, dass er an diesem Abend *„der verpeiltste von allen“* (O. 2011: S. 53, Z. 5) gewesen ist und begründet diese Tat dementsprechend durch seinen Vollrausch (ebd.: S. 52, Z. 14 – S. 53, Z. 9). In seinem Rauschzustand scheint er dieses Vergehen gemäß Andersons (1999) „code of the street“ somit zunächst als eine Art Loyalitätsakt gegenüber seines Freundes verstanden zu haben. Rückblickend betrachtet O. das ihm verhängte Urteil als *„viel zu mild“* (ebd.: S. 54, Z. 7), weil er nach dem Räuberischen Angriff *„gedacht (hat), dass er eigentlich ins Gefängnis müsste“* (ebd.: S. 54, Z. 7-8). Gleichzeitig hat er im Anschluss an seine Gerichtsverhandlung gedacht, dass er *„nie wieder Scheiße bauen“* (ebd.: S. 54, Z. 18) wird (ebd.: S. 52, Z. 14 – S. 54, Z. 18).

O. fasst zusammen, dass *„der versuchte Totschlag und ... der räuberische Angriff auf einen Kraftwagenfahrer ... dann alles gesprengt (haben)“* (O. 2011: S. 53, Z. 15-16) und er hierfür *„auch die lange Bewährungsstrafe gekriegt“* (ebd.: S. 53, Z. 16-17; vgl. Unterkapitel 7.5.5) hat. Das Vorgehen während seiner Gewalttaten betrachtet er rückblickend als *„viel zu übertrieben“* (ebd.: S. 53, Z. 22), weil er seiner Empfindung nach *„zu doll draufgehauen“* (ebd.) hat und zeigt (auch durch Mimik und Gestik) erstmals Anzeichen von Reue. Sein Alltag als Proband der Bewährungshilfe zeichnet sich seinen Beschreibungen zufolge insbesondere dadurch aus, dass er *„keine Scheiße bauen“* (O. 2011: S. 38, Z. 24) darf, *„auf alles aufpassen“* (ebd.) und *„die ganze Zeit daran denken“* (ebd.: S. 38, Z. 25) muss, dass er auf Bewährung ist. Entsprechend äußert er *„sehr, sehr oft“* (ebd.: S. 38, Z. 27) an seine Bewährungsstrafe zu denken. Auf die Frage danach, in welcher Hinsicht ihn seine Bewährungsstrafe im Alltag einschränkt, antwortet dieser, dass er dadurch am *„Scheiße bauen“* (ebd.: S. 38, Z. 29) gehindert wird, fügt aber hinzu, dass *„das .. eigentlich gut (ist)“* (ebd.: S. 38, Z. 31) (ebd.: S. 38, Z. 24-31). Als Nachteile führt er die Tatsache auf, dass er gemäß seiner Bewährungsauflage *„keinen Alkohol in größeren Mengen und kein Cannabis konsumieren (darf)“* (ebd.: S. 39, Z. 4), betont jedoch, dass *„von Koks und so ... nichts gesagt“* (ebd.: S. 9, Z. 6) worden ist. Weiterhin erwähnt er die ihm auferlegten Sozialstunden, welche er zum Zeitpunkt des Interviews bei einem kommunalen Träger zu leisten hat (vgl. Unterkapitel 5.2.6.3). O. gibt an, dass er aufgrund seiner Bewährungsstrafe *„schon seit eineinhalb Jahren keine Straftaten mehr"* (O. 2011: S. 50, Z. 3) begeht, obwohl er an anderer Stelle berichtet, dass er regelmäßig illegale Drogen konsumiert (vgl. Unterkapitel 5.2.5.2), was gemäß der Bestimmungen des BtMG als Straftat gilt. Im Rahmen seiner Bewährungsstrafe wurden O. nämlich bestimmte Auflagen gemäß § 56 StGB und Weisungen gemäß § 56c StGB erteilt, zu welchen unter anderem der absolute Verzicht auf Cannabis und Alkohol zählt (O. 2011: S. 56, Z. 9).

Zusammenfassend kann festgehalten werden, dass O. infolge von insgesamt 64 registrierten Straftaten – hierunter insbesondere einfache, schwere und gefährliche Körperverletzungsdelikte, räuberische Erpressung, räuberischer Angriff auf einen Kraftwagenfahrer, Hausfriedensbruch – zu einer Bewährungsstrafe verurteilt worden ist, welche seinen Alltag und seine Freizeit maßgeblich beeinflusst. So berichtet er, dass er infolge seiner Bewährungsstrafe zu Sozialstunden bei einem gemeinnützigen Träger verurteilt worden ist und kein Cannabis und keinen Alkohol in größeren Mengen konsumieren darf, was er als Nachteil seiner Strafe ansieht. Als vorteilhaften Einfluss der Bewährungsstrafe auf seinen Alltag betrachtet er die Tatsache, dass diese ihn dazu veranlasst, sein aggressives Verhalten unter Kontrolle zu bringen.

Konsum (il-)legaler Drogen – „Ich brauche das um gechillt und entspannt zu sein!" (O. 2011: S. 47, Z. 8)

Trotz der Tatsache, dass O. der Konsum von Alkohol und illegalen Drogen (insbesondere für die Dauer seiner Bewährungsstrafe) ausdrücklich von richterlicher Seite untersagt worden ist, spielt der Konsum von (il-)legalen Drogen eine entscheidende Rolle in seinem Alltag, wie in den vorangegangenen Darstellungen bereits angedeutet worden ist und wie im nun folgenden Unterkapitel vertieft werden soll. Dabei wird zunächst mit dem Konsum legaler Drogen wie Zigaretten und Alkohol begonnen und im Anschluss mit dem Konsum illegaler Drogen – wie Marihuana, Speed, Kokain u.a. – fortgesetzt. Dabei werden die Ergebnisse der Lebenslagenanalyse mit quantitativen Daten der Drogenaffinitätsstudie (2011) verglichen, um auf diese Weise Trends von Randphänomenen zu unterscheiden.

O. gibt an, dass er *„höchstens sieben Zigaretten am Tag"* (O. 2011: S. 44, Z. 17-18) raucht. Somit kann O. zu den 39,8% der 18- bis 25-Jährigen gezählt werden, welche – laut Berichterstattung der BZgA (2012) – im Rahmen der Drogenaffinitätsstudie aus dem Jahr 2011 angeben, regelmäßig Zigaretten zu rauchen (BZgA 2012). Im Gegensatz dazu berichtet Osterloh in Baudisch/Albrecht/Stiller (2004), dass sich dieser Anteil im Jahr 2001 noch auf 37% belief (Osterloh in Baudisch/Albrecht/Stiller 2004:

107). Somit lässt sich ein leichter Anstieg im Konsumverhalten unter den 18- bis 25-Jährigen verzeichnen. Ob O. Zigaretten raucht, hängt seiner Aussage nach allerdings damit zusammen, ob er Cannabis zur Verfügung hat oder nicht. Wenn er also gerade ausreichend Marihuana besitzt, deckt er seinen Nikotinbedarf über den in den Joints integrierten Tabak und raucht separat keine Zigaretten mehr. Wenn er allerdings Alkohol getrunken hat, so betont er, raucht er *„so zwanzig Zigaretten am Abend"* (O. 2011: S. 44, Z. 26). Der Konsum von Zigaretten gibt ihm seiner Beschreibung nach *„ein bisschen Ruhe ... und ... Ausgeglichenheit"* (ebd.: S. 44, Z. 30) (ebd.: S. 44, Z. 13-31). Wenn er also keine Zigaretten raucht, stellt er dementsprechend fest, dass er *„ein bisschen angespannt [...] und genervt"* (ebd.: S. 45, Z. 5-11) ist (ebd.: S. 44, Z. 13 - S. 45, Z. 7). Damit raucht O. aus demselben Grund wie 80% der von Osterloh in Baudisch/Albrecht/Stiller (2004) befragten Jugendlichen, welche als Grund für das Rauchen, die dadurch empfundene beruhigende Wirkung nennen. Interessant ist, dass dieser Grund vergleichsweise häufig von jugendlichen Nichtraucher/-innen genannt wird, welche sich vorstellen können, mit dem Rauchen anzufangen (Osterloh in Baudisch/Albrecht/Stiller 2004: 108).

Obwohl O. angibt, dass er Alkohol *„hass(t)"* (O. 2011: S. 45, Z. 22), trinkt er trotzdem *„so zweimal im Monat [...] am Wochenende, zum Partymachen oder mit Freunden"* (ebd.: S. 45, Z. 13). Dies ist laut der Autor/-innen der Shell Jugendstudie (2010) für einen Teil der Jugendlichen eine entwicklungstypische Verhaltensweise. Entsprechend berichten sie, dass einige der Jugendlichen „die hedonistische ‚Bewältigung' oder spaßsuchende Ablenkungsreaktion mit Hilfe von Partys und des Feierns" (Shell Jugendstudie 2010: 232) als Bedürfnisausgleich wählen. Das erste Mal, dass O. Alkohol getrunken hat, ist an seinem 18. Geburtstag gewesen. Damit liegt dieser 3,5 Jahre über dem Durchschnittsalter für den ersten Alkoholrausch, welches laut den Ergebnissen der Drogenaffinitätsstudie (2011) bei 15,5 Jahren liegt (Drogenaffinitätsstudie 2011: 32). Bis zum Alter von 20 Jahren hat O. dann nach eigenen Angaben *„sehr oft getrunken"* (O. 2011: S. 45, Z. 20). Danach hat sein Alkoholkonsum seinen Schilderungen zufolge stetig abgenommen (ebd. 2011: S. 45, Z. 20). Diese Beschreibung entspricht auch den Darstellungen von Osterloh in Baudisch/Albrecht/Stiller (2004), nach welchen 16- bis 19-Jährige (unter allen Angehörigen der Lebensphase Jugend) am regelmäßigsten Alkohol trinken, die höchste Anzahl an „binge-drinking-Erlebnissen" aufweisen und am häufigsten betrunken sind. Auch in der Drogenaffinitätsstudie (2011) wird festgehalten, dass der exzessive Alkoholkonsum im Normalfall mit der Vollendung des 20. Lebensjahres abnimmt. Er betont, dass mit steigendem Alter wieder weniger getrunken und ein „Vollrausch" wieder unwahrscheinlicher wird (Osterloh in Baudisch/Albrecht/Stiller 2004: 108 f). Der Konsum von

Alkohol gibt ihm jedoch *„keine Befriedigung"* (O. 2011: S. 45, Z. 15), wie er berichtet. So beschreibt er im Alkoholrausch *„zwar zuerst gute Laune (zu haben), dafür ... am nächsten Tag aber voll die Kopfschmerzen (zu bekommen)"* (ebd.: S. 45, Z. 15-16). Demzufolge ist er der Auffassung, dass er kein Problem mit dem Konsum von Alkohol hat, fügt aber kurz darauf hinzu, dass er *„oft aggressiv (wird), wenn er Alkohol getrunken (hat)"* (ebd.: S. 45, Z. 28). Dennoch möchte er sein Trinkverhalten nicht ganz einstellen und betont, dass er *„ab und zu ... mal etwas trinken (möchte)"* (ebd. S. 46, Z. 6), allerdings lediglich in Maßen, wie er hinzufügt (ebd.: S. 45, Z. 4-28).

Auch mit illegalen Drogen, wie Cannabisprodukten (Hasch und Marihuana), Ecstasy, Amphetamine, Speed, Kokain und psychoaktiven Pilzen („Drogenpilzeen") ist O. nach eigenen Angaben *„schon oft"* (O. 2011: S. 46, Z. 8) in Kontakt gekommen.

Das erste Mal hat O. im Alter von 14 Jahren Cannabis probiert, wodurch ihm allerdings *„bloß schwindelig"* (O. 2011: S. 47, Z. 1) geworden ist. Dieses frühe Einstiegsalter scheint nicht untypisch zu sein, wird den Ausführungen von Osterloh in Baudisch/Albrecht/Stiller (2004) gefolgt, nach welchem das Einstiegsalter jugendlicher Cannabiskonsumenten in den letzten Jahren gesunken ist (Osterloh in Baudisch/Albrecht/Stiller 2004: 110). Vom Zeitpunkt des Erstkonsums an hat er seiner Beschreibung nach dann *„ab und zu in der Schule"* (ebd.: S. 47, Z. 1-2) gekifft. Er betont, dass er zu Beginn *„niemals gedacht (hätte), dass man von Gras süchtig werden kann"* (ebd.: S. 47, Z. 2-3). Entsprechend beschreibt Osterloh in Baudisch/Albrecht/Stiller (2004), dass eine hohe Zahl Jugendlicher aufgrund cannabisbedingter Probleme Drogenberatungsstellen aufsucht (Osterloh in Baudisch/Albrecht/Stiller 2004: 110). O. betont, dass er in der Zeit, in welcher er aktiv Fußball gespielt hat, weder geraucht und getrunken noch Cannabis oder andere illegale Drogen konsumiert hat. Dafür hat er im Anschluss daran seiner Formulierung nach *„dann aber so richtig losgelegt"* (O. 2011: S. 47, Z. 8) (ebd.: S. 47, Z. 1-8). Obwohl er *„erst"* (ebd.: S. 47, Z. 10) im Alter von neunzehn Jahren begonnen hat, täglich Cannabis zu konsumieren, hat dieser *„schon in der Schulzeit"* (ebd.) an dem Rausch Gefallen gefunden. So beschreibt er, dass der Rauschzustand *„halt voll lustig"* (ebd.: S. 47, Z. 12) gewesen ist und er während diesem *„voll ablachen"* (ebd.: S. 47, Z. 12) konnte. Ferner berichtet er, dass ihm im Rauschzustand *„immer lustige Sachen passiert (sind)"* (ebd.: S. 47, Z. 12-13) und er *„dann ... ein anderes Gefühl im Kopf"* (ebd.: S. 47, Z. 13) gehabt hat.

O. berichtet *„eigentlich täglich"* (ebd.: S. 46, Z. 12) Cannabis zu konsumieren. Damit liegt O. in dem von Osterloh in Baudisch/Albrecht/Stiller (2004) dargestellten Trend, nach welchem mehr als ein Drittel der 18- bis 39-jährigen Cannabiskonsumenten häufig – teilweise mehrfach täglich und häufig in Verbindung mit anderen psychoaktiven Substanzen, konsumiert und knapp 10% davon als abhängig eingestuft werden kann (Osterloh in Baudisch/Albrecht/Stiller 2004: 110). Die Ergebnisse der Drogenaffinitätsstudie (2011), nach welchen hingegen 3,3% der 18- bis 25-jährigen Cannabiskonsumenten regelmäßig Cannabis konsumieren und somit als abhängig eingestuft werden (Drogenaffinitätsstudie 2011: 49), spiegeln bereits einen anderen Trend wider. O. beschreibt das Gefühl während eines Cannabisrausches als *„ein ruhiges, lustiges ... chilliges und entspanntes Gefühl"* (ebd.: S. 47, Z. 15-16). Wenn er hingegen nicht kifft, dann ist er seiner Formulierung nach *„halt sehr, sehr angespannt"* (ebd.: S. 47, Z. 18) (ebd.: S. 47, Z. 10-18), woran deutlich wird, dass er die von ihm empfundene Unruhe und extreme Anspannung mit dem Konsum von Cannabis kompensierend entgegenzuwirken versucht.

Wenn O. morgens aufsteht, raucht er als erstes einen *„Blubber"*[37] (O. 2011: S. 46, Z. 18), um, wie er sagt, *„klar zu kommen"* (ebd.). Danach hat er seiner Beschreibung nach *„immer noch ein bisschen schlechte Laune"* (ebd.: S. 46, Z. 19). In der Folge raucht er dann seinen Angaben nach *„noch ein, zwei Joints und dann komm(t) (er) so langsam klar"* (ebd.: S. 46, Z. 19-20). Anschließend versucht er *„die Zeit tot zu schlagen, damit (er) nicht so viel kifft"* (ebd.: S. 46, Z. 20-21). Wenn O. *„erst zwei Stunden nach dem Aufstehen"* (ebd.: S. 46, Z. 21) einen Joint raucht, ohne dabei schlechte Laune zu bekommen, ist er *„schon zufrieden mit (sich)"* (ebd.: S. 46, Z. 23). *„Meistens"* (ebd.) beginnt er jedoch direkt nach dem Aufstehen mit dem Konsum von Cannabis, weil er, wie er sagt, *„Langeweile (hat)"* (ebd.: S. 46, Z. 24). Hierin sieht O. seiner Formulierung nach den *„Hauptgrund"* (ebd.) für sein Konsumverhalten (ebd.: S. 46, Z. 18-26).

Weiter betont O. *„allerhöchstens zweimal im Monat"* (O. 2011: S. 46, Z. 12) Kokain zu konsumieren. Er fügt hinzu Letzteres ausschließlich gemeinsam mit Alkohol zu konsumieren. Außerdem gibt er an, *„so einmal im Monat"* (ebd.: S. 46, Z. 13) psychoaktive Pilze („Drogenpilze"[38]) und Amphetamine oder Speed und *„ganz selten"* (ebd.: S. 46, Z. 14) Ecstasy-Pillen zu konsumieren. Letztere kauft er sich zwar nicht, wenn ihm jedoch eine Ecstasy-Pille angeboten wird, *„sag(t) (er) aber auch nicht nein"* (ebd.: S. 46, Z. 15), wie er berichtet.

O. berichtet, dass er im Alter zwischen 19 und 21 Jahren am meisten Alkohol und Drogen konsumiert hat. So berichtet er – während seiner damaligen Arbeitslosigkeitsphase – sogar unter der Woche Alkohol getrunken und Drogen genommen zu

[37] Umgangssprachliche Bezeichnung für eine Wasserpfeife, durch welche Hasch und Marihuana konsumiert wird.

[38] Psychoaktive Pilze werden in der Drogenaffinitätsstudie (2011) als Drogenpilze bezeichnet.

haben. In dieser Zeit hat er seiner Formulierung nach *„das erste Mal gemerkt, dass (er) richtig süchtig (ist)“* (ebd.: S. 48, Z. 12), weil er die Drogen braucht, da er *„sonst voll nervös wird und schlecht drauf kommt“* (ebd.: S. 48, Z. 14). Hieran hat er seiner Aussage nach auch festgestellt, *„dass (er) eigentlich gar nicht mehr aufhören kann“* (ebd.: S. 48, Z. 17-18). Dementsprechend äußert O., dass er *„ein Problem mit Drogen“* (ebd.: S. 48, Z. 20) hat, fügt jedoch hinzu, dass sich dieses Problem ausschließlich auf den Konsum von Cannabisprodukten beschränkt, weil er für die anderen Drogen *„gar nicht genug Kohle“* (ebd.: S. 48, Z. 20-21) hat (ebd.: S. 48, Z. 12-21). Auf die zirkulären Frage hin, ob O. der Meinung ist, dass die Personen aus seinem Umfeld, der Auffassung wären, dass dieser ein Problem mit dem Konsum von Cannabis hat, wenn diese sein Konsumverhalten genau kennen würden, begegnet er, dass *„selbst Bob Marley*[39] *... gesagt (hätte)“* (O. 2011: S. 49, Z. 13), dass er ein Problem damit hat. Weil er seiner Formulierung nach, vom Cannabiskonsum faul wird und er *„eigentlich nur den ganzen Tag (kifft)“* (ebd.: S. 49, Z. 19), möchte O. seinen Konsum *„zumindest“* (ebd.: S. 49, Z. 17) einschränken. Um dies realisieren zu können, benötigt er seiner Einschätzung nach *„irgendetwas zu tun, was (ihm) ... ein gutes Gefühl gibt“*. Er vermutet, dass Sport und eine Beschäftigung eine adäquate Alternative darstellen könnten. Diese Einschätzung teilt auch Neubacher (2011), nach welchem Jugendliche, die „viel Zeit mit sportlichen Wettkämpfen oder anderen organisierten Veranstaltungen verbring(en)“ (Neubacher 2011: 149), seltener „in entsprechende Gefahrenlagen geraten“ (ebd.).

Zusammenfassend kann festgehalten werden, dass O. legale Drogen (Zigaretten und Alkohol) sowie illegale Drogen (Cannabis, Speed, Kokain u.a.) konsumiert. Während Zigaretten (mittlerweile auch Alkohol) eine vergleichsweise untergeordnete Rolle in O.‘s Alltag und seiner Freizeit spielen, konsumiert er täglich Cannabis und gibt an, hiernach süchtig zu sein. Ebenso konsumiert er die illegalen Drogen Speed und Kokain öfter als einmal im Monat, sodass auch hier von einer Sucht ausgegangen werden kann. Während die Droge Cannabis eine beruhigende und entspannende Wirkung auf ihn hat, verliert er bei Kokain und Alkohol mitunter die Kontrolle über sich und wird aggressiv.

[39] Bob Marley (†) ist ein Reggea-Sänger des vergangenen Jahrhunderts, welcher neben seiner Musik für den exzessiven Konsum von Cannabis bekannt (gewesen) ist.

Medienkonsum – „Medien spielen eine ziemlich große Rolle in meinem Leben, vor allem seit ich wieder arbeitslos bin!" (O. 2011: S. 41, Z. 24-25)

Wie bereits in den vorangegangenen Kapiteln deutlich geworden ist, spielen digitale Medien im Kontext der Freizeit von Jugendlichen eine immer zentralere Rolle (vgl. JIM-Studie 2011; Shell Jugendstudie 2010: 101 ff.; vgl. dazu Unterkapitel 3.3.3.1). Auch in O.'s Freizeit spielen diese (insbesondere was die Nutzungsintensität betrifft) eine übergeordnete Rolle, wie im nun folgenden Unterkapitel dargestellt werden soll. Die dargestellten Ergebnisse werden dabei mit den quantitativen Daten der JIM-Studie (2011) und der Shell Jugendstudie (2010) verglichen.

Als O. aufgefordert wird, ob er etwas über seinen Umgang mit Medien berichten möchte, begegnet dieser, dass diese *„eine ziemlich große Rolle in (s)einem Alltag"* (O. 2011: S. 41, Z. 24) spielen. Dabei beginnt er mit dem Fernsehen. Obwohl das TV-Programm seiner Ansicht nach *„langweiliger geworden* ist" (ebd.: S. 41, Z. 28), verbringt dieser trotzdem *„den ganzen Tag"* (ebd.: S. 41, Z. 25-26) davor, weil er seiner Formulierung nach *„nichts anderes zu tun hat"* (ebd.: S. 41, Z. 28). So schätzt er täglich *„zwischen acht und zehn Stunden"* (ebd.: S. 41, Z. 31) vor dem Fernseher zu verbringen, betont jedoch, diese Zeit jedoch nicht am Stück, sondern *„aufgeteilt über den Tag"* (ebd.: S. 42, Z. 2) davor verbringen. Mit einer täglichen Nutzung von acht bis zehn Stunden liegt O. deutlich über dem in der JIM-Studie (2011) ermittelten durchschnittlichen Nutzungsverhalten Jugendlicher. Laut den Ergebnissen der JIM-Studie (2011) liegt die subjektiv geschätzte tägliche Nutzungsdauer des Fernsehens bei durchschnittlich 113 Minuten (JIM-Studie 2011: 21). O. liegt somit sechs bis acht Stunden über dem durchschnittlichen Nutzungsverhalten. Zusätzlich verbringt er seiner Beschreibung nach *„abends .. so etwa ein bis zwei Stunden"* (O. 2011: S. 42, Z. 7) am Computer. Meist nutzt er diesen seiner Angabe nach zum Musik hören sowie zur Kontaktpflege im digitalen Netzwerk Facebook. Den Chatroom bei Facebook nutzt dieser dabei *„so ungefähr eine halbe Stunde am Tag"* (ebd.: S. 42, Z. 16). Dementsprechend kann – ähnlich wie bei den anderen beiden interviewten Jugendlichen – festgehalten werden, dass er mehr als eindeutig dem knappen Drittel (31%) der als „Medienfixierte" bezeichneten Jugendlichen zugeordnet werden kann, bei welchen laut den Ergebnissen der Shell Jugendstudie (2010) neben TV schauen (84%) und im Internet surfen (77%), DVD schauen (46%) und Rumhängen (33%) angesagt sind (Shell Jugendstudie 2010: 98 f). Ebenso ermöglicht der Umstand, dass Sport bei ihm zunehmend in den Hintergrund gerät, eine Zuordnung zu der genannten Gruppe (vgl. dazu Shell Jugendstudie 2010: 98 f). Was das Nutzungsverhalten und insbesondere die Nutzungsintensität betrifft, unterscheidet O. sich allerdings von den in der JIM-Studie (2011) befragten Jugendlichen, welche nach eigener Einschätzung an einem durchschnittlichen Wochentag im Durchschnitt 134 Minuten online sind und somit mehr Zeit im Internet als vor dem Fernsehen (113 Minuten) verbringen (JIM-Studie 2011: 23).

Darüber hinaus schildert O., dass dieser *„früher ... mehr mit Konsolen gespielt (hat)"* (O. 2011: S. 42, Z. 29). In diesem Kontext nennt er die Playstation, das Nintendo und die X-Box. Obwohl er heute immer noch einen Teil seiner Freizeit mit Spielkonsolen verbringt, hat sich sein Mediennutzungsverhalten mehr in Richtung Zeitvertreib mit Fernsehen und Internet entwickelt. Als Grund für sein exzessives Mediennutzungsverhalten nennt er *„Langeweile"* (ebd.: S. 43, Z. 7). Er fügt hinzu, dass er *„noch mehr Zeit"* (ebd.: S. 43, Z. 18) mit digitalen Medien verbringt, wenn er Cannabis konsumiert hat, weil seiner Formulierung nach *„dann alles .. viel mehr Bock"* (ebd.) macht.

Zusammenfassend kann festgehalten werden, dass O. infolge seines exzessiven Medienkonsumverhaltens, welches (insbesondere im Punktum TV schauen) weit über dem durchschnittlichen Nutzungsverhalten liegt, eindeutig der Gruppe der Medienfixierten zugeordnet werden kann. Vielmehr noch hat sein Nutzungsverhalten ein drastisches Ausmaß, dass nach Dittler/Hoyer (2010) eine Medien- bzw. eine TV-Sucht bei diesem vorliegt (vgl. dazu Dittler/Hoyer 2010).

Soziale Beziehungen – Familie, Partnerschaft, Freundschaften und Unterstützungsnetzwerk

Wie bereits in Unterkapitel 3.3.4 deutlich geworden ist, spielen soziale Beziehungen im Kontext der Lebenslagen Jugendlicher eine zentrale Rolle. Als O. aufgefordert wird, das soziale Kontaktschema auszufüllen und zu erläutern, berichtet er zunächst über die für ihn wichtigsten Lebensbereiche „Familie", „Freunde" und „Betreuer" (O. 2011. S. 60, Z. 1). Bei der Erläuterung des sozialen Kontaktschemas wird deutlich, dass ihm nur wenige der von ihm genannten Personen wirklich wichtig sind. Zu diesen zählt er seine Familie (darunter auch seine Ehefrau) L. sowie seinen besten Freund R. (ebd.: S. 59, Z. 27-30). Über die anderen Personen in dem von ihm angefertigten sozialen Kontaktschema äußert er, dass diese *„mal da (sind) und mal nicht"* (ebd.: S. 60, Z. 3), weswegen er diese als *„nicht so wichtig"* (ebd.) bezeichnet. Er gibt an, dass er sich mit den übrigen – von ihm im sozialen Kontaktschema erfassten – Personen *„mal besser und mal schlechter"* (ebd.: S. 60, Z. 4) versteht (ebd.: S. 59, Z. 29 - S. 60, Z. 4).

Im nun folgenden Unterkapitel soll – in Anlehnung an das soziale Kontaktschema (vgl. Anhang D.1) sowie an die (in Anlehnung an Pantuček 2009) entwickelte institutionelle „Ecomap“ (vgl. Anhang E.1) von O. – über seine persönlichen Kontakte und sein soziales und institutionelles Netzwerk berichtet werden.

Das O.'s soziales Netzwerk sich sehr prekär gestaltet, fällt bereits auf den ersten Blick dadurch auf, dass er lediglich drei (anstatt vier) kategoriale Felder seines sozialen Kontaktschemas ausfüllen konnte. Weiterhin fällt sofort ins Auge, dass sich O.'s Kontakte überwiegend auf das Feld „Familie“ beschränken und lediglich wenig außerfamiliäre Beziehungen zu erkennen sind. Lediglich zu seinem besten Freund R. sowie zu seinem Betreuer der NAM und seiner Bewährungshelferin bestehen außerfamiliäre Kontakte, wobei die ihn betreuenden Personen im originären Sinn nicht einmal Privatpersonen seines persönlichen Umfelds darstellen. Um eine wissenschaftlich basierte Wertung über die Dichte seines sozialen Netzwerks liefern zu können, wurde die Dichte seines sozialen Kontaktschemas (Netzwerkdichte) in Anlehnung an Pantuček (2009) rechnerisch ermittelt. Diese Maßzahl, welche zwischen 0,00 und 1,00 liegen kann und das „Verhältnis der möglichen zu den realisierten Kontaktpaaren“ (Pantuček 2009: 190) ausdrückt, beträgt bei O. zum Zeitpunkt der Untersuchung –trotz seines dichten familiären Netzes – rund 0,6 (d.h. 0,57777778). Nach Pearson (1997) kann die Dichte seines Netzwerkes als hoch bezeichnet werden (Pearson 1996: 96 f).[40] Dies geht mit erheblichen Nachteilen für O. einher, weil Netzwerke hoher Dichte seinen Ausführungen zufolge die Autonomie einschränken und mit einem wenig differenzierten Zugang zu Ressourcen verbunden sind (vgl. Anhang D.1).

Familie – „Familie ist einfach Zusammenhalt!“ (O. 2011: S. 59, Z. 27)

Als O. das von ihm ausgefüllte soziale Kontaktschema erläutert, beginnt dieser bei seiner Familie und berichtet, dass diese für ihn *„einfach Zusammenhalt“* (O. 2011: S. 59, Z. 27) bedeutet. Er gibt an, dass seine Eltern, seine Schwester, seine Oma und seine Tante S. ihm *„wichtig“* (ebd.: S. 61, Z. 13) sind. Die übrigen Familienmitglieder sind ihm weniger wichtig, weil er diese *„eh nur auf Geburtstagen oder so“* (ebd.: S. 61, Z. 18) sieht.

Am intensivsten bewertet O. den Kontakt zu seiner Mutter, welche er seiner Aussage nach *„am meisten von allen (sieht)“* (O. 2011: S. 60, Z. 7). Er äußert, dass er an der Beziehung zu dieser besonders schätzt, dass er mit dieser *„über alles reden“* (ebd.: S. 60, Z. 20) kann und *„sie .. (ihm) Halt und Geborgenheit (gibt)“* (ebd.: S. 68, Z. 17). Ferner berichtet er, dass sein Vater seit über dreißig Jahren in Deutschland lebt

---

[40] Pantuček (2009) betont in diesem Kontext jedoch, dass die Netzwerkdichte ausschließlich „in Relation zur Netzwerkgröße angemessen interpretiert werden (kann)“ (Pantuček 2009: 190).

und mittlerweile dreißig Jahre mit seiner Mutter verheiratet ist. Er gibt an, dass seine Mutter in einem Büro bei der Firma Tchibo im Logistikbereich beschäftigt ist (ebd.: S. 2, Z. 30). Seinen Vater, welcher von Beruf Schausteller ist, auf (Jahr-)Märkten Doublé-Schmuck verkauft und mit dem An- und Verkauf von Autos und Autoteilen zuverdient (ebd.: S. 2, Z. 18-28), sieht er *„wegen seiner Arbeit"* (ebd.: S. 60, Z. 8) nicht so oft, sodass er die Intensität des Kontakts zu seinem Vater als geringer bewertet, als die des Kontakts zur Mutter (ebd.: S. 60, Z. 8-10). Trotzdem bezeichnet er diesen als *„auch lieb"* (ebd.: S. 60, Z. 8). Über seine sieben Jahre ältere Schwester berichtet O., dass er diese *„nur ganz selten"* (ebd.: S. 60, Z. 10) sieht, weil diese mit ihren Kindern in Berlin lebt, dort als Alleinerziehende halbtags als Groß- und Außenhandelskauffrau beschäftigt ist und somit, wie er es formuliert, *„ja auch ihre Sachen zu tun hat"* (ebd.: S. 60, Z. 11) (ebd.: S. 60, Z. 7-12). Er fügt hinzu, dass er mit dieser *„noch mehr reden (kann), als mit seiner Mutter"* (ebd.: S. 61, Z. 21-22), er sie allerdings *„halt nicht so oft (sieht)"* (ebd.: S. 61, Z. 22). Über seine Großmutter schildert O., dass diese *„schon immer lieb"* (ebd.: S. 61, Z. 22) gewesen ist und ihm *„voll oft Geld"* (ebd.: S. 61, Z. 23) gibt (ebd.: S. 61, Z. 21-23). Ebenso bezeichnet er seine Tante S., bei welcher es sich um seine *„Lieblingstante"* (ebd.: S. 61, Z. 23) handelt, als *„voll lieb"* (ebd.), wobei er hinzufügt, dass diese *„sich manchmal voll komisch verhält, seit sie ihr Kind gekriegt hat"* (ebd.: S. 61, Z. 24). In diesem Kontext beschreibt er, dass diese seit der Geburt ihres Sohnes A. *„nicht mehr so locker drauf (ist) wie früher"* (ebd.: S. 61, Z. 26) und sie seitdem *„viel gestresster"* (ebd.) ist. Er merkt an, dass er hierfür jedoch Verständnis hat, weil ihr Sohn A. seiner Bezeichnung nach *„hyperaktiv"* (ebd.: S. 61, Z. 29) ist (ebd.: S. 60, Z. 8 - S. 61, Z. 29)

Im Anschluss an die Beschreibung seiner familiären Beziehungen soll im nun folgenden Abschnitt über die Partnerschaft von O. berichtet werden. O. lebt zum Zeitpunkt des Interviews bereits *„seit über drei Jahren"* (O. 2011: S. 64, Z. 31) in einer festen Partnerschaft mit einer gleichaltrigen Partnerin, mit welcher er *„seit beinahe zwei Jahren"* (ebd.: S. 65, Z. 28) nach islamischem Recht verheiratet ist, weil sein Vater seiner Formulierung nach *„die ganze Zeit gestresst"* (ebd.: S. 65, Z. 30) hat. Seine Ehefrau[41] hat ebenfalls einen afrikanischen Migrationshintergrund, da ihr Vater aus Namibia stammt. Ihre Mutter ist – genau wie die Mutter von O. – in Deutschland geboren. O. zählt seine Ehefrau ebenfalls zur Familie, wobei er sie diesbezüglich zu seiner Herkunftsfamilie (und nicht zu seiner eigens gegründeten Familie) rechnet. Die beiden verbringen seinen Angaben nach *„mal mehr und mal weniger"* (ebd.: S. 65, Z. 2) Zeit miteinander. Er fügt hinzu, dass sie sich jedoch *„regelmäßig"* (ebd.)

[41] Auch wenn nach islamischem Recht geschlossene Ehen in Deutschland nicht voll anerkannt werden, soll im Rahmen der vorliegenden Lebenslagenanalyse der Begriff Ehefrau verwendet werden.

sehen, da sie *„meistens abends bei (ihm) (schläft)"* (ebd.: S. 65, Z. 5). Er betont, dass er an ihr schätzt, dass er mit dieser *„gut reden"* (ebd.: S. 59, Z. 28) kann sowie dass er sich mit dieser *„ab und zu ... auch richtig gut (versteht)"* (ebd.: S. 64, Z. 9-10). Gleichzeitig betont er, dass es *„auch Tage (gibt), an denen (sie) sich schlecht verstehen"* (ebd.: S. 64, Z. 10). Er berichtet, dass sie sich *„sehr oft"* (ebd.: S. 64, Z. 14) streiten, *„weil sie nicht will, dass (er) kiff(t)"* (ebd.) und sie *„alles, was mit Drogen zu tun hat"* (ebd.: S. 64, Z. 18) generell ablehnt (ebd.: S. 64, Z. 9-18). Entsprechend bezeichnet O. seine Ehefrau als *„ein bisschen anstrengend"* (ebd.: S. 64, Z. 8). In diesem Kontext berichtet er, dass er sich von dieser eingeengt fühlt (ebd.: S. 64, Z. 8-10), weil diese *„jede Sekunde mit (ihm) verbringen (will)"* (ebd.: S. 65, Z. 17) und er dadurch *„überhaupt keine Zeit für sich"* (ebd.: S. 65, Z. 17-18) hat. Angesichts dessen bezeichnet er sie als *„aufdringliche Stalkerin"* (ebd.: S. 66, Z. 18) und berichtet, dass sie *„auch bei (ihm) in Facebook rein(geht) und .. da alles (kontrolliert)"* (ebd.: S. 66, Z. 20), was er als *„voll nervig"* (ebd.: S. 66, Z. 23) und *„einengend"* (ebd.: S. 66, Z. 25) empfindet.

Zusammenfassend kann in Anlehnung an die Beschreibung der Familienverhältnisse festgestellt werden, dass das familiäre Netzwerk – trotz der unterschiedlichen Intensität der einzelnen Beziehungen – als stabil bezeichnet werden kann. Ferner wird deutlich, dass O. seinen Empfindungen nach seitens seiner Familie (emotionalen) Rückhalt und Unterstützung erhält. Ebenso kann festgehalten werden, dass dieser seit mehr als drei Jahren eine Partnerin hat, mit welcher er seit etwa zwei Jahren nach islamischem Recht verheiratet ist. An seiner Ehefrau schätzt er, dass er mit dieser über alles reden kann sowie dass diese immer für ihn da ist. Hingegen stört es ihn, dass diese ihm nicht genügend Freiraum lässt und er dadurch keine Zeit für sich hat.

Freunde – „Meine Freunde stempeln mich nicht gleich als Asi ab, weil wir alle Asis sind!" (O. 2011: S. 62, Z. 17-18)

Ebenso spielen Freundschaften zu Gleichaltrigen eine zentrale Rolle für Jugendliche. In Anbetracht dessen soll im nun folgenden Kapitel die von O. im sozialen Kontaktschema (vgl. Anhang D.1) genannte Subdimension „Freunde" beleuchtet werden.

Bei seinen Freunden nennt O. zunächst seinen besten Freund R., mit dem er seiner Formulierung nach *„auch gut reden"* (O. 2011: S. 59, Z. 29-30) kann (ebd.: S. 59, Z. 29-30) und mit welchem er *„eigentlich so am meisten (macht)"* (ebd.: S. 62, Z. 8). Er schildert, dass er mit diesem *„ab und zu mehr und ab und zu weniger"* (ebd.: S. 60, Z. 16) Kontakt hat (ebd.: S. 59, Z. 29 - S. 60, Z. 16). Das besondere an der Freundschaft zu R. ist, dass die beiden *„schon viel zusammen durchgemacht"* (ebd.: S. 63,

Z. 19) haben. O. kennt seinen besten Freund R. *„schon (s)ein ganzes Leben lang“* (ebd.: S. 63, Z. 21), wobei er anmerkt, dass dieser für ihn zunächst *„so etwas wie ein Bekannter“* (ebd.: S. 63, Z. 21) gewesen ist. Im Alter von siebzehn Jahren hat er sich dann mit diesem angefreundet (ebd.: S. 63, Z. 19-21). Während er sich mit R. *„früher jeden Tag“* (ebd.) getroffen hat, sieht er diesen zum Zeitpunkt des Interviews seiner Aussage nach *„aller höchstens so alle drei Tage“* (ebd.: S. 60, Z. 17), weil dieser in die (etwa fünf km entfernte) Neustadt gezogen ist. O. lässt hierdurch verlauten, dass sich seine Freundschaften ausschließlich auf Jugendliche aus seinem Stadtteil (Gröpelingen) beschränken. Wenn O. sich mit seinem besten Freund R. trifft, *„chillen (sie), kiffen und spielen Playstation“* (ebd.: S. 60, Z. 27). Er fügt hinzu, dass sie jedoch schon alles Mögliche miteinander unternommen haben. So berichtet er von einem gemeinsamen Urlaub, welchen er (rückblickend) jedoch als *„stressig und nervig“* (ebd.: S. 63, Z. 31) sowie als *„nicht so besonders“* (ebd.: S. 64, Z. 2) bezeichnet, weil ihm nach vier Tagen *„langweilig geworden“* (ebd.) ist (ebd.: S. 63, Z. 28 - S. 64, Z. 3).

Darüber hinaus berichtet O., dass er auch noch andere Freunde hat, mit denen er *„aber eher weniger“* (O. 2011: S. 62, Z. 9) unternimmt und zu denen sich der Kontakt somit weniger intensiv gestaltet. Er schildert jedoch, dass es *„mit denen ... auch Spaß (macht), etwas zu machen“* (ebd.: S. 62, Z. 9-10), er mit ihnen *„ab und zu lachen“* (ebd.: S. 62, Z. 14) kann und diese *„die gleichen Probleme durch(machen), wie (er)“* (ebd. S. 62, Z. 14-15). Dies ist ihm *„besonders wichtig“* (ebd.: S. 62, Z. 19), weil diese ihn dadurch verstehen. So äußert er, dass diese ihn *„nicht gleich als Asi ab(stempeln)“* (ebd.: S. 62, Z. 17), weil sie seiner Formulierung nach *„alle Asis sind“* (ebd.: S. 62, Z. 17-18). O. gibt zunächst zwar an, dass *„nicht alle“* (ebd.: S. 62, Z. 29) seiner Freunde Cannabis konsumieren. Auf weitere Nachfrage nennt er dann allerdings lediglich einen Freund (C.), welcher seiner Bezeichnung nach *„an einer Drogen-Psychose ... und an Schizophrenie leidet“* (ebd.: S. 63, Z. 2-3). Aufgrund der drogeninduzierten psychischen Erkrankungen, ist dieser O.‘s Schilderungen zufolge auch in psychiatrischer Behandlung gewesen. Bis auf seinen Freund C., *„nehmen aber alle anderen von (s)einen Freunden Drogen“* (ebd.: S. 63, Z. 7), wie O. berichtet. Mit den Freunden, mit denen dieser in der Vergangenheit straffällig geworden ist, hat er seiner Angabe nach *„früh abgeschlossen“* (ebd.: S. 63, Z. 11-12) und *„(hängt) mit denen ... gar nicht mehr ab“* (ebd.: S. 63, Z. 12). Er fügt hinzu, dass er sie *„zwar noch (grüßt)“* (ebd.), es dabei aber auch belässt. Nur mit seinem besten Freund R., weil seiner Formulierung nach *„auch schon viel Scheiße gebaut“* (ebd.: S. 63, Z. 15) hat, pflegt O. regelmäßigen Kontakt.

Zusammenfassend kann festgehalten werden, dass O.'s Freundschaften sich ausschließlich auf wenige Personen (aus seinem Wohnquartier) beschränken, was er dadurch begründet, dass er die meiste Zeit mit seiner Ehefrau verbringt. Dadurch, dass O. auf Bewährung ist, hat dieser sich seiner Aussage nach – mit Ausnahme von seinem besten Freund R. – von seinem kriminellen Freundeskreis abgewandt. Dennoch konsumieren alle seine (zum Zeitpunkt des Interviews) aktuellen Freunde Cannabis, bis auf einen, welcher jedoch bereits in frühen Jahren „an einer Drogenpsychose ... und an Schizophrenie" (O. 2011: S. 63, Z. 2-3) zu leiden scheint.

Unterstützungsnetzwerk – „Meine Mutter und mein Vater helfen mir immer!" (O. 2011.: S. 67, Z. 25)

Im nun folgenden Unterkapitel wird das Unterstützungsnetzwerk von O. abgebildet, wobei zunächst auf das persönliche und anschließend auf das institutionelle Netzwerk eingegangen werden soll.

Als O. gefragt wird, welche Form von Unterstützung er von den im sozialen Kontaktschema erfassten Personen erhält, antwortet dieser, dass er *„eigentlich ... alles .. selber (macht)"* (O. 2011: S. 67, Z. 22), er mit diesen jedoch immer *„über (s)eine Probleme reden"* (ebd.) kann. Gleichzeitig betont er, dass *„(s)eine Mutter und (s)ein Vater .. (ihm) immer (helfen)"* (ebd.: S. 67, Z. 25). So beschreibt er, dass seine Mutter ihm *„bei Schrift-Krams, bei Stress mit den Berichten und beim Briefe schreiben"* (ebd.: S. 67, Z. 28) sowie *„bei Haushaltsdingern"* (ebd.: S. 67, Z. 31), wie *„Wäsche waschen und Essen machen"* (ebd.) unterstützt (ebd.: S. 67, Z. 22-31). Weitere Unterstützung wünscht er sich nicht, bis auf, dass er es gutheißen würde, wenn *„alle .. aufhören zu kiffen"* (ebd.: S. 67, Z. 2), weil er das dann *„auch schaffen würde"* (ebd.: S. 68, Z. 2).

Wenn er Probleme besprechen möchte, geht dieser zunächst zu seinem besten Freund R. Dieser würde nach Einschätzung von O. in einem solchen Fall zunächst *„lachen und irgendetwas dazu sagen"* (O. 2011: S. 68, Z. 10). Er fügt hinzu, dass er *„das auf jeden Fall nicht als negativ nehmen und .. versuchen (würde), (ihm) zu helfen"* (ebd.: S. 68, Z. 10-11) (ebd.: S. 68, Z. 8-11). Wenn O. hingegen obdachlos werden würde sowie wenn er bei der Erledigung von *„Ämter- und Behördensachen"* (ebd. S. 68, Z. 21) Unterstützung bräuchte, würde dieser seinen Schilderungen zufolge *„zu (s)einen Eltern"* (ebd.: S. 68, Z. 13) gehen. Bei letzterem Problem würde er sich unter Umständen auch an seinen Betreuer Herrn K. oder seine Ehefrau wenden (ebd.: S. 68, Z. 19-24).

Nehmen der Unterstützung durch sein soziales Umfeld, nimmt O. verschiedene sozialstaatliche Unterstützungsangebote in Anspruch. Wie bereits in Unterkapitel 5.2.5.1 erwähnt, ist O. infolge seiner zahlreichen Strafanzeigen im Jahr 2008 gemäß § 56 Abs. 1 StGB zu einer Bewährungsstrafe verurteilt worden, welche seiner Aussage nach voraussichtlich Ende 2012 endet oder bei weiteren Vergehen auf Ende 2014 verlängert wird. Entsprechend ist in § 56 Abs. 1 StGB geregelt, dass Freiheitsstrafen zur Bewährung ausgesetzt werden können, sofern zu erwarten ist, dass für die Straffälligen bereits die Verurteilung als Verwarnung ausreicht und diese auch ohne freiheitsentziehende Maßnahmen in Zukunft keine weiteren Straftaten mehr begehen werden (§ 56 Abs. 1 StGB) sowie wenn hinsichtlich der Gesamtwürdigung von Straftat und Persönlichkeit der Straftäter/-innen besondere Umstände vorliegen (§ 56 Abs. 2 StGB). O. schildert, dass er auf eine bereits bestehende Bewährungsstrafe von eineinhalb Jahren eine weitere Bewährungsstrafe von viereinhalb Jahren erhalten hat, wodurch sich seine Bewährungszeit (einschließlich seiner Vorbewährungszeit) seiner Angabe nach auf insgesamt sechs Jahre (von 2008 bis 2014) ausgeweitet hat. Entsprechend regelt § 56 f StGB, dass das Gericht von einem Widerruf der Bewährung absehen kann, wenn es als ausreichend betrachtet wird, die Bewährungszeit zu verlängern und/oder weitere Auflagen und Weisungen zu erteilen (§ 56 f StGB; Kamawura-Reindl in Dollinger/Schmidt-Semisch 2011: 494). Da O. sich im Rahmen der Gerichtsverhandlung seiner Formulierung nach *„gut gerechtfertigt"* (O. 2011: S. 53, Z. 29) hat, besteht für ihn die Möglichkeit, seine Bewährungsstrafe auf *„bis Ende 2012"* (ebd.: S. 53, Z. 31) zu verkürzen, wenn er seine Auflagen erfüllt. Sollte er bis Ende 2012 gegen eine der Bewährungsauflagen verstoßen, wird die *„Vorbewährung"* (O. 2011: S. 50, Z. 15) seinen Angaben nach bis 2014 verlängert.

Als eine der vom Gericht erteilten Auflagen O.'s, wurde die Ableistung von Sozialstunden im Sinne von gemeinnütziger Arbeit angeordnet. So ist ihm vom Gericht auferlegt worden, insgesamt 210 Sozialstunden (35 Tage zu jeweils 6 Stunden) bei einem gemeinnützigen Träger in Bremen zu leisten. Im Rahmen seiner Sozialstunden, hat O. seiner Formulierung nach die Aufgabe, *„Unkraut (zu) zupfen und Möbel durch die Gegend (zu) schleppen"* (O. 2011: S. 55, Z. 2).

Als eine weitere Auflage im Rahmen seiner Bewährungsstrafe wurde O. vom Gericht angeordnet, dass er einmal im Monat *„zur Bewährungshelferin gehen"* (O. 2011: S. 56, Z. 9- 10) muss. Er fügt hinzu, dass seine Bewährungshelferin ihn jedoch *„ab und zu vergisst"* (ebd.: S. 56, Z. 12), sodass er diese seiner Einschätzung nach ungefähr *„einmal in drei Monaten"* (ebd.) trifft (ebd.: S. 56, Z. 9-12). So schätzt er, dass diese sich seit dem Jahr 2008 bis zum Zeitpunkt des Interviews ungefähr fünfzehnmal getroffen haben, was er selbst als *„viel zu wenig"* (ebd.: S. 57, Z. 10) empfindet (ebd.:

S. 57, Z. 8-10). Damit spricht O. ein zentrales Problem der Praxis der Bewährungshilfe – nämlich die hohe Arbeitsbelastung von Bewährungshelfer/-innen – an. So berichtet auch das BMI/BMJ (2006), dass die zur Verfügung stehenden personellen (und somit zeitlichen) Ressourcen dem stetigen Anstieg der Proband/-innenzahlen und deren vielfältigeren Problemlagen nicht entsprechen. Bei einem mittlerweile üblichen Fallschlüssel von 1:80 (BMI/BMJ 2006: 600) und einer durchschnittlichen Jahresarbeitszeit von 1.760 Stunden, kommen auf die einzelnen Proband/-innen rein rechnerisch jeweils 22 Stunden pro Jahr, wobei angemerkt werden muss, dass in einigen Bundesländern sogar Fallschlüssel von 1:100 verzeichnet werden. In diesen 22 Stunden sind allerdings nicht nur Einzel- bzw. Beratungsgespräche, sondern auch sämtliche anfallenden Verwaltungstätigkeiten (Aktenführung, Berichtserstellung), richterliche Anhörungen, Team- und Dienstbesprechungen, Dienstfahrten zu Hausbesuchen, Besuche in der Justizvollzuganstalt (JVA) u.v.m. (BMI/BMJ 2006: 600 f; Kamawura-Reindl in Dollinger/Schmidt-Semisch 2011: 502). Dass O. die ihm angeordnete Auflage seine Bewährungshelferin regelmäßig aufzusuchen als ineffektiv empfindet, dürfte angesichts dessen kaum verwundern. So bewertet O. seine Bewährungshelferin als *„eigentlich voll überflüssig"* (O. 2011: S. 57, Z. 6) und die Treffen mit dieser als *„einfach stumpf"* (ebd.: S. 58, Z. 6), weil ihm diese seiner Empfindung nach *„gar nicht (hilft), keine Scheiße mehr zu bauen"* (ebd.: S. 57, Z. 1-2). Er versteht jedoch auch, dass dies nicht zum Aufgabenfeld von Bewährungshelfer/-innen zählt (ebd.: S. 57, Z. 12-14; zu den Aufgaben von Bewährungshelfer/-innen vgl. Kamawura-Reindl in Dollinger/Schmidt-Semisch 2011: 495 ff.). Trotzdem betont er, das Gefühl zu haben, dass ihm die Treffen mit der Bewährungshelferin *„gar nichts bringen"* (ebd.: S. 58, Z. 1), weil er *„ja nicht mal ehrlich mit der reden kann und .. deshalb lügen (muss)"* (ebd.: S. 58, Z. 1-2). Er fühlt sich von dieser lediglich *„kontrolliert"* (ebd.: S. 58, Z. 7) und kritisiert, dass diese *„noch nicht einmal (fragt), wie es (ihm) geht"* (ebd.: S. 58, Z. 8) (ebd.: S. 56, Z. 21 - S. 58, Z. 8). Wenn O. sich mit seiner Bewährungshelferin trifft, führen die beiden seiner Aussage nach *„meistens .. Fünf-Minuten-Gespräche"* (ebd.: S. 56, Z. 21), in welchen diese erfragt, *„ob alles okay ist und so"* (ebd.).

Des Weiteren ist O. im Rahmen seiner Bewährungsstrafe einem sozialpädagogischen Betreuer im Rahmen einer Neuen Ambulanten Maßnahme (NAM) unterstellt worden (vgl. dazu z.B. Drewniak in Dollinger/Schmidt-Semisch 2011; Gerlach 2009; Röser 2003). Nach Drewniak in Dollinger/Schmidt-Semisch (2011) handelt es sich bei den – im Anschluss an die ambulante Bewegung der 1980er Jahre – im Jahr 1990 im Rahmen des Jugendgerichtsgesetzes eingeführten NAM um „sozialpädagogische Leistungen der Jugendhilfe als sachgerechte Alternative (zu) … traditionell strafenden, insbesondere freiheitsentziehenden Sanktionen" (Drewniak in Dollinger/Schmidt-Semisch 2011: 308). Über seinen im Rahmen der NAM für ihn zuständigen *„Betreuer"* (O. 2011: S. 57, Z. 16) Herrn K. berichtet O. ausschließlich positiv, sodass vermutet werden kann, dass er zu diesem ein gutes Verhältnis hat und sich von diesem unterstützt fühlt. Entsprechend bezeichnet er diesen als *„coole Socke"* (ebd.: S. 57, Z. 28) und berichtet, dass dieser für ihn *„wie ein cooler Kollege"* (ebd.: S. 57, Z. 19) ist, *„dem .. man alles erzählen (kann)"* (ebd. S. 57, Z. 20-21) und, welcher *„alles ... für einen gemacht (hat)"* (ebd.: S. 57, Z. 26) (ebd.: S. 57, Z. 16-26).

O. gibt an, dass er während seiner Bewährungsstrafe nicht mehr straffällig geworden ist, stellt dann jedoch fest, dass der Konsum von Marihuana *„ja auch schon strafbar"* (O. 2011: S. 58, Z. 16) ist und er demzufolge *„dann eigentlich jeden Tag"* (ebd.) straffällig wird. Angst wegen eines solchen Verstoßes gegen das Betäubungsmittelgesetz (und die richterlich angeordneten Weisungen) inhaftiert zu werden, hat dieser nicht, weil er seiner Formulierung nach *„schon auf(passt), nicht erwischt zu werden"* (ebd.: S. 58, Z. 20) (ebd.: S. 58, Z. 16-20). Gleichzeitig betont O., dass er sein straffälliges Verhalten nicht bloß für die Zeit der Bewährungsstrafe, sondern *„dauerhaft ändern"* (ebd.: S. 58, Z. 23) möchte. So plant er, *„am besten überhaupt keine Scheiße mehr (zu) bauen"* (ebd.: S. 58, Z. 25) und *„(s)ich einfach zusammenreißen und ruhiger werden"* (ebd.: S. 58, Z. 30-31) zu wollen und fügt hinzu, seiner Empfindung nach *„schon viel gelernt"* (ebd.: S. 58, Z. 30) zu haben (ebd.: S. 58, Z. 23-31). Als O. nach möglichen Formen der Unterstützung zur Realisierung des genannten Vorhabens gefragt wird, antwortet dieser, dass er *„einen freiwilligen Antiaggressionskurs besuchen (könnte)"* (ebd.: S. 59, Z. 3), fügt jedoch unmittelbar hinzu, dass er *„das auch alleine hin(kriegt)"* (ebd.: S. 59, Z. 4), wenn er *„Sport"* (ebd.: S. 59, Z. 6) treibt oder wenn er *„wieder eine Beschäftigung (hat)"* (ebd.: S. 59, Z. 6-7). Interessanterweise berichtet O. im Rahmen des zirkulären Fragens, dass andere straffällige Jugendliche *„auch zu einem Antiaggressionskurs (müssten)"* (ebd.: S. 59, Z. 11), um ein straffreies Leben führen zu können (ebd.: S. 58, Z. 23- S. 59, Z. 11; zum Thema Systemisches Anti-Gewalt-Training vgl. z.B. Sandvoss 2011), was den Verdacht nahe legt, dass er möglicherweise selbst der Auffassung ist, ein Antiaggressionskurs könnte sich förderlich auf die Vermeidung weiterer Straftaten auswirken.

Zusammenfassend kann festgehalten werden, dass O. über ein ausgebautes institutionelles Unterstützungsnetzwerk verfügt, was sich durch die Tatsache begründet, dass dieser zum Zeitpunkt des Interviews unter Bewährungsstrafe steht, welche in seinem Alltag sowie in seiner Freizeit eine zentrale Rolle einnimmt. So hat er, neben der Auflage regelmäßig die für ihn zuständige Bewährungshelferin aufzusuchen, als weitere Auflage vom Richter erteilt bekommen, Sozialstunden bei einem gemeinnützigen Träger zu leisten, an welchen er somit ebenfalls zum Zeitpunkt des Interviews angebunden ist. Ebenso wurde er einem Betreuer im Rahmen einer NAM unterstellt, welcher ihn bei der Bewältigung des Alltags unterstützt.

Analyse der Lebenslage eines Jugendlichen mit depressiver Störung

Bis vor etwa drei Jahrzehnten wurde noch die Auffassung vertreten, dass Jugendliche eher selten unter depressiven Störungen leiden. Inzwischen ist jedoch nicht nur klar, dass Jugendliche hieran erkranken können, nach Nevermann/Reicher (2009) erreichen depressive Störungen mit dem Übergang ins Jugendalter und der damit einhergehenden Notwendigkeit zur Neu- und Umorientierung sogar alarmierende Ausmaße (Nevermann/ Reicher 2009: 12). Ihrer Ansicht nach stellen Depressionen im Jugendalter somit keinesfalls ein seltenes Phänomen dar, sondern die depressive Störung wird einfach bloß selten erkannt. In Fachkreisen wird mittlerweile sogar von einem „dramatischen Anstieg“ (ebd.: 9) depressiver Störungen im Jugendalter gesprochen. So äußerten – in einer von Essau (2000) im Rahmen ihrer Habilitationsschrift durchgeführten Jugendstudie im Land Bremen (Essau 2000) – 17,9% aller Jugendlichen, im Laufe ihres bisherigen Lebens bereits unter depressionstypischen Symptomen gelitten zu haben (Essau 2007: 47). Trotz der Variabilität in Bezug auf die statistischen Ergebnisse sind sich Fachleute mittlerweile zumindest darüber einig, dass depressive Störungen selbst im frühen Säuglingsalter (vgl. dazu Rossmann 2009) auftreten können (Nevermann/Reicher 2009: 45).

Im folgenden Kapitel wird die Lebenslage eines Jugendlichen mit depressiver Störung (R.) abgebildet. Für die Analyse der Lebenslage eines Jugendlichen dieser Adressat/-innengruppe wurde sich entschieden, weil depressive Erkrankungen gemäß der Ausführungen von Essau (2007), Nevermann/Reicher (2009) und Nocon (2004) die Funktionstüchtigkeit der Betroffenen massiv in verschiedenen Lebensbereichen einschränken (oder völlig lahmlegen) bzw. zu schwerwiegenden psychosozialen Beeinträchtigungen führen und folglich bereits per Definition mit Mehrfachbenachteiligungen in verschiedenen Lebensbereichen bzw. Dimensionen der Lebenslage einhergehen (vgl. dazu Essau 2007: 19).

Bevor jedoch die Lebenslage des Interviewten R. dargestellt wird, soll das psychische Krankheitsbild „depressive Störung“ definiert werden (vgl. Unterkapitel 6.1), damit verstanden werden kann, worum es in den nachfolgenden Ausführungen geht.

Definition des psychischen Krankheitsbildes „depressive Störung“

Im nun folgenden Unterkapitel soll also das Verständnis des Autors vom Krankheitsbild der depressiven Störung dargelegt werden, welches insbesondere auf den Ausführungen von Essau (2007), Nevermann/Reicher (2009) und Nocon (2004) basiert.

Nach Essau (2007) gelten Depressionen[42] – verstanden als traurige und niedergeschlagene Stimmungszustände, welche als Reaktionen auf Enttäuschungen oder unangenehme Erfahrungen verstanden werden können – als natürlicher Bestandteil der allgemeinen Erfahrungen eines jeden Individuums. Solche Stimmungszustände sind dann jedoch meist von vorübergehender Dauer und führen nur selten zu schwerwiegenden psychosozialen Beeinträchtigungen. Im Unterschied zum „normalen“ Phänomen der traurigen und niedergedrückten Stimmung, ist die klinische Depression (depressive Störung[43]) dadurch geprägt, dass sie weder mit Willenskraft noch mit Anstrengung kontrolliert werden kann, folglich eine bestimmte Anzahl von Symptomen längerfristig stabil bleibt und dadurch die Funktionstüchtigkeit der Betroffenen in verschiedenen (Lebens-)Bereichen massiv beeinträchtigt oder völlig lahm gelegt wird (Essau 2007: 19).

Nach Auffassung von Nevermann/Reicher (2009) bezeichnet der Begriff „Depression“ einen „Zustand, der durch Störungen im Fühlen, Denken, Verhalten und der körperlichen Befindlichkeit geprägt ist“ (Nevermann/Reicher 2009: 19). Entsprechend berichten sie, dass der Begriff auf unterschiedlichen Ebenen verwendet werden kann. Ihrer Beschreibung nach ist es ein Unterschied, ob der Begriff Depression im Sinne eines Merkmals oder Symptoms (z.B. Traurigkeit oder Antriebslosigkeit) verwendet wird oder ob damit ein so genanntes „depressives Syndrom“, d.h. eine klinisch definierte depressive Störung, gekennzeichnet werden soll, welche eine festgelegte Anzahl von (depressiven) Einzelsymptomen umfasst. Leidet ein Jugendlicher unter einer bestimmten Anzahl schwerwiegender depressiver Merkmale oder Symptome, kann möglicherweise eine so genannte „Major Depression“, eine „Dysthyme Störung“ oder eine „Bipolare Störung“ (klinisch diagnostisch) festgestellt werden (Nevermann/Reicher 2009: 19).[44]

---

[42] Der Begriff Depression wird vom lateinischen Wort „deprimere“ (= nieder-, herunterdrücken) abgeleitet.

[43] Nach Nevermann/Reicher (2009) verweist der Begriff „Störung“ darauf, dass es sich bei „depressiven Störungen“ um gestörte Formen ansonsten normaler Verhaltensreaktionen handelt. „Störungen“ signalisieren ihrer Beschreibung nach Abweichungen von „normalen“ Verhaltensformen oder gestörte Abläufe. Gleichzeitig betont der Begriff „Störung“, dass depressive Zustände als im Erleben und Verhalten „gestörte Zustände“ einem Entwicklungsprozess unterliegen und sich in der Folge wieder zurückentwickeln können (Nevermann/Reicher 2009: 12).

[44] Eine Definition von Major Depression, Dysthymer Störung und Bipolarer Störung soll im Rahmen der vorliegenden Arbeit nicht aufgeführt werden, weil dies zu weit führen würde. Stattdessen soll auf

Die Klassifikation psychischer Störungen wird aktuell auf internationaler Ebene vom DSM-IV (vgl. dazu APA 1994) sowie von der Internationalen Klassifikation Psychischer Störungen (ICD-10; vgl. dazu WHO 1992; 1993) dominiert, welche als die am weitesten verbreiteten Konzeptionen depressiver Störungen gelten. Anders als die vorangegangenen Versionen weisen DSM-IV und ICD-10 nach Nocon (2007) nicht nur zahlreiche Gemeinsamkeiten auf, sondern stimmen hinsichtlich der Kategorisierung der Störungen zu 90% überein (Nocon 2007: 20; vgl. dazu Essau/Petermann 1997). Entsprechend berichtet Essau (2007), dass beide eine niedergedrückte Stimmung, depressive Kognitionen sowie Suizidgedanken als zentrale Merkmale oder Symptome einer depressiven Episode beinhalten. In beiden Klassifikationssystemen werden primär affektive Störungen und andere Zustandsbilder mit affektiven Störungen als Sekundärmerkmal unterschieden und in der Kategorie der primären affektiven Störungen wird in beiden zwischen unipolaren und bipolaren sowie zwischen schweren episodisch auftretenden und leichteren chronisch verlaufenden Störungen (d.h. zwischen Dysthymie und Zyklothymie) differenziert. Allerdings bestehen nach wie vor Unterschiede bei der Definition depressiver Störungen und der Bestimmung ihrer psychosozialen Konsequenzen (Essau 2007: 19).

Nevermann/Reicher (2009) betonen, dass depressive Störungen unterschiedlich ausgeprägte Zustandsbilder zeigen, welche jedoch zumeist mit einer niedergedrückten, traurigen Stimmungslage und/oder Gereiztheit, deutlicher Lustlosigkeit und Passivität, einem negativen Selbstbild, Schlafstörungen sowie verschiedenen physischen Beschwerden (wie Kopfschmerzen, Magenschmerzen, Bauchschmerzen, Übelkeit, Durchfall etc.) einhergehen (Nevermann/Reicher 2009: 12). Ihrer Ansicht nach gestalten sich die Symptome einer depressiven Störung dabei vielfältig und zeigen insbesondere alters- bzw. entwicklungsbedingte Ausprägungen (ebd.: 46). Allerdings merken sie in diesem Kontext an, dass bei der Beobachtung und Feststellung depressionstypischer Symptome keinesfalls voreilig die Diagnose einer klinischen Depression gestellt werden darf. Ihrer Auffassung nach handelt es sich bei diesen einerseits um Symptome, welche auch im Rahmen anderer psychischer Störungsbilder vorgefunden werden – wie z.B. Angststörungen, Aufmerksamkeitsstörungen oder Störungen des Sozialverhaltens –, andererseits kann ohnehin nicht einfach vom Vorliegen einzelner Symptome auf eine klinische Depression geschlossen werden (ebd.: 35 f). Auch Nocon (2007) betont, dass die Grenzen zwischen „normal" und „pathologisch" oft fließend sind. Ihrer Auffassung nach werden depressive Stimmungen in der Regel erst für pathologisch gehalten, wenn sie sehr intensiv sind, überdurchschnittlich lange

---

die Ausführungen von Essau (2007) verwiesen werden, welche die Störungsbilder explizit definiert (vgl. dazu: Essau 2007: 20 ff.).

anhalten und bezüglich der Auslöseumstände und -bedingungen unangemessen scheinen (Nocon 2007:19). Weiterhin betonen Nevermann/Reicher (2009), dass Symptome wie wechselnde emotionale Stimmungszustände, eine traurige und niedergeschlagene Befindlichkeit („Depri-Phase“), Gefühle von Überforderung, Müdigkeit oder Antriebslosigkeit, Selbstzweifel und Einbrüche im Selbstwertgefühl, der Rückgang emotionaler Offenheit im Rahmen familiärer Beziehungen sowie der Rückzug von der Herkunftsfamilie bei Jugendlichen auch als pubertätsbedingt gedeutet werden können. Auch aus diesem Grund dürfen solche Merkmale nicht sofort als depressive Symptome gedeutet werden (Nevermann/Reicher 2009: 46). Sie weisen somit darauf hin, dass sporadische Traurigkeit oder vereinzelte Einsamkeitsgefühle für sich genommen keinesfalls bereits als Anzeichen für depressive Störungen verstanden werden können. Ihrer Ansicht nach ist es vielmehr eine Frage der Häufigkeit, Intensität und Dauer sowie möglicher äußerer Anlässe, wann ein Symptom einer (klinischen) depressiven Entwicklung vorliegt (ebd.: 48).

Ferner berichten Nevermann/Reicher (2009), dass die überdurchschnittlich lang anhaltende niedergedrückte Stimmung, negatives Denken, pessimistische Selbsteinschätzungen sowie der Verlust an Freude und Interesse an sonst beliebten Aktivitäten die Jugendlichen in die Passivität drängen, einen sozialen Rückzug bedingen und somit ihre Chancen der Teilhabe am sozialen und gesellschaftlichen Leben vermindern (Nevermann/Reicher 2009: 9). In diesem Kontext schildern sie, dass es depressiven Jugendlichen oft schwer fällt, den alltäglichen Anforderungen in den (Lebens-)Bereichen Familie, Beschäftigung, Freizeit und soziale Kontakte gerecht zu werden, sodass sie dort vermehrt Misserfolg und Versagen erleben. Die daraus resultierende Unausgeglichenheit und Unzufriedenheit führt dabei häufig zu Verhaltensweisen, welche Konflikte mit Eltern, Geschwistern, Freund/-innen oder anderen wichtigen Bezugspersonen nach sich ziehen. In der Folge ziehen sie sich resignativ aus ihrem sozialen Umfeld zurück (ebd.: 12). Der soziale Rückzug und die Nichtbewältigung von Aufgaben führen zu weiteren emotionalen Belastungen, was wiederum zu einer Verschlechterung der ohnehin beeinträchtigten Befindlichkeit führt. In Fachkreisen sowie in der Fachliteratur werden solche einander verstärkenden Situationen als „depressive Spirale“ (ebd.: 13) bezeichnet (ebd.: 12 f).

Abschließend soll erwähnt werden, dass depressive Störungen nach Nottelmann/Jensen (1999) bei Jugendlichen nicht selten in Kombination mit anderen psychischen Störungen auftreten (Nottelmann/Jensen 1999: 3). Auch Nevermann/Reicher (2009) halten fest, dass etwa zwei Drittel der depressiven Kinder und Jugendlichen zusätzliche Störungen aufweisen – darunter vor allem Angststörungen, Aufmerksamkeitsstörungen, Drogenprobleme, Essstörungen, Hyperaktivität und Störungen im

Sozialverhalten (Nevermann/Reicher 2009: 13 f). In einem solchen Kontext wird in Fachkreisen von Komorbidität gesprochen, worunter nach Essau (2007) „das Auftreten von mehr als einer spezifischen Störung bei einer Person in einem bestimmten Zeitabschnitt“ (Essau 2007: 201) verstanden werden kann (Essau 2007: 201; vgl. dazu auch Wittchen/Essau 1993). Nevermann/Reicher merken an, dass komorbide psychische Störungen vorhandene depressive Störungen mitunter verdecken oder überlagern können, was ebenfalls einen der zentralen Gründe dafür darstellt, dass bei einer Vielzahl von Jugendlichen die eigentliche Problematik unerkannt bleibt (Nevermann/Reicher 2009: 13 f).

Wie vor dem Hintergrund des bisher Gesagten schnell deutlich wird, handelt es sich bei depressiven Störungen nicht bloß um durch Alltagsstress bedingte gelegentliche Stimmungstiefs. Vielmehr sind in einem solchen Kontext die Intensität und Dauerhaftigkeit des depressiven Zustands sowie das Vorhandensein zusätzlicher (psychosozialer) Beeinträchtigungen von zentraler Aussagekraft. Mit anderen Worten heißt das, erst wenn diese Stimmungstiefs an Stärke deutlich zunehmen, über einen längeren Zeitraum hinweg andauern und zu massiven Verhaltensbeeinträchtigungen führen, kann möglicherweise eine depressive Störung mit klinischer Bedeutsamkeit in Betracht kommen (Nevermann/Reicher 2009: 11 f).

Bevor in den folgenden Unterkapiteln – im Anschluss an die Darstellung der Kurzbiografie (Unterkapitel 6.2.1) – auf die Lebenslage des depressiven R. eingegangen wird, soll an dieser Stelle noch einmal betont werden, dass im Rahmen der vorliegenden Lebenslagenanalyse weniger psychologische als sozialarbeiterisch relevante Aspekte der depressiven Störung des interviewten Jugendlichen fokussiert werden. Somit richtet sich der Blick weniger auf Ursachen, Schweregrad, Chronizität und Verlauf der depressiven Störung des Interviewten als auf die mit der Störung einhergehende psychosoziale Beeinträchtigung in den Dimensionen der Lebenslage Jugendlicher „Wohnen“ (Unterkapitel 6.2.3), „Bildung und Beschäftigung“ (Unterkapitel 6.2.4), „Alltag und Freizeit“ (Unterkapitel 6.2.5) sowie „soziale Kontakte“ (Unterkapitel 6.2.6). Aufgrund der Tatsache, dass die depressive Störung sowie die damit einhergehenden Einschränkungen im Alltag eine entscheidende Rolle spielt, soll – anders als in den weiteren Lebenslagenanalysen – zusätzlich die Dimension „psychische Gesundheit“ (Unterkapitel 6.2.2) beleuchtet werden. Ebenso gewinnt die fallspezifische Subdimension „Konsum (il-)legaler Drogen“ (vgl. Unterkapitel 6.2.5.2) im Kontext der Lebenslage des Interviewten an Bedeutung.

Im nachfolgenden Unterkapitel sollen im Anschluss an eine Darstellung der Kurzbiografie des Interviewten R. (Unterkapitel 6.2.1), die sich in Anlehnung an die Interviews ergebenden zentralen Dimensionen der Lebenslage – darunter insbesondere die Dimensionen „psychische Gesundheit“ („depressive Störung“; Unterkapitel 6.2.2), „Wohnen“ (Unterkapitel 6.2.3), „Bildung und Beschäftigung“ (Unterkapitel 6.2.4), „Alltag und Freizeit“ (Unterkapitel 6.2.5) sowie „soziale Beziehungen“ (Unterkapitel 6.2.6) – dargestellt werden.

Kurzbiografie des Interviewten (R.)

R. ist ein 24-jähriger junger Mann mit polnischem Migrationshintergrund, welcher unter einer depressiven Störung leidet. Obwohl ihm seitens seines derzeitigen Neurologen dringend nahe gelegt wurde, eine Klinik aufzusuchen und sich stationär behandeln zu lassen, ist er wegen seiner depressiven Störung zum Zeitpunkt des Interviews nicht in therapeutischer, dafür jedoch in neurologischer Behandlung, bei welcher ihm Antidepressiva (täglich 60 mg Fluoxetin) und Schlaftabletten (Dioxipin) verschrieben werden (R. 2011: S. 10, Z. 12-14).

Da R. sich seiner Aussage nach eine eigene Wohnung finanziell nicht leisten kann (R. 2011: S. 53, Z. 14-15), wohnt er zum Zeitpunkt des Interviews bei seinem Partner (ebd.: S. 1, Z. 13), wo er seiner Empfindung nach jedoch nicht selbstbestimmt leben kann (ebd.: S. 6, Z. 31-S. 7, Z. 32).

Nachdem er eine schulische Ausbildung zum Gestaltungstechnischen Assistenten sowie sein Fachabitur absolviert hat, hat dieser ein Studium mit der Fachrichtung Design in Hamburg begonnen – zunächst an der Kunstschule Wandsbeck und anschließend an der Designfactory in Hamburg (R. 2011: S. 26, Z. 4-18). Neben dem Studium ist R. beim NDR in Hamburg beschäftigt. Die Arbeit beim NDR macht ihm nicht nur Spaß, sondern tut ihm darüber hinaus gut, weil er hier oft Lob erfährt (ebd.: S. 47, Z. 10-16).

Seinen Alltag verbringt R. meist im Internet, in welchem er sich mit *„big brother-radio“* (R. 2011: S. 40, Z. 26) beschäftigt (ebd.: S. 40, Z. 26-29). Zudem schaut er viel Fernsehen, geht einkaufen oder beschäftigt sich mit seinem Studium (ebd.: S. 39, Z. 10-19). Trotz der Einnahme von Antidepressiva trinkt R. regelmäßig Alkohol, konsumiert täglich Cannabisprodukte und gelegentlich bis selten (härtere und harte) illegale Drogen, wie z.B. Speed, Amphetamine, Kokain, Ecstasy, MDMA[45], psychoaktive Pilze, LSD, Ketamine[46], DMT[47] (R. 2011: S. 33, Z. 18-23). Zum Zeitpunkt des Interviews lebt R. bereits in seiner dritten homosexuellen Beziehung. Infolge der Tatsache, dass er selbst *„ziemlich verstreut"* (ebd.: S. 3, Z. 24) und sein aktueller Partner *„sehr ordentlich"* (ebd.: S. 3, Z. 24) ist, ergeben sich im Rahmen dieser Beziehung jedoch häufig Konflikte (ebd.: S. 3, Z. 32), sodass die Beziehung (wiederholt) zu zerbrechen droht (ebd.: S., Z. 52, Z. 11-12).

Zu R.'s Familien-Netzwerk zählen insbesondere seine Mutter und seine Schwester. Zu seinem Vater hat R. keinen Kontakt und seine Großeltern sind mittlerweile verstorben (ebd.: S. 26, Z. 7). Kontakt zu anderen Familienmitgliedern hat R. nicht. Zu seinem Freundeskreis zählt R. seine drei besten Freund/-innen, von welchem eine selbst an einer depressiven Störung leidet. Daneben nennt er noch ein paar weitere Freund/-innen, zu welchen sich der Kontakt seiner Aussage nach – wegen seines zeitaufwändigen Studiums – zum Zeitpunkt des Interviews weniger intensiv gestaltet. Abgesehen von der (medikamentösen) Behandlung durch einen Neurologen, nimmt R. keine sozialstaatlichen Unterstützungsangebote in Anspruch. Sein institutionelles Netzwerk kann folglich als sehr prekär bezeichnet werden (vgl. Anhang E.2).

Psychische Gesundheit – Depressive Störung, psychosoziale Beeinträchtigung und Behandlung

Da die depressive Störung den meisten Einfluss auf Lebensgestaltung und Lebensführung von R. hat und die der Dimension „Gesundheit" untergeordnete Subdimension „psychische Gesundheit" folglich die gravierendsten Auswirkungen auf die übrigen Dimensionen der Lebenslage des Interviewten hat, soll diese adressat/-innenspezifische Subdimension an erster Stelle abgebildet werden. In diesem Rahmen soll zunächst allgemein der Begriff depressive Störung definiert (Unterkapitel 6.2.2.1), anschließend auf die psychosoziale Beeinträchtigung im Alltag (Unterkapitel 6.2.2.2) und zum Schluss auf die (neurologische) Behandlung (Unterkapitel 6.2.2.3) eingegangen werden.

[45] MDMA steht für die Abkürzung der chemischen Bezeichnung der Droge „Methylendioxymethylamphetamin".

[46] Bei der (neuerdings) auf dem Schwarzmarkt eingeführten Droge „Ketamine" handelt es sich laut Aussage des Interviewten R. um eine Droge, die in geringer Menge gesnifft wird.

[47] Bei der (neuerdings) auf dem Schwarzmarkt eingeführten Droge Dimethyltryptamin (DMT), handelt es sich um ein halluzinogene Droge, die in geringer Menge gesnifft oder oral injiziert wird.

Depressive Störung– „Ich leide an Depressionen!“ (R. 2011: S. 10, Z. 12)

Der zum Zweck der vorliegenden Lebenslagenanalyse interviewte Jugendliche R. leidet unter einer depressiven Störung, welche ihn in (nahezu) allen untersuchten Dimensionen seiner Lebenslage massiv beeinträchtigt, wie anhand der folgenden Ausführung deutlich wird.

R. schildert, dass er der Überzeugung ist, schon seit dem Kindergartenalter an Depressionen erkrankt zu sein, wobei er die tatsächliche Diagnose erst im Alter zwischen 21 und 22 Jahren erhalten hat (R. 2011: S. 11, Z. 8-10). Das erste Mal, dass ein konkreter Verdacht hinsichtlich seiner psychischen Erkrankung entstanden ist, ist zu der Zeit gewesen, als sich sein zweiter Freund von ihm getrennt hat. Er beschreibt, dass es ihm zu dieser Zeit *„einfach nur noch schlecht (gegangen)“* (ebd.: S. 12, Z. 10) ist. Darüber hinaus hat er seiner Formulierung nach *„keinen Lebensmut mehr“* (ebd.) gehabt und auch *„keine Freude mehr empfinden“* (ebd.: S. 12, Z. 11) können. Diese Beschreibungen sind nach Nevermann/Reicher (2009), welche „das Ausbleiben jeglicher Freude überhaupt“ (Nevermann/Reicher 2009: 32) als besonders starkes Signal für eine vorliegende depressive Störung oder eine mögliche depressive Entwicklung (ebd.) betrachten, typisch für dieses psychische Krankheitsbild. Der Verlust an Lebensfreude ist zum damaligen Zeitpunkt laut R.‘s Beschreibungen so weit gegangen, dass er sich einen Psychologen gesucht hat, der ihm dann auch die von R. vermuteten Depressionen diagnostiziert hat. Er berichtet, dass er zum damaligen Zeitpunkt *„nichts Positives“* (R. 2011: S. 12, Z. 14), sondern nur noch *„alles schwarz“* (ebd.: S. 12, Z. 15) sehen konnte (ebd.: S. 12, Z. 5-15). Auch Pessimismus und negatives Denken gelten in der Fachliteratur als depressionstypisch. Beck et al. (1986) sehen negatives Denken sogar als eine zentrale Ursache für alle anderen Depressionssymptome an (Beck et al. 1986: 174). Nach Ansicht von Nevermann/Reicher (2009) bedingt die Auffassung depressiver Jugendlicher, *„die Vergangenheit ist voller Niederlagen, die Gegenwart unerträglich, die Zukunft trostlos und sie selbst nicht in der Lage, etwas zum Besseren zu verändern“* (Nevermann/Reicher 2009: 26), die niedergeschlagene Stimmung, den Mangel an Energie sowie die typischen körperlichen Symptome einer depressiven Störung. Nach Seligman (1999), auf welchen Nevermann/Reicher (2009) sich hier beziehen, stellt Pessimismus nicht nur einen Bestandteil von Depressionen dar, sondern untergräbt auch die Fähigkeit, sich gegen depressive Entwicklungen zu wehren (ebd.; vgl. dazu auch Seligmann 1999).

Als R. gebeten wird, seinen depressiven Zustand zu beschreiben, vergleicht er diesen mit Liebeskummer und betont dabei, dass dieser Schmerz jedoch viel stärker sein kann. Er beschreibt, dass er sich während einer depressiven Phase *„leer“* (R. 2011: S. 12, Z. 26) und *„antriebslos“* (ebd.: S. 12, Z. 26) fühlt und sein Kopf *„überhaupt*

.. *nicht mehr mit(macht)"* (ebd.: S. 12, Z. 26). Nach Nevermann/Reicher (2009) sind auch diese Symptome depressionstypisch. Ihrer Beschreibung nach zeigen depressive Jugendliche in der Regel einen massiven Verlust an Antrieb, Freude, Motivation und Interesse, wobei sie betonen, dass das Auftreten solcher Erscheinungen bei Jugendlichen schwerwiegender als bei Erwachsenen gedeutet werden muss, weil diese für die Lebensphase Jugend untypisch sind. Gleichzeitig müssen in einem solchen Kontext – die bereits in Unterkapitel 6.1 erwähnten – jugendspezifischen emotionalen Schwankungen berücksichtigt werden (Nevermann/Reicher 2009: 32).

R. beschreibt, dass seine Depression auch häufig mit körperlichen Symptomen einhergeht, wie *„innere(m) Kribbeln, das .. von der Brust aus ... in alle Gliedmaßen (geht)"* (R. 2011: S. 12, Z. 28) oder einem „Druck auf der Brust" (ebd.: S. 12, Z. 29-30). Weiterhin betont er, dass er sehr häufig unter *„Magenbeschwerden, Magenschmerzen, Durchfall oder ... Kopfschmerzen"* (ebd.: S. 13, Z. 1) leidet und fügt hinzu, dass er sich oft fiebrig fühlt (ebd.: S. 13, Z. 1-3). Auch Nevermann/Reicher (2009) berichten, dass körperliche Beschwerden wie Magenschmerzen, Verdauungsprobleme, Kopfschmerzen oder allgemeines Unwohlsein häufig bei depressiven Jugendlichen anzutreffen sind. Entscheidend ist ihrer Ansicht nach bei solchen psychosomatischen Störungen, wie massiv der Tagesablauf und die Aktivitäten durch Schmerzen und Unwohlsein beeinträchtigt werden. Entsprechend berichten sie, dass sich Jugendliche mit depressiver Befindlichkeit häufig (unbewusst) in dieses Unwohlsein zurückziehen und unter körperlichen Beschwerden leiden, um unangenehmen Situationen zu entgehen (Nevermann/Reicher 2009: 35).

Weiterhin berichtet R., dass ihm *„(oft) die Tränen (kommen), obwohl eigentlich nichts ist"* (R. 2011: S. 13, Z. 3-4) sowie dass er sich nicht selten *„innerlich tief traurig"* (ebd.: S. 13, Z. 4) fühlt, und vergleicht diese Befindlichkeit mit dem Gefühl, *„als ob einen gerade Jemand verlassen hätte"* (ebd.: S. 13, Z. 5). Er merkt an, dass diese Gefühlsausbrüche unterschiedlich stark sind, dass er jedoch *„teilweise ... den ganzen Tag (heult)"* (ebd.: S. 13, Z. 6) und solch *„einen tiefen Schmerz, in (sich), in (seiner) Brust (hat), dass (er sich) einfach nur noch wünsch(t), tot zu sein"* (ebd.: S. 13, Z. 7), weil er dann denkt, dies wäre *„eine Erlösung"* (ebd.: S. 13, Z. 8) (ebd.: S. 12, Z. 28-S. 13, Z. 8). R.'s Beschreibung deckt sich mit den Aussagen Essaus (2009), nach welcher ein großer Teil der Jugendlichen angibt, bereits einen konkreten Suizidplan gehabt oder sogar einen Suizidversuch unternommen zu haben (Essau 2007: 80). Er fügt hinzu, dass er *„oft wegen etwas traurig (ist), was nicht funktioniert ... nicht geklappt (hat)"* (R. 2011: S. 13, Z. 14) und solange sich diesbezüglich keine Veränderung einstellt, kommt er aus dieser Depression nicht heraus. Er merkt an, dass diese *„dadurch eigentlich nur noch schlimmer (wird)"* (ebd.: S. 13, Z. 15-16).

Diese Entwicklung wird, wie bereits in Unterkapitel 6.1 erwähnt, in Fachkreisen als „depressive Spirale“ bezeichnet, welche beim Interviewten R. in der Regel mit den im nachfolgenden Unterkapitel dargestellten psychosozialen Beeinträchtigungen einhergeht.

Psychosoziale Beeinträchtigung – „Insgesamt würde ich sagen, dass ich einfach total benachteiligt bin und ... dass mein Leben viel besser verlaufen wäre, wenn ich keine Depressionen bekommen hätte!“ (R. 2011: S. 22, Z. 25)

Wie in den beiden vorangegangenen Unterkapiteln deutlich geworden ist, werden Depressionen erst als klinisch bzw. pathologisch anerkannt, wenn der depressive Zustand so massiv ist, dass er sich negativ auf andere Lebensbereiche auswirkt, zu einer Mehrfachbenachteiligung führt und davon Betroffene in ihrer Lebensführung einschränkt. Laut den Ergebnissen aus Essaus (2000) Studie, berichten 14% der depressiven Jugendlichen, dass sie an durchschnittlich 4,38 Tagen der vergangenen vier Wochen – vor dem Zeitpunkt der Untersuchung – überhaupt nicht in der Lage gewesen sind, ihren alltäglichen Aktivitäten nachzugehen und den Alltagsanforderungen gerecht zu werden. Die Anzahl der befragten depressiven Jugendlichen, welche in ihren alltäglichen Aktivitäten leicht beeinträchtigt waren, lag hingegen bei 36,8% (Essau 2007: 80 f). Auch beim Interviewten R. lässt sich feststellen, dass seine psychische Empfindlichkeit negative Auswirkungen auf seine Lebensführung hat und entsprechend zu Benachteiligungen in zentralen Dimensionen seiner Lebenslage führt, was im Folgenden dargestellt wird.

R.'s Schilderung nach spielt die depressive Störung *„eine große Rolle“* (R. 2011: S. 40, Z. 1) in seinem Alltag. So beschreibt er, dass er morgens aufsteht und dann erst mal lange braucht, *„um überhaupt hochzukommen“* (ebd.: S. 40, Z. 1-2). Er berichtet, dass er aufgrund seiner depressiven Störung *„manchmal ... einfach so in den Tag hinein (lebt)“* (ebd.: S. 40, Z. 4), zwar *„viel erledigen“* (ebd.: S. 40, Z. 5) möchte, jedoch *„gerade mal eine einzige Sache (schafft)“* (ebd.), welche ihm dann bereits einen enormen Kraftaufwand abverlangt (ebd.: S. 40, Z. 5-6). Dieser Umstand ist seiner Aussage nach *„dann natürlich sehr frustrierend“* (ebd.: S. 40, Z. 6) für ihn (ebd.: S. 40, Z. 1-6).

R. sieht sich selbst aufgrund seiner psychischen Erkrankung als *„total benachteiligt“* (ebd.: S. 22, Z. 25) und vermutet, dass *„(s)ein Leben viel besser verlaufen wäre, wenn (er) keine Depressionen bekommen hätte“* (ebd.: S. 22, Z. 26-27). Ebenso vermutet er, dass er ohne die depressive Störung *„auch in der Schule und im Studium wesentlich besser gewesen wäre“* (ebd.: S. 22, Z. 27). Er nimmt an, dass er auch seine

„zwischenmenschlichen Beziehungen mehr gepflegt und Probleme … besser bewältigt hätte“ (ebd.: S. 22, Z. 28-29), wenn er nicht an Depressionen erkrankt wäre. In diesem Kontext stellt R. einen interessanten Vergleich zu seiner Schwester an, welche nicht an einer depressiven Störung leidet und liefert durch diese Beschreibung Rückschlüsse auf die Einschränkung seines Problemlösungsverhaltens. So schildert er, dass seine Schwester nach einer Lösung sucht, wenn ein Problem auftritt und er hingegen *„daran zerbrechen“* (ebd.: S. 22, Z. 32), *„(s)ich selber fertig machen“* (ebd.: S. 23, Z. 1), *„(sich) Selbstvorwürfe machen und eigentlich oft nur das Problem .., aber keinen Ausweg daraus (sehen)“* würde (ebd.: S. 23, Z. 1-2) (ebd.: S. 22, Z. 23-S. 23, Z. 2). Dieses von R. beschriebene „defizitäre“ Problemlösungsverhalten birgt Essaus (2007) Auffassung nach zusätzliche Gefahren für diesen. Nach dem Modell von Nezu et al. (1989), auf welche sie sich diesbezüglich bezieht, stellt ein ineffektives oder defizitäres Problemlösungsverhalten einen entscheidenden Faktor für die Erstmanifestation und Aufrechterhaltung depressiver Störungen dar. Ihrer Ansicht nach bezieht sich Problemlösen auf einen Prozess, in welchem Personen „effektive Verhaltensweisen zur Bewältigung problematischer Situationen generieren und anwenden“ (Essau 2007: 154). Auch die Untersuchungsergebnisse von Hammen/Rudolph (1996) bestätigen, dass depressive Jugendliche Defizite bezüglich interpersonaler und sozialer Problemlösungsfähigkeiten aufweisen (vgl. dazu Hammen/Rudolph 1996). Im Gegensatz dazu stellt eine effektive Problemlösekompetenz eine Copingstrategie dar, welche die Auswirkungen belastender Lebensereignisse auf die psychische Befindlichkeit abfangen kann (Essau 2007: 154). Essau (2007) vertritt die Auffassung, dass Jugendliche wie R. entweder schlechte Problemlöser/-innen sind, weil sie die hierfür erforderlichen Fähigkeiten nicht erworben haben oder aber, weil sie aufgrund ungünstiger Emotionen (z.B. aufgrund starker Ängste) unfähig sind, die Problemlösung in eine Handlung umzusetzen (Essau 2007: 109). Auch Lewinsohn et al. (1994) nehmen an, dass Depressionen mitunter dann ausgelöst werden, wenn Personen erleben, dass sie zur Lösung und Bewältigung aktueller Probleme nicht imstande sind. Ihrer Beschreibung nach kann eine nicht ausgeführte oder mangelhafte Problemlösung zu negativen Konsequenzen führen, welche wiederum eine Abnahme positiver Verstärkung zur Folge haben und lang andauernde und schwere depressive Episoden begünstigen oder Rückfallraten erhöhen können. Dieses defizitäre Problemlösungsverhalten äußert sich im konkreten Verhalten Depressiver in Rückzugsverhalten und sozialer Isolation (Essau 2007: 109), wie dies auch R. schildert.

„Am schlimmsten“ (R. 2011: S. 15, Z. 27) bewertet R. die Einschränkung seines Alltags durch die Depressionen hinsichtlich seiner Konzentration. Dies geht mit den

Ergebnissen des „Oregon Adolescent Depression Project“ (OADP; Lewinsohn et al. 1998a) konform, nach welchen Denkschwierigkeiten mit 81,8% als das zweithäufigste Symptom von depressiven Störungen gelten. Unter den durch die Depressionen bedingten Konzentrationsschwierigkeiten leidet R. besonders, da er Kommunikationsdesign studiert und sich hierbei kreativ zeigen muss. Als Depressiver, so äußert er, kann *„man einfach nicht kreativ sein“* (R. 2011: S. 15, Z. 29), was ihn wiederum deprimiert, da Kunstdesign *„eigentlich (sein) Traum ist“* (ebd.: S. 15, Z. 30), den er schon immer verfolgt. In diesem Zusammenhang beschreibt er, dass er im depressiven Zustand *„einfach nicht voran(kommt)“* (ebd.: S. 15, Z. 31). Dies lässt ihn *„unheimlich verzweifeln“* (ebd.: S. 16, Z. 2), weil *„Dinge, die vorher selbstverständlich (gegangen sind), nicht mehr gehen“* (ebd.: S. 16, Z. 3-4) und er nicht weiß, warum dies so ist (ebd.: S. 15, Z. 27-S. 16, Z. 4). Dies berichten auch Nevermann/Reicher (2009), nach welchen die mit dem Rückgang der Gedächtnis- und Konzentrationsfähigkeit einhergehenden negativen Konsequenzen häufig das Selbstwertgefühl vermindern und Hilflosigkeit, Hoffnungslosigkeit und weitere depressive Gefühle verursachen (Nevermann/Reicher 2009: 30).

Als weitere psychosoziale Beeinträchtigung gibt R. an, das Gefühl zu haben, im Alltag verstecken zu müssen, dass er unter Depressionen leidet, was er als *„oft sehr, sehr schwierig“* (R. 2011: S. 14, Z. 22) beschreibt, weil dies zur Folge hat, dass sein Umfeld dann denkt, dass dieser *„faul oder dumm oder untalentiert“* (ebd.: S. 14, Z. 22-23) ist, obwohl die Ursache in seiner depressiven Störung begründet liegt (ebd.: S. 14, Z. 16-24). Weil er seiner eigenen Aussage nach *„viel .. und schnell“* (ebd.: S. 16, Z. 6) weint und er dies gelegentlich nicht zurückhalten kann, bleibt er häufig von der Universität fern und isoliert sich dann zuhause (ebd.: S. 16, Z. 6-13). R. geht seiner Formulierung nach *„überhaupt nicht offen“* (ebd.: S. 18, Z. 1) mit seiner psychischen Erkrankung um. Mittlerweile hat er seine engen Freunde zwar davon in Kenntnis gesetzt, seine Bekannten sowie der Großteil seiner Kommilitonen weiß von seiner depressiven Störung allerdings immer noch nichts. Er möchte seine Depressionen – *„gerade bei Fremden, oder Leuten, die er nur flüchtig kennt“* (ebd.: S. 18, Z. 3-4) lieber verstecken, weil er bezweifelt, dass Fremde ihn verstehen können, da selbst seine engsten Freunde teilweise nicht wissen, wie sie mit seiner Erkrankung umgehen sollen. Er sagt, dass er *„Niemanden damit vor den Kopf stoßen“* (ebd.: S. 18, Z. 6) oder *„verjagen“* (ebd.: S. 18, Z. 7) möchte. Er fürchtet, dass Menschen, denen er sich offenbart, ihm *„den Rücken zukehren“* (ebd.: S. 18, Z. 12) oder ihn *„als depressiv, als unfähig, als Belastung, als nicht-fähiges Mitglied der Gesellschaft“* (ebd.: S. 18, Z. 12-13) ansehen und ihn infolgedessen *„abstempeln“* (ebd.: S. 18, Z. 12), wenn sie von seiner psychischen Erkrankung erfahren. Darüber hinaus fürchtet er, dass sein Gesundheitszustand *„vielleicht auch an zukünftige Arbeitgeber weitergetragen (wird)"* (ebd.: S. 18, Z. 14). Er vermutet, dass er schlimmstenfalls *„keinen Job mehr"* (ebd.: S. 18, Z. 16) bekommt, weil seiner Meinung nach *„Niemand .. einen Depressiven einstellen (will)"* (ebd.: S. 18, Z. 16-17) und fürchtet somit eine durch seine depressive Störung bedingte Exklusion aus dem Arbeitsmarkt (ebd.: S. 18, Z. 12-17).

Des Weiteren schränkt die depressive Störung R. in seinem Schlafverhalten ein. So berichtet dieser, dass er kurz bevor er nach Hamburg gezogen ist, *„eine richtige Schlafstörung entwickelt"* (R. 2011: S. 21, Z. 13) hat, weil ihn seiner Beschreibung nach zum damaligen Zeitpunkt eine Fallmanagerin bei der Agentur für Arbeit *„schikaniert"* (ebd.: S. 21, Z. 15) hat. Als weiteren Grund für seine Schlafstörung vermutet R. die Tatsache, dass er sich während seines Studiums selbst *„so unter Druck gesetzt"* (ebd.: S. 21, Z. 17) hat, weil er *„einer der Besten werden (wollte)"* (ebd.: S. 21, Z. 18). Dieses Ziel hat er sich gesetzt, da seine schulischen Leistungen in der Vergangenheit *„durch depressive Einbrüche"* (ebd.: S. 21, Z. 20) rapide gesunken sind, was er in seinem Studium tunlichst vermeiden wollte. In der Folge hat er *„nachts Angstzustände bekommen"* (ebd.: S. 21, Z. 22), welche mit *„Panikattacken und Herzrasen"* (ebd.) einhergegangen sind, wodurch er seiner Formulierung nach letzten Endes *„eine richtige Schlafstörung entwickelt"* (ebd.: S. 21, Z. 13; S. 21, Z. 22-23) hat (ebd.: S. 21, Z. 13-23). Diese Zustandsbeschreibung ist angesichts zahlreicher Untersuchungsergebnisse keineswegs verwunderlich. Im „Oregon Adolescent Depression Project" (OADP; Lewinsohn et al. 1998a) gelten Schlafstörungen mit 88,6% als das zweithäufigste Symptom depressiv Erkrankter. Entsprechend berichtet Essau (2007), dass Jugendliche mit depressiver Befindlichkeit häufig unter (Ein-)Schlafproblemen leiden oder im Gegensatz dazu ein ungewöhnlich hohes Schafbedürfnis haben (Essau 2007: 26).

R.'s Befindlichkeit lässt sich durch äußere Umstände sowohl positiv als auch negativ beeinflussen. So schildert er, dass der Ausbruch einer Depression bei ihm nach eigener Angabe durch *„Stress in jeglicher Form"* (R. 2011: S. 14, Z. 16) verursacht werden kann. In diesem Kontext nennt er den *„Stress auf der Arbeit, in der Partnerschaft ... und mit der Uni"* (ebd.: S. 14, Z. 16-18) und merkt dabei an, dass der *„Stress ... in der Partnerschaft"* (ebd.: S. 14, Z. 16) den Ausbruch von Depressionen *„ganz extrem"* (ebd.: S. 14, Z. 17) fördert. Er betont, dass *„das eigentlich noch der schlimmste Punkt"* (ebd.) ist. Als weiteren Faktor nennt er den *„der Stress mit der Uni"* (ebd.: S. 14, Z. 18) und betont dabei, dass er *„(sich) selbst gesteckte Ziele oft nicht erreich(t)"* (ebd.: S. 14, Z. 19). Hierfür *„geißel(t)"* (ebd.) er sich seiner Aussage nach dann wieder selbst (ebd.: S. 14, Z. 16-19). Wenn R. sich selbst gesetzte Ziele nicht erreicht, fühlt dieser sich wie ein *„Versager“* (ebd.: S. 14, Z. 26) und bekommt das Gefühl, dass er *„nichts Wert (ist)“* (ebd.). Er fürchtet dann *„(sein) Leben lang Hartz IV (zu) bekommen“* (ebd.: S. 14, Z. 27), *„nicht für (sich) selbst sorgen zu können“* (ebd.: S. 14, Z. 28) und somit wieder in Abhängigkeit zu geraten (ebd.: S. 14, Z. 26-29). Auch dies ist typisch für Symptomatik und Verlauf depressiver Störungen, denn nach Nevermann/Reicher (2009) zeigen Studien zu depressiven Jugendlichen immer wieder, dass ein hoher Prozentsatz von ihnen Hoffnungslosigkeit erlebt. Jugendliche mit Hoffnungslosigkeitsgefühlen glauben, dass ihr derzeitiger Zustand sich weder in der Gegenwart noch in der Zukunft ändern wird und auch nicht ändern kann. In der Regel fühlen sie sich macht- und hilflos, selbst etwas an ihrer Situation zu ändern und bezweifeln, dass eine Hilfe durch Andere eine Änderung bewirkt. In diesem Kontext betonen sie, dass starke, andauernde Hoffnungslosigkeit begleitet von anderen depressiven Merkmalen als äußerst bedeutsamer Indikator für ein hohes Risiko der Selbsttötung (Suizidrisiko) betrachtet werden kann (Nevermann/Reicher 2009: 29 f), weshalb diese pessimistische Einstellung nach Ansicht des Autors ein enormes Gefährdungsrisiko für R. darstellt.

Im Gegensatz zu den ausbruchsfördernden Faktoren, sorgen Erfolgserlebnisse bei R. für *„ein unheimliches Hoch“* (R. 2011: S. 15, Z. 2). Auch *„wenn es in der Partnerschaft gut läuft“* (ebd.), ist dies seiner Äußerung nach gut für seine Befindlichkeit. Weiterhin geht es ihm *„eigentlich ganz gut, wenn (er) etwas Neues erleb(t), etwas Neues (sieht), neue Menschen kennen lern(t)“* (ebd.: S. 15, Z. 3-4). Auch *„wenn (er) am Wochenende Alkohol trink(t) und Drogen (nimmt)“* (ebd.: S. 15, Z. 5), geht es ihm zumindest *„für den Moment“* (ebd.) gut, allerdings ist es dann am darauffolgenden Tag *„nicht mehr so schön“* (ebd.: S. 15, Z. 7) (ebd.: S. 15, Z. 1-7).

Vor dem Hintergrund der vorangegangenen Darstellungen kann festgehalten werden, dass die depressive Störung *„eine große Rolle“* (R. 2011: S. 40, Z. 1) R. in seinem Alltag massiv beeinträchtigt, sodass er sich selbst aufgrund seiner psychischen Erkrankung als *„total benachteiligt“* (ebd.: S. 22, Z. 25) sieht. Entsprechend vermutet er, ohne die depressive Störung bessere (schulische und berufliche) Leistungen zu erzielen, seine *„zwischenmenschlichen Beziehungen“* (ebd.: S. 22, Z. 28) besser pflegen und Probleme besser bewältigen zu können. *„Am schlimmsten“* (R. 2011: S. 15, Z. 27) bewertet R. die Einschränkung seines Alltags durch die störungsbedingten Konzentrationsschwierigkeiten, die Hilf- und Hoffnungslosigkeitsgefühle, die Schlafprobleme sowie die Angstzustände. Ferner berichtet er, dass es mit enormen Anstrengungen verbunden ist, (seiner Empfindung nach) im Alltag verstecken zu müssen, dass er unter Depressionen leidet.

Behandlung – „Ich gehe im Moment zum Neurologen, der mir … Antidepressiva gibt!“ (R. 2011: S. 15, Z. 19)

Nach Nevermann/Reicher (2009) befindet sich lediglich ein geringer Teil der depressiven Jugendlichen in professioneller Behandlung. Die weitaus größere Zahl bewegt sich, genau wie der 24-jährige R., täglich durch einen Alltag, der durch zahlreiche Niederlagen und Misserfolge geprägt ist. Viele von ihnen geraten dadurch in eine schwere Selbstwertkrise und werden bereits im Jugendalter suizidgefährdet (Nevermann/Reicher 2009: 9).

R. gibt an, dass er sich zum Zeitpunkt des Interviews zwar nicht in therapeutischer, aber in neurologischer Behandlung befindet (R. 2011: S. 10, Z. 12-14). In einer Therapie befindet er sich zurzeit nicht, weil er zunächst sein Studium beenden und erst im Anschluss daran eine Gesprächstherapie beginnen möchte. Er fürchtet, dass eine Therapie ihn unter Umständen *„wieder zu sehr aufwühlt“* (ebd.: S. 15, Z. 23), was in der Vergangenheit immer so gewesen ist. Trotz dieser Befürchtungen will er zum Zeitpunkt des Interviews *„ganz dringend“* (ebd.: S. 15, Z. 24) eine Therapie aufsuchen; allerdings *„weiß (er) nicht, ob (er) schnell eine finde(t)“* (ebd.: S. 15, Z. 24-25) (ebd.: S. 15, Z. 19-25).

Bis dahin möchte er zunächst weiterhin alle vier bis sechs Wochen zu einem Neurologen gehen, um sich, wie er es beschreibt, *„ein neues Rezept zu holen und den Status quo zu erfragen“* (R. 2011: S. 18, Z. 30-31). Das Verhältnis zu seinem Neurologen bewertet er als *„ein sehr gutes“* (ebd.: S. 19, Z. 10) und beschreibt diesen als *„ein(en) sehr, sehr nette(n), einfühlsame(n) Mann, der (ihn) auch immer aufbau(t)“* (ebd.: S. 19, Z. 10-11) und motiviert. Er fügt jedoch hinzu, dass er ihm dieses Lob teilweise nicht abnimmt, weil es nicht echt wirkt. Dennoch beschreibt er diesen als *„ein(en) kleine(n) Vaterersatz“* (ebd.: S. 19, Z. 13), da er *„so ein väterlicher Typ“* (ebd.) ist, bei welchem er sich *„sehr wohl“* (ebd.: S. 19, Z. 14) und von welchem er sich *„vor allem verstanden“* (ebd.) fühlt (ebd.: S. 19, Z. 10-14). Er sieht seinen Neurologen als *„eine sehr, sehr große Hilfe in vielen Dingen“* (ebd.: S. 19, Z. 16) an, da dieser ihn durch (Arbeitsunfähigkeits-)Bescheinigungen vor Stress mit Ämtern und Behörden bewahrt und ihn in der Universität entschuldigt (ebd.: S. 18, Z. 30-S. 19, Z. 8). Während der Behandlungstermine sprechen sie über R.‘s aktuelle psychische Verfassung und seine Befindlichkeit sowie über potenzielle Behandlungsmöglichkeiten. Er schildert, dass ihm sein Neurologe geraten hat, *„dass (er) vielleicht doch besser in die Klinik gehen sollte“* (ebd.: S. 19, Z. 3-4).

Er betont weiterhin, dass dieser ihm durch das Ausstellen von Attesten Entlastung gewährt, weil er sich – aufgrund des Bezugs von BaföG-Leistungen und dem damit einhergehenden Druck, das Studium in der Regelstudienzeit abschließen zu „müssen“ – *„nie eine Pause gegönnt“* (R. 2011: S. 19, Z. 19), *„einfach immer weitergemacht“* (ebd.: S. 19, Z. 20) hat, weil er befürchtete, *„Probleme mit dem BaföG-Amt zu kriegen“* (ebd.). Der Neurologe gibt ihm seiner Beschreibung nach *„halt so eine kleine Sicherheit, dass (er sich) auch eine Auszeit gönnen kann, ohne dass alles um (ihn) herum zusammenbricht“* (ebd.: S. 19, Z. 20-22) (ebd.: S. 19, Z. 16-22).

Überdies verschreibt der Neurologe ihm die Medikamente Antidepressiva („Fluoxetin“) und Schlaftabletten („Dioxipin“). Letztere nimmt R. ausschließlich im Notfall, wenn er nicht schlafen kann (R. 2011: S. 15, Z. 20). In einer Ende des letzen Jahrhunderts erschienenen Veröffentlichung der Daten des „Oregon Adolescent Depression Project“ (OADP; Lewinsohn et al. 1998b) beschreiben Lewinsohn et al. (1998b), dass der Anteil der medikamentös mit Antidepressiva behandelten Jugendlichen sich zum Zeitpunkt der Untersuchung auf 4,2% belief. 3,7% der untersuchten Jugendlichen erhielten angstlösende Medikamente und 1,1% Stimulantien (Essau 2007: 82 f). Zum Zeitpunkt des Interviews nimmt R. seit etwa einem halben Jahr jeden Tag 60 mg Fluoxetin (Antidepressiva) *„um halt über den Tag zu kommen“* (ebd.: S. 21, Z. 9-10). Dies ist seiner Beschreibung nach auch *„die Höchstgrenze, die (er) davon nehmen darf“* (ebd.: S. 13, Z. 27-28). Er stellt fest, dass es ihm durch die Einnahme von Antidepressiva *„eigentlich ... besser“* (ebd.: S. 14, Z. 1) geht und fügt hinzu, dass *„er gerade am Anfang ... ganz starke Glücksgefühle“* (ebd.: S. 14, Z. 2) gehabt hat und *„das anfangs sehr intensiv“* (ebd.: S. 14, Z. 3) für ihn gewesen ist. Inzwischen ist er bedingt durch die Einnahme von Antidepressiva *„auf einem Normal-Level“* (ebd.: S. 14, Z. 4) angekommen, sodass es ihm seiner Aussage nach mittlerweile *„ganz gut“* (ebd.) geht. Er beschreibt, dass er unter der Einnahme der Tabletten *„ruhiger“* (ebd.: S. 14, Z. 8) sowie *„nicht mehr so zittrig und nervös“* (ebd.) ist. Zudem leidet er hierdurch weniger unter Angstzuständen und hat *„weniger Panik, wegen Sachen, die (ihn) belasten“* (ebd.: S. 14, Z. 9). Er resümiert, dass seine Grundstimmung insgesamt *„einfach gehoben“* (ebd.: S. 14, Z. 10) ist und er dies *„schon mal gut“* (ebd.) findet. Ebenso ist er jedoch der Auffassung, dass er die Medikamente *„schon (braucht), um auf einem normalem Level zu bleiben“* (ebd.: S. 14, Z. 5), was nach Sicht des Autors auf eine (entstehende) Abhängigkeit hindeutet. Zudem wirken die Medikamente bei ihm *„auch ein bisschen antriebssteigernd“*(ebd.: S. 14, Z. 12) (ebd.: S. 13, Z. 27-S. 14, Z. 8-12). Obwohl ihm bewusst ist, dass eine langfristige Einnahme von Antidepressiva *„natürlich ... nicht gut (ist)“* (ebd.: S. 20, Z. 9), fürchtet R., dass es ihm nach dem Absetzen schlechter als zuvor gehen könnte. Diese Angst ist seiner Aussage nach *„schon sehr groß“* (ebd.: S. 20, Z. 11). Von den Schlaftabletten Dioxipin nimmt er *„immer nur im Notfall eine halbe Tablette vor dem*

Schlafengehen" (ebd.: S. 21, Z. 8). Auf diese Weise kann er *„dann ... auch durch(schlafen)"* (ebd.: S. 21, Z. 8-9) (ebd.: S. 21, Z. 8-10). Obwohl die Schlaftabletten ihn *„sehr müde"* (ebd.: S. 22, Z. 5) machen, braucht R. *„manchmal aber trotzdem noch sehr lange zum Einschlafen"* (ebd.: S. 22, Z. 5-6). Allerdings geht es ihm unter Einnahme dieser Tabletten seiner Äußerung nach *„auf jeden Fall besser"* (ebd.: S. 22, Z. 7), da er dann *„innerlich ... nicht so nervös"* (ebd.: S. 22, Z. 6) ist und *„kein Herzrasen"* (ebd.:) hat (ebd.: S. 21, Z. 31-S. 22, Z. 7). Allerdings ist er durch die Einnahme der Schlaftabletten seiner Formulierung nach *„am nächsten Tag immer noch ein bisschen antriebslos"* (ebd.: S. 22, Z. 9-10) und hat zudem das Gefühl, *„weinerlicher"* (ebd.: S. 22, Z. 10) zu sein. Weiterhin berichtet er, am darauf folgenden Tag *„empfindlicher"* (ebd.: S. 22, Z. 15) sowie *„leichter .. aus der Fassung zu bringen"* (ebd.: S. 22, Z. 15-16) zu sein, weshalb es seiner Meinung nach *„eher ein Teufelskreis (ist), diese Medikamente zu nehmen"* (ebd.: S. 22, Z. 16) (ebd.: S. 22, Z. 9-16). R. beabsichtigt daher, die ihm verschriebenen Medikamente *„nur so lange (zu) nehmen, wie nötig"* (ebd.: S. 22, Z. 18). Entsprechend möchte er diese nach Beendigung seines Studiums *„schnellstmöglich absetzen"* (ebd.: S. 22, Z. 20). Er fügt hinzu, dass er hierfür allerdings auch eine Therapie machen muss (ebd.: S. 22, Z. 18-21).

Gleichzeitig betrachtet er es als einen großen Vorteil der neurologischen Behandlung, dass er *„die Möglichkeit (hat), an Tabletten ranzukommen"* (R. 2011: S. 20, Z. 1), da die Einnahme von Antidepressiva und Schlaftabletten ihm seiner Ansicht nach in der Vergangenheit *„wirklich schon geholfen"* (ebd.: S. 20, Z. 2-3) hat. Als weiteren Vorteil sieht er die Gegebenheit, dass er *„Jemanden (hat), der (ihn) versteht und ... der die Krankheit sichtbar macht"* (ebd.: S. 20, Z. 3-4). Er fügt hinzu, dass er das Gefühl hat, wenn er selbst sagt, er hat Depressionen, ihm dies Niemand glaubt und ein Attest von einem Psychologen die Glaubwürdigkeit erhöht und veranlasst, dass Personen aus seinem sozialen Umfeld ihm Glauben schenken (ebd.: S. 20, Z. 1-7).

Zusammenfassend kann festgehalten werden, dass R. sich zum Zeitpunkt des Interviews in neurologischer und medikamentöser Behandlung befindet. Seinen Neurologen sucht er (mindestens) alle sechs Wochen auf, um sich ein neues Rezept für seine Antidepressiva und seine Schlaftabletten verschreiben zu lassen und seine Befindlichkeit mit diesem zu besprechen. Zudem gibt dieser ihm durch das Ausstellen von „Attesten" Sicherheit und macht hierdurch seine psychische Erkrankung *„sichtbar"* (R. 2011: S. 20, Z. 4). Die vom Neurologen verschriebenen Antidepressiva nimmt R. täglich und die Schlaftabletten nimmt er immer, wenn er nicht einschlafen kann. Auch wenn ihm diese Medikamente seiner Aussage nach helfen, betrachtet er die Einnahme jedoch nicht als endgültige Lösung. Er betont, dass er im Anschluss an sein Studium eine Therapie anstrebt, um die Medikamente – ohne die Gefahr, dass sich seine psychische Befindlichkeit verschlechtert – absetzen zu können.

Wohnen – „In einer eigenen Wohnung könnte ich mein Leben gestalten, wie ich es möchte und wie es auch meine Gesundheit zulässt!“ (R. 2011: S. 7, Z. 3-4)

Wie bereits in Unterkapitel 3.3.1 erwähnt, spielt die Dimension „Wohnen“ im Kontext der Lebenslage jugendlicher eine zentrale Rolle, weil diese als Raum zur Entfaltung der Persönlichkeit, als Rückzugsort u.v.m dient. R.s Wohnsituation bringt diese (entwicklungsfördernden, Sicherheit und Stabilität bietenden) Vorteile nicht mit sich, wie die nachfolgenden Darstellungen zeigen.

Bereits im frühen Kindesalter können die Wohnverhältnisse des Interviewten R. als benachteiligt bewertet werden. So berichtet er, dass er in seiner Kindheit mit insgesamt fünf Leuten – seiner Schwester, seiner Mutter, seinen Großeltern und ihm selbst – gemeinsam in der 60m²-großen Drei-Zimmer-Wohnung der Großeltern gelebt hat. Diese Wohnsituation beschreibt er rückblickend als *„ganz furchtbar“* (R. 2011: S. 7, Z. 13), weil er diese als *„viel zu eng“* (ebd.) empfunden und es zudem *„auch sehr viel Stress und Streit“* (ebd.: S. 7, Z. 13-14) gegeben hat. Er fügt hinzu, dass seine Schwester und er – aufgrund der Tatsache, dass sein Vater der Mutter angedroht hat, die beiden nach Polen zu entführen – *„fast die ganze Kindheit über eingesperrt“* (ebd.: S. 7, Z. 27) gewesen sind (ebd.: S. 7, Z. 26-27). Er ergänzt, dass die beiden *„wie in so einem kleinen Käfig gehalten“* (ebd.: S. 8, Z. 16) und dadurch extrem in ihrer Entwicklung *„eingesperrt“* (ebd.: S. 7, Z. 30) worden sind (ebd.: S. 7, Z. 12-30). Durch die geschilderten Wohnumstände und -bedingungen ist R. seiner Beschreibung nach heute einerseits *„nicht mehr gewohnt“* (ebd.: S. 8, Z. 1), alleine zu sein (ebd.: S. 8, Z. 1-2). Er fügt hinzu, dass er manchmal immer noch *„das Gefühl (hat), ... eingesperrt zu sein“* (ebd.: S. 8, Z. 2) (ebd.: S. 8, Z. 1-4), woraus geschlussfolgert werden kann, dass in diesem Kontext (psycho-)therapeutischer Gesprächsbedarf besteht.

Als R. während seiner schulischen Ausbildung zum Gestaltungstechnischen Assistenten *„notgedrungen“* (R. 2011: S. 6, Z. 6) aus seinem Elternhaus ausziehen musste, weil seine Mutter nach dem Tod der Großeltern die Wohnung nicht mehr bezahlen konnte, ist dieser zunächst in die Wohnung seiner älteren Schwester gezogen, weil zum damaligen Zeitpunkt die Übernahme für die Kosten der Unterkunft und die Sicherung des Lebensunterhalts – mit der Begründung, dass R. sich zu dieser Zeit noch in seiner ersten Ausbildung befunden hat – für diesen nicht übernommen wurden. In der Zeit, in welcher er bei seiner Schwester gelebt hat, hat es viel Streit gegeben. Die

Schwester hat ihn ständig als *„Parasit“* (ebd.: S. 6, Z. 12) beschimpft und ihn häufig aufgefordert zu *„verschwinde(n)“* (ebd.). In dieser Zeit hat es seiner Aussage nach *„irgendwie so angefangen, dass er eine kleine Tschacke bekommen“* (ebd.: S. 6, Z. 12-13) hat und die Angst, aus der Wohnung der ihm Obdach gewährenden geworfen zu werden sowie das Gefühl, kein eigenes Zuhause zu haben, seine ständigen Begleiter geworden sind. Die von ihm beschriebenen *„Ängste haben sich dann nur noch potenziert mit der Zeit“* (ebd.: S. 6, Z. 15-16) (ebd.: S. 6, Z. 6-17). Die (Begleit-)Erscheinung von Angst ist nach Nocon (2007), Essau (2007) und Nevermann/Reicher (2009) ein typisches Symptom depressiver Störungen. An dieser Stelle gilt es jedoch zu betonen, dass der emotionale Zustand der Angst nicht nur Teil vieler psychischer und somatischer Probleme (z.B. depressive Störung, Schizophrenie) ist, sondern dass diese darüber hinaus auch ein eigenständiges Störungsbild darstellen kann (Nocon 2007: 2).

Direkt nachdem R. die erste Ausbildung abgeschlossen und gemäß SGB II Anspruch auf Übernahme der Kosten einer eigenen Unterkunft und Sicherung des Lebensunterhaltes erworben hat, ist dieser in seine erste eigene Wohnung gezogen. Dies hat er seiner Auffassung nach *„auch gebraucht nach dem ganzen Stress“* (R. 2011: S. 6, Z. 21) in der Zeit, in welcher er mit seiner Schwester zusammen gelebt hat (ebd.: S. 6, Z. 20-22). Nachdem er mit seinem Studium begonnen hat, konnte er sich die eigene Wohnung seiner Aussage nach allerdings aus finanziellen Gründen nicht mehr leisten, da er ausschließlich BaföG und keine finanzielle Unterstützung von Zuhause erhalten hat. In der Folge hat er sich gezwungen gesehen, mit Jemand anderem zusammen zu wohnen (ebd.: S. 6, Z. 20-25) und ist folglich mit seiner Freundin A. (vgl. Unterkapitel 6.2.6.3) in eine gemeinsame Wohnung gezogen. Nachdem R. für etwa ein Jahr gemeinsam mit dieser eine Wohngemeinschaft in Bremen gebildet hat, ist dieser in die Wohnung seines Partners nach Hamburg gezogen (ebd.: S. 7, Z. 15-16).

Aufgrund der Tatsache, dass es in der Beziehung zum damaligen Zeitpunkt *„viel Streit“* (R. 2011: S. 3, Z. 6) gegeben hat und sein Partner außerdem wegen seines Studiums von Hamburg nach Bremen gezogen ist, erfolgte eine räumliche Trennung. Daraufhin hat er über einen Zeitraum von sechs Monaten wieder *„bei einer Freundin auf der Couch“* (ebd.: S. 3, Z. 1) gelebt. Er beschreibt die Zeit bei dieser einerseits als *„schwierig“* (ebd.: S. 3, Z. 12) und andererseits als *„schön“* (ebd.) und berichtet, dass sie ihn aufgenommen hat, damit er sein Studium erfolgreich abschließen konnte, wofür er ihr seiner Aussage nach auch dankbar ist. Er stellt jedoch fest, dass sie sehr unterschiedliche Lebensweisen gehabt haben. Seine Freundin A. hat gearbeitet, somit am Wochenende frei gehabt und ist oft auf Partys gegangen, während er sich dies seiner Aussage nach nicht erlauben konnte. Folglich hat *„es da immer wieder*

Streitpunkte gegeben" (ebd.: S. 3, Z. 15-16) (ebd.: S. 3, Z. 12-16). Irgendwann ist *„der Streit .. total eskaliert"* (ebd.: S. 3, Z. 18), woraufhin Freundin A. ihn aus der Wohnung geworfen hat (ebd.: S. 3, Z. 18-19).

Im Anschluss daran ist R. wieder bei seinem Partner eingezogen. Das gemeinsame Wohnen mit diesem beschreibt er als *„anfangs ganz schön"* (R. 2011: S. 3, Z. 23), betont jedoch, dass die beiden *„unterschiedliche Auffassungen von Ordnung"* (ebd.: S. 3, Z. 24) haben. Er beschreibt seinen Partner als *„sehr ordentlich"* (ebd.) und sich selbst als *„ziemlich verstreut"* (ebd.). Aufgrund dessen entstehen in seiner Beziehung häufig Konfliktsituationen (ebd.: S. 3, Z. 23-32).

Am gemeinsamen Wohnen mit seinem Partner schätzt R., dass dieser viel für ihn tut und betont wiederholt, dass *„der Haushalt .. wahrscheinlich nicht so ordentlich (wäre), wenn er nicht da wäre"* (R. 2011: S. 4, Z. 2-3). Weiterhin schätzt R. in diesem Kontext, dass einfach Jemand da ist, auf den er sich freuen kann, wenn er nach Hause kommt sowie das *„Gemeinsame"* (ebd.: S. 4, Z. 4). Hingegen stört ihn am gemeinsamen Wohnen mit seinem Partner, dass er seinen Tag nicht selbstbestimmt gestalten und strukturieren kann. Er fügt hinzu, dass er *„halt ein bisschen länger brauch(t), um in die Gänge zu kommen"* (ebd.: S. 4, Z. 10). Weiterhin stört ihn am Wohnen mit seinem Partner, dass dieser – R.'s Empfindung nach – zu häufig kifft. Er gibt an, dass er selbst viel weniger Cannabis konsumiert als sein Partner. Darüber hinaus stört R., dass sein Partner sehr häufig an ihm herummeckert und zudem sehr herrschsüchtig ist. Er kritisiert, dass immer *„alles nach seiner Nase laufen muss"* (ebd.: S. 4, Z. 14) und ergänzt, dass es oft Stress gibt, weil er sein *„eigenes System"* (ebd.: S. 4, Z. 15) hat, welches langsamer läuft und die beiden deswegen *„halt immer aufeinander (knallen)"* (ebd.). Resümierend erwähnt R., dass die beiden *„halt (einfach) andere Auffassungen"* (ebd.: S. 4, Z. 16) vom Wohnen haben (ebd.: S. 4, Z. 9-16). Er fügt abschließend hinzu, dass er sich allerdings aus finanziellen Gründen keine eigene Wohnung leisten kann und seiner Vermutung nach zum Zeitpunkt des Interviews auch *„keine bekommen"* (ebd.: S. 53, Z. 15) würde, weil er über *„keine Sicherheiten"* (ebd.) verfügt und in der Folge *„in einer ziemlichen Zwickmühle"* (ebd.: S. 53, Z. 16) steckt. Unter dieser Situation leidet er sehr (ebd.: S. 53, Z. 15-16).

Auf die Frage hin, welchen Wert das gemeinsame Wohnen mit seinem Partner für R. hat, antwortet dieser, dass das Wohnen für ihn einen großen Wert gehabt hat und spricht dabei bewusst in der Vergangenheitsform, da das Wohnen mit seinem Partner für ihn mittlerweile *„aber auch irgendwo eine sehr, sehr große Belastung"* (R. 2011: S. 4, Z. 23-24) geworden ist. Wenn dieser wegen seiner Depressionen *„einfach mal nicht kann"* (ebd.: S. 4, Z. 24), entsteht oft Streit, woraufhin sich R. massiv unter Druck gesetzt fühlt. Er merkt an, dass er dessen ständige Kritik nicht verträgt, wofür sein Partner, nach dessen Auffassung *„das Leben .. aus Kritik (besteht)“* (ebd.: S. 5, Z. 1), wie R. berichtet, jedoch kein Verständnis aufbringt (ebd.: S. 4, Z. 23-S.5, Z. 2). Die ständige Kritik seitens seines Partners hat nach Coles (1990) "Competency-Based-Model of depression in children" (vgl. dazu auch Essau 2007: 113) einen negativen Einfluss auf sein Selbstschema. Nach Coles (1990) Modell hat das Kompetenz-Feedback – worunter dieser sowohl positive als auch negative Rückmeldungen auf das Verhalten in verschiedenen (Lebens-)Bereichen (z.B. Leistung und Sozialverhalten) versteht – einen zentralen Einfluss auf die Entwicklung eines positiven Selbstschemas. Wenn R. also einer ständigen negativen Rückmeldung in Form von Kritik ausgesetzt ist, kann dies Essau (2007) zufolge unter Umständen zu einer Störung seiner kognitiven Entwicklungsprozesse führen und folglich die Entwicklung eines positiven Selbstschemas hemmen. Im Gegensatz dazu erleichtert ein positives Feedback Entwicklungsprozesse und kann darüber hinaus vor einer Depression schützen. Der Grund dafür besteht darin, dass das Feedback aus der Umwelt internalisiert wird: Was Jugendliche sich selbst zutrauen und wie sie ihre Fähigkeiten einschätzen, beruht nach Essau (2007) nämlich zu einem großen Teil auf der Bewertung durch Andere (Essau 2007: 113).

Da R. lediglich ein Jahr lang in einer eigenen Wohnung gelebt hat und ihm häufig ein Rauswurf durch die ihm Obdach gewährenden angedroht worden ist, verfügt dieser nicht über die entsprechende Sicherheit gegen Verlust, welche nach Hradil (2001) von unschätzbarem Wert für die Entfaltung der Persönlichkeit ist (Hradil 2001: 300 f). In einer eigenen Wohnung zu leben wäre demnach *„zurzeit das Größte“* (R. 2011: S. 5, Z. 30) für R. Dies wünscht er sich zurzeit noch mehr, als einen erfolgreichen Studienabschluss zu erreichen. Eine eigene Wohnung würde für ihn einen Schutzraum bedeuten. Er fügt in diesem Kontext hinzu, dass er *„schon sehr oft bei anderen gewohnt“* (ebd.: S. 5, Z. 32) hat und erwähnt neben seinem Partner, seiner Schwester und verschiedene Freund/-innen. Er berichtet, dass es *„für (ihn) einfach belastend“* (ebd.: S. 6, Z. 1) ist, *„dass man (ihm) immer wieder (sein) Zuhause wegnehmen kann“* (ebd.: S. 6, Z. 1-2), wenn er bei Jemandem anderen wohnt. Mit einer eigenen Wohnung verbindet er, dass er *„da tun und lassen (könnte), was (er) möchte und ... auch diese Sicherheit zurück (hätte), die (ihm) jetzt total fehlt“* (ebd.: S. 6, Z. 2-3).

Die Vorteile am Leben in einer eigenen Wohnung sieht R. somit in einer selbstbestimmten Lebensweise, in welcher er nicht einer permanenten Kritik ausgesetzt wird. Er sieht in einer eigenen Wohnung die Chance, einen Ort zu finden, an welchem er autonom bestimmen kann, wann er etwas für die Universität tut und wann er etwas im Haushalt tut, selbst wenn *„um ihn herum der Müll wächst“* (R. 2011: S. 6, Z. 30). Er betont, dass er es nicht mag, *„fremdbestimmt zu sein“* (ebd.: S. 6, Z. 31). Auch die Tatsache, dass die ihm Obdach gewährenden verhalten, dass er mietfrei bei diesen lebt, sieht er in der eigenen Wohnung als beendet. Er resümiert, dass er in einer eigenen Wohnung sein Leben auf die Weise gestalten kann, *„wie (er) es möchte und wie es auch (seine) Gesundheit zulässt"* (ebd.: S. 7, Z. 3-4) (ebd.: S. 6, Z. 28-S. 7, Z. 4) und weist somit darauf hin, dass er seine derzeitige Wohnsituation seiner Einschätzung nach als schädlich für seine psychische Verfassung empfindet.

Die Nachteile am Leben in der eigenen Wohnung sieht R. insbesondere in finanzieller Hinsicht. Darüber hinaus fürchtet er, *„dass (er sich) oft einsam fühl(t)"* (R. 2011: S. 7, Z. 6) und *„die ganzen Sorgen alleine tragen"* (ebd.: S. 7, Z. 7) muss. Hiermit hat er bereits Erfahrungen gesammelt, da er *„schon mal ein Jahr alleine gewohnt"* (ebd.: S. 7, Z. 8) hat. Er bezeichnet das Leben in der eigenen Wohnung als *„auch nicht immer leicht"* (ebd.), fügt jedoch hinzu, dass er die Einsamkeit vermeiden kann, indem er sich Besuch einlädt (ebd.: S. 7, Z. 6-9).

Zusammenfassend kann festgehalten werden, dass R. bereits während seiner Kindheit (persönlichkeits-)entwicklungshemmenden Wohnbedingungen in der viel zu kleinen Wohnung seiner Großeltern unterlag. Auch in seinem weiteren Lebenslauf ist seine Wohnsituation beinahe kontinuierlich dadurch geprägt gewesen, dass er – infolge der Tatsache, dass er meist keine eigene Wohnung gehabt und entsprechend bei Personen aus seinem persönlichen Nahraum Obdach erhalten hat – an einer selbstbestimmten Lebensweise gehindert wurde. Im Zuge dieser Wohnsituation(en) konnte zudem das Bedürfnis nach (gegen Verlust) gesicherten Wohnverhältnissen nicht ausreichend befriedigt werden. Dies ist auch in seiner jetzigen Wohnsituation in der Wohnung seines Partners der Fall, welcher ihn in Streitsituationen oft mit einem Rauswurf aus der Wohnung droht, ihn vielfach unter Druck setzt und ihn häufig kritisiert. Dies betrachtet R. als entwicklungshemmend und schädlich für seine (psychische) Verfassung.

Bildung und Beschäftigung – „Ich habe immer unheimlich viel gepowert, Energie gegeben und dann ist alles durch einen depressiven Einbruch wieder schlechter geworden!" (R. 2011: S. 25, Z. 16-17)

Wie bereits in Unterkapitel 3.3.2 erwähnt, garantieren selbst gute Bildungs- und Ausbildungsvoraussetzungen nicht unbedingt die angestrebte Sicherheit im Kontext der Erwerbsbiografie. Die Chancen einer erfolgreichen beruflichen Eingliederung und (damit eng verbunden) die Teilhabe am sozialen, gesellschaftlichen und kulturellen Leben werden immer schwerer kalkulierbar (Shell Jugendstudie 2010: 37 f), was die folgend aufgeführten Ergebnisse der Lebenslagenanalyse des Interviewten nach Ansicht des Autors der vorliegenden Arbeit exemplarisch darlegen.

R. hat trotz der widrigen Umstände zunächst seinen Realschulabschluss und dann seine Fachhochschulreife erreicht. Darüber hinaus hat er eine schulische Ausbildung zum Gestaltungstechnischen Assistenten erfolgreich absolviert und dadurch außerdem den Bildungstitel *„Staatlich geprüfter gestaltungstechnischer Assistent“* (R. 2011: S. 25, Z. 22-23) erworben. Zum Zeitpunkt des Interviews befindet R. sich – nach einem Wechsel von der Kunstschule Wandsbeck – im achten Semester des Studiengangs „Communication Arts und New Media“ an der Design Factory International in Hamburg, bei welcher es sich um eine Privatschule handelt (ebd.: S. 28, Z. 21-27). Trotz dieser „Bildungskarriere“ ist R. der Überzeugung, dass seine depressive Störung ihn auch im schulischen und beruflichen Alltag sowie in seiner Leistungsfähigkeit massiv eingeschränkt. Wenn persönliche Probleme auftauchen, sind diese seiner Formulierung nach *„so groß und überwältigend für (ihn)“* (ebd.: S. 27, Z. 30) gewesen, dass er sich *„gar nicht mehr auf seine Schule konzentrieren“* (ebd.: S. 27, Z. 30) konnte. Obwohl er sich in Phasen, in welchen es ihm gut gegangen ist, immer *„so bemüht (hat), Einsen zu schreiben“* (ebd.: S. 27, Z. 30-31) und *„gelernt (hat), ehrgeizig zu sein“* (ebd.: S. 27, Z. 32), sind seine Leistungen *„immer wieder ... abgesackt“* (ebd.: S. 27, Z. 31), wenn er etwas *„nicht verkraftet“* (ebd.: S. 28, Z. 2) hat. Dies ist seiner Aussage nach *„sehr frustrierend“* (ebd.) für ihn gewesen, da er sich selbst gesetzte Ziele *„oft nicht ... erreicht“* (ebd.: S. 28, Z. 3) und sich dann *„am Ende ... immer selbst dafür gegeißelt“* (ebd.: S. 28, Z. 3-4) hat. (ebd.: S. 27, Z. 27 – S. 28, Z. 4). R.‘s Schilderungen sind nach Essaus (2007) Auffassung typisch für depressive Jugendliche. Nach Rehms (1981) Selbstkontrollmodell der Depression, welches Essau (2007) in ihren Ausführungen darstellt, stellen selektive Selbstbeobachtung, ungünstige Selbstbeurteilung sowie mangelnde Selbstbelohnung bzw. unverhältnismäßige Selbstbestrafung den für Depressive charakteristischen Selbstkontrollstil dar. Gemäß Rehms (1981) Selbstkontrollmodell gilt die Aufmerksamkeit depressiv erkrankter Personen insbesondere negativen Ereignissen und deren Konsequenzen sowie negativen Seiten und Verhaltensweisen der eigenen Person. Ein solcher Attributionsstil führt zu melancholischen Ansichten und Pessimismus. Der negativ ausgerichteten selektiven Selbstwahrnehmung folgt eine negative Selbstbeurteilung, welche durch strenge, kaum zu erfüllende Anforderungen geprägt ist. Dadurch bedingt wird die Erreichung selbstgesteckter Ziele schwer, was sich wiederum negativ auf die Selbstbeurteilung Depressiver auswirkt. Darüber hinaus betont Rehm (1981), dass depressive Menschen zu einer – nicht der Realität entsprechenden – internalen Kausalattribuierung tendieren. Während Misserfolge auf eigene Fehler zurückgeführt werden, werden Erfolge dagegen nicht als eigene Fähigkeiten wahrgenommen (Essau 2007: 112; vgl. dazu auch Rehm 1981). Der beschriebene Selbstkontroll- und Selbstbeurteilungsstil gleicht dem von R. und geht für diesen mit den beschriebenen Folgen einher.

Abschließend kann festgehalten werden, dass sich bei R. – trotz einer erfolgreichen Bildungskarriere (Realschulabschluss bzw. Mittlere Reife, erfolgreicher Abschluss einer schulischen Ausbildung zum Gestaltungstechnischen Assistenten und Erwerb einer Hochschulzugangsberechtigung auf dem Wege des Fachabiturs sowie begonnenes Studium) – Benachteiligungen in der Dimension „Bildung“ verzeichnen lassen, welche durch seine depressive Störung bedingt sind. So kann festgestellt werden, dass dieser infolge seiner Depressionen an einer erfolgreichen Bewältigung der Anforderungen seines Studiums gehindert wird, weil die depressive Störung und deren Folgen (z.B. Konzentrationsschwierigkeiten, psychosomatische Beschwerden, Schlafstörungen, vermindertes Selbstbewusstsein etc.) ihn in seiner Leistungsfähigkeit einschränken.

In den folgenden Unterkapiteln soll die Bildungs- und Beschäftigungssituation von R. dargestellt werden, welcher sich zum Zeitpunkt des Interviews in der Abschlussphase seines Studiums befindet und – trotz erheblicher psychosozialer Beeinträchtigungen (infolge seiner psychischen Störung) – gleichzeitig eine Nebenbeschäftigung ausübt, weil er finanziell auf den Zuverdienst angewiesen ist.

Entsprechend soll zunächst kurz über seine Bildungslaufbahn und sein aktuelles Studium (Unterkapitel 6.2.4.1) sowie anschließend über seine Nebenbeschäftigung beim NDR (Unterkapitel 6.2.4.2) berichtet werden.

Schulische Laufbahn und Studium – „Und dann bin ich .. wieder kurz vor dem Ende abgesackt mit den Noten!“ (R. 2011: S. 25, Z. 13-14)

Wie im vorangegangenen Unterkapitel bereits angedeutet, werden Jugendliche, welche an einer depressiven Störung leiden, meist auch an einer erfolgreichen Bewältigung der Anforderungen im schulischen Bereich gehindert (Lewinsohn et al. 1993; Whitaker et al. 1990). In diesem Kontext berichtet Essau (2007), dass es sich bei Schulabbrüchen um häufige Begleiterscheinungen von Depressionen handelt. Cole (1990), Forehand et al. (1988) und Nolen-Hoeksema et al. (1986) stellen ebenfalls bei Jugendlichen mit einer höheren Anzahl depressiver Symptome schulische Beeinträchtigungen fest (Cole 1990; Forehand et al. 1988; Nolen-Hoeksema et al. 1986). Allerdings ließ sich in zahlreichen anderen Studien (z.B. Mc Cauly et al. 1993; Reinherz et al. 1993) kein direkter Zusammenhang zwischen depressiven Störungen und schulischen Leistungen verzeichnen (Essau 2007: 79). Nach R.'s Ansicht besteht jedoch in jedem Fall ein Zusammenhang zwischen seiner depressiven Störung und seinen schulischen und studentischen Leistungen, wie die nachfolgend dargestellten Ergebnisse des Interviews zeigen.

Bezüglich seiner Schullaufbahn berichtet R., dass er immer *„unheimlich viel gepowert (und) Energie gegeben"* (R. 2011: S. 25, Z. 16) hat, seine Noten dann allerdings *„durch einen depressiven Einbruch ... wieder schlechter geworden"* (ebd.: S. 25, Z. 17-18) sind (ebd.: S. 25, Z. 9-18). Im Anschluss an das Fachabitur und die schulische Ausbildung zum Gestaltungstechnischen Assistenten, welche R. im Anschluss an die zehnte Klasse (Realschule) absolviert hat, hat dieser nach einer kurzen Arbeitslosigkeitsphase eine Zulassung zu einem Kommunikationsdesign-Studium in Hamburg erhalten (R. 2011: S. 25, Z. 25-32). Zu Beginn dieses Studiums, so berichtet R., ist dieser zu seinem derzeitigen Partner gezogen, was zunächst *„vorübergehend ... für den Start des Studiums"* (ebd.: S. 26, Z. 3) geplant gewesen ist (ebd.: S. 26, Z. 2-3). Im Januar nach Beginn seines ersten Semesters, ist R.s Großvater gestorben, was *„ganz schlimm"* (ebd.: S. 26, Z. 8) für diesen gewesen ist, da der Kontakt durch seinen Umzug nach Hamburg ohnehin abgenommen hatte. Der Tod seines Großvaters sowie der reduzierte Kontakt zu seinen Freund/-innen hatten bereits dafür gesorgt, dass er *„in so eine depressive Phase reingerutscht"* (ebd.: S. 26, Z. 10) gewesen ist. Anfangs hat er noch versucht, diese Umstände zu verdrängen und im Rahmen des Studiums zu *„funktionieren"* (ebd.: S. 26, Z. 14), was zum damaligen Zeitpunkt jedoch ohne Erfolg geblieben ist, sodass er in der Folge die Universität gewechselt hat (ebd.: S. 26, Z. 7-15).

Auch wenn R.'s derzeitiges Studium diesem *„eigentlich sehr, sehr viel"* (R. 2011: S. 28, Z. 7) bedeutet, belastet es diesen jedoch gleichzeitig, weil er sich *„selbst einen sehr hohen Anspruch auferleg(t)"* (ebd.: S. 28, Z. 8). Dieser ist seiner Beschreibung nach *„manchmal viel höher als (er) ihn erreichen kann"* (ebd.: S. 28, Z. 8-9), sodass Enttäuschungen vorprogrammiert sind. Er betont, dass es ihm *„unheimlich wichtig"* (ebd.: S. 28, Z. 9) ist, einen guten Abschluss zu erreichen, um endlich etwas geschafft zu haben, ohne dass die Depressionen das Ergebnis negativ beeinflusst haben. Er fügt hinzu, dass er seinen Abschluss nun zum zweiten Mal aufschieben muss. Da er *„(s)einen Lebenslauf bisher lückenlos geführt (hat)"* (ebd.: S. 28, Z. 14), macht ihn diese Tatsache *„unheimlich fertig"* (ebd.: S. 28, Z. 13) und gibt ihm das Gefühl, *„ein Looser zu sein"* (ebd.: S. 28, Z. 15). Somit belastet ihn sein Studium, trotz der Tatsache, dass er dieses sehr liebt, gleichzeitig sehr, weshalb er dieses als *„ein zweischneidiges Schwert"* (ebd.: S. 28, Z. 17) bezeichnet. Dementsprechend beschreibt er sein Studium einerseits als die Sache, die er *„unheimlich lieb(t)"* (ebd.: S. 28, Z. 18) und in welcher er *„voll .. aufgehen kann"* (ebd.: S. 28, Z. 18-19) und anderseits als eine Sache, an welcher er *„auch verzweifeln kann, weil es nicht vorangeht"* (ebd.: S. 28, Z. 19) (ebd.: S. 28, Z. 7-19). Ferner berichtet R. in diesem Kontext, dass sich die Kontaktaufnahme im Rahmen seines Studiums *„sehr schwierig"* (ebd.: S. 45, Z. 10) gestaltet. Dies begründet er unter anderem dadurch, *„dass (er) das letzte halbe Jahr auch in Bremen gewohnt"* (ebd.: S. 45, Z. 11) und dadurch von vielen *„sehr Abstand genommen"* (ebd.) hat (ebd.: S. 45, Z. 10-11). Er berichtet, dass es an seiner Universität *„viele Leute"* (R. 2011: S. 47, Z. 4) gibt, die er *„echt gerne"* (ebd.) mag und mit denen er sich *„gut versteht"* (ebd.: S. 47, Z. 5). Er betont jedoch, dass *„aber nur eine Hand voll Leute"* (ebd.) von seiner psychischen Erkrankung weiß (ebd.: S. 47, Z. 5). Ferner gibt es *„ein paar Leute"* (ebd.: S. 47, Z. 5-6), die er *„einfach gerne mag"* (ebd.: S. 47, Z. 6), bei welchen er jedoch nicht einschätzen kann, ob er diesen von seiner depressiven Störung erzählen kann (ebd.: S. 47, Z. 4-6).

Auch an dieser Stelle kann entsprechend festgehalten werden, dass R. massive Benachteiligungen in der Dimension „Bildung" erfährt, weil ihn seine depressive Störung an der Bewältigung der Anforderungen seines Studiums hindert. Ebenso kann festgestellt werden, dass sein Studium für diesen eine ambivalente Bedeutung hat. So beschreibt er, dass der akademische Abschluss des Kommunikationsdesigners einerseits seinen Lebenstraum darstellt sowie dass er in diesem Studium „voll aufgehen" kann, betont jedoch gleichzeitig, dass der damit verbundene Druck ihn andererseits belastet und seine psychische Befindlichkeit darunter leidet, wenn er sich selbst gesetzte Ziele nicht erreicht. Für seine aktuelle Nebenbeschäftigung kann er diese Problematik nicht bestätigen, wie im nachfolgenden Unterkapitel verdeutlicht werden soll.

Nebenbeschäftigung – „Da es von Zuhause immer schwierig war, habe ich natürlich immer so viel wie möglich gearbeitet!" (R. 2011: S. 29, Z. 13-14)

Wie ein Großteil der Studierenden, übt auch R. zum Zeitpunkt des Interviews eine Nebenbeschäftigung aus (vgl. dazu Unterkapitel 3.3.2), über welche im nun folgenden Unterkapitel berichtet wird.

R. betont, dass er im Laufe seines Lebens *„eigentlich immer wieder gearbeitet"* (R. 2011: S. 29, Z. 4) hat (ebd.). So ist er – entgegen der Bestimmungen des Jugendarbeitsschutzgesetzes (JArbSchG) – bereits im Alter von dreizehn Jahren seiner ersten Beschäftigung nachgegangen. Seine zweite Nebenbeschäftigung hat er im Alter von vierzehn oder fünfzehn Jahren aufgenommen. Bei dieser hat es sich um einen *„Sommerferienjob ... im Einzelhandel"* (R. 2011: S. 29, Z. 7-8) gehandelt (ebd.: S. 29, Z.

6-8). Sein Verdienst hat damals die Einkommenssituation im elterlichen Haushalt entlastet, da R. sein eigenes Geld verdient und somit weniger auf finanzielle Unterstützung seitens der Mutter angewiesen gewesen ist. Wenn er damals *„Party machen ... oder sich etwas Schönes kaufen wollte"* (ebd.: S. 29, Z. 19), hat er dies *„von seinem eigenen Geld bezahlt"* (ebd.: S. 29, Z. 20) (ebd.: S. 29, Z. 17-20). Auch in der Zeit, in welcher er sich *„parallel für eine Ausbildung und einen Studienplatz an der Kunsthochschule beworben"* (ebd.: S. 29, Z. 32 - S. 30, Z. 1) hat, ist er für insgesamt zwei Jahre im Einzelhandel tätig gewesen (ebd.: S. 29, Z. 4 - S. 30, Z. 2).

Seit Dezember 2009 übt R. eine Nebenbeschäftigung beim NDR im Hörer- und Zuschauerservice aus. Dies ist hinsichtlich seiner sozialen Herkunft eher unüblich, da laut den Ergebnissen der Shell Jugendstudie (2010) lediglich 20% der Jugendlichen in seiner Altersgruppe einer Nebenbeschäftigung nachgehen (Shell Jugendstudie 2010: 86 f). In diesem Rahmen berichtet er, dass beim NDR *„alles super läuft"* (R. 2011: S. 30, Z. 5) und er sich *„super"* (ebd.) mit seinem Chef versteht und fügt hinzu, dass er sich auf diesen verlassen kann und die Arbeit ihm *„auch echt Spaß"* (ebd.: S. 30, Z. 6) macht (ebd.: S. 29, Z. 20 - S. 30, Z. 6). Er fügt hinzu, dass sein Chef *„viel Rücksicht"* (ebd.: S. 44, Z. 27) auf sein Studium nimmt und ihm häufig *„Sonderkonditionen"* (ebd.: S. 44, Z. 28) erteilt. Dies begründet R. dadurch, *„dass (er) schon so lange da .. und immer zuverlässig"* (ebd.: S. 45, Z. 1) gewesen ist (ebd.: S. 44, Z. 27- S. 45, Z. 2). Er bewertet sein Arbeitsumfeld zusammenfassend *„fast zu hundert Prozent nur als positiv"* (ebd.: S. 45, Z. 8) (ebd.: S. 45, Z. 8) und erläutert, dass er an dieser Tätigkeit schätzt, dass er *„das kann .. (und) da .. nicht groß drüber nachdenken muss"* (ebd.: S. 47, Z. 10-11). Er betont, dass sein Chef ihn mag, seine Arbeit schätzt und ihn häufig lobt. Auch seine Arbeitskollegen loben ihn immer, wenn er diese neu einarbeitet (ebd.: S. 47, Z. 11-14). Weiterhin schätzt er an seiner Arbeit beim NDR, dass man *„immer wieder neue Leute kennen lernt"* (ebd.: S. 47, Z. 14) und *„auch immer mal wieder zwischendurch die alten wieder triff(t)"* (ebd.: S. 47, Z. 15). Er bewertet die Nebenbeschäftigung resümierend als *„top"* (ebd.) und betont, dass er an dieser nichts auszusetzen hat (ebd.: S. 47, Z. 10-16).

Zusammenfassend kann festgehalten werden, dass R. seit dem Beginn seiner Jugend verschiedene Nebenjobs – die meisten davon im Einzelhandel – ausgeübt hat. Bei seinem aktuellen Nebenjob handelt es sich um eine (geringfügige) Beschäftigung als studentische Hilfskraft im Hörer-und Zuschauerservice. Hier fühlt er sich sehr wohl, weil er von seinem Chef und seine Arbeitskolleg/-innen positive Bestätigung erfährt. Entsprechend fasst er zusammen, dass er an seiner Nebenbeschäftigung nichts auszusetzen hat.

Alltag und Freizeit – „Jetzt im Moment ist mein Leben total unstrukturiert!" (R. 2011: S. 39, Z. 11)

Wie bereits in Unterkapitel 3.3.3 erwähnt, stellt die Freizeit (als wesentlicher Bestandteil des Alltags) für Jugendliche einen zentralen sozialen Raum zur Persönlichkeitsentwicklung und somit zur Selbstentfaltung dar, weshalb die folgenden Unterkapitel sich der Dimension „ Alltag und Freizeit" – sowie in diesem Kontext der Subdimensionen „(digitale) Medien" (Unterkapitel 6.2.5.1) und „(il-)legale Drogen" (Unterkapitel 6.2.5.2) – widmen.

Als R. gebeten wird über seinen aktuellen Alltag sowie in diesem Zusammenhang über seine Freizeit zu berichten, äußert dieser, dass sein Leben momentan *„total unstrukturiert"* (R. 2011: S. 39, Z. 11) ist. Er unterscheidet im Rahmen seiner Erzählungen Tage, an welchen er die Universität besucht, von Tagen, an welchen er beim NDR arbeitet sowie freie Tage voneinander. Wenn R. arbeiten muss, steht er morgens auf, fährt nach Hamburg und geht dann für zehn Stunden ins Büro des NDRs. Danach ist er seiner Formulierung nach dann *„ziemlich groggi"* (ebd.: S. 39, Z. 7) und geht *„vielleicht auf dem Rückweg noch etwas einkaufen"* (ebd.), schaut Fernsehen und geht anschließend zu Bett (ebd.: S. 39, Z. 7-11). An Tagen, an denen er die Universität besucht, ist es *„eigentlich dasselbe"* (ebd.: S. 39, Z. 8), abgesehen davon, dass er vor oder nach den Veranstaltungen noch versucht, *„ein bisschen etwas für die Uni zu machen"* (ebd.) und sich dann abends *„noch vor den Rechner setzt"* (ebd.: S. 40, Z. 10). Ansonsten verbringt R. den Abend mit seinem Partner *„auf der Couch"* (ebd.: S. 40, Z. 11) (ebd.: S. 40, Z. 8-11). An freien Tagen verabredet R. sich oft mit Freund/-innen, was ihm seiner Aussage nach *„immer sehr gut (tut)"* (ebd.: S. 40, Z. 14-15) oder er unternimmt *„etwas anderes, das ihm gut tut"* (ebd.: S. 40, Z. 15). Häufig geht er Einkaufen oder liest *„irgendwelche Zeitschriften, Bücher ... in .. Richtung Design"* (ebd.: S. 40, Z. 17-18). *„Am Wochenende geht (er) gern auf Feiern"* (ebd.: S. 40, Z. 18) und *„ab und zu geht (er) mal in eine Kunstausstellung"* (ebd.: S. 40, Z. 19). Er fügt hinzu, dass dies davon abhängt, ob sich hierzu Jemand aus seinem Umfeld bereit erklärt (ebd.) und betont, dass er *„halt ein geselliger Typ"* (ebd.: S. 40, Z. 20) ist und *„nicht so gerne Sachen alleine (macht)"* (ebd.) (ebd.: S. 40, Z. 14-20).

R. gibt an, über wenig Freizeit zu verfügen. Diese dient zudem fast ausschließlich der Regeneration und Erholung (sowohl vom Stress im Alltag als auch von den Folgen der depressiven Störung) und kann somit keineswegs als „frei verfügbar" gelten. Somit wird dieser trotz seines höheren Bildungsstatus bereits vor dem Übergang ins Erwerbsleben in der Dimension „Freizeit" – infolge von ungleichen Arbeits- und somit Freizeitbedingungen – benachteiligt. So gestaltet sich seine Freizeit weniger frei gewählt als vom Studium und Nebenjob diktiert. Seine Freizeitsituation ist infolgedessen ungünstiger als die von beruflich weniger vereinnahmten Menschen (Hradil 2001: 316 f). Somit zählt auch R. zum so gennannten „Freizeitproletariat“ (ebd.: 318), weil ihm wenig Zeit zur freien Verfügung steht und diese zu einem großen Teil der Erholung und Regeneration dient (ebd.: 316 ff).

Auf die Frage, welche Aktivitäten R. in seiner Freizeit ausübt, antwortet er, dass er dies *„gerade nicht so richtig sagen“* (R. 2011: S. 40, Z. 31) kann, da er durch die vorangegangene Abschlussphase seines Studiums *„in letzter Zeit eigentlich nicht sehr viel Freizeit“* (ebd.: S. 40, Z. 31-32) gehabt hat. Er fügt hinzu, dass er sich in dieser Phase *„eigentlich .. nichts erlaubt (hat)“* (ebd.: S. 41, Z. 1), weil er *„unbedingt (s)einen Abschluss schaffen wollte“* (ebd.: S. 41, Z. 1-2). In der Folge hat er *„eigentlich die meiste Zeit zuhause verbracht und versucht etwas für die Uni zu machen“* (ebd.: S. 41, Z. 2-3) und sich lediglich *„so ein-, zweimal die Woche“* (ebd.: S. 41, Z. 8-9) mit Freunden treffen können, was er als *„relativ wenig“* (ebd.: S. 41, Z. 6) empfindet (ebd.: S. 40, Z. 31-S. 41, Z. 9).

R. gibt an *„eigentlich ... gar keine richtigen Hobbys“* (R. 2011: S. 40, Z. 22) zu haben. Dennoch nennt er als Hobbys *„Design in (s)einer Freizeit“* (ebd.) sowie *„big brother“* (ebd.: S. 40, Z. 23). Er fügt hinzu, dass er weiß, dass Letzteres *„total komisch“* (ebd.) klingt und er hierfür oft *„auch sehr belächelt“* (ebd.: S. 40, Z. 23-24) wird. Er berichtet, dass er *„seit letztem Jahr big brother-radio entdeckt“* (ebd.: S. 40, Z. 26) hat, welches er als *„sehr interessant“* (ebd.: S. 40, Z. 27) beschreibt, weil er dort auf *„viele Gleichgesinnte“* (ebd.) – mit dem selben Hobby – trifft, es *„(ihn) ganz gut ab(lenkt)“* (ebd.) und *„(ihm) einfach Spaß (macht)“* (ebd.: S. 40, Z. 28) (ebd.: S. 40, Z. 22-28). Wenn R. sich nicht mit digitalen Medien die Zeit vertreibt (vgl. dazu Unterkapitel 6.2.5.1), räumt er *„ziemlich viel zuhause rum“* (ebd.: S. 39, Z. 17) und betont in diesem Kontext, dass er es aber schafft, *„dass es einen Tag später wieder so aussieht wie vorher“* (ebd.: S. 39, Z. 18). Des Weiteren geht er *„in letzter Zeit ... auch ziemlich viel shoppen“* (ebd.: S. 39, Z. 19) (ebd.: S. 39, Z. 4-19).

Mitglied in einem Sportverein ist R. zum Zeitpunkt der Untersuchung ebenfalls nicht. Er hat dies zwar schon mehrfach probiert, hat jedoch für sich festgestellt, dass *„das nix für (ihn ist)“* (R. 2011: S. 41, Z. 11-12). In der Vergangenheit hat er, wie er sagt, *„sehr, sehr kläglich“* (ebd.: S. 41, Z. 14) Taekwondo[48] versucht. Danach hat er probiert, Handball zu spielen, *„wie alle (s)eine Freunde“* (ebd.: S. 41, Z. 15) und fügt hinzu, dass er *„einfach nicht sportlich“* (ebd.: S. 41, Z. 15-16) ist. Des Weiteren hat er geplant, mit dem Tanzen zu beginnen, ist dort aber *„auch nur ein paar Mal*

[48] Koreanische Kampfsportart.

hingegangen" (ebd.: S. 41, Z. 16). Ebenso gibt er an, in der Vergangenheit *„einen Probemonat lang"* (ebd.: S. 41, Z. 18) im Fitnessstudio gewesen zu sein, sich *„danach aber nicht angemeldet"* (ebd.) zu haben, weil er es sich nicht leisten konnte. Er ergänzt, dass er *„früher ... auch oft skaten gegangen (ist)"* (ebd.: S. 43, Z. 16), dies *„jetzt aber auch schon lange nicht mehr"* (ebd.) getan hat und fasst zusammen, dass er *„immer wieder etwas angefangen, aber nie lange durchgezogen"* (ebd.: S. 41, Z. 17) hat (ebd.: S. 41, Z. 10-18).

Dass R. sich langweilt, kommt seiner Beschreibung nach *„mittlerweile gar nicht mehr vor"* (R. 2011: S. 43, Z. 1). Er fürchtet jedoch, dass dies passieren könnte, sobald er ein Semester Pause einlegt, *„um (s)ich zu regenerieren und (s)eine Depressionen zu behandeln"* (ebd.: S. 43, Z. 1-3). Er fürchtet sich insbesondere davor, *„dass (er sich) nutzlos vorkomm(t)"* (ebd.: S. 43, Z. 5). Weiterhin schildert er, *„dass (er) sehr viel Stress .. während des Studiums"* (ebd.: S. 43, Z. 5-6) gehabt und sein *„Kopf .. nie abgeschaltet"* (ebd.: S. 43, Z. 6) hat. Er fügt hinzu, dass er *„sich höchstens mal einfach die Langeweile gegönnt und .. sich vor den Fernseher gefletzt"* (ebd.: S. 43, Z. 7-8) hat, dass er aber *„eigentlich fast nie"* (ebd.: S. 43, Z. 9) nichts zu tun gehabt hat. Er befürchtet weiterhin, dass er beim Auftauchen von Langeweile *„in so eine Lethargie abdrifte(t)"* (ebd.: S. 43, Z. 9-10) und dadurch bedingt *„von morgens bis abends Fernsehen guck(t) und dann abends schlafe(n) geh(t)"* (ebd.: S. 43, Z. 10-11), weil dies *„in der Vergangenheit auch so"* (ebd.: S. 43, Z. 11) gewesen ist. Er merkt an, bei Langeweile *„einfach lethargisch"* (ebd.: S. 43, Z. 12) zu werden, was ihm sehr missfällt (ebd.: S. 43, Z. 5-12). Um seine Langeweile zu bewältigen, lenkt R. sich dann mit *„Fernsehen, Internet, Einkaufen, Sachen sortieren, im Haushalt, in der Wohnung rumräumen, (s)ich mit Freunden treffen, Party machen, Alkohol trinken, Drogen nehmen ..."* (ebd.: S. 43, Z. 14-15) ab. Wie bereits im Kontext der vorangegangenen Lebenslagenanalyse erwähnt, gilt ein solches Verhalten gemäß der Autor/-innen der Shell Jugendstudie (2010) für die Mehrheit der Jugendlichen als ein entwicklungstypisches Phänomen, „die hedonistische ‚Bewältigung' oder spaßsuchende Ablenkungsreaktion mit Hilfe von Partys und des Feierns" (Shell Jugendstudie 2010: 232) als Bedürfnisausgleich zu wählen (ebd.).

Abschließend kann für die Dimension „Alltag und Freizeit" festgehalten werden, dass sich der Alltag von R. zum Zeitpunkt des Interviews nach eigenen Angaben *„total unstrukturiert"* (R. 2011: S. 39, Z. 11) gestaltet. Wie anhand seiner Schilderungen deutlich wird, verfügt R. kaum über frei gestaltbare Freizeit, weil die meisten der von ihm in diesem Kontext beschriebenen Aktivitäten vielmehr zu den Aktivitäten zählen, welche nach Dumazedier (1962) zur so genannten „Halbfreizeit" (Dumazedier 1962: 43 ff.) gerechnet werden. Ebenso kann festgestellt werden, dass R.

weder über Hobbys verfügt noch in Sportvereinen Mitglied ist oder Freizeitsport treibt. Sämtliche von ihm in der Vergangenheit begonnenen sportlichen Aktivitäten hat R. nur kurzzeitig ausgeübt, was dieser damit begründet, dass er *„einfach nicht sportlich"* (R. 2011: S. 41, Z. 15-16) ist. Wenn R. die Zeit (und die Kraft) hat, trifft dieser sich mit Freund/-innen, geht shoppen, macht *„irgendetwas in .. Richtung Design"* (ebd.: S. 40, Z. 18) und versucht dafür zu sorgen, dass es ihm gut geht. Diesbezüglich hilft er auch mit (il-)legalen Drogen oder der Flucht in digitale Parallelwelten nach. Da die Nutzung digitaler Medien (Unterkapitel 6.2.5.1) und der Konsum von (il-)legalen Drogen (Unterkapitel 6.2.5.2) eine zentrale Rolle im Alltag von R. spielen, wurden zu diesen beiden Themen fallspezifisch Subdimensionen gebildet, welche in den nachfolgenden Unterkapiteln dargestellt werden sollen.

Nutzung (digitaler) Medien – „Medien spielen in meinem Leben eine sehr große Rolle!" (R. 2011: S. 42, Z. 4)

Wie in Unterkapitel 3.3.3.1 deutlich geworden ist, nehmen (digitale) Medien im Alltag und in der Freizeit von Jugendlichen einen zentralen Stellenwert ein. Entsprechend richtet sich der Fokus des nun folgenden Unterkapitels insbesondere auf die Rolle, welche (digitale) Medien im Alltag und der Freizeit des Interviewten einnehmen.

Als R. aufgefordert wird, etwas über seinen Umgang mit digitalen Medien zu berichten, betont er, dass diese *„in (s)einem Leben eine sehr große Rolle (spielen)"* (R. 2011: S. 42, Z. 4). Er beginnt mit der Spielkonsole und erläutert, dass diese primär in seiner Kindheit eine große Rolle eingenommen und er *„eine Zeit lang schon sehr gerne"* (ebd.: S. 42, Z. 6) gespielt hat. Bezüglich der Nutzung des Mediums Fernseher äußert er, dass er ein *„absoluter TV-Junkie"* (ebd.: S. 42, Z. 7) ist. Einen Vorteil der Nutzung dieses Mediums sieht er darin, dass er hierbei *„einfach weg"* (ebd.: S. 42, Z. 9) ist, *„sich (s)ein Kopf aus(schaltet), ... der Fernseher ... die Regie über (ihn) übernimmt"* (ebd.: S. 42, Z. 10), er sich *„einfach berieseln (lässt)"* (ebd.: S. 42, Z. 11) und *„total passiv dabei"* (ebd.) ist. Er resümiert, dass ihm dies *„einfach gut"* (ebd.) tut sowie dass er dabei *„abschalten"* (ebd.: S. 42, Z. 12) kann und fügt hinzu, dass er *„auch unbedingt Fernsehen oder irgendwas auf die Ohren zum Einschlafen"* (ebd.: S. 42, Z. 12-13) braucht. Auch den Abend verbringt R. dann *„mit seinem Freund vor dem Fernseher"* (ebd.: S. 39, Z. 10-11).

Zum Zeitpunkt der Befragung, so berichtet R., hat dieser *„nicht mehr so viel Unterricht"* (R. 2011: S. 39, Z. 5), sodass er nach dem Aufstehen ins Internet geht und sich dort mit der TV-Sendung *„big brother"* (ebd.: S. 39, Z. 13), welche er *„unheimlich* *gerne (guckt)"* (ebd.: S. 39, Z. 13), zu beschäftigen beginnt. Er bezeichnet die Beschäftigung mit der TV-Sendung in Internet und TV als sein *„Hobby"* (ebd.: S. 39, Z. 14), welches ihn *„ein bisschen von (s)einen Problemen ab(lenkt)"* (ebd.: S. 39, Z. 14-15) und ihm *„einfach Spaß (macht)"* (ebd.: S. 39, Z. 15). Weiterhin spielt das Medium Computer eine zentrale Rolle in seinem Leben. Der PC ist für R. sowohl für sein Studium als auch für seinen Nebenberuf *„sehr wichtig"* (ebd.: S. 42, Z. 14), da er angehender Kommunikationsdesigner und ebenfalls bei seiner Nebentätigkeit beim NDR auf diesen angewiesen ist. Ebenso bezeichnet er das Internet als *„sehr wichtig"* (ebd.: S. 42, Z. 17), weil er ohne dieses *„gar nicht studieren"* (ebd.) könnte. Er berichtet in diesem Kontext, dass *„das Internet .. schon gerade so ... bisschen das Fernsehen ablöst"* (ebd.: S. 42, Z. 18). Die Nutzung dieser beiden Medien hat für ihn jedoch die Funktion, ihn vom Alltagsstress abzulenken und ihn abschalten zu lassen (ebd.: S. 42, Z. 4-20). Entsprechend der Vielfalt der von R. genannten Nutzungsgründe und -zwecke kann R. der Gruppe der „Multi-User" (Shell-Jugendstudie 2010: 98) zugeordnet werden (vgl. dazu ebd.: 98 f).

R. gibt an, dass er die genannten Medien *„eigentlich immer von morgens bis abends"* (R. 2011: S. 42, Z. 26) nutzt und berichtet, dass er *„früher nach dem Aufstehen ... den Fernseher angemacht (hat)"* (ebd.: S. 42, Z. 22) und *„heute ... nach dem Aufstehen den Rechner hoch(klappt) und .. gleich erst mal ins Internet (geht)"* (ebd.: S. 42, Z. 23). Der Computer läuft R.'s Aussage nach dann den ganzen Tag, während er seine Aufgaben – wie Hausaufgaben und den Haushalt – erledigt. Bücher liest R. nur, wenn dies für sein Studium erforderlich ist. In diesem Fall kann er sich seiner Aussage nach *„auch mal voll in ein Buch vertiefen"* (ebd.: S. 42, Z. 22-28).

Abschließend kann für die Subdimension resümiert werden, dass digitale Medien im Kontext des Alltags und der (Halb-)Freizeit von R. eine zentrale Rolle spielen. Entsprechend der Schilderungen im Rahmen seines Interviews kann er der Nutzergruppe der „Multi-User" (Shell Jugendstudie 2010: 98) zugeordnet werden. So nutzt er digitale Medien (insbesondere PC, Internet und Fernsehen) auf der einen Seite zum Zeitvertreib bzw. zu Unterhaltungs- und Kommunikationszwecken sowie zur Flucht vor Alltagsstress. Auf der anderen Seite ist er aber auch im Rahmen seines Studiums mit der Fachrichtung Kommunikationsdesign sowie in seinem Nebenberuf beim NDR auf PC und Internet angewiesen, sodass die Nutzung auch eine funktionale Bedeutung für R. hat.

Konsum (il-)legaler Drogen – „Ich mag es einfach berauscht zu sein, weil dann mache ich mir keine Sorgen und keine Gedanken über meine Situation …!" (R. 2011S. 31, Z. 19-20)

Wie bereits in Unterkapitel 3.3.3.2 sowie im Rahmen der vorangegangenen Lebenslagenanalysen gezeigt, spielt der Konsum (il-)legaler Drogen im Alltag und in der Freizeit von Jugendlichen oft eine bedeutende Rolle – z.B. um den Problemen des Alltags zu entfliehen (vgl. Drogenaffinitätsstudie 2011; Nevermann/Reicher 2009). Daher soll im nun folgenden Unterkapitel das Drogenkonsumverhalten von R. dargestellt werden.

Wird den Ausführungen von Nevermann/Reicher (2009) gefolgt, nach welchen Substanzmissbrauch und/oder hoher Nikotin- und Alkoholkonsum unter depressiven Jugendlichen verstärkt anzutreffen sind (Nevermann/Reicher 2009: 45), gilt der Gebrauch bzw. Missbrauch (il-) legaler Drogen für Jugendliche mit depressiver Störung als typisch. Auch der Interviewte R. konsumiert (il-)legale Drogen, fügt aber hinzu, dass (sein) Drogenkonsum seit der Einnahme der ihm seitens seines Neurologen verschriebenen Medikamente *„deutlich abgenommen"* (R. 2011: S. 15, Z. 10) hat und begründet dies damit, dass *„die Antidepressiva auf jeden Fall Alkohol (und andere Drogen) verstärken"* (ebd.: S. 15, Z. 11-12) und er deswegen vorsichtig geworden ist (ebd.: S. 15, Z. 10-12).

R. gibt an, dass er *„immer nur so sporadisch"* (R. 2011: S. 30, Z. 18) Zigaretten raucht und resümiert, dass die Anzahl der Zigaretten variiert und *„das Rauchen .. eigentlich noch nie so richtig (s)eine Sache (gewesen ist)"* (ebd.: S. 30, Z. 29-30) (ebd.: S. 30, Z. 24-30). Er bezeichnet sich als *„Geselligkeitsraucher"* (ebd.: S. 31, Z. 5) und schildert, dass er primär den mit dem Rauchen einhergehenden *„Smalltalk"* (ebd.) genießt (ebd.: S. 31, Z. 1-5). Dies bestätigt auch Osterloh in Baudisch/Albrecht/Stiller (2004) nach welchen 83% der befragten Jugendlichen den Konsum von Tabakwaren damit begründen, dass es eine ansteckende Wirkung auf sie hat, wenn Mitmenschen rauchen (Osterloh in Baudisch/Albrecht/Stiller 2004: 106). Festzuhalten bleibt somit, dass R. zu den 36,8% der Jugendlichen zählt, welche im Rahmen der Drogenaffinitätsstudie angeben, dass sie regelmäßig rauchen (Drogenaffinitätsstudie 2011: 37).

Alkohol hat R. das erste Mal im Alter von 14 Jahren getrunken. Trotz dieses frühen Alters für den ersten Kontakt mit Alkohol bezeichnet er sich selbst jedoch als *„ziemliche(n) Spätzünder"* (R. 2011: S. 32, Z. 14). Das durchschnittliche Alter für den Erstkonsum von Alkohol liegt laut der BZgA bei 14,5 Jahren (BZgA 2012). Somit liegt R. ein halbes Jahr unter dem im Rahmen der Drogenaffinitätsstudie (2011) ermittelten Altersdurchschnitt für den Erstkonsum.

R. berichtet, dass er an seinem ersten Alkoholrausch gleich *„Gefallen .. gefunden"* (R. 2011: S. 32, Z. 16) hat (ebd.: S. 32, Z. 13-16). Auf die Frage hin, was ihm der Konsum von Alkohol gibt, begegnet dieser, dass er *„das Gefühl vom Rausch"* (ebd.: S. 31, Z. 16) mag. Er fügt hinzu, dass er *„dann enthemmt"* (ebd.: S. 31, Z. 17-18) und *„(er) selber"* (ebd.: S. 31, Z. 18) ist, sich dann *„keine Sorgen und keine Gedanken über (s)eine Situation"* (ebd.: S. 31, Z. 19-20) macht, *„für den Moment (lebt)"* (ebd.: S. 31, Z. 20) und diesen genießen kann (ebd.: S. 31, Z. 16-21). R. gibt an *„zurzeit sehr wenig Alkohol"* (ebd.: S. 31, Z. 10) zu trinken. Er schildert, dass er *„viele Jahre jedes Wochenende weggegangen (ist) und da .. auch sehr viel Alkohol getrunken"* (ebd.: S. 31, Z. 11-12) hat, mitunter *„bis er gekotzt (hat), oder ... auf der Toilette eingeschlafen (ist)"* (ebd.: S. 31, Z. 12-13). Er resümiert, dass er sich in der Vergangenheit *„schon richtig abgeschossen"* (ebd.: S. 31, Z. 13-14) hat (ebd.: S. 31, Z. 10-14), dies heute jedoch nicht mehr geschieht. Sein Trinkverhalten möchte R. daher auch nicht ändern und betont, dass er nach wie vor beim Ausgehen Alkohol trinken wird, weil er es *„auch gar nicht (kennt), nüchtern auszugehen"* (ebd.: S. 32, Z. 28-29) (ebd.: S. 32, Z. 27-29).

Im Alter von 15 Jahren ist R. erstmalig mit illegalen Drogen in direkten Kontakt gekommen. So beschreibt er, dass er seinem ersten Partner, *„der .. Drogen verkauft (hat)"* (R. 2011: S. 33, Z. 3), *„einfach mal eine Ecstasy-Pille geklaut"* (ebd.: S. 33, Z. 11-12) und diese *„zusammen mit einer Freundin .. ausprobiert"* (ebd.: S. 33, Z. 13) hat (ebd.: S. 33, Z. 2-13). Er beschreibt, dass ihm sein erster Rausch *„sehr gut ... gefallen"* (ebd.: S. 33, Z. 14) hat und fügt hinzu, dass ihm *„bisher ... eigentlich noch keine Droge, die (er) ausprobiert (hat), nicht gefallen (hat)"* (ebd.: S. 33, Z. 15-16) (ebd.: S. 33, Z. 3-16). Im Laufe seiner „Drogen-Karriere" hat R. neben legalen Drogen wie Alkohol und Zigaretten, illegale Drogen wie Hasch und Marihuana, Kokain, Speed, psychoaktive Pilze, Ketamine, Dimethyltryptamid (DMT), MDMA, Ecstasy und Amphetamine konsumiert. Zu den Drogen, die er noch nicht konsumiert hat, zählen hingegen Heroin und GHB. Auch die Drogen „Ketamine" und DMT erwähnt er in diesem Kontext erneut, weil er bei deren Einnahme *„nicht diese Wirkung (gehabt hat), die man haben kann"* (ebd.: S. 33, Z. 21-22), sodass er für sich schlussfolgert, *„dass (er) das noch nicht so richtig erlebt (hat)"* (ebd.: S. 33, Z. 22-23) (ebd.: S. 33, Z. 15-23).

Laut Aussage von R. konsumiert dieser zum Zeitpunkt des Interviews – abgesehen von Cannabisprodukten – *„sehr wenig"* (R. 2011: S. 33, Z. 25) illegale Drogen, weil der Rausch durch die Einnahme seiner Medikamente *„halt sehr verstärkt"* (ebd.)

wird. Er gibt als Beispiel an, dass der mit der Einnahme von Antidepressiva kombinierte Konsum von Alkohol eine Art *„Ecstasy-Rausch“* (ebd.: S. 33, Z. 27) verursacht, ergänzt jedoch, dass ein weiterer Grund für den reduzierten Konsum sein Studium darstellt. R. erwähnt, dass er vor der Einnahme seiner Antidepressiva *„sehr extrem mit halluzinogenen Drogen, wie Pilzen herumexperimentiert“* (ebd.: S. 33, Z. 29-30) hat. Darüber hinaus hat er seiner Aussage nach in der Vergangenheit *„viel Ecstasy“* (ebd.: S. 33, Z. 30) konsumiert (ebd.: S. 33, Z. 25-30). In Anbetracht dessen bezeichnet er sich selbst als *„Rausch-Mensch“* (R. 2011: S. 36, Z. 10) sowie als *„drogenaffin“* (ebd.) und fügt hinzu, dass er *„schon bei (s)einem ersten Alkohol-Rausch gemerkt (hat), dass (er) dafür unheimlich empfänglich (ist)“* (ebd.: S. 36, Z. 11-12). Der Konsum der Drogen gibt ihm seiner Aussage nach die Möglichkeit, *„glücklich“* (ebd.: S. 34, Z. 1) zu sein, sich *„wohl“* (ebd.) zu fühlen, *„Spaß in (s)einem Leben“* (ebd.: S. 34, Z. 1-2) zu haben, *„total sorgenlos“* (ebd.: S. 34, Z. 2) zu sein und *„(sich) keine Sorgen über (s)einen Zustand, über (s)eine Situation“* (ebd.: S. 34, Z. 2-3) zu machen. Zudem kann er im Rauschzustand *„total aus (sich) herauskommen“* (ebd.: S. 34, Z. 3) und hat seiner Formulierung nach *„durch den Drogenkonsum schon so viele lustige Sachen und Leute kennen gelernt“* (ebd.: S. 34, Z. 3-4), was er rückblickend *„einfach nicht missen“* (ebd.: S. 34, Z. 4) möchte. Er fügt hinzu, dass er sich der Folgen bewusst ist, es ihm *„aber auch viel (gibt), Drogen zu nehmen“* (ebd.: S. 34, Z. 5) (ebd.: S. 34, Z. 1-5).

R. ist sich der Tatsache, dass er ein Problem mit Drogen hat, bewusst. So berichtet er, dass er täglich Cannabis konsumiert (R. 2011: S. 36, Z. 12), dass *„(ihm) .. Weggehen ohne Drogen nicht so wirklich Spaß (macht)“* (ebd.: S. 36, Z. 14) sowie dass er *„ohne darüber nachzudenken“* (ebd.: S. 36, Z. 15-16) Drogen annimmt, wenn ihm Jemand welche anbietet (ebd.: S. 36, Z. 9-16). Zudem vermutet er selbst, dass seine Depressionen infolge des Drogenkonsumverhaltens *„schlimmer geworden“* (ebd.: S. 37, Z. 7-8) sind. Dennoch konsumiert er weiter, weil er im Rauschzustand *„einfach sorgenfreier .., mal nicht so problembehaftet und ... in (s)ich gekehrt“* (ebd.: S. 37, Z. 9-10) ist. Er sieht einen Zusammenhang zwischen seinen Depressionen und seinem Konsumverhalten und stellt fest, dass er wahrscheinlich konsumiert, weil der Rausch ihn von seinen Sorgen ablenkt (ebd.: S. 37, Z. 6-11).

Auf die Frage hin, ob R. sein Drogenkonsumverhalten ändern möchte, antwortet dieser, dass er *„am liebsten ... aufhören (würde) zu kiffen“* (R. 2011: S. 37, Z. 18). Dies plant er allerdings zunächst *„erst mal für einen Zeitraum, um zu gucken, ob (s)eine Depressionen sich tatsächlich dadurch verbessern“* (ebd.: S. 37, Z. 18-19). Er betont, dass er den Konsum von Cannabis zum Zeitpunkt des Interviews *„ja schon .. von fast rund um die Uhr auf nur noch abends (reduziert)“* (ebd.: S. 37, Z. 19-20) hat. Dies ist *„für (ihn) schon ein Erfolg"* (ebd.: S. 37, Z. 20), da *„viele in (s)einem Freundeskreis kiffen"* (ebd.: S. 37, Z. 21) und er bereits ablehnen kann, wenn diese *„vor (ihm) kiffen"* (ebd.). Seiner Aussage nach wäre es jedoch *„am schönsten ..., wenn (er) ganz aufhören (könnte)"* (ebd.: S. 37, Z. 22-23). Gleichzeitig betont er jedoch, dass *„(er) .. weiterhin noch andere Drogen nehmen (möchte), weil es .. (ihm) einfach zu sehr Spaß (macht)"* (ebd.: S. 37, Z. 26-27). Obwohl er sich der Gefahr bewusst ist, dass bei regelmäßigem Konsum *„seine Psyche da total dran zerbrechen"* (ebd.: S. 37, Z. 28) kann, möchte er den Konsum von Drogen – mit Ausnahme des Konsums von Cannabis – somit keinesfalls einstellen, weil er seiner Aussage nach *„echt glücklich in diesen Momenten"* (ebd.: S. 37, Z. 29) ist (ebd.: S. 37, Z. 18-29).

Zusammenfassend kann festgehalten werden, dass R. trotz der Einnahme der (ihm von seinem Neurologen verschriebenen) Antidepressiva und Schlaftabletten weiterhin regelmäßig Alkohol trinkt und illegale Drogen konsumiert – insbesondere Cannabisprodukte, Speed, Kokain, Ecstasy und andere Betäubungsmittel. Er betont jedoch, dass er sein Konsumverhalten seit Beginn der Einnahme der ihm verschriebenen Medikamente stark eingeschränkt hat und fügt hinzu, dass er auf den Konsum von Cannabis künftig am liebsten ganz verzichten möchte. Hingegen betont er, dass er den Konsum von „Party-Drogen" fortsetzen möchte, weil dieser ihm, wie er es formuliert, „einfach zu sehr Spaß macht" (R. 2011: S. 37, Z. 27).

Soziale Beziehungen – Familie, Partnerschaft, Freundschaften und Unterstützungsnetzwerk

Wie bereits in Unterkapitel 3.3.4 dargestellt, haben soziale Beziehungen eine zentrale, richtungweisende, positiven (emotionalen) Rückhalt bietende und sozialkompetenzstärkende Funktion für Jugendliche. Nach Essau (2007) gestalten sich die Beziehungen depressiver Jugendlicher zu Familienmitgliedern und Freund/-innen allerdings schwierig, was die nachfolgenden Ausführungen bestätigen.

R. berichtet, dass es sich insbesondere im letzten halben Jahr vor dem Interview *„sehr stark"* (R. 2011: S. 48, Z. 8) auf seine (persönlichen) Kontakte und Beziehungen zu seinen Mitmenschen ausgewirkt hat, dass er unter Depressionen leidet. So äußert er, dass er sich *„von Leuten zurück(zieht)"* (ebd.: S. 48, Z. 9) und zum *„ziemliche(n) Eigenbrötler (wird)"* (ebd.: S. 48, Z. 9-10), *„wenn (er) sehr depressiv (ist)"* (ebd.: S. 48, Z. 8). Auch Nevermann/Reicher (2009) weisen darauf hin, dass es ein Anzeichen für eine depressive Störung sein kann, wenn Jugendliche sich aus eigenem Antrieb heraus aus vorhandenen sozialen Beziehungen immer mehr zurückziehen. Ihren Beschreibungen zufolge nimmt jedoch nicht nur der Kontakt zu Freund/-innen ab. Auch im Rahmen der Herkunftsfamilie zeigen depressive Jugendliche deutliche Isolationstendenzen (Nevermann/Reicher 2009: 33 f). R.'s Beschreibung nach ist sein Rückzugsverhalten in der Zeit, in welcher er nach Hamburg gezogen ist, *„ganz schlimm"* (R. 2011: S. 48, Z. 10) gewesen, weil er die Leute *„erst im Studium kennengelernt"* (ebd.: S. 48, Z. 13) und zu diesen *„nicht so dieses Urvertrauen"* (ebd.: S. 48, Z. 12-13) gehabt hat. So betont er, sich aus dem genannten Grund *„sehr stark zurückgezogen"* (ebd.: S. 48, Z. 14) zu haben und merkt in diesem Kontext an, dass er *„(sich) dann manchmal regelrecht (verkriecht)"* (ebd.: S. 48, Z. 15). Er stellt fest, dass er insbesondere diejenigen Personen *„sehr stark (meidet)"* (ebd.: S. 48, Z. 20), welche von seiner psychischen Erkrankung nichts wissen (ebd.: S. 48, Z. 8-20). In schlechten Phasen traut er sich seiner Aussage nach *„gar nicht, auf Leute zuzugehen"* (ebd.: S. 48, Z. 26-27), weil dann *„voll die Selbstzweifel"* (ebd.: S. 48, Z. 27-28) bei ihm entstehen. Wenn es ihm hingegen gut geht, hat er mit der Kontaktaufnahme kein Problem, merkt in diesem Kontext jedoch an, dass er generell *„(s)eine Zeit (braucht), um warm zu werden"* (ebd.: S. 48, Z. 28-29) (ebd.: S. 48, Z. 22-29).

Zusammenfassend kann festgehalten werden, dass R. in depressiven Phasen persönliche Kontakte meidet, sich aus sozialen Netzwerken zurückzieht und sich mitunter sogar völlig isoliert. Entsprechend kann festgehalten werden, dass sich die depressive Störung negativ auf die Dimension „soziale Beziehungen" auswirkt und sich somit auch im Rahmen dieser Dimension soziale Ungleichheitsverhältnisse bzw. Benachteiligungen feststellen lassen.

Als R. aufgefordert wird, das soziale Kontaktschema (vgl. Anhang D.2) auszufüllen, gliedert er dieses in die Kategorien „Familie", „Freunde", „Universität" und „Arbeit". Diese Kategorien wurden in Anlehnung an die Ergebnisse der Shell Jugendstudie (2010) zu den Subdimensionen „Familie" (Unterkapitel 6.3.4.1), „Partnerschaft" (Unterkapitel 6.3.4.2) und „Freunde/Gleichaltrige" (Unterkapitel 6.3.4.3) zusammengefügt.

Bei der Betrachtung des sozialen Kontaktschemas fällt direkt auf, dass R.'s soziales Netzwerk sich relativ überschaubar gestaltet. So setzt sich sein familiäres Netzwerk ausschließlich aus zwei Personen und sein Freundschaftsnetzwerk aus insgesamt sechs Personen (inklusive seinem Partner) zusammen. Ferner nennt R. jeweils drei Personen aus den Bereichen „Studium" und „Arbeit". Was auffällt ist, dass die meisten der im sozialen Kontaktschema erfassten Personen einander kennen und beinahe die Hälfte der Beziehungen beruflicher Natur sind. Um eine wissenschaftlich basierte Wertung über die Dichte seines sozialen Netzwerks liefern zu können, wurde die Dichte seines sozialen Kontaktschemas (Netzwerkdichte) in Anlehnung an Pantuček (2009) rechnerisch ermittelt. Die Maßzahl der Dichte seines sozialen Netzwerks beträgt bei R. zum Zeitpunkt der Untersuchung rund 0,2 (vgl. Anhang D.2). Nach Pearson (1997) kann die Dichte seines Netzwerkes als niedrig bezeichnet werden (Pearson 1996: 96 f).[49] Dies geht mit Vorteilen für O. einher, weil Netzwerke geringer Dichte seinen Ausführungen zufolge die Autonomie fördern und mit einem differenzierten Zugang zu Ressourcen verbunden sind.

Familie – „Bei meiner Familie .. habe ich ja fast nichts!" (R. 2011: S. 45, Z. 24)

Wie bereits in Unterkapitel 3.3.4.1 dargestellt, ist die Familie als primäre Sozialisationsinstanz für die Selbstentfaltung und für die Entwicklung der Persönlichkeit von entscheidender Bedeutung, weil sie im besten Fall positiven emotionalen Rückhalt und Feedback (bezüglich bestimmter Verhaltensweisen) bietet. Doch nicht alle Jugendlichen erhalten den erforderlichen positiven emotionalen Rückhalt seitens ihrer Familie, wie im folgenden Unterkapitel deutlich wird.

Bei der Erstellung des sozialen Kontaktschemas stellt R. zunächst die Kategorie Familie dar und betont dabei eingangs, dass er in dieses Feld des sozialen Kontaktschemas *„ja fast nichts"* (R. 2011: S. 45, Z. 24) eintragen kann. Er beginnt mit seiner Schwester (S.). R. berichtet, dass er mit seiner Schwester *„lange Streit"* (ebd.: S. 45, Z. 29) gehabt hat, die beiden sich *„dann ... aber wieder vertragen"* (ebd.: S. 45, Z. 29-30) haben (ebd.: S. 45, Z. 28-31). Er gibt an, dass diese *„(ihm) mittlerweile .. wieder sehr wichtig"* (ebd.: S. 44, Z. 13) geworden ist und *„auch sehr nah dran (steht)"* (ebd.: S. 44, Z. 14), was er entsprechend im sozialen Kontaktschema darstellt (ebd.: S. 44, Z. 13-15; vgl. Anhang D.2). Er schildert, dass er mit dieser *„entweder weg(geht)"* (ebd.: S. 45, Z. 30) oder *„kreative Sachen (macht)"* (ebd.: S. 45, Z. 30-S. 46, Z. 31). Da seine Schwester *„auch angefangen (hat), Kommunikationsdesign zu studieren"* (ebd.: S. 46, Z. 1) und zudem *„gelernte Fotografin"* (ebd.: S. 46, Z. 2) ist, können die beiden seiner Aussage nach *„halt (ihre) künstlerische Seele (zusammen) ausleben"* (ebd.: S. 46, Z. 2-3) (ebd.: S. 45, Z. 29 - S. 46, Z. 3).

Im Anschluss an seine Schwester zeichnet R. seine Mutter in das Schema ein und erläutert, dass diese ihm einerseits *„zwar auch wichtig"* (R. 2011: S. 44, Z. 14-15) ist, er jedoch andererseits *„mit seiner Mutter ... Probleme und Sorgen (verbindet)"* (ebd.: S. 44, Z. 15), weshalb er ihren Kreis *„auch ein bisschen kleiner"* (ebd.: S. 44, Z. 16) als den Kreis seiner Schwester und *„ein bisschen weiter weg"* (ebd.) vom ICH in das soziale Kontaktschema einträgt (vgl. Anhang D.2). Er betont, dass dies jedoch nicht bedeuten soll, *„dass (er) (s)eine Mutter nicht lieb(t)"* (ebd.: S. 44, Z. 17),

[49] Pantuček (2009) betont in diesem Kontext jedoch, dass die Netzwerkdichte ausschließlich „in Relation zur Netzwerkgröße angemessen interpretiert werden (kann)" (Pantuček 2009: 190).

sondern dass die Beziehung zu dieser sich mitunter *„schwierig"* (ebd.) gestaltet (ebd.: S. 44, Z. 13-17). Darüber hinaus berichtet er, dass dieser *„(s)eine Mutter ... relativ selten"* (ebd.: S. 46, Z. 3) sieht. Wenn sie sich treffen, gehen sie gemeinsam *„Kaffee trinken oder ... in die Stadt"* (ebd.: S. 46, Z. 4), wo er ihr dann irgendetwas kauft, weil diese *„nicht so viel Geld"* (ebd.: S. 46, Z. 5) hat. Er fügt hinzu, dass er seiner jedoch *„nicht so in der Form helfen"* (ebd.: S. 46, Z. 7) kann, wie er es gerne möchte. In diesem Kontext betont er, dass er ihr *„im Grunde genommen ... wegen ihrer Sprachprobleme immer helfen"* (ebd.: S. 46, Z. 7-8) muss und merkt an, dass er sie zudem *„finanziell"* (ebd.: S. 46, Z. 8) unterstützen, *„Ämtergänge für sie"* (ebd.: S. 46, Z. 9) erledigen und *„dafür sorgen (muss), dass sie nicht aus ihrer Wohnung rausfliegt, oder so"* (ebd.: S. 46, Z. 9-10). Ferner schildert R., dass die Beziehung zu seiner Mutter für diesen *„nicht entspannend"* (R. 2011: S. 46, Z. 10), sondern *„oft sehr belastend"* (ebd.) ist, betont jedoch, dass sie ihn trotz alledem *„schon sehr auf(baut)"* (ebd.: S. 46, Z. 12), da sie ihm häufig sagt, *„dass sie (ihn) liebt und dass sie unheimlich stolz auf (ihn ist)"* (ebd.: S. 46, Z. 11-12) (ebd.: S. 46, Z. 3-12).

In einem zweiten Anlauf fügt R. seinen Vater in das soziale Kontaktschema ein. Da er seiner Aussage nach mit diesem *„ja nichts zu tun (hat) und der .. eigentlich keine Rolle in (s)einem Leben spielt"* (R. 2011: S. 45, Z. 24-25), zeichnet er den Kreis *„ganz klein"* (ebd.: S. 45, Z. 24; vgl. Anhang D.2). Er schildert, dass dieser lediglich *„(s)eine BaföG-Anträge ausfüllen (muss)"* (ebd.: S. 45, Z. 26) (ebd.: S. 45, Z. 23-26). Mit seinem Vater hat R. somit *„gar keinen Kontakt"* (ebd.: S. 46, Z. 13) und wünscht diesen auch nicht. Er betont, dass sein Vater *„(ihn) auch in Ruhe lassen"* (ebd.: S. 46, Z. 14) soll, weil er befürchtet, dass eine Begegnung mit diesem *„einfach nur ein Loch aufreiß(t), das (er) gar nicht mehr stopfen könnte"* (ebd.: S. 46, Z. 14-15) (ebd.: S. 46, Z. 13-15).

Auf seine verstorbenen Großeltern geht R. im Rahmen des Interviews nicht ausführlich ein. Er erwähnt lediglich am Rande, dass er bei diesen in der Kindheit gemeinsam mit Mutter und Schwester gelebt hat sowie dass der Tod seines Großvaters ihm damals ziemlich nahe gegangen ist. Über den Tod seiner Großmutter berichtet R. nicht gesondert (ebd.: S. 7; Z. 22-30; S. 26, Z. 7-13).

Partnerschaft – „Früher war mir die Beziehung das Wichtigste und mittlerweile … ist mir meine Gesundheit wichtiger …!" (R. 2011: S. 54, Z. 9-10)

Weil R.'s Partnerschaft – trotz der Tatsache, dass diese sehr problembehaftet ist – einen zentralen Stellenwert für diesen hat, seine Lebensführung und folglich seine Lebenslage maßgeblich beeinflusst, soll – in Anlehnung an die Ergebnisse der Shell

Jugendstudie (2010) – über die Subdimension „Partnerschaft" im nun folgenden Unterkapitel gesondert berichtet werden.

Anders als der vorangegangene Interviewte O. (vgl. Kapitel 5) und der Großteil der in der Shell Jugendstudie (2010) befragten Jugendlichen (vgl. Shell Jugendstudie 2010), gruppiert R. seinen Partner im sozialen Kontaktschema im Feld „Freunde" ein. Er erhält zwar ebenfalls *„einen großen Kreis"* (R. 2011: S. 44, Z. 24), dennoch positioniert er diesen in dem Netzwerkschema allerdings *„ein bisschen außerhalb"* (ebd.), weil es seiner Formulierung nach *„einfach oft Probleme (gibt)"* (ebd.: S. 44, Z. 25) und die Beziehung sich *„nicht immer positiv"* (ebd.: S. 44, Z. 25-26) gestaltet (ebd.: S. 44, Z. 17-26; vgl. Anhang D.2).

R. berichtet zu Beginn des Interviews, dass er homosexuell ist und einen festen Partner hat, mit welchem er zwei Jahre zusammen gewesen ist, bevor sie sich für *„ein halbes Jahr getrennt"* (R. 2011: S. 52, Z. 7) haben. Die Trennungsphase beschreibt er als *„sehr hart"* (ebd.) und fügt hinzu, dass sie noch drei Monate davon in einer gemeinsamen Wohnung gelebt haben, was er rückblickend als *„de(n) absolute(n) Horror"* (ebd.: S. 52, Z. 8) beschreibt. Sein Partner ist seiner Aussage nach in dieser Zeit *„nicht nett zu (ihm)"* (ebd.) gewesen und R. hat *„die Trennung nicht akzeptieren (wollen)"* (ebd.: S. 52, Z. 8-9). In der Trennungsphase ist er dann kurzfristig zu einer Freundin in Hamburg gezogen. *„Seit Anfang ... Juni (2011, d. Verf.)"* (ebd.: S. 52, Z. 29) wohnt er wieder bei seinem Partner, wobei er betont, dass sie *„seitdem ... so langsam wieder in die alten Muster fallen"* (ebd.: S. 52, Z. 30-S. 53, Z. 1). R. beschreibt die Beziehung als *„sehr schwierig"* (ebd.: S. 52, Z. 13), da er seinen Partner zwar einerseits liebt und sie *„in manchen Dingen ... ein Herz und eine Seele"* (ebd.: S. 52, Z. 14) sind, es andererseits *„aber ... auch so viele Punkte gibt, wo es einfach kracht"* (ebd.: S. 52, Z. 15-16) (ebd.: S. 52, Z. 13-16). Er fügt hinzu, dass es meist um das *„Problem Haushalt"* (ebd.: S. 53, Z. 1) und das *„Problem Energie"* (ebd.) geht sowie dass er *„einfach nicht so viel Energie, wie er"* (ebd.) hat. Nach Aussage von R. hat sein Partner hierfür kein Verständnis und kann sich in dessen Befindlichkeit nicht hineinversetzen. Er fügt hinzu, dass dieser annimmt, dass R. *„faul"* (ebd.: S. 53, Z. 7) ist oder einfach nicht will und merkt an, dass sein Partner genau weiß, wie er ihn *„mit gewissen Dingen unter Druck setzen (kann)"* (ebd.: S. 53, Z. 9). So hält er ihm oft vor, dass *„(er) immer so viel für (ihn)"* (ebd.: S. 53, Z. 11-12) tut. R. bestätigt, dass dieser zwar wirklich *„sehr viel für (ihn)"* (ebd.: S. 53, Z. 12) tut, *„es (ihm) im gleichen Atemzug"* (ebd.) jedoch vorhält, ihn erpresst und unter Druck setzt, wenn etwas nicht nach dessen Vorstellungen verläuft (ebd.: S. 52, Z. 28-S. 53, Z. 14).

Auf die Frage hin, wie viel Zeit R. mit seinem Partner verbringt, antwortet dieser, dass sie *„aktiv ... eigentlich kaum noch Zeit miteinander (verbringen)"* (R. 2011: S.

53, Z. 19). Er betont, dass sie *„zwar in der gleichen Wohnung, aber .. bisschen nebeneinander her (leben)“* (ebd.: S. 53, Z. 19-20), da R. *„eigentlich die ganze Zeit über mit (s)einem Studium beschäftigt“* (ebd.: S. 53, Z. 20-21) ist. Auch am Wochenende *„klink(t) (er) (s)ich immer aus“* (ebd.: S. 53, Z. 22), wenn sein Partner in Diskotheken geht, was er mit dessen Drogenkonsum begründet. Er betont, dass er den exzessiven Drogenkonsum *„einfach nicht so (verträgt)“* (ebd.: S. 53, Z. 23) und den kompletten darauf folgenden Tag weint, während sein Partner schläft und es diesem *„einfach gut“* (ebd.: S. 53, Z. 24) geht. Er fasst zusammen, dass sie zum Zeitpunkt des Interviews *„nicht viel Zeit miteinander (verbringen)“* (ebd.: S. 53, Z. 24-25), sich infolge der Tatsache, dass sie in einer gemeinsamen Wohnung leben, jedoch täglich sehen (ebd.: S. 53, Z. 19-25).

R. berichtet, dass seine Partnerschaft vor der Trennungsphase *„eine sehr, sehr große Bedeutung für (ihn)“* (R. 2011: S. 53, Z. 27) gehabt hat. Sein Partner ist R.s Aussage nach vor dem Streit *„für (ihn) sein Ein und Alles“* (ebd.: S. 53, Z. 28) gewesen. Er berichtet, dass er diesen *„heiraten und mit ihm Kinder adoptieren“* (ebd.: S. 53, Z. 29) wollte und betont, dass dieser *„(s)ein perfektes Gegenstück“* (ebd.: S. 53, Z. 30) gewesen ist. Deswegen ist bei der Trennung *„auch .. eine Welt für (ihn) zusammengebrochen“* (ebd.: S. 53, Z. 30-S. 54, Z. 1). Er fügt hinzu, dass er *„wirklich beinahe daran zerbrochen“* (ebd.: S. 54, Z. 1) ist, dass dieser *„nicht mehr im gleichen Zimmer mit (ihm) geschlafen“* (ebd. : S. 54, Z. 1-2) hat und *„nur noch gemein zu (ihm)“* (ebd.: S. 54, Z. 2) gewesen ist. Er betont, dass sein Partner zum damaligen Zeitpunkt *„nur noch nett zu (ihm gewesen ist), wenn er Geld oder irgendetwas anderes von (ihm gewollt hat)“* (ebd.: S. 54, Z. 2-3), ansonsten hat dieser ihn seiner Aussage nach *„wie Dreck behandelt“* (ebd.: S. 54, Z. 3). Hierunter haben *„(s)eine Gefühle schon sehr .. gelitten“* (ebd.: S. 54, Z. 4), sodass es *„auch sehr, sehr lange gedauert“* (ebd.: S. 54, Z. 4-5) hat und sein Partner *„sehr lange kämpfen (musste)“* (ebd.: S. 54, Z. 5-6), bis R. sich erneut auf die Beziehung eingelassen hat. Er äußert, dass es dann *„eine Zeit lang sehr schön“* (ebd.: S. 54, Z. 6) gewesen ist, er jedoch feststellt, dass die Gefühle nachlassen, je mehr sein Partner ihn kritisiert und bemängelt. Er resümiert, dass ihm *„früher ... die Beziehung das Wichtigste“* (ebd.: S. 54, Z. 8) gewesen ist, ihm jedoch *„mittlerweile ... (s)eine Gesundheit, ... (s)ein Studium und (s)eine Unabhängigkeit“* (ebd.: S. 54, Z. 9-10) wichtiger sind (ebd.: S. 53, Z. 27-S. 54, Z. 10). Weiterhin stört R. jedoch, dass sein Partner nicht akzeptieren kann, dass dieser anders als er selbst ist und ihm oft das Gefühl gibt, dass er *„abnormal“* (ebd.: S. 54, Z. 26) ist. Darüber hinaus missfällt ihm die herrschsüchtige Art seines Partners sowie dass dieser nicht akzeptiert, dass R. manchmal nicht so viel Kraft aufbringen kann, um gewisse Dinge in Angriff zu nehmen. Ebenso stört ihn an der Beziehung, dass sein Partner *„sehr* *taktlos"* (ebd.: S. 54, Z. 28) ist, ihn seiner Äußerung nach *„manchmal unheimlich manipuliert"* (ebd.: S. 55, Z. 2) und ihn häufig durch Aussagen *„sehr runter reißt"* (ebd.: S. 54, Z. 28). Zudem gibt dieser ihm *„manchmal das Gefühl, das Kiffen (sei) ihm wichtiger"* (ebd.: S. 55, Z. 1). Er fügt hinzu, dass sein Partner oft *„unheimlich schlecht drauf"* (ebd.: S. 55, Z. 2) ist und *„gar nicht klar(kommt)"* (ebd.: S. 55, Z. 3), wenn dieser *„nichts zu Rauchen .. oder kein Geld"* (ebd.) hat. Was R. als *„ganz, ganz schlimm"* (ebd.: S. 55, Z. 9-10) bewertet, ist die Tatsache, dass sein Partner in der Zeit, in welcher er bei diesem gewohnt hat, *„andauernd damit gedroht hat, ... (ihn) rauszuschmeißen"* (ebd.: S. 55, Z. 10-11). Dies hat er als *„ganz schlimm"* (ebd.: S. 55, Z. 11) empfunden, weil ihm dies bereits seine Schwester sehr oft in der Vergangenheit angedroht hat, wodurch er seiner Aussage nach *„echt so ein kleines Trauma"* (ebd.: S. 55, Z. 12) erlitten hat. Weiterhin stört R. an seinem Partner, dass dieser verlangt, dass R. für anfallende Kosten aufkommt und begründet dies dadurch, dass dieser mietfrei bei ihm wohnt (ebd.: S. 54, Z. 25-S. 55, Z. 21).

Hingegen schätzt R. an seinem Partner, dass dieser *„(ihn) immer zum Lachen bringt"* (R. 2011: S. 54, Z. 14), dass sie *„wirklich viel Spaß miteinander haben"* (ebd.: S. 54, Z. 15) und *„über den gleichen Scheiß lachen"* (ebd.) können. Weiterhin schätzt er an seinem Partner, dass dieser *„intelligent"* (ebd.: S. 54, Z. 16) ist und sie sich daher *„auch intelligent unterhalten"*(ebd.) können sowie die Tatsache, dass *„er (ihm) wirklich oft vieles abnimmt und dann auch Verständnis für (s)eine Situation hat"* (ebd.: S. 54, Z. 16-17). Darüber hinaus schätzt er, dass sein Partner oft versucht, *„(ihm) eine Freude zu machen"* (ebd.: S. 54, Z. 17-18). Er erwähnt in diesem Kontext, dass dieser *„eigentlich sehr, sehr viel"* (ebd.: S. 54, Z. 18) für ihn tut. Zudem, so betont er, ist sein Partner *„sehr ordentlich, intelligent, ... lieb, ... lustig"* (ebd.: S. 54, Z. 18-19). Er gibt ihm *„unheimlich viel Liebe"* (ebd.: S. 54, Z. 19) und zeigt ihm auch sehr oft, dass er R. liebt, was diesem *„auch sehr wichtig"* (ebd.: S. 54, Z. 20) ist. Er resümiert, dass dieser *„(ihn) einfach glücklich und fröhlich (macht)"* (ebd.: S. 54, Z. 20-21) (ebd.: S. 54, Z. 14-21).

Zusammenfassend kann festgehalten werden, dass R. zum Zeitpunkt des Interviews seit drei Jahren (mit einer halbjährigen Unterbrechung) in einer festen (homosexuellen) Partnerschaft lebt. Mit Ausnahme der Zeit der (vorübergehenden) Trennungsphase lebt er in der Wohnung seines Partners. In der Partnerschaft kommt es häufig zu Konfliktsituationen, weil R. den Erwartungen des Partners in punkto Haushaltsführung nicht gerecht wird. Nichtsdestotrotz scheint ihm sein Partner in anderen Momenten die von ihm gewünschte Aufmerksamkeit zu schenken. Dennoch fasst R. zusammen, dass seine Beziehung *„mittlerweile mehr Belastung als Freude"* (R. 2011: S. 4, Z. 28-29) für ihn geworden ist.

Freundschaften – „Durch das Studium konnte ich mich nur noch auf sehr wenige Freunde beschränken!“ (R. 2011: S. 45, Z. 21-22)

In der Jugendphase gewinnen – parallel zur Ablösung vom Elternhaus – Freundschaften zu Gleichaltrigen eine immer größere Rolle, weil diese unter anderem den Erwerb wichtiger sozialer Kompetenzen ermöglichen. Nach Puig-Antich et al. (1985), auf welche Essau (2007) sich bezieht, haben depressive Jugendliche weniger Kontakt zu Freund/-innen und werden häufig Gegenstand von Hänseleien Gleichaltriger (vgl. dazu Puig-Antich et al. 1985). Nach Vernberg (1990) und Jacobsen et al. (1983) gehen die geringere Nähe und der seltenere Kontakt zu den (besten) Freund/-innen, Erfahrungen von Ablehnung und geringe Beliebtheit unter Gleichaltrigen (Jacobsen et al. 1983) häufig mit einer depressiven Symptomatik einher. Während geringe Nähe und seltener Kontakt zu Gleichaltrigen zwar einen Risikofaktor für Depressionen darstellen, schützen positive soziale Kontakte und Beziehungen hiervor nicht. Allerdings haben enge Beziehungen zu Gleichaltrigen – insbesondere, wenn die Beziehung zu den Eltern beeinträchtigt ist – nach Petersen et al. (1991) und Sarigiani et al. (1990) eine protektive Wirkung (Essau 2007: 79; vgl. dazu auch Petersen et al. 1991 und Sarigiani et al. 1990).

Forschung und Praxis zeigen, dass depressive Jugendliche oft weniger (enge) Freundschaften als andere führen. Auch nach Stice/Ragan/Randall (2004), auf welche sich Nevermann/Reicher (2009) hier beziehen, kommt es im Kontext des sozialen Rückzugs zu einem massiven Rückgang bezüglich der Intensität und Häufigkeit von Kontakten zu anderen Gleichaltrigen (Stice/Ragan/Randall, 2004) (Nevermann/Reicher 2009: 33 f).

R. schildert, dass ihm von seinen Freund/-innen *„drei sehr, sehr wichtig (sind)“* (R. 2011: S. 44, Z. 18). Dies sind seine beste Freundin S., sein bester Freund M. sowie seine beste Freundin M.. Hinzu kommen zwei weitere Freundinnen – Freundin A., die er am längsten von allen kennt sowie seine Freundin C –, welche ihm jedoch nach eigener Aussage weniger wichtig sind. Seine Freund/-innen haben für ihn *„alle .. einen großen Stellenwert“* (ebd.: S. 47, Z. 26), weil er sich bei diesen sicher ist, dass diese *„einfach (s)ein ganzes Leben lang da sind“* (ebd.: S. 47, Z. 26-27) (ebd.: S. 47, Z. 26-28). Er schildert, dass in seinem *„Freundeskreis ... immer ganz viele so ... zwischendurch“* (ebd.: S. 45, Z. 20-21) eine Rolle spielen und begründet dies dadurch, dass er *„(sich) durch das Studium ... nur noch auf sehr wenige Freunde beschränken“* (ebd.: S. 45, Z. 21-22) konnte (ebd.: S. 45, Z. 20-22).

Seine beste Freundin S. aus Hamburg hat R. erst während seines Studiums kennengelernt, was er sehr bedauert und als *„viel zu spät“* (R. 2011: S. 47, Z. 24) bezeichnet (ebd.: S. 47, Z. 19-24). Er erläutert, dass seine beste Freundin S. für ihn *„einen sehr großen Stellenwert"* (ebd.: S. 44, Z. 18-19) hat, weil diese auch an einer depressiven Störung leidet und *„(ihm) sehr viel geholfen"* (ebd.: S. 44, Z. 19) hat (ebd.: S. 44, Z. 18-19). Er betont, dass diese *„(ihm) natürlich sehr wichtig (ist), ... weil sie ein gemeinsames Schicksal mit (ihm)"* (ebd.: S. 46, Z. 15-16) teilt und *„auch ... depressiv"* (ebd.: S. 46, Z. 17) ist. Seiner Beschreibung nach, hat diese jedoch *„das Schlimmste"* (ebd.) schon überstanden. Dies begründet er dadurch, dass sie bereits durch eine Therapie gegangen ist und *„halt diese Heulphase nicht mehr so extrem"* (ebd.) durchlebt. Dennoch versteht diese, wie er sich fühlt, was er als *„schon mal ganz gut"* (ebd.: S. 16, Z. 18-19) bewertet. Mit seiner besten Freundin S. hat R. *„sehr oft"* (ebd.: S. 16, Z. 20) Kontakt. Obwohl sie sich erst *„seit ungefähr einem Jahr"* (ebd.) kennen, kommt sie *„(ihm) vor, wie (seine) Seelenverwandte"* (ebd.: S. 16, Z. 21). Er stellt fest, dass deren *„gemeinsames Schicksal"* (ebd.: S. 16, Z. 28) die beiden *„ein bisschen zusammengeschweißt"* (ebd.: S. 16, Z. 28-29) hat und fügt hinzu, dass sie sich *„in Allem"* (ebd.: S. 16, Z. 31) gegenseitig unterstützen und einander aufbauen, wenn es ihnen einmal schlecht geht. Er äußert, dass die beiden *„eigentlich immer füreinander da"* (ebd.: S. 17, Z. 1) sind und *„der eine .. sich auf jeden Fall hundertprozentig auf den anderen verlassen (kann)"* (ebd.: S. 17, Z.1-2) (ebd.: S. 16, Z. 23 - S. 17, Z. 2).

Eine gleich hohe Bedeutung schreibt er seinem besten Freund M. zu (R. 2011: S. 44, Z. 21). Er berichtet, dass er nach der Trennung von seinem zweiten festen Partner *„(s)einen besten Freund getroffen und neu kennen gelernt"* (ebd.: S. 35, Z. 26) hat. Er erläutert, dass diese zwar bereits vorher in einer Clique gewesen sind, dennoch *„nie so wirklich etwas miteinander zu tun"* (ebd.: S. 35, Z. 27) gehabt haben. Dadurch, dass sich dieser zum damaligen Zeitpunkt *„auch in einer Trennung"* (ebd.: S. 35, Z. 27-28) befunden hat und *„es beiden sehr schlecht (gegangen ist)"* (ebd.: S. 35, Z. 28), hat dies die beiden *„irgendwie vereint"* (ebd.). Er berichtet, dass die beiden zu dieser Zeit *„sehr viel weggegangen (sind), .. sehr viele Drogen genommen (haben)"* (ebd.: S. 35, Z. 29) und fügt hinzu, dass diese, wann immer sich die Gelegenheit ergeben hat, Alkohol getrunken und illegale Drogen konsumiert haben (ebd.: S. 35, Z. 25-32). R. betont, dass sein bester Freund M. für ihn *„einen sehr hohen Stellenwert"* (ebd.: S. 46, Z. 22) hat und fügt hinzu, dass dieser für ihn so etwas wie *„ein kleiner Vaterersatz"* (ebd.: S. 46, Z. 22-23) ist, welcher ihm *„immer mit Rat und Tat zur Seite"* (ebd.: S. 46, Z. 23) steht. Wenn R. Probleme hat, geht er eigentlich immer zu seinem besten Freund M.. Er betont, dass die beiden *„einfach auch schon so harte Zeiten miteinander erlebt und (sich) gegenseitig immer wieder an den Haaren aus dem Dreck rausgezogen"* (ebd.: S. 46, Z. 24-25) haben. Er resümiert, dass sein bester Freund M. *„einen ganz besonderen Stellenwert"* (ebd.: S. 46, Z. 26) für ihn hat und ist überzeugt, dass dieser *„immer in (s)einem Leben bleiben"* (ebd.: S. 46, Z. 25-26) wird (ebd.: S. 46, Z. 22-26).

„Etwas weniger" (R. 2011: S. 44, Z. 21) Bedeutung hat für ihn die Freundschaft zu seiner besten Freundin M. aus Bremen, *„weil sich (deren) Verhältnis auch ein bisschen distanziert (hat)"* (ebd.: S. 44, Z. 21-22), was er durch die *„räumliche Trennung"* (ebd.: S. 44, Z. 22-23) begründet. Seine beste Freundin M. aus Bremen kennt R. *„schon seit der Einschulung"* (ebd.: S. 46, Z. 27), weil die beiden an diesem Tag schon nebeneinander gesessen haben. Er betont, dass sie *„einfach schon sehr lange befreundet"* (ebd.: S. 46, Z. 28) sind sowie dass diese ihm *„in vielen Dingen unheimlich ... ans Herz gewachsen"* (ebd.: S. 46, Z. 28-29) ist. Er fügt hinzu, dass diese *„total loyal"* (ebd.: S. 46, Z. 29) ist und die beiden sich *„eigentlich immer gegenseitig (helfen)"* (ebd.) (ebd.: S. 46, Z. 26-29). Des Weiteren ist er mit seiner besten Freundin M. *„von der siebten bis zur zwölften Klasse in einer Klasse gewesen"* (ebd.: S. 47, Z. 19-20). Während des Fachabiturs sind die beiden dann *„sehr gute Freunde geworden"* (ebd.: S. 47, Z. 20) (ebd.: S. 47, Z. 19-20).

Weiterhin zählt R. seine Freundin C. auf, welche er während seiner GTA-Ausbildung kennen gelernt hat und betont, dass die beiden sich *„am Anfang .. gar nicht (gemocht haben)"* (R. 2011: S. 47, Z. 21-22). Trotz der widrigen Startbedingungen hat sich mit der Zeit jedoch *„eine richtig gute Freundschaft entwickelt"* (ebd.: S. 47, Z. 22), was dieser als *„sehr positiv"* (ebd.: S. 47, Z. 23) bewertet (ebd.: S. 47, Z. 21-23). Er äußert, dass *„(s)eine Freunde .. oft auch so ‚spleanige' Menschen (sind)"* (ebd.: S. 46, Z. 31), welche *„so ein bisschen eigen"* (ebd.) sind. Dies ist bei seiner Freundin C. auch so, was er an dieser sehr schätzt (ebd.: S. 46, Z. 29-32).

Darüber hinaus zählt R. Freundin A. zu seinem Freundeskreis. Er berichtet, dass er bei dieser *„zuletzt gewohnt"* (R. 2011: S. 46, Z. 32-S.47, Z. 1) hat und erklärt, dass *„die Beziehung ein bisschen darunter gelitten"* (ebd.: S. 47, Z. 3) hat. Mittlerweile ist es jedoch *„schön, wenn (sie sich) wieder sehen"* (ebd.: S. 47, Z. 1-2). Er betont, dass sie sich *„sehr lieb"* (ebd.: S. 47, Z. 2) haben und er mit dieser am längsten befreundet ist (ebd.: S. 46, Z. 32-S. 47, Z. 3).

Meistens geht R. mit seinen Freund/-innen *„viel feiern und Party machen"* (R. 2011: S. 48, Z. 1-2). *„Mit den Mädels"* (ebd.: S. 48, Z. 2) unterhält er sich gern *„über Gott und die Welt"* (ebd.: S. 48, Z. 2) oder geht mit diesen *„shoppen"* (ebd.: S. 48, Z. 3). Er fügt hinzu, dass er dies zwar auch mit seinem besten Freund M. tut, mit diesem aber auch viel Party macht, betont dabei jedoch, dass *„mittlerweile ... alles ein* *bisschen ruhiger geworden (ist)"* (ebd.: S. 48, Z. 4-5) (ebd.: S. 48, Z. 1-5) und lässt somit vermuten, dass er (retrospektiv) über vergangene Situationen berichtet.

Abschließend kann für die im Vorangegangenem dargestellte Subdimension festgehalten werden, dass R.'s Freundschafts-Netzwerk sich im Wesentlichen aus seiner besten Freundin S. aus Hamburg, seinem besten Freund M., seiner besten Freundin M. und zwei weiteren Freundinnen (C. und A.) zusammensetzt. Seine beste Freundin S. hat für ihn eine besondere Bedeutung, weil diese ebenfalls an einer depressiven Störung erkrankt ist und diese ihn somit in besonderer Weise unterstützen kann. Auch seinen Partner erfasst R. im sozialen Kontaktschema unter dem Feld „Freunde". Ferner berichtet er, dass er noch weitere Freund/-innen hat, zu welchen sich der Kontakt mal mehr und mal weniger intensiv gestaltet. Er betont jedoch, dass die Intensität seiner Freundschaften zum Zeitpunkt des Interviews infolge seiner geringen Freizeit stark abgenommen hat.

Unterstützungsnetzwerk – „Ich habe manchmal Angst, wenn ich Leute um Hilfe bitte, dass ich dann selbst versage!" (R. 2011: S. 49, Z. 10-11)

Im nun folgenden Unterkapitel soll das soziale und institutionelle Unterstützungsnetzwerk von R. abgebildet werden.

R. gibt an, dass er aus seinem kompletten sozialen Umfeld Hilfe oder Unterstützung erwarten kann und nennt in diesem Kontext seine Schwester, seine Freund/-innen und seinen Partner. Er fügt hinzu, dass er auch seitens seiner Kommiliton/-innen Hilfe erwarten könnte, wenn er diese darum bitten würde, betont jedoch, dass er diese *„das letzte Jahr ziemlich gemieden"* (R. 2011: S. 49, Z. 3) hat. Auch von seinem Chef erhält er Unterstützung, wenn er sich beispielsweise *„wegen dem Studium ... frei nehmen"* (ebd.: S. 49, Z. 5) muss. Er fasst zusammen, dass er *„eigentlich ... von ziemlich vielen Freunden Hilfe"* (ebd.: S. 49, Z. 6) erwarten könnte, wenn er diese darum bitten würde, betont in diesem Kontext allerdings, dass er sich hiervor jedoch häufig scheut (ebd.: S. 49, Z. 1-7). Er ergänzt, dass er deren Hilfe oft nicht in Anspruch nimmt, weil er fürchtet, dann eventuell selbst zu versagen oder dass *„am Ende nichts dabei rumkommt"* (ebd.: S. 49, Z. 10-11) und er deswegen *„ein schlechtes Gewissen"* (ebd.: S. 49, Z. 11) bekommen muss, weil er deren *„Zeit und Energie für nichts und wieder nichts geraubt"* (ebd.: S. 49, Z. 12) hat. Da er jedoch selbst häufig nicht einschätzen kann, *„ob (er) das bis zum Ende durchsteh(t)"* (ebd.: S. 49, Z. 13), hat er seiner Aussage nach *„irgendwie Angst, welche mit einzubeziehen"* (ebd.: S. 49, Z. 13-14), weil er im Fall des Scheiterns dann *„nicht nur (selbst) versag(t)"* (ebd.: S. 49, Z. 14), sondern *„auch noch Andere mit reingezogen"* (ebd.: S. 49, Z. 14-15) hat. Dies findet er seiner Äußerung nach *„immer ein bisschen schwierig"* (ebd.: S. 49, Z. 15) (ebd.: S. 49, Z. 9-15).

R. berichtet, dass seine Schwester und seine beste Freundin S. ihm *„beim Studium und (bei) kreativen Dingen"* (R. 2011: S. 49, Z. 18) helfen. Hingegen gewährt ihm sein Partner Obdach, unterstützt ihn bei seinem Studium und *„übernimmt viel im Haushalt, um (ihn) zu entlasten"* (ebd.: S. 49, Z. 20). Seine Freundin C. und seine beste Freundin M. würden beispielsweise *„immer für (ihn) die Schauspieler (spielen)"* (ebd.: S. 49, Z. 20-21), wenn er diese fragt, *„lassen sie (ihn) eigentlich nie hängen"* (ebd.: S. 49, Z. 21). Sein bester Freund M. gesteht ihm immer die nötige Ruhe zu, wenn R. *„(s)ich ... in (s)eine Sachen verkrochen"* (ebd.: S. 49, Z. 23) hat. Er betont, dass dieser ihm *„bei Design-Dingen ... jetzt nicht so helfen (kann)"* (ebd.: S. 49, Z. 23-24), ihn dafür aber *„aufmuntert und aufbaut"* (ebd.: S. 49, Z. 24). Sein Chef hingegen gewährt ihm bei Bedarf mehr Freizeit. Und seine Kommiliton/-innen könnten ihm *„gestalterisch helfen"* (ebd.: S. 49, Z. 27), wenn er diese darum bitten würde (ebd.: S. 49, Z. 18-27).

Wenn R. Probleme hat, wendet er sich *„primär"* (R. 2011: S. 50, Z. 26) an seinen besten Freund M., aber auch an seine anderen besten Freundinnen S. und M.. Er äußert, dass er *„eigentlich zu all (s)einen Freunden"* (ebd.: S. 50, Z. 26-27) oder zu seinem Partner gehen kann, wobei es bei Letzterem auf das Problem ankommt. Er betont, dass sein Partner ihn *„in manchen Dingen ... halt überhaupt nicht verstehen"* (ebd.: S. 50, Z. 28-S. 51, Z. 1) kann und *„recht unsensibel (reagiert)"* (ebd.: S. 50, Z. 1-2), fügt jedoch im gleichen Atemzug hinzu, dass dieser *„doch sehr auf (s)eine Krankheit ein(geht)"* (ebd.: S. 51, Z. 2) und hinterfragt, ob er selbst sich nicht vielmehr von diesem zurückzieht (ebd.: S. 50, Z. 26-S. 51, Z. 3).

Seine Freund/-innen und seine Schwester reagieren seiner Äußerung nach *„eigentlich ganz gut"* (R. 2011: S. 51, Z. 6) darauf, wenn er sie um Hilfe bittet. Er stellt fest, dass dies *„eigentlich immer"* (ebd.) so ist und beschreibt, dass diese immer versuchen, ihn *„aufzumuntern, weil (er) halt so pessimistisch (ist)"* (ebd.: S. 51, Z. 7). Er beschreibt, dass sie sehr darum bemüht sind, ihn dazu zu bewegen, *„das Positive zu sehen"* (ebd.: S. 51, Z. 8) und *„versuchen (ihn) aufzubauen"* (ebd.), weil er hierzu allein nicht imstande ist (ebd.: S. 51, Z. 6-9).

Wenn R. plötzlich obdachlos werden würde, würde er seiner Aussage nach *„wahrscheinlich zu (s)einer Schwester gehen"* (R. 2011: S. 51, Z. 11), oder eine/n seiner besten Freund/-innen um Obdach bitten (ebd.: S. 51, Z. 11-14). Er vermutet, dass seine Schwester und seine Freund/-innen *„(ihn) wahrscheinlich zuerst aufnehmen"* (ebd.: S. 51, Z. 16) würden. Er ist jedoch ebenfalls der Überzeugung, dass sie dies

„einfach auch belasten" (ebd.: S. 51, Z. 17) würde, da *„natürlich .. darunter auch ihre eigene Lebensqualität (leidet)"* (ebd.: S. 51, Z. 18). Daher würde er diese Option *„nur für einen kurzen Zeitraum"* (ebd.: S. 51, Z. 19) in Betracht ziehen (ebd.: S. 51, Z. 16-20).

Wenn R. Probleme mit Ämter- und Behördenangelegenheiten hat, geht er zu seinem besten Freund M., der *„(ihm) da schon ganz oft gute Tipps gegeben"* (R. 2011: S. 51, Z. 23-24) hat. Er berichtet, dass dieser ihm nach dem Tod seines Großvaters geraten hat, wo er und seine Familie *„die Kosten für die Beerdigung beantragen konnten"* (ebd.: S. 51, Z. 24-25) und betont, dass dieser ihm *„bei solchen Sachen immer ganz gut hilft"* (ebd.: S. 51, Z. 25-26). M. reagiert nach Aussage von R. *„eigentlich total cool"* (ebd.: S. 52, Z. 1) darauf, wenn er ihn um Hilfe bittet, was seiner Einschätzung nach daran liegt, dass dieser weiß, dass R. *„manchmal so ein bisschen hilflos (ist)"* (ebd.: S. 52, Z. 1-2). Er fügt hinzu, dass sein bester Freund M. *„zum Glück so ein kleines Helfersyndrom"* (ebd.: S. 52, Z. 2) hat und *„immer total geduldig"* (ebd.: S. 52, Z. 3) ist (ebd.: S. 51, Z. 23- S. 52, Z. 3).

Auf die Frage hin, ob R. sich weitere Unterstützung aus seinem Umfeld wünscht, berichtet dieser, dass er sich *„von (s)einem Freund manchmal so ein bisschen eine andere Unterstützung wünsch(t)"* (R. 2011: S. 50, Z. 1-2). Er erläutert, dass er *„ein bisschen anders als er tick(t)"* (ebd.: S. 50, Z. 2), was sein Partner seiner Aussage nach jedoch nicht akzeptiert. Er betont, dass er *„einfach mal machen (möchte), was und wie (er) das möchte, ohne dass immer Kritik von außen ... kommt"* (ebd.: S. 50, Z. 7-8). Er wünscht sich, dass sein persönliches Umfeld Verständnis dafür hat, wenn es seiner Formulierung nach *„manchmal einfach nicht geht"* (ebd.: S. 50, Z. 10) (ebd.: S. 50, Z. 1-11).

R. sucht zwar regelmäßig einen Neurologen auf (vgl. Unterkapitel 6.2.2.3), nimmt darüber hinaus jedoch keine weiteren Angebote, Dienste und Leistungen sozialstaatlicher Institutionen und der psychosozialen Versorgung in Anspruch. Er beabsichtigt jedoch, Unterstützung seitens eines Sozialdienstes zu beanspruchen, damit professionelle Sozialarbeiter/-innen ihm helfen können, *„Struktur in (s)ein Leben .. zu bringen"* (R. 2011: S. 56, Z. 11-12). Auch Beratungsangebote und Förderkurse nutzt er zum Zeitpunkt des Interviews nicht, weil er irrtümlicherweise der Auffassung ist, dass es *„keine Förderangebote"* (ebd.: S. 55, Z. 24-25) für seine Altersgruppe gibt (ebd.: S. 55, Z. 25-S. 56, Z. 25). Entsprechend wünscht er sich einen besseren Überblick über (finanzielle) Unterstützungsmöglichkeiten und berichtet in diesem Zusammenhang, dass er sich ein Stipendium wünscht, da dies jedoch an Leistungen gekoppelt ist, die er aufgrund seiner psychischen Erkrankung *„nicht stringent leisten (kann)"* (ebd.: S. 50, Z. 19), betrachtet er diese Möglichkeit allerdings als *„ziemlich* *utopisch"* (ebd.: S. 50, Z. 19-20). Zudem wünscht er sich *„Jemanden an (s)einer Seite, der Erfahrung hat, der (ihm) Tipps gibt und der (ihn) ein bisschen an die Hand nimmt und führt"* (ebd.: S. 50, Z. 23) und erwähnt dabei, dass er *„so etwas ... noch nie hatte"* (ebd.: S. 50, Z. 23-24) (ebd.: S. 50, Z. 15-24).

Zusammenfassend kann festgehalten werden, dass R. von seinem persönlichen Umfeld (insbesondere jedoch von Freund/-innen, seiner Schwester und seinem Partner) erforderlichenfalls Unterstützung erwarten kann. Er scheut sich jedoch häufig davor, Personen aus seinem sozialen Umfeld um Hilfe zu bitten, weil er fürchtet (trotz dieser Unterstützung) versagen zu können und dann die Zeit der Hilfeleistenden verschwendet zu haben. Entsprechend nimmt er – abgesehen von der Behandlung durch einen Neurologen – keine sozialstaatlichen Unterstützungsangebote (zur Bewältigung seiner Depressionen) in Anspruch. Er gibt jedoch an, dass er *„ganz, ganz dringend ... eine Gesprächstherapie oder Verhaltenstherapie such(t)"* (R. 2011: S. 57, Z. 3-4), er sich jedoch darüber im Klaren ist, dass es lange dauern kann, bis er einen Therapieplatz erhält (ebd.: S. 57, Z. 3-5).

Analyse der Lebenslage eines Adressaten der (stationären) Hilfen zur Erziehung (§§ 27 ff SGB VIII)

Als eine weitere Adressat/-innengruppe, welche oft unter Mehrfachbenachteiligungen leidet und entsprechend als multidimensional benachteiligt gelten, können Jugendliche in ambulanten und stationären Maßnahmen der Hilfen zur Erziehung gemäß §§ 27 ff SGB VIII genannt werden.

Für die Analyse der Lebenslage eines Adressaten der stationären Hilfen zur Erziehung wurde sich entschieden, weil in stationären Jugendhilfeeinrichtungen, oftmals Jugendliche mit (sozialisationsbedingten) Mehrfachproblematiken – z.B. „Broken-Home-Situation" (vgl. dazu Zimmermann/Schallberger 2008), abweichendes Verhalten (vgl. dazu Böhnisch 2009), psychische Störungen, Drogenkonsum, schwach ausgeprägte Sozialkompetenz etc. – leben. So wird etwa im Rahmen der Einrichtungskonzeption der stationären Wohngruppe des Interviewten J.P. betont, dass die dort lebenden Jugendlichen in der Regel mehrfach benachteiligt sind, weil sie oft schwierige biografische Erfahrungen mitbringen, nur schwer soziale Kontakte eingehen können, prekär vernetzt sind und massive Verhaltensauffälligkeiten zeigen. Die belastenden biografischen Erfahrungen dieser Jugendlichen bedingen z.T. extreme Verhaltensweisen, wie Verweigerung, Grenzüberschreitungen, Aggressivität und

Gewaltbereitschaft, Schulverweigerung sowie das Ausprobieren von (il-)legalen Drogen und die Ausübung Straftaten (Jugendwohngruppe 2003: 2). Ebenso haben Jugendliche aus stationären Einrichtungen der HzE oft Schwierigkeiten beim Aufbau, beim Erhalt sowie beim selbstständigen Interagieren in sozialen Netzwerken und verfügen dementsprechend über prekäre Netzwerke und wenig soziale Kontakte, obwohl diese von entscheidender Wichtigkeit für eine angemessene Persönlichkeitsentwicklung sind (vgl. dazu Unterkapitel 3.3.4). Ferner fehlen der genannten Adressat/-innengruppe die für eine adäquate Bewältigung des Alltags erforderlichen Lebensbewältigungskompetenzen sowie bestimmte soziale und berufliche Schlüsselkompetenzen. So haben viele dieser Adressat/-innen Schwierigkeiten, sich an Absprachen und Verbindlichkeiten zu halten, pünktlich und zuverlässig zu sein, Verantwortung zu übernehmen, sich in Gruppenstrukturen einzufügen etc. (vgl. Zimmermann/Schallberger 2008).[50]

Im nun folgenden Kapitel der vorliegenden Publikation sollen sich die (in Anlehnung an die Ergebnisse des Interviews ergebenden) zentralen Dimensionen der Lebenslage des Adressaten der stationären Hilfen zur Erziehung (J.P.) abgebildet werden. Dabei sollen – im Anschluss an eine kurze Einführung zum Thema „stationäre Einrichtungen der Hilfen zur Erziehung" (Unterkapitel 7.1) – die Auswertungsergebnisse des Interviews vorgestellt werden (Unterkapitel 7.2). In diesem Rahmen zunächst die Kurzbiografie des Probanden dargestellt (Unterkapitel 7.2.1) und anschließend die Ergebnisse zu den jugendspezifischen Dimensionen „Wohnen", „Bildung und Beschäftigung", „Alltag und Freizeit" sowie „soziale Beziehungen" abgebildet. Im Rahmen der Auswertung des Interviews von J.P. wurden keine weiteren Dimensionen zum ursprünglichen Dimensionsgerüst hinzugefügt. Im Kontext der im nachfolgenden Unterkapitel abgebildeten Lebenslage gewinnt jedoch adressatenspezifisch die Dimension „Wohnen" an Gewichtung, weshalb diese zuerst abgebildet wird.

Stationäre Einrichtungen der Hilfen zur Erziehung gemäß der §§ 34 ff. SGB VIII

Die in Unterkapitel 3.4 geschilderten Problemlagen sozial benachteiligter Familien können dazu führen, dass von Seiten des Jugendamtes bzw. von Seiten des Familiengerichts beschlossen wird, dass ein Verbleib in der Herkunftsfamilie nicht mehr möglich ist und dementsprechend eine Inobhutnahme (gemäß § 42 SGB VIII) erfolgen muss. Nach Leutschacher (2007) können die Ursachen dafür von psychischer Erkrankung (z.B. Alkoholismus oder Depressionen) der Eltern über

[50] Selbstverständlich trifft dies nicht auf alle Bewohner/-innen stationärer Einrichtungen der Hilfen zur Erziehung zu.

Vernachlässigung bis hin zu (psychischer oder physischer) Gewalterfahrung reichen (Leutschacher 2007: 58). In solchen Fällen werden die Jugendlichen in stationären Einrichtungen der Hilfen zur Erziehung gemäß der §§ 34 ff. SGB VIII untergebracht, sofern ambulante Maßnahmen nicht greifen und eine adäquate Unterbringung im sozialen Umfeld des Jugendlichen nicht möglich ist (vgl. Zimmermann/Schallberger 2008). Entsprechend regelt § 27 Abs. 1 SGB VIII, dass Personensorgeberechtigte bei der Erziehung von Kindern und Jugendlichen einen Anspruch auf Hilfen zur Erziehung haben, *„wenn eine dem Wohl des Kindes oder des Jugendlichen entsprechende Erziehung nicht gewährleistet ist und die Hilfe für seine Entwicklung geeignet und notwendig ist"* (§ 27 Abs. 1 SGB VIII).

Wenn die Erziehung von Jugendlichen außerhalb des Elternhauses erforderlich ist, können verschiedene (erzieherische) Hilfen nach Maßgabe der §§ 28 bis 35 SGB VIII gewährt werden. Gemäß § 27 Abs. 2 Satz 2 SGB VIII richten sich „Art und Umfang … nach dem erzieherischen Bedarf im Einzelfall" (§ 27 Abs. 2 Satz 2 SGB VIII). Im Zuge einer Fremdplatzierung (vgl. Zimmermann/Schallberger 2008; Leutschacher 2007) können Jugendliche in einer Pflege-, (im seltenen Fall) in einer Adoptivfamilie oder in einer stationären Institution der Kinder- und Jugendhilfe (gemäß § 34 ff. SGB VIII) untergebracht werden. Nach Leutschacher (2007) ist die häufigste Form der Fremdunterbringung Jugendlicher die stationäre Unterbringung in betreuten Wohngemeinschaften (Leutschacher 2007: 58). Auch der Interviewte J.P. lebt in einer betreuten Wohngemeinschaft, deren rechtliche Grundlage § 34 SGB VIII (Heimerziehung, sonstige betreute Wohnformen) darstellt, welcher die „Hilfe zur Erziehung in einer Einrichtung über Tag und Nacht (Heimerziehung)" (§ 34 Abs. 1 Satz 1 SGB VIII) regelt. Gemäß der genannten Gesetzesgrundlage sollen pädagogische und therapeutische Mitarbeiter/-innen in einer betreuten Wohngemeinschaft lebende „Kinder und Jugendliche durch eine Verbindung von Alltagsleben mit pädagogischen und therapeutischen Angeboten in ihrer Entwicklung fördern" (§ 34 Abs. 1 Satz 1 SGB VIII). Zentrale Zielsetzungen dieser auf längere Zeit angelegten Lebensform stellen (1) die „Rückkehr in die Familie" (§ 34 Abs. 1 Nr. 1 SGB VIII), (2) die Vorbereitung der Erziehung in einer Pflege- oder Adoptivfamilie (§ 34 Abs. 1 Nr. 2) sowie (3) die Vorbereitung auf ein selbstständiges Leben (§ 34 Abs. 1 Nr. 3 SGB VIII) dar. Bei der Verfolgung der Zielsetzungen soll die Hilfe zur Erziehung dem Alter und Entwicklungsstand des Kindes oder Jugendlichen entsprechen (§ 34 Abs. 1 Satz 2 SGB VIII). In Anbetracht dessen wird in § 34 SGB VIII betont, dass *„Jugendliche .. in Fragen der Ausbildung und Beschäftigung sowie der allgemeinen Lebensführung beraten und unterstützt werden (sollen)"* (§ 34 Abs. 2 SGB VIII).

Der Interviewte J.P. lebt zum Zeitpunkt der Untersuchung in einer betreuten Wohngemeinschaft, weshalb auf diese Form der stationären Unterbringung noch einmal gesondert eingegangen werden soll. Nach Leutschacher (2007) richten betreute Wohngemeinschaften ihr Angebot in aller Regel an Jugendliche im Alter von 13 bis 17 Jahren, für welche ein Leben innerhalb ihrer Familie nicht mehr möglich ist (Leutschacher 2007: 58), weil deren Eltern dem Erziehungsauftrag nicht gerecht werden. Im Zuge ihres speziellen Auftrags bietet diese stationäre Unterbringungsform insbesondere sozial benachteiligten Jugendlichen die Möglichkeit einer alternativen Lebenswelt (ebd.: 55). Dementsprechend stellt die Wohngemeinschaft *„eine besondere ... Art von alternativer Lebens- und Wohnform für sozial benachteiligte Jugendliche ... dar"* (ebd.: 5 f), welche deren „Lebens- und Entwicklungsmöglichkeiten ... fördern und nicht weiterhin einschränken (soll)" (ebd.: 6), indem soziale und emotionale Defizite bestmöglich kompensiert und traumatische Erlebnisse aufgearbeitet werden (ebd.: 5 f). Kiehn (1993) weist in diesem Kontext darauf hin, dass sich die dort lebenden Jugendlichen in ihren Persönlichkeiten stark voneinander unterscheiden, sodass es für die sozialpädagogischen Gruppenbetreuer/-innen unerlässlich ist, individuell auf ihre Bedürfnisse einzugehen (Kiehn 1993: 44).

Auswertungsergebnisse

Im nun folgenden Unterkapitel werden die Auswertungsergebnisse der Lebenslagenanalyse des Adressaten der stationären Einrichtung der HzE dargestellt. Dabei werden im Anschluss an die Darstellung der Kurzbiografie des Interviewten (Unterkapitel 7.2.1) insbesondere die Dimensionen „Wohnen" (Unterkapitel 7.2.2), „Bildung und Beschäftigung(slosigkeit)" (Unterkapitel 7.2.3), „Alltag/Freizeit" (Unterkapitel 7.2.4) – darunter die Subdimensionen „Konsum (digitaler) Medien" und „Konsum (il-)legaler Drogen", „Straffälligkeit" – sowie „soziale Beziehungen" (Unterkapitel 7.2.5) – darunter die Subdimensionen „persönliche Kontakte" und „soziale Netzwerke" - dargestellt.

Kurzbiografie des Interviewten (J.P.)

J.P ist im Juni 1993 in Hamburg-Altona geboren, sodass er zum Zeitpunkt der Untersuchung 18 Jahre alt ist. In den ersten 6 Jahren seines Lebens hat er bei seinen leiblichen Eltern in Hamburg gelebt, wo es seiner Aussage nach *„nicht so gut (lief)"* (J.P. 2011: S. 19, Z. 8). Dies hat zur Folge gehabt, dass er im Alter von 6 Jahren in Obhut genommen worden ist. Nach seiner Inobhutnahme, welche gegen seinen

Willen erfolgt war, ist dieser zunächst in einer Pflegefamilie in Bremen-Oberneuland untergebracht worden, wo er jedoch nur kurzfristig gelebt hat. Nach etwa drei Monaten musste er diese Pflegefamilie wieder verlassen, weil er laut eines Berichts des Amtes für Soziale Dienste[51] „aufgrund zahlreicher Verhaltensauffälligkeiten für seine Pflegefamilie nicht tragbar" (AfSD Bremen 1999) gewesen ist. Bis zum Alter von vierzehn Jahren folgten sechs weitere Pflegefamilien, in der letzten verbrachte er insgesamt vier Jahre. Als es in dieser zu Streitigkeiten und Gewaltakten zwischen den Pflegeeltern und J.P gekommen ist, wurde dieser im Alter von fünfzehn Jahren in einer stationären Einrichtung der Hilfen zur Erziehung gemäß §§ 34 ff. SGB VIII untergebracht, in welcher dieser bis zum Zeitpunkt der Untersuchung lebt. Aufgrund der zahlreichen Wechsel der Pflegefamilien wurde vom Jugendpsychiatrischen Dienst in Bremen eine „schwere Bindungsstörung" (Jugendpsychiatrischer Dienst 2003) diagnostiziert. Dennoch hat J.P. seit etwas mehr als einem halben Jahr eine feste Partnerin (Verlobte), welche allerdings seinen einzigen intensiven sozialen Bezug darstellt. Ansonsten weist das Netzwerk J.P.s eher eine geringe Netzwerkdichte (vgl. Anhang F) auf. J.P. lebt zum Zeitpunkt des Interviews seit knapp vier Jahren in einer Jugendwohngruppe in Bremen-Gröpelingen. Seit Vollendung seines 18. Lebensjahres ist er dann (gemäß § 41 SGB VIII, „Hilfe für junge Volljährige") in ein Apartment im Verselbstständigungsbereich der stationären Einrichtung gezogen, um hier die ersten Schritte eines selbstständigen Lebens in der „eigenen Wohnung" unter sozialarbeiterischer Betreuung erproben zu können.

Nachdem J.P. im Sommer vor dem Interview die Schule beendet und mit einem Realschulabschluss (Mittlere Reife) verlassen hat, hat er im September letzten Jahres ein Praktikum in der Altenhilfe begonnen. Hierdurch will er Berufserfahrungen für eine von ihm angestrebte Berufsausbildung (im Praxisfeld der Altenhilfe) sammeln, für welche er aktuell Bewerbungen schreibt. Sein Praktikum übt J.P. seinen Schilderungen zufolge mit großer Begeisterung aus. So scheint er sich dort zu holen, was ihm infolge seiner diskontinuierlichen Sozialisation verwehrt geblieben ist. Angesichts dessen beschreibt er sein Arbeitsumfeld als *„sehr familiär"* (J.P. 2011: S. 7, Z. 30) und vergleicht die Einrichtung mit einer *„100-Mann-Familie"* (ebd.: S. 5, Z. 17).

Seinen Alltag bezeichnet J.P. als monoton und seine Freizeit vertreibt er meist mit digitalen Medien (Fernsehen, PC und Internet). Zudem verbringt er sehr viel Zeit mit seiner Verlobten. Nur selten verbringt er Zeit mit ein paar ehemaligen Schulkameraden. Sein Netzwerk kann mit einer Dichte von 0,4 als „prekär" bezeichnet werden

---

[51] In Bremen wird die allgemein als Jugendamt oder Allgemeiner Sozialer Dienst (ASD) bezeichnete Institution als Amt für Soziale Dienste (AfSD) bezeichnet.

und die meisten seiner Kontakte beschränken sich auf Personen aus der Einrichtung. Auch die familiären Kontakte J.P.'s können in der Gesamtbetrachtung als prekär bezeichnet werden. So pflegt er zwar regelmäßigen Kontakt zu seinem leiblichen Vater, seiner Großmutter und seinem Bruder, hingegen findet ein Kontakt zur leiblichen Mutter ausschließlich über das Internet satt. Die übrigen von J.P. angegebenen Kontakte beschränken sich (nahezu ausschließlich) auf Bewohner/-innen seiner Einrichtung. Auch seine Partnerin, mit welcher dieser zum Zeitpunkt des Interviews bereits verlobt ist, lebt dort. Das J.P. etwa drei Monate nach dem Interview aus der Einrichtung ausziehen muss, schätzt der Autor der vorliegenden Arbeit – insbesondere infolge seiner prekären Vernetzung und der überwiegenden Beschränkung auf soziale Kontakte innerhalb der stationären Einrichtung, in welcher er lebt – als sehr kritisch ein.

Wohnen – „Das Wohnen in der Einrichtung hat Vor- und Nachteile!" (J.P. 2011: S. 1, Z. 3)

Im Anschluss an die Darstellung der Kurzbiografie des Interviewten soll im nun folgenden Unterkapitel die Dimension „Wohnen" und im Zuge dessen darin erscheinende soziale Ungleichheitsverhältnisse beleuchtet werden, da bereits in dieser zuerst untersuchten Dimension der Lebenslage J.P.s, das mit (dem Negativ-Image) seiner Wohnsituation verbundene Ausmaß sozialer Ungleichheit besonders deutlich wird, wie sich im Folgenden zeigen wird.

Das Wohnen in der stationären Jugendhilfeeinrichtung, welches für J.P. *„einen sehr hohen Wert"* (J.P. 2011: S. 1, Z. 3-4) hat, verbindet dieser mit Vor- und Nachteilen (ebd.: S. 1, Z. 3-8). So schätzt er einerseits die Hilfe und (finanzielle) Unterstützung durch sozialarbeiterische Betreuer/-innen (ebd.: S. 1, Z. 4-16), die Tatsache, dass *„immer Jemand da (ist), mit dem man sprechen kann und der einem hilft"* (ebd.: S. 1, Z. 6-7). Ebenfalls schätzt er, dass seine Partnerin J.W. in der Einrichtung lebt sowie den Umstand, dass *„man .. sehr viel unter Leuten .. also nicht allein (ist)"* (ebd.: S. 1, Z. 4-5). Andererseits wird aber bedingt durch seine Wohnsituation häufig mit sozialer Ächtung und sozialer Ausgrenzung (Mobbing) seitens seiner sozialen Umwelt konfrontiert (ebd.: S. 1, Z. 5 - S. 3, Z. 10).

Auf die Frage hin, was J.P. am Wohnen in der stationären Einrichtung stört, richtet sich der Fokus auf den sozialen Druck durch Mobbing, welchen dieser infolge seiner Wohnsituation erfahren hat. Dadurch, dass er in einer stationären Einrichtung der Jugendhilfe lebt, wurde er in der Vergangenheit häufig von Mitschüler/-innen seiner Schule sozial geächtet, gemobbt und teilweise sogar (sozial) ausgegrenzt. So äußert er im Kontext des Interviews, dass er – dadurch, dass er in einer Jugendhilfeeinrichtung lebt – in der Vergangenheit auch schon negative Reaktionen in seinem sozialen Umfeld erfahren hat. Wenn die Schüler/-innen seiner Schule herausgefunden hatten, dass J.P. in einer Einrichtung der Jugendhilfe lebt, hat es oft abwertend *„ähh, der wohnt im Heim ..., der ist Opfer ...“* (J.P. 2011: S. 2, Z. 23-24) geheißen. Er musste Beleidigungen und Demütigungen ertragen, wie *„Guck mal, da ist der, der im Heim lebt, mit dem reden wir nicht!“* (ebd.: S. 2, Z. 32), *„Im Heim leben ist scheiße!“* (ebd.: S. 2, Z. 32-33), *„Du kannst dir nichts leisten!“* (ebd.: S. 2, Z. 33), *„Du bist ein Staatsschmarotzer!“* (ebd.) usw. Dies hat J.P. nach eigener Aussage allerdings mit Fassung getragen und Vorurteile und Klischees ausgeräumt, indem er den ihn beleidigenden Personen ruhig erklärt hat, wie er in der Einrichtung lebt und dass es dort besser (für ihn) ist (ebd.: S. 2, Z. 23 - S. 3, Z. 7).

Auch in der Lebenslage von J.P. werden die von Hradil (2001) als Prestigedifferenzierungen bezeichneten Erscheinungen sozialer Ungleichheit wieder deutlich. Hradils (2001) Auffassung nach liegen dem Prestige – als symbolischer Dimension sozialer Ungleichheit – im Allgemeinen stets bestimmte Merkmale der Menschen zugrunde, welche Mitmenschen Anlass zu bewertenden Verhaltensweisen sowie zur Bewertung liefern. Auch im Fall von J.P. handelt es sich lediglich um behauptete oder vermutete Merkmale, welche (heutzutage) faktisch gar nicht (mehr) vorhanden sind (vgl. dazu Hradil 2001: 275 f).

Seine Gefühle in den damaligen Diskriminierungssituation beschreibt J.P. mit *„es geht“* (J.P. 2011: S. 2; Z. 29) und äußert, dass es ihm eigentlich egal gewesen ist und er seine Mitschüler/-innen denken und reden lassen hat, was sie wollten (ebd.: S. 2, Z. 29-30). Dennoch hinterlässt ein solcher sozialer Druck seine Spuren und geht vielfach mit einer Realitätsflucht einher, wie J.P. diese beispielsweise in der elektronischen Medienwelt sowie in aggressivem Verhalten sucht (vgl. dazu auch Unterkapitel 7.2.4).

Zusammenfassend lässt sich also verzeichnen, dass J.P. die Gesellschaft, die Hilfe und Unterstützung durch die Betreuer/-innen der St. Johannis KJH sowie die Übernahme der Kosten der Unterkunft und der Hilfe zum Lebensunterhalt schätzt, jedoch die aus der Wohnsituation resultierende und mit dem Negativ-Image von „Heimkindern“ (vgl. dazu Zimmermann/ Schallberger 2008) verbundene soziale Ächtung als nachteilig bewertet, sodass in Anlehnung an Hradil (2001) im Rahmen der Dimension „Wohnen“ soziale Ungleichheitsverhältnisse im Sinne von Prestigedifferenzierungen augenscheinlich werden.

(Bildung und) Beschäftigung – Praktikum in der Altenpflege und ehemaliger Nebenjob

Im nun folgenden Unterkapitel soll die Dimension „Bildung und Beschäftigung“ beleuchtet werden, um zu überprüfen, ob sich auch im Rahmen der aktuellen Beschäftigungssituation des Interviewten soziale Ungleichheitsverhältnisse feststellen lassen. Da der Interviewte verlauten ließ, dass er lieber über sein aktuelles Praktikum als über seine Schullaufbahn berichten möchte, wurde dem Wunsch des Adressaten entsprochen, der Fokus auf die Dimension „Beschäftigung“ gerichtet und die Dimension „Bildung“ vernachlässigt.

Als J.P. gebeten wird, etwas über seine Schullaufbahn zu berichten, fasst dieser kurz zusammen, dass er nach der Orientierungsstufe die Realschule besucht und mit einem Notendurchschnitt von 3,0 verlassen hat. In diesem Kontext berichtet er, dass er ohne großen Aufwand gut zurechtgekommen ist. Ferner berichtet er, dass es bezüglich seiner damaligen Schulsituation *„nichts Besonderes“* (J.P. 2011: S. 4, Z. 8) zu berichten gibt, weil *„alles normal“* (ebd.) gewesen ist und fügt hinzu, dass er sich gelangweilt hat. Weitere Angaben macht J.P. in diesem Kontext nicht und bitte ausdrücklich darum, zu seinem Praktikum überzugehen. So knapp die Ausführungen im Kontext der Dimension „Bildung“ gewesen sind, umso ausführlicher zeigten diese sich für die Dimension „Beschäftigung“.

Als J.P. aufgefordert wird, etwas über seine derzeitige Beschäftigung zu berichten, reagiert dieser sehr erfreut. Er bestätigt, dass er in seinem Praktikum, welches er vor einiger Zeit angetreten hat, zufrieden ist und stellt im Zuge dessen einen Vergleich zu seiner früheren FSJ[52]-Stelle an, bei welcher es diesem seiner Beschreibung nach nicht gefallen hat (vgl. Unterkapitel 7.4.1). Auch sein ehemaliger Nebenjob, in welchem er zwei- bis dreimal täglich einen Hund für eine ältere Dame „Gassi“ geführt hat, wird im darauf folgenden Unterkapitel 7.4.2 thematisiert.

Praktikum in einer Altenpflegeeinrichtung – „Mein Praktikum ist geil, […] das ist da, wie eine … Hundert-Mann-Familie“ (J.P. 2011: S. 6, Z. 1-2)

Zunächst soll also über das aktuelle Praktikum von J.P. berichtet werden. J.P. ist über ein früheres Praktikum im Rahmen seiner Schulzeit auf den Beruf des Altenpflegers aufmerksam geworden und begann sich für eine Ausbildung im Praxisfeld der Altenhilfe zu interessieren. Leider hat er die Bewerbungsfrist für eine Ausbildungsstelle zu August/ September 2010 versäumt und zunächst ein Freiwilliges Soziales Jahr

[52] Die Abkürzung FSJ steht für Freiwilliges Soziales Jahr.

(FSJ) bei einer Altenhilfeeinrichtung (Pflegeheim H.) begonnen (J.P. 2011: S. 5, Z. 26-30). Da dieser sich dort jedoch nicht wohl gefühlt hat und auch den Erwartungen des Pflegepersonals nicht gerecht geworden ist, hat er die „Praktikumsstelle" gewechselt und ein Jahrespraktikum in der Altenpflegeeinrichtung St. L. begonnen (ebd.: S. 7, Z. 32-33). Der beschriebene Rückzug bzw. das „flüchtende" Ausweichen könnte in Anlehnung an Hurrelmann (2010) als eine typische Reaktionsform auf den erheblichen Entwicklungs- und Bewährungsdruck erklärt werden, welche dieser als „Aus dem Felde Gehen" (Hurrelmann 2010: 162) bezeichnet (ebd.).

Zu J.P.s derzeitigen Tätigkeiten im Rahmen seines aktuellen Jahrespraktikums (St. L.) zählt das Sich-Unterhalten mit den Bewohner/-innen, das *„Gruppen anleiten"* (J.P. 2011: S. 4, Z. 26) – z.B. der Zeitungsrunde, wo *„(er) sozusagen der Leiter (ist)"* (ebd.: S. 4, Z. 26-27) –, die Begleitung des Gedächtnis- und Sporttrainings, wo er *„auch die Gruppe (leitet)"* (ebd.: S. 4, Z. 28), die Anleitung eines Singkreises, die Erstellung von Speiseplänen (ebd.: S. 5, 6-12). In diesem Kontext fällt auf, dass J.P. bei sämtlichen zuerst genannten Aufgaben betont, dass er dabei eine Leitungsfunktion wahrnimmt. An späterer Stelle (vgl. Unterkapitel 7.5.2) wird noch genauer thematisiert, welche Bedeutung das „Führen" bzw. „Leiten" für diesen hat.

Immer wieder berichtet J.P davon, dass ihm an der zweiten Altenhilfeeinrichtung besonders die *„sehr freundliche(n) Leute"* (J.P. 2011: S. 7, Z. 29) gefallen. Dafür ist er seiner Äußerung nach auch bereit, den *„weiten Weg"* (ebd.: S. 6, Z. 1) in Kauf zu nehmen. Es wird deutlich, dass er das von ihm wahrgenommene familiäre Klima in der zweiten Einrichtung schätzt, da er äußert *„Das ist da, wie eine Familie, als wären wir dort eine Hundert-Mann-Familie!"* (ebd.: S. 6, Z. 1-2) (ebd.: S. 5, Z. 33 – S. 6, Z. 2). Auch wenn dieses Empfinden aufgrund der defizitären Familiensituation von J.P. auf den ersten Blick als Bereicherung für diesen scheinen mag, sieht der Autor der vorliegenden Arbeit an dieser Stelle eine nicht unerhebliche Gefährdung aufgrund fehlender Abgrenzung. Im Praxisfeld der Altenhilfe (wie in der Sozialen Arbeit generell) ist eine professionelle Abgrenzung unabdingbar, da bei der Betrachtung der älteren Bewohner/-innen als Familienmitglieder (wie in J.P.s Fall) in regelmäßigen Abständen nahe stehende Menschen sterben würden, was auf der psychisch-emotionalen Ebene mit gravierenden Auswirkungen einhergehen und auf Dauer keineswegs psychisch tragbar wäre (vgl. dazu Becker-Lenz et al. 2009).

Während J.P. über das Personal in seiner jetzigen Jahrespraktikumsstelle berichtet, stellt er einen Vergleich zwischen seiner derzeitigen Praktikumsstelle (Pflegeheim St. L.) und seiner ehemaligen FSJ-Stelle (Pflegeheim H.) an, in welchem er seine aktuelle Praktikumsstelle positiv bewertend als den *„Himmel"* (J.P. 2011: S. 7, Z. 30) und seine damalige FSJ-Stelle abwertend als den *„letzte(n) Scheiß"* (ebd.)

bezeichnet. In diesem Kontext berichtet J.P., dass er bei seiner damaligen FSJ-Stelle aufgehört hat, *„weil das da Scheiße war und (er) da mit kaum einem klar kam"* (ebd.: S. 7, Z. 33) (ebd.: S. 7, Z. 30-33). An dieser Stelle wird der von Hradil (2001) beschriebene „Wertewandel" deutlich, nach welchen Beschäftigten unter anderem immer wichtiger wird, wie sich der Kontakt zu Kolleg/-innen gestaltet. Ebenso betont er, dass diese immer weniger bereit sind, sich ihrer Beschäftigung anzupassen. Genau wie J.P. wollen Beschäftigte ihre Erwerbstätigkeit vielmehr so wählen bzw. gestalten, dass eigene Ansprüche erfüllt werden (Hradil 2001: 300 ff.).

Zusammenfassend kann festgehalten werden, dass J.P. (im Anschluss an die Orientierungsstufe) die Realschule besucht und erfolgreich mit dem Abschluss „Mittlere Reife" verlassen hat. Hiernach hat J.P. versäumt sich rechtzeitig für eine Berufsausbildung zu bewerben, sodass er – um die Zeit bis zum nächsten Ausbildungsbeginn im darauf folgenden Jahr zu überbrücken – ein FSJ im Bereich der Altenhilfe begonnen hat. Dies hat er vorzeitig abgebrochen und ein Praktikum im selben Praxisfeld gewechselt, wo es ihm jetzt sehr gefällt.

Nebenjob – „Man konnte sich auf jeden Fall etwas leisten (J.P. 2011: S. 12, Z. 14), … aber jetzt habe ich wieder mehr Zeit, dadurch dass ich den Hund getreten haben soll!" (ebd.: S. 11, Z. 5-6)

Im Anschluss an das Praktikum soll über die Rolle von Nebenbeschäftigungen im Kontext von J.P.'s Erwerbsbiografie berichtet werden, da J.P. bis zwei Wochen vor dem Interview noch einen Nebenjob gehabt hat, bei welchem er einen Hund für eine ältere Dame ausgeführt hat (ebd.: S. 10, Z. 33-34). Diesen Nebenjob hat er jedoch verloren, sodass er nun – genau wie O., aber im Gegensatz zu R. – zu den knapp zwei Drittel aller Jugendlichen zwischen zwölf und 25 Jahren zählt, welche laut der Ergebnisse der Shell Jugendstudie (2010) keinen Nebenjob ausüben (Shell Jugendstudie 2010: 85 f). Wie bereits im Kontext der Lebenslagenanalyse des straffälligen Jugendlichen erwähnt, ist dies hinsichtlich der sozialen Herkunft J.P.s üblich (vgl. Anhang C). Gemäß der Autor/-innen der Shell Jugendstudie (2010) üben Jugendliche der Oberschicht (39%) und der unteren Mittelschicht (41%) in der 16. Shell Jugendstudie sehr viel häufiger einen Nebenjob aus als Jugendliche der Unterschicht (20%) (Shell Jugendstudie 2010: 86 f).

J.P. hat für diesen Nebenjob täglich (mindestens) fünf Euro erhalten, sodass er auf einen Nebenverdienst von rund 150 Euro im Monat gekommen ist. Diese Summe, empfindet dieser selbst als *„sehr, sehr viel Geld"* (J.P. 2011: S. 12, Z. 10) (ebd.: S. 12, Z. 6-10). Er berichtet, dass er sich dadurch damals mehr leisten konnte, wobei dieses Geld *„meistens ... ins Essensgeld mit rein gegangen (ist)"* (ebd.: S. 12, Z. 16), indem er sich zwischendurch zum Beispiel ein Rollo gekauft hat. Ansonsten hat er sich neue Spiele für seine Playstation oder seinen PC besorgt. J.P. hat allerdings, nach eineinhalb Jahren Ausführung des Nebenjobs, die Kündigung von der älteren Dame erhalten, da dieser den Hund getreten haben soll. Er gibt an, die Kündigung allerdings als vorteilhaft zu empfinden und äußert, dass er danach wieder mehr Zeit gehabt hat, was wiederum auf eine Überforderung J.P.s zum damaligen Zeitpunkt hindeutet (ebd.: S. 10, Z. 33 – S. 11, Z. 6). Schließlich musste dieser zum damaligen Zeitpunkt neben der Schule täglich zwei- bis dreimal den Hund ausführen (ebd.: S. 12, Z. 2; S. 13, Z. 8). Angesichts der erlebten biografischen Brüche (vgl. z.B. Unterkapitel 7.2.5.1), liegt der Verdacht nahe, dass der Kontrollverlust von J.P. im Sinne des Coping-Konzepts (vgl. dazu z.B. Böhnisch 2008: 33 ff.) dazu geführt hat, dass dieser den Ungehorsam des Hundes als Verlust von Handlungsfähigkeit erlebt und die Kontrolle bzw. die Handlungsfähigkeit durch Ausübung von Gewalt wiederherzustellen versucht hat, um hierdurch einen „Ausgleich" zu schaffen und (zumindest vorübergehend) zu Handlungsfähigkeit zu gelangen. Bezüglich des Umfangs seines Nebenjobs lag J.P. mit rund sieben Stunden pro Woche allerdings unter dem Durchschnitt, denn in 2010 wenden die befragten Jugendlichen im Schnitt acht Stunden dafür auf (vgl. Shell Jugendstudie 2010: 87).

Alltag/ Freizeit – „Mein Alltag ist eigentlich immer der Gleiche!" (J.P. 2011: S. 13, Z. 30)

J.P. wird bereits in frühen Jahren beim Übergang ins Erwerbsleben mit den ersten sozialen Ungleichheiten im Kontext von „Erwerbstätigkeit" – in Form von ungleichen Arbeits- und somit Freizeitbedingungen – konfrontiert. Seine Freizeitsituation ist infolgedessen ungünstiger als die von weniger beanspruchten Menschen. Hradil (2001) betont in diesem Zusammenhang, dass es Bevölkerungsgruppen gibt, welche mehreren ungünstigen Freizeitvoraussetzungen gleichzeitig unterliegen. Zu diesem „Freizeitproletariat" (Hradil 2001: 318) zählt auch J.P., da auch dieser vielen ungünstigen Freizeitbedingungen zugleich unterliegt (vgl. dazu ebd.).

Wie bereits im Rahmen von Unterkapitel 3.3.3 erwähnt, wurden die von den Autor/-innen der Shell Jugendstudie (2010) zusammengefassten Freizeitbeschäftigungen der Jugendlichen zu vier unterschiedlichen Feldern zusammengefasst, anhand derer sich die Jugendlichen in vier (fast gleich große) Gruppen einteilen lassen (vgl. dazu Shell Jugendstudie 2010: 98 ff.). Wird J.P.'s Beschreibungen bezügliche seines Alltags gefolgt, lässt sich J.P. (relativ eindeutig) der Gruppe der Medienfixierten zuordnen, da – wie für die Medienfixierten üblich – Computer und Fernsehen bei diesem als dominierende Bezugspunkte gelten und ein großer Teil der Freizeit hiermit verbracht wird (ebd.: 98). J.P. gibt bei der Frage nach der Gestaltung seines Alltags an, dass er nach dem Aufstehen zu seinem Praktikum geht, nach Feierabend in seine stationäre Einrichtung zurückkehrt, sich dort vor den PC setzt, an diesem Musik hört und Spiele spielt und sich dann ins Bett legt. Er fügt (in einem zweiten Anlauf) hinzu, dass er die meiste Zeit „mit (s)einer Verlobten vor dem Fernseher" (J.P. 2011: S. 13, Z. 19-20) verbringt (ebd.: S. 13, Z. 17-20), was die Zuordnung zur Gruppierung der Medienfixierten – bei welchen neben Fernsehschauen (84%) und im Internet surfen (77%), Musik hören (79%), DVD schauen (46%) und Rumhängen (33%) angesagt ist – manifest macht (Shell Jugendstudie 2010: 98). Die Zuordnung zur Gruppe der Medienfixierten entspricht auch der ermittelten Schichtzugehörigkeit (vgl. Anhang C), denn bei Jugendlichen aus der Unterschicht kann beinahe die Hälfte (47%) zur Gruppe der Medienfixierten gezählt werden (Shell Jugenstduie 2010: 18 f; 99).

Auf die Frage nach seinen Hobbys, antwortet J.P., dass er gerne kocht und in seiner Freizeit gern Fußball spielt. Seiner Einschätzung nach spielt er *„sehr gut"* (J.P. 2011: S. 16, Z. 4), weshalb er im Sommer auch *„ein paar Kinder aus der Tagesgruppe (seiner Einrichtung, d. Verf.)"* (ebd.: S. 16, Z. 2) trainiert. Besonders Spaß am Trainieren der Kinder bereitet es J.P. seiner Aussage nach, dass alle auf ihn hören müssen, da er *„einfach gern der Chef (ist)"* (ebd.: S. 16, Z. 15) und er es mag, *„die Kontrolle über alles (zu haben)"* (ebd.: S. 16, Z. 26). Wenn die Leute nicht auf ihn hören und er die Kontrolle verliert, sorgt dies für Unmut und er wird mitunter sogar *„sauer"* (ebd.: S. 16, Z. 32) oder *„aggro"* (= aggressiv; ebd.: S. 16, Z. 33) (ebd.: S. 16, Z. 32-34). Mitglied in einem Sportverein ist J.P. zum Zeitpunkt des Interviews allerdings nicht. Er berichtet aber, vor ungefähr drei Jahren Mitglied in einem Tischtennis-Verein sowie in einem Schützenverein gewesen zu sein. An dieser Stelle fällt auf, dass J.P. – genau wie die beiden anderen Interviewten – keine der von ihm im Rahmen des Interviews genannten Freizeitaktivitäten lange ausgeübt hat, nach einer gewissen Zeit, keine Lust mehr gehabt hat und folglich „aus dem Felde" (Hurrelmann 2010: 162) gegangen ist (J.P. 2011: S. 22, Z. 11-17).

In Diskotheken geht J.P. *„wegen (seiner) Freundin"* (J.P. 2011: S. 17, Z. 6) allerdings gar nicht, weil diese *„kein Diskotyp"* (ebd.: S. 17, Z. 8) ist und ihm dies auch *„nichts bringt"* (ebd.). Von der Gelegenheit, durch das Feiern von Partys oder durch Diskobesuche einen unmittelbaren Bedürfnisausgleich anzustreben (Hedonismus), macht J.P. keinen Gebrauch, sodass die in der Shell Jugendstudie (2010) beschriebene „hedonistische ‚Bewältigung' oder spaßsuchende Ablenkungsreaktion mit Hilfe von Partys und des Feierns" (Shell Jugendstudie 2010: 232) für diesen keine Rolle spielt. Den Ausgleich sucht er vielmehr in der virtuellen Welt mittels elektronischer Medien, wie im nun folgenden Abschnitt deutlich wird.

Wie anhand der Ergebnisse des Interviews deutlich wird, spielen elektronische Medien eine entscheidende Rolle im Kontext der Freizeit von J.P. So äußert er, dass er elektronische Medien *„ganz gerne"* (J.P. 2011: S. 18, Z. 7) nutzt. Ebenso gibt er an, *„ganz gerne"* (ebd.) die Freizeit am Computer zu verbringen, um über diesen Musik zu hören und Computerspiele zu *„zocken"* (ebd.: S. 18, Z. 8). Dadurch kann J.P. nach Ansicht des Autors (als einziger der im Rahmen der Untersuchung befragten Jugendlichen) eindeutig der Gruppe der „Gamer" (Shell Jugendstudie 2010: 98 f) zugeordnet werden. Ferner gibt er an, oft Fernseher zu schauen und Playstation zu spielen. Auf die Frage danach, welche Rolle Medien in seinem Leben spielen, antwortet J.P., dass *„(er) ohne Medien ... nicht leben (kann)"* (J.P. 2011: S. 18, Z. 12) sowie dass es sich bei diesen um einen *„gute(n) Zeitvertreib"* (ebd.) handelt (ebd.: S. 18; Z. 7-13). Mit der von ihm angegebenen wöchentlichen Internetnutzung zwischen sieben und 14 Stunden liegt J.P. somit voll im Trend, denn zusammen mit der beinahe flächendeckenden Verbreitung des Netzzugangs unter Jugendlichen geht eine erhebliche Steigerung bezüglich des Umfangs der Nutzung einher. Nahezu alle Jugendlichen, welche über einen Internetzugang verfügen, nutzen diesen auch regelmäßig, sodass Jugendliche inzwischen fast 13 Stunden pro Woche im Durchschnitt online sind. In 2006 belief sich die wöchentliche Stundenzahl noch auf weniger als zehn Stunden und in 2002 sind es noch sieben Stunden gewesen. Somit verbringen Jugendliche durch die gestiegene Verbreitung des Internetzugangs in 2010 im Vergleich zu 2002 nahezu das Doppelte an Zeit im Netz (Shell Jugendstudie 2010: 103).

Auch die Subdimension „Gewalt" spielt im Alltag und in der Freizeit von J.P. eine zentrale Rolle. Daher soll im letzten Abschnitt dieses Unterkapitels die Rolle, welche das Thema Gewalt in seinem Leben spielt, dargestellt werden. Auf die Frage hin, wie er sich mit seiner Freundin J.W. versteht, antwortet dieser mit *„sehr gut"* (J.P. 2011: S. 15, Z. 2). Er schätzt an ihr, dass *„sie .. ganz witzig drauf (ist)"* (ebd.) sowie dass man sich mit ihr *„prügeln"* (ebd.) kann. J.P. gibt an, dass sie sich meist aus Langeweile schlagen (ebd.: S. 15, Z. 2-16). Ernsthaft streitet er sich mit seiner Freundin jedoch nur *„ganz, ganz selten"* (ebd.: S. 23, Z. 20). Einmal hat er sich mit dieser jedoch so sehr gestritten, dass seine Freundin Schluss gemacht und sogar den Verlobungsring abgenommen hat. Ansonsten streiten sie sich lediglich *„wegen Kleinigkeiten"* (ebd.: S. 23, Z. 22) (ebd.: S. 23, Z. 20-22).

Als J.P. über die Zeit bei seiner letzten Pflegefamilie berichtet (vgl. dazu Unterkapitel 7.2.5.1), erwähnt er, dass er damals mit einer „*Softair*[53] *[...] irgendwelche Vögel abgeknallt*" (ebd.: S. 20, Z. 16-18) hat, was er im gleichen Atemzug mit „*total hohl*" (ebd.: S. 20, Z. 18) bewertet. Gleichzeitig äußert er, dass es ihm „*Spaß gemacht (hat), die (Vögel) abzuschießen, und die zu treffen und (zu beobachten), wie die dann weggeflogen sind*" (ebd.: S. 20, Z. 22-23). Er lacht dabei und zeigt keine Anzeichen von Reue. Auch im Rahmen weiterer Nachfragen bestätigt er, dass er dies ohne Sinn und Zweck, sondern „*einfach zum Spaß*" (ebd.: S. 20, Z. 32) getan hat und so etwas heute auch nicht mehr machen würde (ebd.: S. 20, Z. 22-32). Bereits während des Interviews (sowie im Kontext der Subdimension „Nebenbeschäftigung") entstand der Verdacht, dass J.P. biografische Brüche (z.B. durch die ungewollte Fremdplatzierung) als Verlust von Handlungsfähigkeit erlebt und den durch die Handlungsunfähigkeit bedingten „Druck" durch „Gegendruck" zu kompensieren versucht hat, um somit die Handlungsfähigkeit durch die Ausübung von Gewalt – zumindest vorübergehend – wiederherzustellen (Coping-Theorie; vgl. Böhnisch 2008: 34). Auch nach Hurrelmann (2010) kann ein hoher Entwicklungsdruck im Zuge einer Überforderung zu aggressiven Reaktionen führen, indem durch verbale, psychische oder körperliche Gewalt die innere Spannung an andere Menschen (oder wie im Fall von J.P. Tiere) weitergegeben wird (Hurrelmann 2010: 162; Shell Jugendstudie 2010: 48).

Bezüglich der Dimension „Alltag und Freizeit" kann abschließend festgehalten werden, dass J.P. seinen Alltag (zum Zeitpunkt des Interviews) als sehr monoton erlebt. Entsprechend berichtet er unter der Woche zu seinem Praktikum zu gehen und den Feierabend am PC oder gemeinsam mit seiner Verlobten vor dem Fernseher zu verbringen. Entsprechend spielen digitale Medien in J.P.'s Freizeit eine zentrale. Darüber hinaus spielt er gerne Fußball und berichtet, dass er eine Gruppe von Kindern trainiert und hierbei genießt, den „Chef" (J.P. 2011: S. 16, Z. 15) spielen zu können. Überdies „prügel(t)" (J.P. 2011: S. 15, Z. 2) er sich gern aus Spaß mit seiner Freundin. Das Thema Gewalt hat allerdings nicht bloß in der aktuellen Lebenssituation von J.P. einen zentralen Stellenwert, sondern spielt bereits in seiner Vergangenheit eine Rolle. Neben der Tatsache, dass er Gewalterfahrungen in seinen Pflegefamilien gesammelt hat, berichtet er, in seiner Kindheit Gewalt gegen Tiere gerichtet zu haben. Auch seinen Nebenjob hat J.P. verloren, weil ihm vorgeworfen wurde, dass er den Hund, welchen er ausführen musste, getreten haben soll. Dies bestreitet J.P. allerdings.

[53] Bei einer Softair handelt es sich um eine Art Luftgewehr mit Plastik-Kugeln.

Soziale Beziehungen – Familie (und Partnerschaft), Freundschaften und Unterstützungsnetzwerk

In diesem Unterkapitel sollen die sozialen Beziehungen von J.P. – in Anlehnung an die Ergebnisse des sozialen Kontaktschemas (vgl. Anhang D) – sowie anschließend das institutionelle (Unterstützungs-)Netzwerk – auf der Grundlage einer vom Autor erstellten institutionellen „Ecomap“ (vgl. Anhang E.3) – abgebildet werden. Dementsprechend sollen J.P.s (sozialen) Kontakte zur Familie und zu seiner Partnerin bzw. Verlobten (Unterkapitel 7.2.5.1) und zum Freundeskreis (Unterkapitel 7.2.5.2) sowie im Anschluss daran sein soziales und institutionelles Unterstützungsnetzwerk (Unterkapitel 7.2.5.3) abgebildet werden (vgl. dazu Pantuček 2009: 197 ff.).

Als J.P. nach der Intensität seiner persönlichen Kontakte gefragt wird, antwortet dieser, dass er deren Intensität und Regelmäßigkeit zu den im sozialen Kontaktschema angegebenen Personen als *„es geht“* (J.P. 2011: S. 26, Z. 19) und *„mittelmäßig“* (ebd.) bewertet, was auch der Maßzahl der Dichte seines sozialen Kontaktschemas sowie den im folgenden Unterkapitel dargestellten Ausführungen im Ungefähren entspricht. Die Maßzahl beträgt bei J.P. zum Zeitpunkt der Untersuchung 0,2, wobei an dieser Stelle betont werden muss, dass sich mehr als ein Drittel (6 von 16) der angegebenen sozialen Kontakte in der Sparte „Jugendwohngruppe“ befindet, sodass bei einem Auszug aus der Einrichtung ein radikales Schrumpfen des Netzwerks zu erwarten ist (vgl. Anhang D.3).

Familie – „Meine echte Familie ist mir wichtig, weil es eben meine Familie ist!“ (J.P. 2011: S. 26, Z. 8)

In diesem Unterkapitel wird also zunächst über die Partnerschaft von J.P. sowie anschließend über die von ihm angegebenen persönlichen Kontakte zu seiner Herkunftsfamilie berichtet.

Bei der Erstellung des sozialen Kontaktschemas trägt J.P. zunächst seine Partnerin J.W. in die Sparte „Familie“ ein. Damit geht dieser von dem selben Verständnis von „Familie“ aus, wie die in der Shell Jugendstudie (2010) befragten Jugendlichen, für welche unter dem Begriff „Familie“ sowohl die eigene Herkunftsfamilie als auch das Leben mit der/dem Partner/-in erfasst wird (Shell Jugendstudie 2010: 58). Vor diesem Hintergrund wurde beschlossen, die Dimensionen Familie und Partnerschaft zusammenzufassen, jedoch aufgrund des intensiveren Kontaktes zunächst auf dessen Partnerschaft einzugehen.

J.P. lebt seit etwa acht Monaten mit seiner Freundin J.W. – mit welcher er mittlerweile sogar verlobt ist – in einer festen Partnerschaft. Damit zählt er zu dem guten

Drittel (39%) der Jugendlichen im Alter von zwölf bis 25 Jahren, welche in einer festen Partnerschaft leben, wobei sich in diesem Kontext deutliche Unterschiede nach Alter, Geschlecht und regionaler Herkunft der Jugendlichen zeigen. In seiner Altersgruppe – bei den 18- bis 21-Jährigen – befindet sich mittlerweile beinahe jeder Zweite (47%) in einer festen Partnerschaft (Shell Jugendstudie 2010: 63). Wie bereits im vorangegangenen Unterkapitel deutlich geworden ist, hat J.P.'s Freundin bzw. Verlobte (J.W.) für diesen eine sehr große Bedeutung. Für J.P. ist sie nicht bloß seine feste Partnerin bzw. Verlobte und zählt gleichzeitig zur Familie, sondern wird darüber hinaus von diesem als *„beste Freundin"* (J.P. 2011: S. 27, Z. 8) gesehen (ebd.: S. 26, Z. 2 – S. 27, Z. 8). Trotz der Tatsache, dass diese seiner Aussage nach den höchsten Stellenwert für diesen hat, bleibt es im Kontext der Erläuterung des von ihm erstellten sozialen Kontaktschemas bei diesen knappen Ausführungen.

Unmittelbar nachdem J.P. seine Freundin in das soziale Kontaktschema eingetragen hat, ergänzt er die Sparte „Familie" um seine leiblichen Eltern. Er beginnt dabei mit seinem Vater, bei welchem er angibt, dass dieser ihm *„sehr wichtig oder ganz, ganz besonders wichtig"* (J.P. 2011: S. 26, Z. 3) ist und ein relativ regelmäßiger Kontakt besteht. Er berichtet, dass er seinen Vater ungefähr *„so ein- bis zweimal im Monat"* (ebd.: S. 24, Z. 28) sieht. Die Beziehung zu seinem Vater beschreibt er als *„wieder gut"* (ebd.: S. 30, Z. 20) und deutet damit darauf hin, dass dies in der Vergangenheit nicht immer so gewesen zu sein scheint. Er berichtet, dass das Jugendamt versucht hat, die beiden *„auseinander zu bringen"* (ebd.), indem ihm verboten wurde, seinen Vater zu sehen. Der Versuch ist seiner Äußerung nach allerdings erfolglos geblieben. Bis heute scheint J.P. nicht nachvollzogen und verarbeitet zu haben, warum das Jugendamt eine Inobhutnahme für erforderlich gehalten hat. Dies verwundert auch nicht, da laut den Ergebnissen der 16. Shell Jugendstudie *„so etwas wie Ablösung vom Elternhaus .. heutzutage eher eine gemeinsam von Eltern und Jugendlichen geplante und ausgehandelte Sache als ein konfliktbeladener Lebensabschnitt (ist)"* (Shell Jugendstudie 2010: 63). Seit einiger Zeit sieht er seinen Vater wieder öfter. Ein Umstand, welcher die Beziehung zwischen den Beiden derzeit allerdings enorm belastet, ist die Tatsache, dass J.P. seinem Vater Geld schuldet und dieser einen *„SCHUFA-Eintrag ... wegen (ihm)"* (ebd.: S. 30, Z. 30) erhalten hat (ebd.: S. 32, Z. 7-18).

Seine Mutter – eine *„Internetradio-Moderatorin"* (J.P. 2011: S. 24, Z. 31) – sieht er gar nicht mehr, sondern „chattet" ausschließlich *„manchmal über Knuddels*[54] *"* (ebd.: S. 24, Z. 30) mit dieser, wo diese ihm auch drei bis vier Monate vor dem Interview

[54] Bei „Knuddels" handelt es sich um einen Online-Chatroom für Kinder und Jugendliche.

mitgeteilt hat, dass sie an Krebs erkrankt ist. Da J.P. aber *„eh kaum Kontakt"* (ebd.: S. 25, Z. 3) zu dieser hat, äußert er bloß: *„Fand ich scheiße, aber was soll man machen!?"* (ebd.) und lässt anhand der Aussage vermuten, wie distanziert sich das Verhältnis zu seiner Mutter gestaltet. Dementsprechend bezeichnet er diese als *„ganz weit weg von (ihm)"* (ebd.: S. 24, Z. 23) und äußert, dass seine Mutter ihm *„aber trotzdem ganz, ganz wichtig (ist)"* (ebd.: S. 24, Z. 23-24) (ebd.: S. 24, Z. 22 - S. 25, Z. 3). Widersprüchlich zu dieser Aussage ist jedoch, dass diese an späterer Stelle bei der Erläuterung seines sozialen Kontaktschemas überhaupt nicht erwähnt wird. Dies ist dem Autor leider erst beim Transkribieren des Interviews aufgefallen, sodass hierzu im Rahmen des Interviews keine Nachfragen gestellt worden sind. Allerdings zeigen die Erfahrungen des Autors auch, dass Kinder und Jugendliche aus stationären Einrichtungen der HzE ihre Eltern – mitunter selbst bei schweren Misshandlungen und/oder (sexuellen) Missbräuchen etc. – lieben – oder dies zumindest angeben.

Darüber hinaus nennt J.P. in der Sparte „Familie" seinen Bruder S. und (separat von diesem) seine anderen Geschwister, welche er nach eigenen Angaben ebenfalls *„öfters"* (J.P. 2011: S. 24, Z. 24) sieht und welche ihm *„sehr wichtig"* (ebd.) sind, sowie seine Großmutter, *„die .. (ihm) auch sehr wichtig (ist), auch wenn (er) sie nicht so oft (sieht)"* (ebd.: S. 26, Z. 25-26). Deren besondere Wichtigkeit begründet er ebenfalls damit, dass diese *„zur Familie (gehören)"* (ebd.: S. 26, Z. 5). Eine andere Begründung kann oder will er an dieser Stelle nicht nennen (ebd.: S. 24, Z. 4 - S. 26, Z. 26).

In einem anderen Kontext berichtet J.P. über die Zeit bei seinen Pflegeeltern. Auf die Frage danach, ob er über seine Pflegefamilien berichten mag, begegnet dieser: *„Wenn ich jetzt über meine ganzen Pflegefamilien erzählen soll, dann sitzen wir morgen noch hier!"* (J.P. 2011: S. 19, Z. 25-26), da er im Laufe seiner Biografie in insgesamt sieben Pflegefamilien untergebracht gewesen ist (vgl. Anhang C). J.P. berichtet daher ausschließlich über die Zeit in seiner letzten Pflegefamilie, in welcher er vier Jahre gelebt hat. Vorweg schildert er, dass er damals in die erste Pflegefamilie gekommen ist, *„weil's bei (seinen) Eltern nicht so gut lief"* (ebd.: S. 19, Z. 27) (ebd.: S. 20, Z. 25-27). Der Frage danach, ob sich dieser an die Zeit bei seinen leiblichen Eltern erinnern kann, weicht er – vermutlich aus Scham oder mangelndem Vertrauen zum Interviewer – aus und gibt an, sich hieran nicht erinnern zu können und darüber auch nicht nachdenken zu wollen, sodass aus Rücksicht auf die Bedürfnisse des Interviewten zur nächsten Fragestellung übergegangen worden ist. Sofern J.P. an dieser Stelle wahrheitsgemäß geantwortet hat und sich tatsächlich an die Zeit bei der Herkunftsfamilie nicht erinnern kann, muss hier in Anlehnung an Gudjons (2008: 42) ein „biografischer Bruch" vermutet werden. Er erwähnt allerdings, dass er mit der

Fremdunterbringung nicht einverstanden gewesen ist und lieber bei seinen Eltern geblieben wäre, ihn jedoch *„mal wieder Niemand gefragt (hat)"* (J.P. 2011: S. 19, Z. 28). Über die Herausnahme aus der Pflegefamilie berichtet er wie folgt: *„Und dann bin ich da endlich weggekommen, weil ich mich auch mit denen schon geprügelt habe."* (ebd.: S. 19, Z. 31-32). Er berichtet in diesem Kontext über Streitereien und Gewaltakten aufgrund von Meinungsverschiedenheiten – bspw. bezüglich der Erledigung von Hausaufgaben (ebd.: S. 21, Z. 19-23).

Freunde – „Wir haben eben die gleichen Interessen!" (J.P. 2011: S. 27, Z. 33)

Im Kontext der Erstellung des sozialen Kontaktschemas (vgl. Anhang D.3) gibt J.P. in der von ihm gewählten Sparte „Freunde" (zunächst etwas zögerlich) in einem ersten Anlauf zwei ehemalige (männliche) Klassenkameraden – S. und St. – an, macht sich über deren Namen lustig und bezeichnet diese zuerst als *„schon wichtig"* (J.P. 2011: S. 25, Z. 12-13) und dann als *„sehr wichtig"* (ebd.: S. 25, Z. 13) und begründet dies dadurch, dass es sich bei diesen *„einfach (um) zwei sehr gute Freunde"* (ebd.) handelt. Nach einigen Überlegungen fügt er einen weiteren ehemaligen (männlichen) Schulkollegen – mit Namen „O." – hinzu und macht sich auch über diesen Namen lustig (ebd.: S. 25, Z. 11-14). Er erwähnt, dass die drei auch untereinander befreundet sind. Wenn er sich mit seinen Freunden trifft, *„dann chillen (sie) .. und dann sitzen (sie) meistens mit vier PCs oder drei PCs im Zimmer und .. zocken .. Counterstrike[55]"* (ebd.: S. 28, Z. 11-13), welches diesen sehr viel Spaß bereitet und dafür sorgt, dass die vier *„(sich) immer schrott (lachen)"* (ebd.: S. 27, Z. 24). Wenn die vier einmal nicht am PC sitzen, schauen sie gemeinsam Fern oder unterhalten sich darüber *„wer gerade eine Freundin hat, wer gerade das Opfer in der Schule war .. oder sonstiges"* (ebd.: S. 27, Z. 29-30) (ebd.: S. 25, Z. 12 - S. 27, Z. 30). Er betont, dass sie *„halt die gleichen Interessen (haben)"* (ebd.: S. 27, Z. 33) und sich, seiner Beschreibung nach, deswegen so gut verstehen (ebd.: S. 27, Z. 32-34). Im Kontext der Analyse der (Sub-)Dimension „Freunde" fällt auf, dass J.P. der Einzige (unter den drei Interviewten) ist, der angibt, zu einer Clique zu gehören. Ein Grund hierfür könnte im vergleichsweise jüngeren Alter liegen. In diesem Zusammenhang gilt es jedoch zu betonen, dass sich anhand der Schilderungen J.P.'s eine allmähliche Abwendung von der Clique zugunsten einer vermehrten Zuwendung in Richtung seiner Verlobten erkennen lässt, welche nach Hurrelmann (2010) als entwicklungstypisch gilt.

---

[55] Bei dem Spiel „Counterstrike" handelt es sich nach Angabe von J.P. um ein *„Ballerspiel"* (J.P. 2011: S. 27, Z. 28), bei welchem es darum geht *„alle aus dem gegnerischen Team abzuknallen"* (ebd.: S. 27, Z. 30).

Zusammenfassend kann festgehalten werden, dass J.P.'s Freundschaftsnetzwerk sich ausschließlich aus drei ehemaligen Schulfreunden zusammensetzt, zu welchen der Kontakt jedoch abgenommen hat. Dies begründet er dadurch, dass er den überwiegenden Teil seiner Freizeit mit seiner Verlobten verbringt. Entsprechend lässt sich sein Freundschaftsnetzwerk als prekär und die Intensität der Beziehung zu diesen als gering bewerten. Folglich lässt sich auch im Kontext der Subdimension „Freundschaften" eine soziale Benachteiligung feststellen.

Unterstützungsnetzwerk – „Wenn ich Hilfe brauche, kann ich eigentlich immer zu meiner Familie gehen, ... aber eigentlich habe ich nicht viele, die wirklich für mich da sind!" (J.P. 2011: S. 29, Z. 23-24)

Neben den sozialen Kontakten interessiert im Rahmen der Analyse der Lebenslage des Adressaten der stationären HzE, an wen dieser sich wendet, wenn sich ihm ernsthafte Probleme oder Schwierigkeiten entgegenstellen. Auf die Frage hin, von welchen auf dem sozialen Kontaktschema (vgl. Anhang D.3) abgebildeten Personen J.P. zum Zeitpunkt des Interviews Unterstützung erhält, gibt er an, dass er von allen erfassten Personen Unterstützung bekommt. Von den Betreuer/-innen seiner betreuten Wohngemeinschaft erhält er seiner Beschreibung nach beispielsweise Unterstützung bei der *„Wohnungssuche"* (J.P. 2011: S: 33, Z. 28), beim *„Anträge schreiben"* (ebd.) oder bei *„Ämter- und Behördensachen"* (ebd.) (ebd.: S. 33, Z. 26-29). Darüber hinaus berichtet er über Unterstützung seitens der Herkunftsfamilie, speziell durch seinen Vater und seine Großmutter, zu welchen er seinen Schilderungen zufolge beispielsweise bei finanziellen Problemen oder bei Redebedarf gehen kann, betont dann aber, dass diese *„eigentlich ... nicht ... wirklich für (ihn) da"* (ebd.: S. 29, Z. 23-24) sind (ebd.: S. 31, Z. 7-10).

Wird den Schilderungen J.P.'s gefolgt, sind die sozialen Unterstützungsverhältnisse von den Eltern in Richtung der Freundschaften verschoben, welche laut der Formulierung der Autor/-innen der Shell Jugendstudie (2010) scheinbar eine „Kompensation für mangelnde Unterstützung in schwierigen Elternhäusern" (Shell Jugendstudie 2010: 229) ermöglichen (ebd.). Auf die Frage hin, inwiefern er von seinen Freunden unterstützt wird, äußert er, dass diese ihm *„bei allem"* (J.P. 2011: S: 28, Z. 24) helfen. Als Beispiel nennt er die gegenseitige Unterstützung *„bei Hausaufgaben"* (ebd.) sowie die Tatsache, dass sie einander bei Problemen unterstützen und füreinander einspringen (ebd.: S: 28, Z. 24-28). Damit zählt J.P. zu den 79% der Jugendlichen der Generation 2010, welche mindestens „öfter" auf diesen Freundschaftdienst zurückgreifen (Shell Jugendstudie 2010: 227). Er ergänzt, dass sie sich in diesem Kontext *„sehr oft"* (J.P. 2011: S. 28, Z. 28) füreinander geprügelt haben (ebd.: S. 30, Z. 32 –

S. 31, Z. 6). Dennoch scheint sich der Kontakt zu seinen Freunden nicht besonders intensiv zu gestalten, da J.P. berichtet, dass sie sich nicht mehr so häufig sehen, seit dieser mit seiner (mittlerweile) Verlobten in einer festen Beziehung lebt (ebd.: S. 29, Z. 9-10).

Wie bereits in den vorangegangenen Lebenslagenanalysen erwähnt, hat der Autor beschlossen, neben der Erstellung des sozialen Kontaktschemas, die Methode der Ecomap im Rahmen der Erhebung von Informationen bezüglich dieser Dimension zur Anwendung kommen zu lassen. Bei der Erstellung der Ecomap geht es darum, einen Überblick über das institutionelle Netzwerk von J.P. zu erhalten und im Zuge dessen zu erörtern, ob dieser (sozial-)staatliche Angebote, Dienste oder Leistungen anderer Träger oder Einrichtungen in Anspruch nimmt. Die Ergebnisse der Ecomap zeigen, dass sein institutionelles Netzwerk eine noch geringere Dichte als sein soziales Netzwerk aufweist (vgl. Anhang: E.3). Allerdings gibt er an, ziemlich intensiv an seine Praktikumstelle angebunden zu sein und dort durch die Mitarbeiter/-innen unterstützt zu werden. So schreibt er bspw. Bewerbungen für seine Ausbildungsplatzsuche zum Altenpfleger mit seinen Arbeitskolleg/-innen (ebd.: S. 33, Z. 6-8). Ferner nimmt er – wie bereits im Kontext der Dimension „Wohnen“ erläutert – bei Bedarf die Hilfe der in seiner stationären Einrichtung tätigen sozialarbeiterischen Gruppenbetreuer/-innen in Anspruch.

Abschließend soll festgehalten werden, dass J.P. zunächst berichtet, Unterstützung seitens seiner Familie sowie aus seinem sozialen Umfeld erwarten zu können. Er stellt dann jedoch fest, dass sein persönliches Umfeld *„nicht wirklich für (ihn) da“* (J.P. 2011: S. 29, Z. 23-24) ist. Allerdings erhält J.P. die erforderliche Unterstützung zum Zeitpunkt des Interviews durch die sozialarbeiterischen Betreuer/-innen seiner Einrichtung, welche er als einzige institutionelle (Unterstützungs-)Ressource nennt. Andere sozialstaatliche Angebote, Dienste oder Leistungen nimmt er zum Zeitpunkt des Interviews nicht in Anspruch, sodass auch sein institutionelles Netzwerk als prekär bezeichnet werden kann.

Zusammenfassung der Ergebnisse der Lebenslagenanalysen

Wie anhand der Ergebnisse der vorangegangenen Untersuchungen deutlich geworden ist, unterscheiden sich die Lebenslagen der (multidimensional) sozial benachteiligten männlichen Jugendlichen voneinander. Im nun folgenden Unterkapitel sollen die Ergebnisse der analysierten Lebenslagen in zusammengefasster Form dargestellt werden.

Zunächst soll O.'s Lebenslage in zusammengefasster Form abgebildet werden. Diese wird insbesondere durch (vergleichsweise) günstige Sozialisationsbedingungen geprägt, wobei in diesem Kontext festzuhalten bleibt, dass ihm von Seiten des Gerichts (im Rahmen seiner ersten Verurteilung) angeordnet worden ist, dass er den Haushalt der Eltern verlassen und eine eigene Wohnung ziehen muss. Nichtsdestotrotz berichtet er selbst, dass er seitens seiner Familie positiven (emotionalen) Rückhalt erfährt. Überdies zeigt das soziale Kontaktschema, dass er über ein dichtes Familiennetzwerk verfügt. Infolge der Tatsache, dass sein Vater aus Gambia und seine Mutter aus Deutschland stammt und er sich keinem dieser Länder zugehörig fühlt, leidet O. gemäß der Ausführungen von Weiss (2007) unter einer „Identitätsdiffusion". Dies scheint nicht zuletzt dadurch begründet sein, dass er aufgrund der durch den afrikanischen Migrationshintergrund bedingten (dunkleren) Hautfarbe vielfach Diskriminierungen im Alltag erfährt.

Auch die Wohnverhältnisse prägen die Lebenslage von O. in entscheidendem Ausmaß. So lebt er zwar noch im elterlichen Haushalt und erhält dort (übermäßige) Unterstützung, schildert jedoch gleichzeitig, dass er eigentlich bereits in einer (vom Jobcenter finanzierten) eigenen Wohnung lebt, welche er allerdings nicht zum Wohnen, sondern zur Wahrung seiner *„Privatsphäre"* (O. 2011: S. 4, Z. 19) nutzt.

Bezüglich seiner Bildungs- und Beschäftigungssituation kann festgehalten werden, dass O. über einen relativ niedrigen Bildungsabschluss (Erweiterter Hauptschulabschluss und Einfacher Handelsschulabschluss) verfügt und sich zum Zeitpunkt des Interviews in einer sehr ungünstigen Beschäftigungssituation (Arbeitslosigkeit) befindet. Ebenso lassen sich im Kontext der Dimension „Alltag und Freizeit" ungünstige Bedingungskonstellationen verzeichnen. So beschreibt O. ein wenig förderliches Freizeitverhalten (Straftaten, exzessives Medien- und Drogenkonsumverhalten). Weiterhin werden O.'s Alltag und seine Freizeit maßgeblich durch die ihm auferlegte Bewährungsstrafe bestimmt. Darüber hinaus muss er Sozialstunden leisten und regelmäßig die ihm zugeteilte Bewährungshelferin besuchen. Ferner darf er weder Cannabis noch Alkohol (in größeren Mengen) konsumieren. Im Kontext der Dimension „soziale Beziehungen" lässt sich das (bereits erwähnte) gut ausgebaute familiäre Netzwerk – zu welchem auch seine Ehefrau zählt – sowie ein weniger dichtes Freundschaftsnetzwerk verzeichnen. Mit einer Netzwerkdichte von 0,6[56] lässt sich sein Netzwerk als hoch bezeichnen. Dies geht mit den bereits erwähnten Nachteilen (z.B. weniger Autonomie und begrenzter Zugang zu Ressourcen) einher. Hingegen verfügt O. (bedingt durch seine Bewährungsstrafe) zum Zeitpunkt über ein vergleichsweise

[56] Rundungswert

gut ausgebautes institutionelles Netzwerk. So ist er an das Jobcenter angebunden, wird im Rahmen einer NAM betreut und bei der Bewältigung der Anforderungen des Alltags unterstützt, ist einer Bewährungshelferin unterstellt und leistet zudem Sozialstunden bei einem gemeinnützigen Träger.

Auch der Interviewte R. hat einen Migrationshintergrund, welcher sich allerdings anders als bei O. begründet, da er und seine Familie aus Polen stammen. Im Gegensatz zu O. ist R. somit – auch wenn er mittlerweile die deutsche Staatsangehörigkeit besitzt – im Ausland geboren, sodass sich die migrationsbedingten Benachteiligungen im Kontext seiner Lebenslage anders gestalten als bei dem vorangegangenem Interviewten. So berichtet R. zwar nicht von migrationsbedingten Diskriminierungserfahrungen, betont dafür aber, dass seine Mutter ihn aufgrund von Sprachproblemen nicht ausreichend bei der Alltagsbewältigung unterstützen konnte bzw. dass er sie vielmehr unterstützen muss(te). Darüber hinaus berichtet R. im Rahmen der Beschreibung seiner Sozialisationsbedingungen von Entführungsdrohungen seitens des leiblichen Vaters sowie über die Tatsache, dass er ein Scheidungskind ist, welches mit fünf Personen in einem Mehrgenerationenhaushalt gelebt hat. Die damalige Wohnsituation beschreibt er als *„ganz furchtbar"* (R. 2011: S. 7, Z. 13) und als *„viel zu eng"* (ebd.). Auch im weiteren Verlauf seines Lebens gestalten sich die Bedingungskonstellationen in der Dimension „Wohnen" bei R. ungünstig. So hat er im Anschluss an die beschriebene Wohnsituation zunächst bei seiner Schwester, später bei verschiedenen Freund/-innen und zum Zeitpunkt des Interviews bei seinem festen Partner gelebt. Aufgrund der Tatsache, dass ihm dort häufig mit einem Rauswurf aus der Wohnung der ihm Obdach Gewährenden gedroht worden ist, lassen sich auch in dieser Lebenslagendimension Ungleichheitsverhältnisse verzeichnen, weil ihm hier die entsprechende Sicherheit gegen Verlust und die Möglichkeit zur selbstbestimmten Lebensführung (und somit der Raum zur freien Persönlichkeitsentwicklung verwehrt bleiben.

Wie im Rahmen der Lebenslagenanalyse des Interviewten R. deutlich geworden ist, leidet dieser an einer depressiven Störung, welche ihn in (nahezu) allen Dimensionen seiner Lebenslage massiv beeinträchtigt. Im Gegensatz zum Interviewten O. ist R.'s Lebenslage allerdings durch eine günstigere Bildungs- und Beschäftigungssituation geprägt, da er verschiedene (Aus-)Bildungstitel erworben hat und sich zum Zeitpunkt des Interviews sowohl in einem Studium als auch in einer Nebenbeschäftigung befindet. Nichtsdestotrotz können auch in der Dimension „Bildung und Beschäftigung" soziale Benachteiligungen festgestellt werden, weil er – bedingt durch seine depressive Störung – an der erfolgreichen Bewältigung der an ihn gerichteten Anforderungen gehindert wird.

Genau wie O. zeigt R. ein wenig förderliches Freizeitverhalten (exzessives Medien- und Drogenkonsumverhalten, dafür aber abgesehen von den Verstößen gegen das BTMG keine Straftaten). In diesem Kontext kann festgehalten werden, dass R. zum Zeitpunkt des Interviews über wenig Freizeit verfügt und keinen Hobbys, welche nichts mit Medien zu tun haben, und auch keinen sportlichen Aktivitäten nachgeht. Gelegentlich trifft er sich mit Freund/-innen. Seine persönlichen Kontakte beschränken sich im familiären Bereich auf die Schwester und die Mutter. R. nennt drei beste Freund/-innen und zwei gute Freund/-innen, welche er kontinuierlich zu seinem Freundeskreis zählt. Auch seinen Partner, bei welchem er zum Zeitpunkt des Interviews lebt, zählt er zu seinen Freunden. Die Netzwerkdichte von R. beträgt 0,2, da ein Großteil der von R. aufgeführten Personen einander kennt. Insbesondere im Kontext des kategorialen Feldes lässt sich von einer Verarmung sprechen, sodass auch hier von einer sozialen Benachteiligung gesprochen werden kann. Die geringe Netzwerkdichte begründet er zwar dadurch, dass sein Studium seine Freizeit sehr einschränkt, an anderen Stellen des Interviews wird jedoch deutlich, dass seine depressive Störung hierauf ebenfalls massiven Einfluss nimmt.

In Anbetracht der „Broken-Home-Situation“ (vgl. dazu Zimmermann/Schallberger 2008) von J.P., welche mit einem häufigen Wechsel von Pflegefamilien einherging und in einem Heimaufenthalt mündete, weist J.P. im Vergleich zu den anderen beiden Probanden (O. und R.) die ungünstigsten Sozialisationsbedingungen auf. Entsprechend lässt sich die Intensität der familiären Kontakte als gering bezeichnen. Der häufige Wechsel seiner Pflegefamilien hat schließlich zur Konsequenz gehabt, dass bei J.P. eine Bindungsstörung vom Sozialpsychiatrischen Dienst diagnostiziert worden ist. Mit seiner aktuellen Wohnsituation in einer stationären Einrichtung der HzE sind – neben den Vorteilen einer (professionellen) Unterstützung bei der Bewältigung der Anforderungen des Alltags – beträchtliche Nachteile verbunden. So erfährt er hierdurch im Alltag bspw. Diskriminierungen und wird somit Opfer von Prestigedifferenzierungen. Die Bildungs- und Beschäftigungssituation von J.P. zeigt sich etwas ungünstiger als die von R. und etwas günstiger als die von O. So hat er im Anschluss an den Erwerb seines Realschulabschlusses (Mittlere Reife) ein Praktikum im Altenhilfebereich begonnen, um die Zeit bis zu seinem Ausbildungsbeginn zu überbrücken. Sein Alltag und sein Freizeitverhalten gestalten sich anders als bei den bei den Interviewten O. und R.. Zigaretten und Alkohol konsumiert J.P. kaum und illegale Drogen spielen in seinem Leben gar keine Rolle. Die Flucht vor dem Alltag erzielt dieser vielmehr mittels digitaler Medien. Auch J.P.‘s Netzwerk lässt sich mit einer Netzwerkdichte von 0,4 als prekär vernetzt bewerten. Zudem stammen die meisten der angegebenen Kontakte aus der Wohngruppe und gestalten sich wenig intensiv.

Ebenso nimmt er – abgesehen von der Unterstützung durch die ihn betreuenden Sozialarbeiter/-innen – keine weiteren Angebote, Dienste und Leistungen sozialstaatlicher Einrichtungen in Anspruch.

Wie anhand der vorangegangenen Darstellungen deutlich geworden ist, lassen sich im Kontext der Analyse der Lebenslagen der drei Probanden jeweils verschiedene soziale Ungleichheitsverhältnisse bzw. soziale Benachteiligungen verzeichnen, welche einer selbstbestimmten Lebensführung der Probanden konträr gegenüber stehen. Trotz der Tatsache, dass sich bei den interviewten Jugendlichen in verschiedenen Lebensbereichen Ungleichheitsverhältnisse bzw. Benachteiligungen gezeigt haben und sich folglich deren Lebenslagen zu weiten Teilen voneinander unterscheiden, lassen sich dennoch gemeinsame Unterstützungsbedarfe feststellen, welche im nachfolgenden Kapitel dargestellt werden sollen.

Gemeinsame Unterstützungsbedarfe und Handlungsempfehlungen für die Soziale Arbeit

In Anbetracht der in Teil I abgebildeten theoretischen Darstellungen und der Ergebnisse der in Teil II dargestellten Lebenslagenanalysen wird deutlich, dass die vielfältigen Anforderungen in den jugendspezifischen Dimensionen der Lebenslage – „Wohnen“, „Bildung und Beschäftigung(slosigkeit)“, „Alltag/Freizeit“ sowie „soziale Beziehungen“ – bei (multidimensional) sozial benachteiligten männlichen Jugendlichen zu einer Überforderung und entsprechend zu Rückzugs- bzw. Isolationstendenzen oder einem Ausschluss (Exklusion) aus der Gesellschaft führen (können).

Um die Teilhabechancen und folglich die Teilhabesituation (multidimensional) sozial benachteiligter männlicher Jugendlicher zu verbessern, muss den Benachteiligungen bzw. Ungleichheiten in den verschiedenen Dimensionen jugendlicher Lebenslagen mit einem geeigneten Konzept der Sozialen Arbeit begegnet und die Bewältigung des Übergangs ins Erwachsenenalter erleichtert werden. Damit eine zielgruppenspezifische und bedarfs- und lebensweltorientierte Unterstützung für die Zielgruppe konzipiert werden kann, wurden auf der Grundlage der vorangegangenen (exemplarischen) Lebenslagenanalysen gemeinsame Unterstützungsbedarfe ermittelt, welche im nun folgenden Kapitel zusammengefasst abgebildet werden sollen. In Anlehnung an die – für die entsprechenden Dimensionen jugendlicher Lebenslagen – ermittelten Unterstützungsbedarfe werden dann wiederum Handlungsempfehlungen für die Soziale Arbeit formuliert, welche als Grundlage für die im nachfolgenden

Teil III abgebildete Projektkonzeption zur Verbesserung der Teilhabechancen der genannten Zielgruppe dienen sollen.

Verbesserung der Ausgangsbedingungen in der Herkunftsfamilie

Wie in den vorangegangenen Lebenslagenanalysen deutlich geworden ist, spielt die soziale Herkunft von Jugendlichen eine entscheidende Rolle bezüglich ihrer Lebenschancen sowie im Kontext ihrer Lebensführung. Dabei stellt die Herkunftsfamilie (als primäre Sozialisationsinstanz) den Ausgangspunkt für die Jugendlichen dar und determiniert zugleich wesentlich deren Chancen (Shell Jugendstudie 2010: 53 f). In Anlehnung an den Familienbericht der Bundesregierung wurde in den letzten beiden Shell Jugendstudien (2010; 2006) die Metapher des „sicheren Heimathafen Elternhaus“ (Shell Jugendstudie 2010: 18) benutzt. So berichten die Autor/-innen der Shell Jugendstudie (2010), dass der überwiegende Teil der Elternhäuser adäquate ökonomische und soziale Rahmenbedingungen bietet, was bei den davon betroffenen Jugendlichen in der Regel mit sehr guten Bildungs- und Startchancen einhergeht. Allerdings betonen die Autor/-innen der Shell Jugendstudie (2010), dass ein Teil der Jugendlichen in Elternhäusern mit prekären Lebensumständen oder (z.B. infolge einer Fremdplatzierung, aufgrund finanzieller Probleme der Eltern etc.) sogar außerhalb des eigenen Elternhauses und ohne die erforderliche Unterstützung der Herkunftsfamilie aufwächst (Shell Jugendstudie 2010: 53 f).

Wie die Ergebnisse der abgebildeten Lebenslagenanalysen veranschaulichen, gestalten sich bereits die Bedingungen in der Herkunftsfamilie bei den drei Interviewten sehr unterschiedlich. Während O. über ein (vergleichsweise) gut ausgebautes familiäres Netzwerk verfügt, welches ihm seiner Empfindung nach die notwendige Geborgenheit und Rückhalt bietet, äußert R., dass er in der (Sub-) Dimension Familie *„fast nichts“* (R. 2011: S. 45, Z. 24) hat, sowie dass er seine Mutter aufgrund ihrer Sprachprobleme (sowohl bei der Erledigung von Alltagsanforderungen als auch zum Teil finanziell) unterstützen muss, anstatt – wie O. – von dieser unterstützt zu werden. Er fügt jedoch hinzu, dass ihm zumindest seine Mutter immer das Gefühl gegeben hat, dass sie ihn liebt (ebd.: S. 46, Z. 12). An seinen Vater hat R. hingegen lediglich schwache (negativ behaftete) Erinnerungen. J.P., bei welchem im klassischen Sinne eine „Broken-Home-Situation“ (Zimmermann/Schallberg 2008) festgestellt werden kann, weist (vergleichsweise) die ungünstigsten Sozialisationsbedingungen auf. Seine familiäre Situation hat sich (offensichtlich) so prekär gestaltet, dass dieser außerhalb des elterlichen Haushalts aufwachsen musste und folglich zunächst in insgesamt sechs verschiedenen Pflegefamilien und zuletzt in einer stationären Jugendhilfeeinrichtung fremdplatziert wurde. In der Folge wurde eine Bindungsstörung seitens einer Kinder- und Jugendpsychiatrischen Anstalt in Bremen diagnostiziert (Jugendpsychiatrischer Dienst 2003).

Im Zuge der Tatsache, dass die Herkunftsfamilie *„in Zeiten hoher Anforderungen in Schule, beruflicher Ausbildung und ersten qualifizierten Tätigkeiten ... zu einem sicheren sozialen Heimathafen (wird)"* (Shell Jugendstudie 2010: 18) und die überwiegende Mehrheit der Jugendlichen von dieser den notwendigen Rückhalt sowie positive emotionale Unterstützung auf dem Weg ins Erwachsenenleben erhält, genießt sie bei den in der Shell Jugendstudie (2010) befragten Jugendlichen großes Ansehen und einen hohen Stellenwert. So betonen mehr als drei Viertel der Jugendlichen (76%) im Rahmen der Untersuchung für die Shell Jugendstudie (2010), dass sie eine Familie brauchen, um glücklich leben zu können. Multidimensional sozial benachteiligte Jugendliche genießen die Vorzüge dieses „sicheren sozialen Heimathafen(s)" (ebd.) vielfach nur unzureichend oder gar nicht (ebd.). Dementsprechend erhalten sie i.d.R. zwar den erforderlichen Rückhalt sowie die nötige positive emotionale Unterstützung (kompensierend) von anderen Personen aus ihrem sozialen Umfeld (z.B. durch Verwandte, Partner/-innen, Betreuer/-innen o.a.), dennoch lässt sich (auch) an dieser Stelle eine soziale Benachteiligung gegenüber Jugendlichen aus besser gestellten Familien feststellen, weil nicht alle Eltern über die für die Erziehung, Befähigung (z.B. zu sozialer Kompetenz) und Unterstützung erforderlichen Kompetenzen verfügen. Um diesem Umstand zu begegnen, sind vermehrte Angebote von (verpflichtenden, niedrigschwelligen und bestenfalls muttersprachlichen) Elterntrainings und -coachings vor dem Eintritt in den Kindergarten und in die Schule erstrebenswert. In diesen sollen Eltern sozial benachteiligter Familien von professionellen Sozialarbeiter/-innen darauf vorbereitet werden, wie sie ihr/e Kind/er bei der Bewältigung der Anforderungen in Kindergarten, Schule, Ausbildung, Beruf und Alltag bestmöglich unterstützen, in welchen Situationen (z.B. Überforderung, psychische Erkrankung etc.) sie sich an zuständige (Hilfe leistende) Stellen (z.B. Erziehungsberatungsstellen, Schule, Jugendamt u.v.m.) wenden können, sollen und müssen und welche Anspruchsberechtigungen sie selbst und ihre Kinder haben.

Befähigung zum selbstständigen, selbstbestimmten und eigenverantwortlichen Wohnen

Wie die Ergebnisse der vorangegangenen Darstellungen bestätigen, lassen sich ebenfalls Ungleichheitsverhältnisse im Rahmen der Dimension „Wohnen" erkennen. Entsprechend berichten die Autor/-innen der Shell Jugendstudie (2010), dass beinahe drei Viertel (73%) der in der Shell Jugendstudie (2010) befragten Jugendlichen noch oder wieder bei ihren (leiblichen) Eltern wohnen. Selbst bei den 22- bis 25-Jährigen wohnt immer noch mehr als ein Drittel (38%) im elterlichen Haushalt (Shell Jugendstudie 2010: 18). Das Auszugsalter von Jugendlichen unterliegt demzufolge einem sozialen Wandel. Nach Nave-Herz/Sander (1998) – auf welche sich die Autor/-innen der 16. Shell Jugendstudie beziehen – haben diese sich nie zuvor so spät vom Elternhaus abgelöst wie zur heutigen Zeit (Shell Jugendstudie 2010: 67; vgl. dazu auch Nave-Herz/Sander 1998), eine Option, welche vielen Jugendlichen aus sozial benachteiligten Familien aufgrund ihrer prekären Lebenssituation nicht zur Verfügung steht. Somit kann nach Ansicht des Autors auch an dieser Stelle ein entscheidendes soziales Ungleichheitsverhältnis (zu privilegierten Jugendlichen) festgestellt werden, welches die künftige Lebenslage der genannten Zielgruppe erheblich erschweren wird. Dennoch wird dieses Ungleichheitsverhältnis seitens der „Mächtigen" (in Politik, Wirtschaft und Gesetzgebung) anscheinend als (völlig) legitim angesehen, da dieses sich in verschiedenen Gesetzestexten manifestiert. So regelt bspw. § 41 SGB VIII (Hilfe für junge Volljährige) trotz der eklatanten Verlängerung der Lebensphase Jugend (vgl. dazu z.B. Hurrelmann 2010; Shell Jugendstudie 2010), dass ausschließlich in Härtefällen sowie infolge eines erheblichen Bedarfs eine Ausdehnung des Betreuungsanspruchs über das 18. Lebensjahr hinaus bewilligt wird (§ 41 SGB VIII), was nach Ansicht des Autors der vorliegenden Lebenslagenanalyse die erhebliche soziale Benachteiligung (bezüglich der zukünftigen Lebensführung) von Jugendlichen aus Einrichtungen der KJH gegenüber bei den leiblichen Eltern aufgewachsenen Jugendlichen verdeutlicht. Aber auch andere sozial benachteiligte Jugendliche können aus verschiedensten Gründen nicht mehr bei den Eltern leben, wodurch nach Ansicht des Autors in verstärktem Ausmaß sozialer Druck (mit den entsprechenden negativen Konsequenzen) auf diese Jugendlichen ausgeübt wird (Shell Jugendstudie 2010: 32 f).

Auch die Wohnsituationen der interviewten Jugendlichen gestalten sich ungleich. So lebt der Interviewte O. im Alter von 23 Jahren noch immer im „sicheren Heimathafen Elternhaus" (Shell Jugendstudie 2010: 18), genießt dessen Vorzüge, fühlt sich dort Geborgen und erfährt positive (emotionale) Unterstützung seitens seiner Eltern. Er berichtet, dass ihn seine Mutter bei der Bewältigung der Anforderungen des Alltags so sehr unterstützt, dass er dadurch seiner Aussage nach *„unselbstständig"* (O. 2011 : S. 6, Z. 13) geworden ist und *„nichts alleine hin(kriegt)"* (ebd.). Gleichzeitig hat O. eine eigene Wohnung, bei welcher die Übernahme der Kosten der Unterkunft durch das Jobcenter gewährleistet wird. In dieser Wohnung hält er sich allerdings lediglich zeitweise auf, wenn ihm die nötige Privatsphäre (im elterlichen Haushalt) fehlt.

Im Gegensatz dazu sind R. die Vorteile einer eigenen Wohnung (z.B. Sicherheit gegen Verlust, freie Entfaltung, Selbstbestimmung etc.) während der meisten Zeit seines bisherigen Lebens verwehrt geblieben. So hat er bereits während seiner Kindheit gemeinsam mit seiner Schwester und seiner Mutter in der 60 m² großen Drei-Zimmer-Wohnung der Großeltern gelebt, was er rückblickend als *„viel zu eng"* (R. 2011: S. 7, Z. 13) und entwicklungshemmend beschreibt. Bis zum Zeitpunkt des Interviews hat R. dann bei verschiedenen Personen, wie z.B. seiner Schwester, Freund/-innen und zuletzt bei seinem jetzigen Partner, gelebt. Er betont jedoch, dass er bei den ihm Obdach Gewährenden nie selbstbestimmt leben konnte und folglich in seiner (freien) Persönlichkeitsentwicklung stark gehemmt worden ist. Entsprechend fehlt ihm die Sicherheit gegen Verlust der Wohnung, wodurch ein basales Grundbedürfnis nicht ausreichend befriedigt wird (zu den damit einhergehenden Folgen vgl. Maslow 2002). J.P. lebt zum Zeitpunkt des Interviews hingegen in einem (nach Schätzungen des Autors) 8 m² großen Apartment einer stationären Einrichtung der Jugendhilfe. Dort erhält er durch die dort tätigen Sozialarbeiter/-innen bei der Bewältigung der Anforderungen in den Lebensbereichen Alltag, Schule und Beruf die erforderliche (professionelle) Unterstützung, welche allerdings die emotionale Unterstützung in einem „intakten" Elternhaus keinesfalls ersetzen kann. Zudem hat er – aufgrund des mit dem Wohnen in einer Einrichtung der Kinder- und Jugendhilfe verbundenen Negativ-Images von „Heimkindern" (vgl. dazu Zimmermann/Schallberger 2008) – häufig Diskriminierungen, Beleidigungen, Beschimpfungen und Ausgrenzungen erfahren müssen. Einen weiteren zentralen Aspekt im Kontext der Lebenslagendimension „Wohnen" stellt die Tatsache dar, dass für J.P. kurze Zeit nach dem Interview die Beendigung der stationären Maßnahme und somit der Auszug in die erste eigene Wohnung ansteht. Dies ist – wie bereits weiter oben erwähnt – dadurch bedingt, dass dieser die Volljährigkeit bereits überschritten hat und entsprechend Hilfe für junge Volljährige gemäß § 41 SGB VIII bezieht und eine weitere stationäre Unterbringung – unabhängig vom (kognitiven) Entwicklungsstand des Jugendlichen – der dringenden Erforderlichkeit bedarf (vgl. dazu § 41 SGB VIII).

Trotz dieser ungleichen Wohnverhältnisse lassen sich auf der Grundlage der Ergebnisse der Lebenslagenanalysen gemeinsame Unterstützungsbedarfe feststellen, um die Wohnbedingungen von (multidimensional) sozial benachteiligten männlichen Jugendlichen nachhaltig zu verbessern. So berichten die drei Interviewten z.B. einstimmig, dass sie fürchten, in ihrem zukünftigen Alltag in der eigenen Wohnung Probleme mit der Haushaltsführung zu bekommen (O. 2011: S. 6, Z. 26-27; R. 2011: S. 9, Z. 23; J.P. 2011: S. 3, Z. 31). Überdies fürchten sich alle drei Probanden vor einer Überforderung im Rahmen der Bewältigung von administrativ-lebenspraktischen Alltagsanforderungen, im Umgang mit (Mitarbeiter/-innen von) Ämtern, Behörden, sozialen Diensten etc. sowie vor Schwierigkeiten bei der Durchsetzung von

Anspruchsberechtigungen und betonen diesbezüglich auf Unterstützung angewiesen zu sein. Exemplarisch nennen die Interviewten Unsicherheiten im Kontext von Verwaltungsakten (Antragsstellung, Widerspruchserhebung) sowie im Umgang mit Mitarbeiter/-innen von Ämtern und Behörden. Ferner berichten die drei Probanden, dass sie an einer eigenen Wohnung die damit einhergehende Privatsphäre sowie die damit verbundene Selbstbestimmung schätzen (würden), welche die Voraussetzung für die psychosoziale Entwicklung und die Identitätsbildung darstellen.

In Anbetracht der geschilderten gemeinsamen Problemlagen der Interviewten lässt sich folgender Unterstützungsbedarf feststellen. Die Angehörigen der Zielgruppe müssen zu sozialer Kompetenz sowie im Zuge dessen zu einer selbstbestimmten, autonomen und eigenständigen Lebensführung befähigt werden. In diesem Zusammenhang muss den jeweils individuellen Belastungsfaktoren der (multidimensional) sozial benachteiligten männlichen Jugendlichen ressourcenorientiert entgegengewirkt werden. Dies soll beispielsweise dadurch erfolgen, dass diesen im Rahmen kompetenzstärkender Angebote sowie im Rahmen eines adressatenspezifischen Case Managements die Kompetenzen für ein selbstbestimmtes Leben in der eigenen Wohnung (z.B. die Fähigkeit zur „hygienischen" Haushaltsführung, der Umgang mit den zur Verfügung stehenden finanziellen Mitteln, der Umgang mit Ämtern, Behörden, sozialen Diensten etc.) an die Hand gereicht und diese bedarfsgerecht vernetzt werden (vgl. dazu Herriger 2010). Nach Herriger (2010) benötigen Adressat/-innen, welche mit ihrer (aktuellen) Lebenssituationen überfordert sind bzw. welche das Fundament einer grundlegenden Lebenssicherung verloren haben und an „Nullpunkt-Stationen" ihres Lebens angekommen sind, handfeste und sofort verfügbare psychosoziale „Survival-Sets", welche eine basale Grundsicherung und somit ihr Überleben im (zukünftigen) Alltag sichern. In Anbetracht dessen sollte die – in den Empowerment-Ansatz eingebettete – Herstellung und Sicherung einer Basisausrüstung an Lebensbewältigungsressourcen den Startpunkt aller sozialarbeiterischen Unterstützungsprozesse mit dem Ziel Befähigung zu einem selbstständigen, selbstbestimmten und eigenverantwortlichen Leben in der eigenen Wohnung darstellen. Diese Zielsetzung lässt sich im Rahmen eines adressat/-innenspezifischen Case Managements (vgl. dazu Neuffer 2009; Wendt 2008) sowie im Rahmen (sozial-)kompetenzstärkender, kreativer, bedarfs- und lebensweltorientierter Angebote realisieren. Herriger (2010) verwendet anstelle des Begriffs Case Management den Begriff Unterstützungsmanagement und versteht hierunter einen Unterstützungsprozess, welcher für diejenigen Menschen Hilfeleistung bietet, welche sowohl mit der Komplexität ihrer Lebensprobleme als auch mit der Unübersichtlichkeit privater und öffentlicher Hilferessourcen überfordert sind. In dieser eben dargestellten Situation der Überforderung benötigen hilfesuchende Adressat/-innen seiner Ansicht nach eine vernetzende, arrangierende und koordinierende Leistung, welche einerseits verfügbare Hilferessourcen der privaten Lebenswelt – wie z.B. soziale Unterstützung im Familien-, Freundes- und Nachbarschafts-Netzwerk – sowie der (sozialen) Dienstleistungsanbieter zusammenführt und andererseits die diversen Unterstützungsangebote der unterschiedlichen Anbieter zu einem koordinierten und geschlossenen Ganzen zusammenfügt. Nach Herriger (2010) zielt das Case Management in seiner Durchführung von sozialer Arbeit auf das Erreichen eines selbstständig nicht erreichbaren sozialen Wohlbefindens ab, wobei die dafür notwendigen Ressourcen sowohl in den Adressat/-innen und ihrem familiären sowie sozialen Umfeld, als auch im Sozialleistungssystem sowie in der Infrastruktur des Gemeinwesens liegen (Herriger 2010: 103 f). Die vernetzende, arrangierende und koordinierende Leistung soll dementsprechend einerseits auf die Organisation eines Netzwerkes von Ressourcen abzielen, welches die Unterstützungsbeiträge von privater Umgebung und öffentlichen Dienstleistungsträgern in einer „abgestimmt-konzentrierten Aktion der Hilfe“ zusammenfügt. Andererseits sollen diese Beiträge zum gelingenden Lebensmanagement aber auch auf die Stärkung der subjektiven Netzwerkkompetenz, d.h. des persönlichen Vermögens der Adressat/-innen, das aufgebaute Netzwerk selbstbestimmt und ohne Unterstützung professionell tätiger Sozialarbeiter/-innen zu handhaben, hinzielen (Herriger 2010: 103 f).

Verbesserung der Bildungs- und Beschäftigungssituation

Auch die Bildungs- und Beschäftigungssituation der – zum Zweck der Analyse der Lebenslagen – interviewten Jugendlichen gestaltet sich äußerst differenziert und zu weiten Teilen ungleich, wie im nun folgenden Unterkapitel gezeigt wird.

So hat der Interviewte O. im Anschluss an seinen Hauptschulabschluss, nach einer gescheiterten Berufsausbildung zum Einzelhandelskaufmann, erst die Einfache Handelsschule und (nach dem Scheitern an der Höheren Handelsschule) eine Berufsausbildung zum Fachlagerist absolviert. Trotz der abgeschlossenen Berufsausbildung befindet O. sich zum Zeitpunkt des Interviews jedoch in Arbeitslosigkeit. Hingegen hat J.P. im Anschluss an seinen Realschulabschluss nicht unmittelbar eine Berufsausbildung zum Altenpfleger gefunden, überbrückt jedoch die Zeit bis zum nächsten Ausbildungsjahr durch ein Praktikum in dem von ihm angestrebten Praxisfeld. Im Gegensatz dazu lässt sich hinsichtlich des Lebenslaufs von R. auf den ersten Blick von einer erfolgreichen (Aus-) Bildungskarriere sprechen. So hat er im Anschluss an den Realschulabschluss mehrere (Aus-) Bildungstitel erworben, befindet sich zum Zeitpunkt des Interviews in einem Vollzeitstudium und verdient neben dem Studium beim NDR im Hörer- und Zuschauerservice zu. Bei genauerer Betrachtung lassen sich allerdings auch bei R. Ungleichheitsverhältnisse im Kontext der Dimension „Bildung und Beschäftigung" erkennen. So wird er infolge seiner depressiven Störung an der Bewältigung der Anforderungen in Studium und teilweise im Nebenberuf gehindert, was in depressiven Phasen unter anderem zu massiven Leistungseinbrüchen geführt hat.

Trotz dieser ungleichen Bedingungen in der Dimension „Bildung und Beschäftigung", lassen sich auch hier Gemeinsamkeiten und gemeinsame Unterstützungsbedarfe hinsichtlich der Verbesserung der Bildungs- und Beschäftigungssituation der fokussierten Zielgruppe feststellen. Eine Gemeinsamkeit besteht darin, dass den interviewten Jugendlichen aufgrund ihrer jeweils adressatenspezifischen Benachteiligung (abweichendes bzw. straffälliges Verhalten, psychische Erkrankung, Broken-Home-Situation) die Bewältigung der Anforderungen in Schule, Ausbildung und Beruf erschwert wird. Während O.'s abweichendes und straffälliges Verhalten zu einer diskontinuierlichen Bildungs- und Erwerbsbiografie mit Schulverweisen und Ausbildungsabbrüchen geführt hat, wird die Bewältigung der schulischen und beruflichen Anforderungen bei R. durch seine klinische Depression bedingt, welche ihm eine kontinuierlich erfolgreiche Bewältigung der Bildungsanforderungen erschwert. So berichtet R., dass Probleme für ihn meist so überfordernd und überwältigend sind, dass diese oft in einer Depression münden und er dann nicht mehr imstande ist, den Anforderungen in Studium und im Nebenberuf gerecht zu werden. Dies führt dann wiederum zu Misserfolgen und Enttäuschungen, welche die „depressive Spirale" (vgl. Unterkapitel 6.1) in Gang setzen. Auch in den Anfängen der Beschäftigungskarriere von J.P. lassen sich bereits erste Diskontinuitäten verzeichnen. So hat er sein erstes Berufsorientierungspraktikum im Praxisfeld der Altenhilfe vorzeitig abgebrochen, weil er mit den dort tätigen Mitarbeiter/-innen nicht zurechtgekommen ist. Vor dem Hintergrund der vorangegangenen Darstellungen wird deutlich, dass den interviewten Jugendlichen die für eine erfolgreiche und kontinuierliche Bewältigung der Anforderungen in der Dimension „Bildung und Beschäftigung" erforderliche soziale Kompetenz sowie die entsprechenden Lebensbewältigungskompetenzen (Durchhaltevermögen, Konflikt- und Kommunikationsfähigkeit, Problemlösungskompetenz etc.) fehlen bzw. nur unzureichend ausgeprägt sind und somit einer Förderung bedürfen und sich somit auch im Rahmen der Dimensionen „Bildung und Beschäftigung" Ungleichheitsverhältnisse zu erkennen sind.

Um die Bildungsungleichheiten in der Bundesrepublik Deutschland zu überwinden, betrachtet der Autor die vielfach kritisierte Einrichtung von Ganztagsschulen (ganz abgesehen von einigen Nachteilen; vgl. zu den Vor- und Nachteilen von

Ganztagsschulen z.B. Wordpress.com o.J.) bei sachgemäßer Umsetzung des Konzepts als einen guten (jedoch keinesfalls ausreichenden) Ansatz zum Ausgleich sozialer Benachteiligung. Dadurch, dass nicht alle Schüler/-innen seitens der Familie die erforderliche Unterstützung bezüglich der Bewältigung der schulischen (und später beruflichen) Anforderungen erhalten, erachtet der Autor die mit der Ganztagsschule einhergehende Hausaufgabenbetreuung als vorteilhaft für Schüler/-innen aus sozial benachteiligten bzw. bildungsfernen Familien. Allerdings muss in einem solchen Kontext unter anderem dafür Sorge getragen werden, dass die Leistungsabstände der Schüler/-innen einer Klasse nicht zu groß sind, weil dies (unabhängig von einer individuellen Berücksichtigung der einzelnen Bedarfe und Kompetenzen) zu weiteren Ungleichheiten und damit einhergehender Frustration und Demotivation führen kann, sobald die Unterschiede in der Leistung und dem damit verbundenen Wissen und Können ins Bewusstsein Einzelner rücken oder sogar mit Besser- oder Schlechterstellungen einhergehen. Dies zu vermeiden wird eine (nur schwer überwindbare) Herausforderung für Schule und andere gesellschaftliche Institutionen sein, für welche es geeignetere Konzepte (z.B. von Schulsozialarbeiter/-innen) zu entwickeln gilt, als die an den hiesigen Ganztagsschulen verbreiteten. Insbesondere gilt es dabei die Frage zu klären, wie sozialisationsbedingte (Bildungs-) Ungleichheiten soweit wie möglich überwunden werden können. Hier kann der Staat die Reduzierung der Schulklassengrößen und den dafür erforderlichen vermehrten Einsatz von Zuschüssen und Fördergeldern nicht umgehen, sofern die dargelegten Ziele erreicht werden sollen.

Um sozialisationsbedingten (Bildungs-)Ungleichheiten zu begegnen, sind nach Meinung des Autors vermehrte Angebote von (niedrigschwelligen und bestenfalls muttersprachlichen) Elterntrainings und -schulungen lange *vor* dem Eintritt in den Kindergarten erstrebenswert, in welchen Eltern darauf vorbereitet werden, wie sie ihr Kind mit Unterstützung von Seiten der Institutionen Kindergarten und Schule bestmöglich unterstützen und in welchen Situationen (z.B. Überforderung, Schulvermeidung, Ängste/Unsicherheiten des Kindes oder der Eltern u.v.m.) sie sich an diese Institutionen wenden können, sollen und müssen. Zudem ist ein intensiverer und regelmäßigerer Austausch zwischen Eltern und Kindergärtner/-innen bzw. Erzieher/-innen und Lehrer/-innen gefragt, wobei die (Klassen-)Lehrer/-innen dafür Sorge tragen müssen, dass zu *allen* Eltern ein regelmäßiger Kontakt besteht und wirklich kein/e Schüler/-in durch das Netz fällt. Dies gilt besonders beim (unentschuldigten) Fernbleiben von der Schule bzw. beim Verdacht auf Schulvermeidung oder Schulverweigerung, bei (Verhaltens-)Auffälligkeiten, beim Verdacht auf psychische Störungen u.Ä.

Soll also vermieden werden, dass Deutschlands Schüler/-innen in nachfolgenden PISA-Studien wieder einen der unteren Ränge belegen und dafür Sorge getragen werden (vgl. OECD 2010; 2007; 2001), dass die Bildungssituation und der Bildungsstand von Schüler/-innen deutscher Schulen sich verbessern und Bildungsungleichheiten überwunden werden, müssen seitens des Staats entsprechende (für die Zielgruppe kostenlose!) Förder- und Unterstützungsangebote – z.B. (Bildungs-)Patenschafts- oder Mentoringprogramme – für leistungsschwache Schüler/-innen aus bildungsfernen Familien und deren Eltern initiiert und finanziert werden.

Auch die Hochschulen und Universitäten sowie die sozialen und gesellschaftlichen Institutionen könnten einen Beitrag zur Verbesserung der Bildungssituation sozial bildungsschwacher Schüler/-innen leisten, indem sie sozialarbeiterisch angeleitete Mentoring- bzw. Bildungspatenschaftsprojekte für Schüler/-innen von Student/-innen initiieren, organisieren und begleiten, wobei auch an dieser Stelle eine Finanzierung seitens des Staates erforderlich ist, damit die Kosten nicht den jeweiligen Institutionen zu Lasten fallen und die Auslagen der Mentor/-innen und Bildungspat/-innen (z.B. Fahrkosten, Lehrmaterial etc.) erstattet und bestenfalls Aufwandsentschädigungen und Honorarkosten (z.B. gemäß Übungsleiterfreibetrag §; vgl. dazu z.B. Finanztip.de 2012) geleistet werden können. Eine Investition, die sich nach Meinung des Autors auf lange Sicht betrachtet, rentiert und letzten Endes vielleicht sogar refinanziert.

Des Weiteren müssen Schüler/-innen in Anbetracht der vielfältigen Möglichkeiten im Kontext der Ausgestaltung ihrer jeweils individuellen Bildungs- und Erwerbsbiografie, bereits während der Schulzeit zusätzliche Möglichkeiten zur Berufs- und Studienorientierung erhalten. Allerdings darf keinesfalls zu früh von diesen abverlangt werden, bereits feste Zukunfts- und Berufsperspektiven entwickelt zu haben. Außerdem darf von diesen nicht erwartet werden, dass diese bereits in frühen Jahren biografische Entscheidungen treffen, die in eine „Einbahnstraße" führen. Hier müssen grundlegende und nur schwer realisierbare Veränderungen in der Erwartungshaltung von Politik und gesellschaftlichen Akteuren (z.B. Arbeitgeber/-innen) durch Sozialarbeiter/-innen angestoßen werden, um den Zukunftsängsten und Entscheidungszwängen (z.B. bei der Berufsorientierung oder im Kontext der Planung der Erwerbsbiografie) Jugendlicher zu begegnen. Wollen Sozialarbeiter/-innen den Bildungsungleichheiten begegnen, kann dies nicht allein auf der Mikroebene erfolgen. Ebenso muss auf der Meso- und Makroebene auf die Missstände im Bildungsbereich hingewiesen werden. Entsprechend müssen sie in politische Gremien (z.B. Arbeitskreise und Foren auf Lokal-, Regional-, Landes- und Bundesebene, Netzwerktreffen etc.) eintreten, um dort die Interessen sozial benachteiligter bzw. bildungsferner Schüler/-

innen zu vertreten (vgl. dazu auch Engels in Maelicke 2008; Spatscheck et al. 2008; Staub-Bernasconi 2007) und im Zuge dessen sozialen Ungleichheitsverhältnissen im Bildungsbereich entgegenzuwirken.

Eine weitere – die fokussierte Zielgruppe mitunter überfordernde – Herausforderung ergibt sich beim Übergang zwischen Schule und Ausbildung bzw. Beruf. Angesichts fehlender Lehrstellen bzw. Ausbildungsplätze haben es (multidimensional) sozial benachteiligte männliche Jugendliche diesbezüglich meist besonders schwer, weil sie – infolge ungünstiger Bildungsvoraussetzungen sowie aufgrund mangelnder beruflicher und (nicht zuletzt) sozialer Kompetenzen – oft unattraktiver für potenzielle Arbeitsgeber/-innen sind als Jugendliche aus besser gestellten Familien (vgl. dazu Diefenbach/Klein 2002). Um den Übergang zwischen Schule und Beruf für (multidimensional sozial benachteiligte) Schüler/-innen zu erleichtern, muss die Institution Schule verstärkt mit den sozialen Einrichtungen und den örtlichen (Projekt-)Trägern (z.B. den Kompetenzagenturen und den Jugendmigrationsdiensten) im Sozialraum kooperieren (und Synergieeffekte nutzen), um auf diese Weise zu gewährleisten, dass alle Schüler/-innen (auch diejenigen, die nicht unmittelbar eine Berufsausbildung anstreben!) noch vor Beendigung der zehnten Klasse die (unabhängig vom Berufswunsch) für eine Berufsausbildung oder die Ausübung eines Berufs erforderlichen sozialen und beruflichen Kompetenzen an die Hand gereicht bekommen.

Allerdings reicht es in einem solchen Kontext längst nicht, ausschließlich den Übergang zwischen Schule und Beruf zu begleiten. Auch während der Ausübung der Beschäftigung müssen (multidimensional) sozial benachteiligte männliche Jugendliche (z.B. bei Problemen oder in Konfliktsituationen) weiterhin motiviert, begleitet, unterstützt und beraten werden. Auch hier könnten – neben einem professionellen Case Management – sozialarbeiterisch angeleitete Mentoring- bzw. Patenschaftsprogramme eine mögliche Form der Unterstützung darstellen, wobei diesbezüglich wieder überlegt werden muss, wie der Bedarf an Mentor/-innen und Pat/-innen gedeckt werden kann. Eine Möglichkeit könnte die Initiierung und Organisation von Mentoring- oder Patenschaftsprogrammen (z.B. direkt über die Ausbildungsbetriebe) sein. So könnten etwa die Auszubildenden der höheren Ausbildungsjahre einerseits von Gesellen betreut werden und andererseits die Auszubildenden der unteren Ausbildungsjahre betreuen. Denkbar – und unter Umständen unabhängiger – wäre ein von den Berufsschulen initiiertes Mentoringprogramm. Hierzu müssen entsprechende finanzielle, personelle und fachliche Ressourcen bereit gestellt werden, welche sich bei Erfolg langfristig (z.B. infolge sinkender Ausbildungsabbrüche und Arbeitslosigkeitszahlen) refinanzieren.

Gelingt es Jugendlichen nicht, die Schule erfolgreich zu beenden und/oder anschließend nahtlos in ein Berufsausbildungs- oder Erwerbsverhältnis überzugehen, werden diese bereits in jungen Jahren mit ersten Arbeitslosigkeitsphasen und damit einhergehenden Ungleichheitserfahrungen konfrontiert, welche – vor dem Hintergrund der zum Erwachsenwerden erforderlichen Bewältigung der jugendspezifischen Entwicklungsaufgaben (vgl. Unterkapitel 3.2), zu denen der Übergang ins Berufsleben zählt – bei Jugendlichen besonders brisant sind. So bleiben diesen etwa bestimmte – für die Persönlichkeitsentwicklung (und den Reifeprozess) wichtige – Erfahrungen verwehrt (vgl. dazu Hurrelmann 2010; Hurrelmann 2006). Ebenso werden einige zentrale als „Schlüsselkompetenzen“ bezeichnete Fähigkeiten erst im Kontext des Berufslebens erlernt, wodurch beschäftigungslose Jugendliche bestimmte – die soziale Kompetenz bildende (Jugert et al. 2011) – soziale Fertigkeiten nicht erlernen und im schlimmsten Fall in ihrer psychosozialen Entwicklung stagnieren, abweichende oder straffällige Verhaltensweisen entwickeln oder (psychisch) erkranken (vgl. z.B. Jugert et al. 2011; Hurrelmann 2010, 2006; Krafeld 1997; Kronauer 1996). Nach Krafeld (1997) und Kronauer (1996) ist es für beschäftigungslose Jugendliche umso wichtiger, dass diese das Gefühl des Gebrauchtwerdens und der Selbstwirksamkeit auf alternativem Wege erfahren. Als eine der Möglichkeiten nennen beide Autoren die „informelle Arbeit“, zu welcher beispielsweise ehrenamtliche Tätigkeiten und die (unentgeltliche) Nachbarschaftshilfe, aber auch die im Volksmund als „Schwarzarbeit“ bezeichnete unangemeldete, bezahlte Arbeitstätigkeit mit dem Zweck der Steuerhinterziehung (§ 370 AO), zählen (vgl. dazu Krafeld 1997; Kronauer 1996). Durch die informelle Tätigkeit können Jugendliche die für ein Beschäftigungsverhältnis erforderlichen Kompetenzen, Fähigkeiten, Normen, Werte etc. in einem geschützten und fehlertoleranteren Rahmen erproben. Aktuell sind die im Rahmen der Mitwirkungspflichten nach dem SGB II erteilten „In-Jobs“ (§ 16 SGB II) und andere Maßnahmen mit dem (vermeintlichen) Ziel der beruflichen (Wieder-)Eingliederung die (unfreiwillig!) am weitesten verbreiteten informellen Tätigkeiten beschäftigungsloser Jugendlicher. Dabei wird oft heftig kritisiert, dass diese Maßnahmen vorwiegend dazu dienen, die Arbeitslosenquote zu senken und entsprechend die Arbeitslosigkeitsstatistik zu verbessern, da Teilnehmer/-innen solcher Maßnahmen in dieser nicht mehr auftauchen (vgl. dazu Ver.di Publik 2010). Als eine weitaus sinnvollere Möglichkeit zur beruflichen (Wieder-)Eingliederung (insbesondere) Jugendlicher betrachtet der Autor die Gelegenheit, durch Berufspraktika Erfahrungen zu sammeln, Berufsfelder kennen zu lernen und die eigenen Fähigkeiten und das eigene Können zu erproben und unter Beweis zu stellen. Zu seinem Entsetzen läuft die Absolvierung von Praktika zur Berufsorientierung den gesetzlichen Bestimmungen des SGB II jedoch zuwider, weil Leistungsempfänger/-innen während der Ausübung von Praktika dem

Arbeitsmarkt nicht mehr zur Verfügung stehen und demzufolge während der Durchführung freiwilliger Berufs- oder Vorpraktika nicht leistungsberechtigt sind. Dies erachtet der Autor – in Anbetracht des Ziels der beruflichen (Wieder-) Eingliederung – als äußerst kontraproduktiv, weil ein (freiwilliges) Berufspraktikum seiner Erfahrung nach eine Chance darstellt, die Motivation sowie die Fähigkeiten und Kompetenzen Arbeitssuchender unter Beweis zu stellen und das Stigma der „Faulen" und „Untalentierten" zu überwinden. Auch in der praktischen Umsetzung der Bestimmungen des SGB II muss daher das Ziel der beruflichen (Wieder-)Eingliederung an vorderster Stelle stehen und darf nicht an kontraproduktiven Formalitäten scheitern. Überdies gilt es in diesem Kontext kritisch zu hinterfragen, ob Leistungsempfänger/-innen dem Arbeitsmarkt denn während der Ausübung von In-Jobs zur Verfügung stehen, ob ein Berufspraktikum nicht eventuell die erfolgversprechende Maßnahme zur (Wieder-)Eingliederung in den Arbeitsmarkt darstellen, welchen Sinn diese Gesetzesvorschriften bzw. Verwaltungsanweisungen haben und wessen Ziele hier eigentlich vorrangig verfolgt werden? Nach Ansicht des Autors wird in diesem Kontext deutlich, dass soziale Ungleichheitsverhältnisse mit dieser Bestimmung des SGB II reproduziert werden, weil Angehörigen der Unterschicht (bzw. Schüler/-innen, deren Eltern Leistungsempfänger nach dem SGB II sind) der Aufstieg in höhere Klassen – z.B. durch die Hinderung an der Durchführung eines für viele Studiengänge vorausgesetzten Vorpraktikums – verwehrt bleibt. Soll an dieser Stelle dem Grundsatz der Bildungsgleichheit entsprochen werden, müssen auch Schüler/-innen aus einkommensschwachen Familien die Möglichkeit haben, ein für die Zulassung zu dem von ihnen angestrebten Studiengang vorausgesetztes Vorpraktikum zu absolvieren. Entsprechend sollte die Durchführung von Berufs- und Vorpraktika nach Meinung des Autors unbedingt als Maßnahme der beruflichen (Wieder-)Eingliederung anerkannt werden und darf einem Bezug von SGB II-Leistungen keinesfalls zuwiderlaufen.

Unterstützung bei der Bewältigung des Alltags sowie bei der Entwicklung eines förderlichen Freizeitstils

Wie bereits in den vorangegangenen Darstellungen erwähnt, spielt die Dimension „Alltag und Freizeit" im Kontext jugendlicher Lebenslagen eine entscheidende Rolle, weil sie einen wichtigen Raum zur Persönlichkeitsentwicklung darstellt (vgl. Unterkapitel 3.3.3). Wie anhand der in Teil II abgebildeten Lebenslagenanalysen deutlich geworden ist, erfahren multidimensional sozial benachteiligte männliche Jugendliche durch verschiedene Ungleichheitsverhältnisse vermehrt psychosoziale Beeinträchtigungen und Einschränkungen im Alltag und ihrer Freizeit.

Auch wenn sich die Dimensionen der Lebenslagen der interviewten multidimensional benachteiligten Jugendlichen unterschiedlich gestalten, ist allen gemeinsam, dass die jeweils individuellen Benachteiligungen in den verschiedenen (Sub-)Dimensionen in allen drei Fällen mit ungünstigen (fremdbestimmten) Freizeitbedingungen und einem wenig kreativ-förderlichen Freizeitverhalten einhergehen, welche zu weiteren Benachteiligungen führen (können). Während O.'s Alltag und Freizeit maßgeblich durch seine Bewährungsstrafe und die damit verbundenen Auflagen und Weisungen bestimmt werden, lassen sich bei R. Einschränkungen infolge seiner depressiven Störung verzeichnen. Hingegen werden J.P.'s Alltag und dessen Freizeit zu einem großen Teil durch die Bedingungen (z.B. Regeln) in seiner Einrichtung bestimmt. Entsprechend lässt sich verzeichnen, dass die Alltags- und Freizeitbedingungen der Interviewten maßgeblich von äußeren Lebensbedingungen diktiert werden und sie dem Alltagsstress durch exzessives Medienkonsumverhalten zu entfliehen versuchen. O. und R. greifen hierzu sogar zu (il-)legalen Drogen. In Anbetracht dessen müssen (multidimensional) sozial benachteiligte männliche Jugendliche zu einem kreativ-förderlichen Freizeitverhalten befähigt werden, verschiedene (kreativ-förderliche) Freizeitaktivitäten sowie kulturelle und sportliche Aktivitäten kennen lernen.

Als eine weitere Gemeinsamkeit lässt sich auch bei der Analyse der Lebenslagendimension „Alltag und Freizeit" bei allen drei Interviewten verzeichnen, dass diesen meist die für eine kreativ-förderliche Freizeitgestaltung erforderlichen finanziellen Ressourcen fehlen. Zwar gibt es hier bereits einige Möglichkeiten zur kostenlosen Teilhabe am sozialen Leben[57], diese gilt es allerdings zu erweitern bzw. auszubauen. Darüber hinaus konnte jedoch festgestellt werden, dass den Interviewten die für eine selbstständige, eigenverantwortliche und selbstbestimmte Alltags- und eine kreativ-förderliche Freizeitgestaltung erforderlichen Lebensbewältigungskompetenzen – hierunter insbesondere die Problemlösungskompetenz, die Konfliktlösungskompetenz, die Netzwerkkompetenz, Durchhaltevermögen etc. – (zumindest partiell) nicht zur Verfügung stehen. Daher kann auch im Kontext der Untersuchung der Dimension „Alltag und Freizeit" festgestellt werden, dass bei (multidimensional) sozial benachteiligten männlichen Jugendlichen die Förderung von Lebensbewältigungskompetenzen und der sozialen Kompetenz von zentraler Bedeutung für die Verbesserung ihrer Teilhabesituation ist. Damit Angehörige der genannten Zielgruppe ihren Alltag selbstbestimmt und eigenständig bewältigen können, müssen diesen – nach Herrigers (2010) Empowerment-Formel – die für ein Leben in Selbstständigkeit sowie zur

[57] So können bspw. die mitunter kostenlosen Sport- und Freizeitangebote des Landessportbunds Bremen e.V. in Anspruch genommen oder an bestimmten Aktivitäten über das Bildungs- und Teilhabepaket teilgenommen werden.

Überwindung der massiven psychosozialen Beeinträchtigungen in den entsprechenden Lebensbereichen erforderlichen Unterstützungswerkzeuge an die Hand gereicht werden. Diese Förderung von Lebensbewältigungskompetenzen ist nach Böhnisch (2008) nicht bloß für die Teilhabe am beruflichen, sondern darüber hinaus auch für die Teilhabe am sozialen und gesellschaftlichen Leben von unschätzbarem Wert (Böhnisch 2008). Auch Jugert et al. (2011) berichten, dass bestimmte soziale Fertigkeiten, welche sie in ihrer Gesamtheit als soziale Kompetenz (im Singular!) bezeichnen, für die Bewältigung des Alltags von besonderer Wichtigkeit sind (Jugert et al. 2011). In diesem Kontext ist es für die Jugendlichen wichtig, dass diese (unter sozialarbeiterischer Anleitung) ihre Unsicherheiten und Selbstzweifel überwinden. In Anbetracht dessen soll deren Selbstbewusstsein durch Lob, Bestätigung, Motivation sowie durch die Überwindung von vorher unüberwindbar scheinenden Hindernissen gestärkt werden, wodurch das Gefühl von Selbstwirksamkeit erfahren werden kann (vgl. dazu Jugert et al. 2011). Überdies müssen im genannten Kontext überfordernde Situationen vermieden werden und individuelle Problemlagen, soziale Beeinträchtigungen und Störungen im Sozialverhalten besondere Berücksichtigung finden.

Was sich ebenfalls als Gemeinsamkeit im Kontext der dargestellten Lebenslagen der (multidimensional) sozial benachteiligten männlichen Jugendlichen gezeigt hat, ist die Tatsache, dass diese einstimmig darüber berichten, dass Langeweile eine zentrale Rolle im Kontext ihres Alltags spielt. Um die Langeweile zu bewältigen und dem Alltag zu entfliehen, flüchten sich die Interviewten (mehr oder weniger) exzessiv in digitale Parallelwelten, wie Computerspiele (J.P.), Fernsehen (O.) und Internet (R.) zeigen sonstige abweichende oder dissoziale Verhaltensweisen (O. und J.P.). In diesem Kontext ergibt sich der sozialarbeiterische Auftrag, den Jugendlichen konstruktive Strategien und Möglichkeiten zur Bewältigung von Langeweile sowie ein kreativ-förderliches Mediennutzungsverhalten (z.B. im Rahmen von PC- und Multimedia-Schulungen oder -Workshops) aufzuzeigen. Überdies müssen Eltern ihren Kindern von Anfang einen angemessenen Umgang – insbesondere hinsichtlich Nutzungsdauer und -intensität – mit (digitalen) Medien vermitteln. Hierzu gilt es geeignete Schulungen und Workshops für Eltern zu konzipieren und umzusetzen.

Eine weitere Gemeinsamkeit, welche sich zumindest bei zwei von drei Probanden (O. und R.) gezeigt hat, ist die Tatsache, dass diese legale und illegale Drogen konsumieren, um dem Alltag zu entfliehen sowie um auf „Knopfdruck“ Entspannungsmomente herbeizuführen. So nehmen die Adressaten O. und R. regelmäßig Drogen, wie Alkohol, Hasch und Marihuana, Speed, Amphetamine, MDMA, Kokain, psychoaktive Pilze, LSD und bei R. kommen sogar noch die Betäubungsmittel Ketamine und DMT hinzu. Die Ergebnisse der jüngsten Drogenaffinitätsstudie (2011) erwecken den Anschein, dass die (präventiven) Maßnahmen der Sozialen Arbeit, der Medien und der Drogenpolitik die Gruppe der 18- bis 25-Jährigen nicht erreichen konnten, sodass aus präventiver Sicht weiterhin Handlungsbedarf besteht. Laut der BZgA bestätigen die aufgezeigten Entwicklungen, dass alkoholbezogene Präventionsmaßnahmen bei der genannten Altersgruppe, bei welchen der Alkoholkonsum infolge des höheren Alters bereits weiter verbreitet ist, vor besonderen Herausforderungen steht. Es müssen Überlegungen getroffen werden, wie diese Zielgruppe künftig besser erreicht und wie eine sukzessive Ausweitung der Erfolge bei der Altersgruppe der 12- bis 17-Jährigen auf die Altersgruppe der 18- bis 25-Jährigen übertragen werden kann (Drogenaffinitätsstudie 2011: 59).

Da der Konsum legaler Drogen – z.B. Genussmittel wie Kaffee und Tee, aber auch Zigaretten und Alkohol – und illegaler Drogen – z.B. Cannabisprodukte und „Party-Drogen“ (vgl. dazu Osterloh in Baudisch/Albrecht/Stiller 2004) – in der hiesigen Gesellschaft eine zentrale Rolle spielt und Jugendliche (nahezu) zwangsläufig mit dem Thema konfrontiert werden – sei es im Elternhaus, im Freundeskreis, an der Schule oder in der TV-Werbung – und Warnungen von (erwachsenen) Menschen aus dem Umfeld oft ignorieren, stellt ein absoluter Verzicht nach Meinung des Autors allerdings keine realistische Zielsetzung im Rahmen von Präventionsprogrammen dar. Vielmehr müssen (multidimensional sozial benachteiligte) Jugendliche einen angemessenen Umgang mit legalen Drogen, Alternativen zur Erreichung der durch den Rausch verursachten Zustände, Momente, Befindlichkeiten, Interventionsstrategien in akuten Vergiftungssituationen sowie Strategien zur Ablehnung erlernen. Entsprechend sollte sich der Fokus solcher Programme darauf richten, den Jugendlichen (Bewältigungs-)Strategien zur Herbeiführung von guter Laune, Ruhe, Entspannungsmomenten und aggressionsfreier Geselligkeit, für den Umgang mit Langeweile, für die Überwindung von Unsicherheiten und Ängsten, zur Herbeiführung von Entspannungsmomenten und aggressionsfreier Geselligkeit, zum selbstbewussten „Nein-Sagen!“, Erste-Hilfe-Maßnahmen bei Vergiftung u.v.m. aufzuzeigen. Dabei dürfen soziale Helfer/-innen keinesfalls mit dem erhobenen Zeigefinger predigen. Vielmehr müssen unter sozialarbeiterischer Anleitung konstruktive Bewältigungsstrategien entwickelt und gemeinsam im Rollenspiel erprobt werden (vgl. dazu Stein 2009). Dabei muss Raum für Diskussion, die eigene Meinung und eigene Erfahrungen bleiben und kontinuierlich auf Augenhöhe kommuniziert werden.

Eine konkrete Möglichkeit zur (präventiven) Begegnung von Sucht- und Abhängigkeitsproblematiken bei Jugendlichen stellt nach Ansicht des Autors die Initiierung von zielgruppenspezifischen Anti-Drogenkampagnen von und für Jugendliche dar. In diesem Kontext soll die Darstellung von biografischen Erfahrungen ehemaliger

Abhängiger eine zentrale Rolle einnehmen. Entsprechend sollen betroffene Jugendliche ihre individuellen Erfahrungen und ihre persönlichen Sichtweisen authentisch wiedergeben. Dabei sollen die Gefahren des Drogenkonsums – insbesondere jedoch die negativen Folgen auf die psychische und physische Gesundheit sowie die Auswirkungen auf die Lebensführung – thematisiert werden. Im Rahmen dessen gilt es hervorzuheben, dass die strafrechtliche Auffälligkeit (Verstoß gegen das BtMG) bei drogenabhängigen Jugendlichen i.d.R. lediglich einen Teilbereich der Problemlagen widerspiegelt. Oft kommt es zu Beschaffungskriminalität, zu Prostitution, Wohnungslosigkeit, Verwahrlosung, (drogeninduzierten) psychischen Erkrankungen und gesundheitlichen Problemen (Scheffler 2010: 72). Diese negativen Folgen sollen aus Sicht betroffener junger Menschen bzw. auf der Grundlage ihrer persönlichen Lebensgeschichten im Rahmen von (medialen) Aufklärungskampagnen (z.B. in einem Kurzfilm, im Rahmen persönlicher biografischer Berichterstattungen o.Ä.) thematisiert werden. Ähnliche Aufklärungs- und Antidiskriminierungskampagnen können auch zu den Themen Ausländerfeindlichkeit und Rassismus, Straffälligkeit und psychische Krankheiten gestartet werden.

Eine weitere Gemeinsamkeit im Kontext der Lebenslagen der Interviewten bezieht sich nämlich auf die Diskriminierungserfahrungen, welche durch das mit den jeweiligen Adressat/-innengruppen einhergehende „Negativ-Image“ bzw. die „Prestigedifferenzierung“ (Hradil 2001) bedingt werden. In diesem Kontext berichtet R., Angst davor zu haben, Personen (insbesondere aus den Lebensbereichen Studium und Beruf) von seiner psychischen Störung zu berichten. Er fürchtet, dass diese ihn dann als „unfähig“ oder als gesellschaftliche Belastung ansehen und spricht damit das mit seiner sozialen Benachteiligung einhergehende „Negativ-Image“ an. Ähnliches berichtet auch J.P., welcher im Rahmen seiner Schulzeit oft Beleidigungen und Beschimpfungen ertragen musste und ebenso als gesellschaftliche Belastung („Staatsschmarotzer“; J.P. 2011: S. 2, Z. 33) bezeichnet worden ist. Auch O. berichtet von Diskriminierungserfahrungen im Rahmen seiner Schulzeit, welche allerdings nicht in erster Linie durch sein straffälliges Verhalten, sondern vielmehr durch seinen Migrationshintergrund bzw. durch seine Hautfarbe bedingt sind. An dieser Stelle wird deutlich, dass ein beträchtlich erhöhtes Maß an Aufklärungsarbeit (z.B. in Kindergärten, Schulen, Elternvereinen etc.) erforderlich ist. Es scheint immer noch so viel Unverständnis, Intoleranz und Diskriminierung an öffentlichen Schulen zu herrschen, welche sozial benachteiligten Schüler/-innen – und wie im Fall von R. Student/-innen – die Bewältigung der Anforderungen im Bildungsbereich zusätzlich erschwert. Diesem Umstand muss durch geeignete Konzepte begegnet werden, welche dazu beitragen, dass Kinder von Anfang an Lernen, dass Menschen unterschiedlich sind und dies toleriert, akzeptiert und respektiert werden muss. Auf der anderen Seite müssen Kinder und Jugendliche aus sozial benachteiligten Familien von Anfang in ihrem Selbstbewusstsein gestärkt werden und frühzeitig erkennen, dass sie einige der Benachteiligungen (selbst im frühen Kindesalter) mit eigener Kraft überwinden und die Fäden ihres Lebens (mehr oder minder) selbstbestimmt in die Hand nehmen können.

Ausgestaltung der sozialen Beziehungen sowie Aufbau eines institutionellen Netzwerks

Wie in den vorangegangenen Darstellungen deutlich geworden ist, sind soziale Beziehungen – welche Hradil in persönliche Kontakte und soziale Netzwerke differenziert (Hradil 2001) – für die Persönlichkeitsentwicklung Jugendlicher sowie für deren Teilhabesituation am sozialen und gesellschaftlichen Leben von unschätzbarem Wert. Wie die vorangegangenen Lebenslagenanalysen veranschaulichen, genießen allerdings nicht alle Jugendlichen die mit einem gut ausgebauten Netzwerk einhergehende positive (emotionale) Unterstützung und den erforderlichen Rückhalt durch ihr soziales Umfeld (vgl. Kapitel 5 bis 7). So konnte im Kontext der vorangegangenen Untersuchungen zur Analyse der Lebenslagen der Probanden festgestellt werden, dass die Ausgestaltung der persönlichen Kontakte und die Dichte des sozialen Netzwerks sich sehr differenziert gestalten.

Was die Gestaltung der Freundschaften betrifft, kann festgehalten werden, dass sich die Freundeskreise der Interviewten O. und J.P. beinahe ausschließlich aus Personen aus dem gleichen Stadtteil zusammensetzen. Bei R., welcher in Hamburg studiert (hat) und dort einer Nebenbeschäftigung nachgeht, trifft dies nicht zu. Bei O. kann zudem festgestellt werden, dass die ethnische Zusammensetzung seines dargestellten Freundeskreises sich ausschließlich aus nicht-deutschen Personen zusammensetzt, was auf die anderen beiden Probanden (J.P. und R.) nicht zutrifft. Eine zentrale Gemeinsamkeit in diesem Kontext bezieht sich also darauf, dass die Intensität des Kontakts zu Freund/-innen aus verschiedenen Gründen nachgelassen hat. So nennen O. und J.P die Tatsache, dass diese mehr Zeit mit der Partnerin verbringen, was für diese Altersgruppe nach Hurrelmann (2010) ein entwicklungstypisches Phänomen darstellt (Hurrelmann 2010: 102). Lediglich R. nennt die ungünstigen Freizeitbedingungen und seine depressive Störung als Hauptgründe für den reduzierten Kontakt zu seinen Freund/-innen. Hieran wird deutlich, dass der fokussierten Zielgruppe die Wichtigkeit von Freundschaften und sozialen Netzwerken verdeutlicht werden muss. Im Zuge dessen müssen diese in die Lage versetzt werden, Freundschaften als gerechte Austauschbeziehungen (vgl. dazu Staub-Bernasconi 1995) zu begreifen und zu führen.

Da die für die interviewten Jugendlichen zentralen Personen aus dem Umfeld für diese eine zentrale Rolle spielen, müssen diese in die Unterstützungstätigkeit mit einbezogen werden, wodurch die unterstützende Tätigkeit einen systemischen Charakter erhält und folglich systemorientierte Elemente in der Intervention zum Tragen kommen. In Anbetracht dessen müssen sämtliche für den Adressaten relevanten Bezugspersonen und Kontextbedingungen in der unterstützenden Tätigkeit eine zentrale Rolle spielen. Ferner müssen sämtliche im sozialen Umfeld des Adressaten vorhandenen Ressourcen und Unterstützungspotenziale aktiviert und (wenn möglich) genutzt werden. Wenn also Probleme im sozialen Umfeld (z.B. in der Familie) den Adressaten belasten, müssen Sozialarbeiter/-innen unterstützend und entlastend agieren. Entsprechend kommen ebenfalls unterstützende Tätigkeiten für das System (z.B. Elternarbeit, Erziehungsberatung, Elterntrainings, Kompetenzstärkungstrainings) für Personen des sozialen Umfelds der multidimensional sozial benachteiligten männlichen Jugendlichen in Betracht.

Um eine (positive) Unterstützung durch eine Privatperson zu gewährleisten und die persönlichen Kontakte zu erweitern, wäre die bereits in den vorangegangenen Unterkapiteln vorgeschlagene Initiierung von sozialarbeiterisch angeleiteten Patenschafts- bzw. Mentoringprogrammen – welches sich bedarfs- und lebensweltorientiert danach richtet, was die Mentees (ihrer subjektiven Empfindung nach) zur Verbesserung ihrer Teilhabesituation benötigen – ein geeigneter Ansatz um nachhaltige Beziehungen zur (mehr oder minder gegenseitigen) Unterstützung in Gang zu setzen und für (multidimensional) sozial benachteiligte Jugendliche eine persönliche, längerfristige und vor allem individuelle Begleitung und Unterstützung durch ältere (bzw. erfahrenere) Mentor/-innen (unabhängig vom Geschlecht) zu initiieren. Die (multidimensional) sozial benachteiligten Jugendlichen sollen durch die Mentor/-innen eine (zusätzliche) Bezugsperson erhalten, welche diese individuell fördert und sie darin unterstützt, ihre Stärken, Fähigkeiten, Kompetenzen und verschütteten Ressourcen zu entdecken, einzusetzen und auszubauen (vgl. dazu Herriger 2010). Den Mentees soll durch die Mentor/-innen aufgezeigt werden, wie sie mit besonders schwierigen Lebenssituationen umgehen und wie sie bestimmte Hindernisse im Kontext der Lebensführung bewältigen können. Dabei sollen diese aus ihren eigenen Erfahrungen sowie aus den im Kontext von Schulungen, Trainings und Fortbildungen erworbenen Kenntnissen, Fähigkeiten und Fertigkeiten schöpfen, ihre Mentees vor dem Rückzug bzw. der Isolation bewahren und sie begleitend und unterstützend in entsprechende institutionelle Netzwerke einbinden.

Ebenso konnte nämlich festgestellt werden, dass zwei der drei Interviewten (R. und J.P.) nicht ausreichend über Beziehungen zu Personen außerhalb des persönlichen

Umfelds oder zu gesellschaftlichen Institutionen verfügen und sich deren institutionelles Netzwerk entsprechend prekär gestaltet. In diesem Rahmen gilt es den Adressaten bedarfsorientiert deren jeweils individuelle Anspruchsberechtigungen sowie die für sie zentralen Anlaufstellen und relevanten Unterstützungsmöglichkeiten aufzuzeigen. Angesichts dessen besteht eine zentrale Zielsetzung darin, für die Adressaten passgenaue Unterstützungsprozesse zu initiieren und ihnen im Zuge dessen bedarfsorientiert ein (institutionelles) Unterstützungsnetzwerk aufzubauen. Wenn es sich – wie bei O. – jedoch um Adressaten handelt, welche im Zuge ihrer Lebenssituation bereits verschiedene sozialstaatliche Unterstützungsangebote in Anspruch nehmen, gilt es diese im Rahmen eines adressatenspezifischen Case Managements miteinander zu koordinieren, Doppelbetreuungen zu vermeiden etc. Um den Adressaten dabei zu helfen, das aufgebaute Unterstützungsnetzwerk aufrecht zu erhalten, muss diesen zu einer entsprechend erforderlichen „Netzwerkkompetenz" verholfen werden. Entsprechend sollen diese dazu befähigt werden, das aufgebaute Netzwerk aufrecht zu erhalten und in diesem selbstständig, selbstbestimmt und eigenverantwortlich zu (inter)agieren. Ferner muss der professionelle Helfer Kontakt mit den betreuenden Stellen (z.B. soziale Dienste, Psycholog/-innen und Psychiater/-innen, Bewährungshilfe, Jugendgerichtshilfe, Betreuer/-innen, Beratungsstellen etc.) aufnehmen, Zuständigkeiten geklärt und entsprechende Kooperationsvereinbarungen geschlossen werden (vgl. dazu Wendt/Löcherbach 2011; Herriger 2010; Neuffer 2009; Wendt/Löcherbach 2009; Wendt 2008).

Darüber hinaus muss (multidimensional) sozial benachteiligten männlichen Jugendlichen ein bedarfsgerechter Zugang zu Ressourcen ermöglicht werden. Neben der Aufgabe der Sozialen Arbeit auf der Meso- und Makroebene institutionell und gesellschaftspoltisch bedingter Zugangshemmungen zu begegnen (z.B. durch aktive Beteiligung an Arbeitskreisen, politischen Gremien etc.), ergibt sich auf der Mikroebene der Auftrag, die Adressat/-innen beim Abbau (bzw. der Reduktion) von Schwellenängsten und Zugangshemmungen zu unterstützen. Dabei müssen insbesondere die zur Partizipation und Kommunikation erforderlichen sozialen Kompetenzen gestärkt und ihnen im Zuge dessen dazu verholfen werden, eigene Bedürfnisse und Wünsche zu erkennen, zu formulieren und an gesellschaftliche Entscheidungsträger/-innen heranzutragen.

Teil III: Entwicklung der Projektkonzeption

Nach Böhnisch (2008) besteht die Aufgabe der Sozialen Arbeit (aus gesellschaftlicher Sicht) insbesondere darin, Individuen in sozial desintegrativen Lebenssituationen bzw. dissozialen und/oder prekären Lebenslagen, welche sich ohne (professionelle) Unterstützung nicht mehr in die Gesellschaft integrieren können, entsprechende Inklusionshilfeleistungen (Eingliederungshilfen) zu gewähren. Seiner Auffassung nach steht hierbei aus Subjektperspektive allerdings weniger die Integrationsproblematik als die Bewältigungsfrage und die (Wieder-)Herstellung von Handlungsfähigkeit im Fokus der Aufmerksamkeit, was durch eine sozial kontingente Struktur der „Risikogesellschaft“ (Beck 1986) erheblich verstärkt und mitunter sogar herausgefordert wird (Böhnisch 2008: 35; vgl. dazu auch Beck 1986). Wie bereits erwähnt, sind Jugendliche von den gesellschaftlichen Entwicklungen in besonderer Weise betroffen. So betont Böhnisch (2008), dass sich Jugendliche vermehrt mit sozialen Belastungen und Herausforderungen konfrontiert sehen, welche sie „aus dem Schonraum Jugend heraus katapultieren“ (Böhnisch 2008: 32). Dies wirkt sich auf die Lebensplanung und Lebensführung Jugendlicher im Sinne einer Überforderung aus. Infolgedessen werden viele von ihnen nicht das Fundament einer grundlegenden Lebenssicherung aufbauen (vgl. Herriger 2010), welches es ihnen ermöglicht, selbstständig im Rahmen der Erschließung von Ressourcen zu agieren. In Anbetracht dessen steht nach Köppel (2009) die Befähigung von Subjekten, sich (weitere) Netzwerkstrukturen zu erschließen und ihre individuellen Ressourcen zu erweitern, im Vordergrund sozialarbeiterischer Tätigkeit. Auch nach Auffassung von Adorno (1971), Bolz (2001) und Keupp (1997) entsteht bei der Befähigung „mündiger Bürger“ (Adorno 1971; Bolz 2001) der Bedarf, die Subjekte „zur Beherrschung des aufrechten Gehens“ (Keupp 1997) zu befähigen, damit sich die Folgen der Komplexität nicht zum Risiko, sondern zur Chance entwickeln (vgl. Beck 1986). In diesem Kontext geht es laut Trommer (2006) vor allem „um gesellschaftliches Gebrauchtwerden des Individuums, um ein Sich-Einbringen, um die Gewissheit sinnerfüllten Tuns“ (Trommer 2006: 4), d.h. konkret um eine Verbesserung der gesellschaftlichen Teilhabe und die Förderung sozialer Anerkennung (vgl. Bohmeyer 2007).

Vor diesem Hintergrund sowie auf der Grundlage der empirischen Untersuchungen zur Analyse individueller Lebenslagen (multidimensional) sozial benachteiligter männlicher Jugendlicher entstand bei dem Autor der vorliegenden Arbeit die Idee, auf die daraus resultierende Bedarfs- und Versorgungslage der genannten Zielgruppe mit der Entwicklung einer Projektkonzeption zur Verbesserung ihrer Teilhabechancen zu reagieren. Damit Angehörige der fokussierten Zielgruppe beim Übergang ins Erwachsenenleben zu Autonomie Handlungsfähigkeit und sozialer Kompetenz

(Jugert et al. 2011) gelangen bzw. diese (auch ohne professionelle Unterstützung) erhalten können, müssen diesen – wie bereits erwähnt – die erforderlichen Kompetenzen für ein selbstbestimmtes Leben ausgehändigt (vgl. Herriger 2010), deren Lebensbewältigungskompetenzen (vgl. Böhnisch 2008) gefördert und deren soziale Kompetenz (vgl. Jugert et al. 2011) gestärkt werden, um folglich deren Teilhabesituation zu verbessern (vgl. Jugert et al. 2011; Trommer 2006). Vor diesem Hintergrund soll es im Kern des nun folgenden dritten Teils darum gehen, die vom Autor – in Anlehnung an die analysierten Unterstützungsbedarfe und die formulierten Handlungsempfehlungen – entwickelte Projektkonzeption des *Boys Back to Society*-Projekts abzubilden, welches in Bremen-Gröpelingen in der Trägerschaft der AWO Soziale Dienste gemeinnützige GmbH realisiert werden soll. Dabei wird zunächst eine Kurzbeschreibung des Projekts dargestellt (Kapitel 10). Im Anschluss daran wird auf die potenzielle Zielgruppe und die dadurch bedingten Standortentscheidungen eingegangen (Kapitel 11) sowie die Zielstruktur und der sozialarbeiterische Auftrag (Kapitel 12) abgebildet werden. Hiernach soll auf die geplante Angebotsstruktur und die organisatorische Umsetzung des BB2 Society-Projekts (Kapitel 13) eingegangen werden. Im weiteren Verlauf werden dann entstehende Projektkosten und potenzielle Projektfinanzierungsmöglichkeiten genannt (Kapitel 14). Danach werden dann potenzielle Kooperations- und Netzwerkpartner sowie die geplante Öffentlichkeitsarbeitsstrategie (Kapitel 15) abgebildet. Im weiteren Verlauf soll dann auf die Bedeutung von Gender Mainstreaming und Partizipation im Rahmen des Projektvorhabens und anschließend auf das geplante Vorgehen zum Zweck von Dokumentation und Evaluation (Kapitel 16) eingegangen.

Kurzbeschreibung des Projekts

Das Projekt „*Boys Back to Society*[58] – Verbesserung von Lebenschancen durch Unterstützung bei der Alltagsbewältigung" ist ein auf theoretischen Grundlagen basiertes und empirisch begründetes Projekt, welches auf die Verbesserung der Teilhabechancen (multidimensional) sozial benachteiligter Jugendlicher männlichen Geschlechts (im Alter von 15 bis 25 Jahren) abzielt. Um die Teilhabechancen und die Teilhabesituation der Zielgruppe in den für Jugendliche zentralen Lebenslagendimensionen (vgl. Unterkapitel 3.3) zu verbessern, sollen den Adressaten im Kontext

[58] Boys Back to Society bedeutet wörtlich übersetzt „Jungen zurück in die Gesellschaft" und soll somit die zentrale Zielsetzung der (Wieder-)Eingliederung in die Gesellschaft widerspiegeln. Im Folgenden wird die Abkürzung „BB2 Society" genutzt werden, wobei die „2" für das englische Wort „two" stehen soll. Die „2" (also „two") wird mittlerweile in jugendtypischen Subkulturen (z.B. in Sprayer-Subkulturen) als Synonym für das Wort „to" verwendet.

jeweils passgenauer Case Management-Prozesse sowie im Rahmen kreativer, bedarfs- und lebensweltorientierter Angebote die für die Bewältigung der Anforderungen in diesen Dimensionen der Lebenslage erforderlichen „Lebensbewältigungskompetenzen“ (Böhnisch 2008) vermittelt und ihnen im Zuge dessen zu sozialer Kompetenz (Jugert et al. 2011) verholfen werden. Die Umsetzung der in Kapitel 13 aufgeführten Angebote erfolgt dabei lebensweltorientiert (vgl. dazu Thiersch 2008; 1995; 1992) in geschlechtshomogenen Gruppen, auf der Grundlage einer von Empowerment angeleiteten psychosozialen Praxis sowie folglich nach dem Prinzip der Hilfe zur Selbsthilfe, um den Adressaten auf diese Weise effektiv, effizient, wirksam und nachhaltig zu Autonomie, Selbstständigkeit, Eigenverantwortung und Partizipationsfähigkeit zu verhelfen.

Potenzielle Zielgruppe und dadurch bedingte Standortentscheidung

Bevor jedoch auf die Projektinhalte eingegangen wird, soll zunächst die forcierte Zielgruppe des „BB2 Society“-Projekts abgebildet und im Anschluss daran der – in Folge der Zielgruppendefinition – fokussierte Standort bestimmt werden.

Vor diesem Hintergrund wurde zunächst beschlossen, dass die Angebote und Unterstützungsmöglichkeiten des „BB2 Society“-Projekts die genannte Zielgruppe fokussieren, um dafür Sorge zu tragen, dass diese nicht „durch das soziale Netz fallen“ und im Zuge dessen für diese eine nachhaltige und dauerhafte soziale Teilhabe zu erreichen. Entsprechend soll sich das Projekt nicht an alle männlichen Angehörigen der Lebensphase Jugend richten, sondern ausschließlich an diejenigen, welche als (mehrfach) sozial benachteiligt bzw. (multidimensional) sozial benachteiligt gelten.[59] In Anbetracht dessen wurde beschlossen, dass die Projektkonzeption die im Folgenden abgebildete Zielgruppe fokussieren soll.

Zum potenziellen Adressatenkreis des geplanten Projektvorhabens zählen insbesondere männliche Jugendliche im Alter von 15 bis 25 Jahren, bei welchen sich (multidimensionale) Problemlagen verzeichnen lassen (vgl. dazu Unterkapitel 3.4). Da sich dieser Personenkreis als sehr umfangreich und vielfältig erweist, werden an dieser Stelle lediglich einige exemplarische Adressatengruppen des BB2 Society-Projekts genannt und auf die Erhebung des Anspruchs auf Vollständigkeit verzichtet.

[59] An dieser Stelle soll noch einmal betont werden, dass sich die Projektkonzeption auch an einfach sozial benachteiligte Jugendliche richtet, was durch die Setzung der Klammer signalisiert werden soll. Voraussetzung gilt in diesem Kontext, dass die Benachteiligung(en) die Lebenschancen der Adressaten wesentlich determinieren.

Zur forcierten Zielgruppe zählen insbesondere Adressaten stationärer und ambulanter Hilfen zur Erziehung gemäß § 27 ff. SGB VIII, körperlich (aber im Zuge der im Projekt geforderten Bewältigungsanforderungen nicht geistig) behinderte Jugendliche gemäß SGB IX, Jugendliche mit Migrationshintergrund gemäß der Definition des Mikrozensus 2005, junge Haftentlassene, straffällig gewordene Jugendliche und junge Bewährungshäftlinge gemäß JGG, StGB und StVollzG, wohnungslose Jugendliche gemäß der Definition der BAG Wohnungslosenhilfe (vgl. dazu BAWO o.J.), jugendliche Arbeitslose nach SGB II und (altersbedingt im selteneren Fall) SGB III, psychisch kranke Jugendliche sowie Personen mit Sucht- oder Abhängigkeitsproblematik gemäß PsychKG. Personen des aufgeführten Adressatenkreises sind infolge ihrer Lebenssituation in mehreren Dimensionen der Lebenslage schlechter gestellt als der Mainstream, gelten somit als mehrfach benachteiligt und zählen häufig zur Unterschicht. Entsprechend lässt sich aus diesen verschiedenen Adressatenkreisen eine gemeinsame Adressatengruppe – nämlich die (multidimensional) sozial benachteiligten Jugendlichen – bilden[60], an deren Angehörige männlichen Geschlechts sich die vorliegende Projektkonzeption richtet. Da diese Jugendlichen unter verschiedenen Problematiken leiden, fallen diese in der sozialen Praxis oft durch das Netz, weil sich Niemand für Sie zuständig fühlt und oft nicht klar ist, welche Behörde (Z.B. Jobcenter oder AfSD oder Bundesamt für Migration etc.) Angebote bereitstellt und welche Institution die dafür entstandenen Kosten trägt. Daraufhin werden Angehörige der genannten Zielgruppe von einer vermeintlichen Zuständigkeit zur nächsten verwiesen. Ein großer Teil dieser Jugendlichen geht im Land Bremen auf dem Weg von einer Beratungsstelle zur nächsten „verloren", weil sich Niemand (insbesondere hinsichtlich der Finanzierung von Maßnahmen etc.) zuständig fühlt. Diese Zuständigkeiten gilt es nach Ansicht des Autors dringend zu klären, damit im Kontext des beabsichtigten Projektvorhabens effektiv gearbeitet werden kann. Infolge der Zielgruppendefinition sowie im Anschluss an eine Sozialraumanalyse wurde als Standort für das „BB2 Society-Projekt" Gröpelingen gewählt, da es sich hierbei um einen relativ zentral gelegenen und somit für Jugendliche gut erreichbaren Stadtteil mit günstigem Mietpreisniveau handelt. Überdies gilt Gröpelingen als ein Stadtteil mit sehr hohem „Migrant/-innenanteil" (rund 25% Migrant/-innen und weitere 25% Menschen mit Migrationshintergrund) und mit einer sehr hohen Arbeitslosenquote. Während bei den Erwachsenen etwa 50% von Lohnersatzleistungen leben (überwiegend Hartz IV), sind es bei den Kindern bereits mehr als die Hälfte (54%). Beim

[60] An dieser Stelle gilt es noch einmal darauf hinzuweisen, dass nicht alle Personen der genannten Adressatengruppen unter Mehrfachbenachteiligungen leiden bzw. als multidimensional sozial benachteiligt gelten.

stadtweiten Sozialindikatorenvergleich liegt der Ortsteil Gröpelingen noch vor Tenever (Rang 3) auf Rang 2 (Wroblewski 2012), wodurch Gröpelingen als sozial benachteiligter Stadtteil gilt. In Anbetracht der Tatsache, dass die Projektkonzeption für die AWO Soziale Dienste gemeinnützige GmbH entwickelt worden ist, wurde entschieden, das „BB2 Society Projekt“ in den Räumlichkeiten des AWO-Nachbarschaftshaus Gröpelingen („Helene-Kaisen-Haus“) stattfinden zu lassen, weil dessen Räumlichkeiten sich neben der relativ zentralen Lage aufgrund der Ausstattung (zeitweise ungenutzte PC- und Seminarräume, mit PC, Telefon, Fax und Büromöbeln ausgestattete freie Büroräume, ein Kopierraum in der ersten Etage etc.) für die Umsetzung des geplanten Projektvorhabens besonders eignen. Des Weiteren gibt es in Gröpelingen eine Vielzahl potenzieller Kooperationspartner, wie z.B. nahe gelegene Schulen, Kinder- und Jugendhilfeeinrichtungen, Jugendfreizeitheime, das „Zentrum für Integrationsstudien (ZIS) e.V.“ etc. Diese können unter Umständen (als Multiplikatoren) zur Erweiterung des Adressatenkreises beitragen. Ein weiterer Grund für die Standortwahl bezieht sich auf den Aspekt der Finanzierung. Im Zuge der Tatsache, dass es sich bei Gröpelingen um ein „WiN[61]“-Gebiet handelt, kommen – neben Mitteln aus dem WiN-Programm – weitere Möglichkeiten sozialstaatlicher Förderung und Bezuschussung in Betracht. So ergeben sich beispielsweise Förderungsmöglichkeiten *aus dem Bundesprogramm* „Soziale Stadt“, welches mit seinem integrativen und sozialen Ansatz zur Verbesserung der Lebenssituation in der Stadt Bremen beitragen (Cordes/ Schweser 2001: 583; vgl. Kapitel 14).

Zielsetzungen, sozialarbeiterischer Auftrag und konzeptioneller Rahmen

In Anbetracht der im vorangegangenen Teil II ermittelten Bedarfs- und Versorgungslage, ergeben sich die in Unterkapitel 12.1 abgebildeten Zielsetzungen und der in Unterkapitel 12.2 vorgestellte sozialarbeiterische Auftrag, welcher die Grundlagen für die im nachfolgenden Kapitel entwickelten Angebote (vgl. Kapitel 13) darstellt.

Zielsetzungen

Zunächst sollen also die im Rahmen des geplanten Projektvorhabens fokussierten Zielsetzungen geschildert werden, welche zunächst in Anlehnung an Herriger (2010) formuliert worden sind. Wie anhand der Ergebnisse der Literaturrecherchen sowie auf der Grundlage der Ergebnisse der in Teil II dargestellten Lebenslagenanalysen deutlich geworden ist, soll im Rahmen des BB2 Society-Projekts das zentrale (Leit-

[61] Die Abkürzung „WiN“ steht für das Bremer Stadtteilprogramm „Wohnen in Nachbarschaften – Stadtteile für die Zukunft entwickeln“.

)Ziel verfolgt werden, sozialen Ungleichheitsverhältnissen bzw. Benachteiligungen in den für (multidimensional) sozial benachteiligte männliche Jugendliche zentralen Lebenslagendimensionen zu begegnen und im Zuge dessen deren soziale, kulturelle, schulische bzw. berufliche, gesellschaftliche und politische Teilhabesituation zu verbessern (Leitziel).

Dementsprechend ergeben sich folgende Mittler- bzw. Teilziele, welche realisiert werden sollen, um die aufgedeckten sozialen Ungleichheitsverhältnisse zu überwinden und im Zuge dessen die Teilhabesituation der Adressaten zu verbessern: Um den aufgedeckten sozialen Ungleichheitsverhältnissen bzw. Benachteiligungen zu begegnen, müssen die für eine eigenständige und autonome Lebensführung erforderlichen Kenntnisse, Fähigkeiten und Fertigkeiten der Adressaten gefördert werden. In diesem Rahmen sollen vorhandene Ressourcen freigesetzt werden, mit deren Hilfe diese die eigenen Lebenswege autonom und eigenständig gestalten können. Des Weiteren soll den Adressaten dazu verholfen werden, in die Unübersichtlichkeit ihrer Lebensumstände eine (erste) Ordnung zu bringen, Unsicherheiten und Hemmungen vor bestimmten Alltagssituationen (z.B. Schwellenängste bzw. Zugangshemmungen im administrativ-lebenspraktischen Bereich) zu reduzieren oder sogar abzubauen (vgl. dazu Herriger 2010). Ein zentrales Teil- bzw. Mittlerziel besteht somit darin, die Adressaten des Projekts (präventiv) auf die Bewältigung der Anforderungen im zukünftigen Alltag vorzubereiten und diese dabei zu unterstützen, sich ein Repertoire an hierfür erforderlichen Kompetenzen anzueignen und im Zuge dessen für diese ein „Mehr an selbstbestimmter Lebensenergie“ zu erreichen. Diesbezüglich muss allerdings unbedingt mit den Adressaten individuell geklärt werden, was für diese ein „Mehr an selbstbestimmter Lebensenergie“ überhaupt bedeutet. Ziel ist es also, den Adressaten an der Stelle, wo Ressourcen ausgeschöpft sind bzw. eine Eigendynamik autonomer Selbstorganisation noch nicht vorhanden ist, ein „Set“ an bedarfsgerechten Unterstützungsformen bereitzustellen, welches es diesen ermöglicht, sich ihrer ungenutzten Kompetenzen und Lebensstärken bewusst zu werden, sie zu stärken und zu erweitern. Des Weiteren sollen den Teilnehmern Anspruchsberechtigungen und Zukunftsperspektiven aufgezeigt und diesen dazu verholfen werden, sich im persönlichen Nahraum sowie im Netz sozialer Dienstleistungen zurechtzufinden.

Um die dargestellten Teil- bzw. Mittlerziele zu realisieren, sollen die Adressaten bei der (Wieder-) Eingliederung in die Gesellschaft im Rahmen jeweils adressatenspezifischer Case Management-Verfahren beraten, begleitet, unterstützt und (bedarfsspezifisch) an entsprechende Dienste verwiesen werden (vgl. Unterkapitel 13.1). In diesem Rahmen sollen die Adressaten dabei unterstützt werden, (vermehrt) am sozialen, gesellschaftlichen, schulischen bzw. beruflichen, kulturellen und politischen Leben zu partizipieren. Ferner sollen den Adressaten im Rahmen verschiedener bedarfs-

und lebensweltorientierter, innovativer und kreativer Angebote (vgl. Unterkapitel 13.2 bis 13.4) diverse Kenntnisse, Fähigkeiten und Fertigkeiten vermittelt werden, welche für ein eigenständiges und selbstbestimmtes Leben (als vollwertiges Gesellschaftsmitglied) unerlässlich sind (vgl. dazu Herriger 2010). Entsprechend kann festgestellt werden, dass das Handlungsziel des BB2 Society-Projekts in der Umsetzung (jeweils) adressatenspezifischer Case Management-Prozesse und kompetenzstärkender Angebote besteht, um in diesem Kontext den Adressaten die Kompetenzen für ein selbstbestimmtes und eigenverantwortliches Lebensmanagement auszuhändigen, ihnen im Zuge dessen zu sozialer Kompetenz zu verhelfen und ihnen somit zu ermöglichen, sich die Erfahrung eigener Stärke anzueignen und Muster einer solidarischen Vernetzung zu erproben (vgl. dazu Herriger 2010).
In Anbetracht der vorangegangenen Ausführungen dieses Unterkapitels kann festgehalten werden, dass sich im Rahmen der Durchführung des BB2 Society-Projekts ein breites Spektrum sozialarbeiterischer Herausforderungen mit dem Ziel der Überwindung sozialer Ungleichheitsverhältnisse und der Verbesserung der Teilhabesituation der genannten Zielgruppe ergibt. Um dieses Leitziel zu verwirklichen, soll im Rahmen des Case Management-Verfahrens sowie durch die Umsetzung bedarfsorientierter, adressatenspezifischer, innovativer, kreativer und niedrigschwelliger Angebote die Herstellung und Sicherung einer Basisausrüstung an Lebensressourcen und im Zuge dessen die Förderung der sozialen Kompetenz (Jugert et al. 2011) und der Lebensbewältigungskompetenz (Böhnisch 2008) im Fokus der sozialarbeiterischen Interventionen stehen.

Sozialarbeiterischer Auftrag und konzeptioneller Rahmen

Auf der Grundlage der im vorangegangenen Unterkapitel dargestellten Zielsetzungen, ergibt sich folgender sozialarbeiterischer Auftrag: Um die genannten Zielsetzungen zu realisieren, sozialen Ungleichheitsverhältnissen zu begegnen und infolgedessen die Teilhabesituation der fokussierten Zielgruppe zu verbessern, müssen diese bei der Aneignung der für eine selbstständige Lebensführung erforderlichen Kompetenzen sowie bei der Bewältigung der Anforderungen in den jeweiligen jugendspezifischen Lebensbereichen begleitet und unterstützt werden. Dementsprechend gilt es eine adäquate Unterstützungsarbeit für die potenzielle Zielgruppe zu leisten sowie im Zuge dessen bestehende Kompetenzen zu erweitern. Inhaltlicher Schwerpunkt des Gesamtkonzeptes ist somit die Umsetzung kompetenzstärkender Angebote zur Verbesserung der Teilhabesituation der genannten Zielgruppe.

Das BB2 Society-Projekt verfolgt dabei den Anspruch, dass die Angebote sich an der Lebenswirklichkeit der Adressaten orientieren und deren Bedürfnisse und Interessen berücksichtigt werden (vgl. Thiersch 1992; 1995). In diesem Kontext sollen den Adressaten kompetenzstärkende, bedarfs- und lebensweltorientierte Unterstützungsangebote unterbreitet werden, welche diesen neue Anregungen, Impulse und Hilfestellungen geben und diesen zu einer eigenverantwortlichen und selbstbestimmten Lebensführung verhelfen. In diesem Kontext muss das Prinzip der Hilfe zur Selbsthilfe große Beachtung geschenkt werden, damit die Adressaten dazu befähigt werden, auch in Zukunft selbstständig Ziele zu formulieren, Lösungswege zu suchen und Bewältigungsstrategien zu entwickeln und erfolgreich umzusetzen. Nur dadurch, dass der Adressat selbstständig seine Ziele formuliert, nach Lösungswegen sucht und Bewältigungsstrategien entwickelt und erfolgreich umsetzt, kann diesem auch tatsächlich dazu verholfen werden, Muster einer autonomen und eigenverantwortlichen Lebensführung zu erproben und zu verinnerlichen (vgl. dazu Herriger 2010).

In Anbetracht dessen soll die Tätigkeit der am Projekt beteiligten Mitarbeiter/-innen des BB2 Society-Projekts überwiegend auf den Grundlagen einer von Empowerment angeleiteten psychosozialen Praxis (vgl. Herriger 2006) basieren sowie im Zuge dessen deren Klientel im Rahmen bedarfsorientierter Projekte dazu befähigen, eigenständig, autonom und selbstständig ihren Alltag zu gestalten und infolgedessen (erfolgreicher) am sozialen Leben teilzuhaben.

Da sich die vorliegende Projektkonzeption auf (multidimensional) sozial benachteiligte Jugendliche männlichen Geschlechts richtet, wird im Rahmen der Angebotsdurchführung logischerweise in geschlechtshomogenen Gruppen gearbeitet. Da männliche Jugendliche in Anwesenheit von weiblichen Personen oftmals in ein bestimmtes Verhaltensmuster fallen, benötigen sie – nach Meinung des Autors der vorliegenden Arbeit, welcher sich diesbezüglich insbesondere auf die Ausführungen von Bentheim et al. (2004) und Sielert (2002) stützt – einen geschützten, geschlechtshomogenen Raum, in welchem sie bestimmte Lernprozesse sowie noch nicht geübte Fähigkeiten und Fertigkeiten leichter thematisieren und ausprobieren können. So betonen Bentheim et al. (2004), dass durch die Abwesenheit von Personen weiblichen Geschlechts in homogenen Jungengruppen eine automatische geschlechtertypische Rollenverteilung entfällt. Infolgedessen müssen sich die männlichen Jugendlichen mit dem Geschlecht der Männlichkeit und den dazugehörigen Rollen auseinandersetzen, sodass die Erlaubnis und Notwendigkeit besteht, sich von den anderen Jungen zu unterscheiden. Ein entscheidender Grund dafür ist die Tatsache, dass die männlichen Jugendlichen ihre Identität in geschlechtshomogenen Gruppen nicht durch negative Abgrenzungen von Frauen herstellen oder sich in jeglicher Art dabei auf Frauen stützen können. Diese Option ergibt sich lediglich in heterosozialen Kontexten (Bentheim et al. 2004: 118 f). Nach Sielert (2002) eröffnen geschlechtshomogene

Gruppen zudem die Möglichkeit, dass Jugendliche männlichen Geschlechts Rollen und Handlungsweisen einnehmen, welche in heterogenen Gruppen zumeist typischerweise von Frauen besetzt werden. Seiner Ansicht nach handelt es sich dabei vor allem um solche Handlungsweisen, welche sich mit den Themen Emotionen, Haushalt und soziales Miteinander auseinandersetzen. Zudem können heikle, beängstigende und verunsichernde Themen wie Sexualität, männliche Angst, Unsicherheiten und Opfererfahrungen von Jugendlichen männlichen Geschlechts in geschlechtshomogenen Gruppen leichter angesprochen werden (Sielert 2002: 92). In Anbetracht dessen betont Sielert (2002), dass Jugendliche männlichen Geschlechts einen geschützten Raum benötigen, in welchem sie (ihrer Ansicht nach) nicht als „unmännlich" etikettiert werden, wenn sie sich ihren Ängsten nähern. Dementsprechend versucht das BB2 Society-Projekt einen Ort zu schaffen, an welchem der Junge keine Angst hat, vor den anderen Jungen als „Memme" (ebd.: 100) dar zustehen und an welchem Handlungen und Gefühle ausgelebt werden können, die in vorherrschenden Männlichkeitsentwürfen (vgl. dazu Bosse/King 2000) eher abgelehnt werden oder unerwünscht sind (Bentheim et al. 2004: 119).

Wie bereits erwähnt soll im Rahmen der Unterstützungstätigkeit des BB2 Society-Projekts das Case Management-Konzept zur Anwendung kommen, welches sich nach Ansicht des Autors der vorliegenden Arbeit besonders eignet, um den vielfältigen Problemlagen (multidimensional) sozial benachteiligter Jugendlicher männlichen Geschlechts ganzheitlich zu begegnen und welches zudem die Qualifizierung der Fallarbeit im Rahmen des BB2 Projekts gewährleistet. Nach Auffassung von Galuske (2007) stellt das Case Management (vgl. dazu z.B. Wendt/Löcherbach 2011; Herriger 2010; Neuffer 2009; Wendt/ Löcherbach 2009; Wendt 2008) eine geeignete Methode dar, um den Anforderungen an eine aktivierende Soziale Arbeit gerecht zu werden (Galuske 2007: 411) und nach Wendt (2007) entspricht dessen Handlungslogik dem Organisationswandel sowie sozialwirtschaftlichen und sozialpolitischen Ansprüchen (Wendt 2007: 460). Im Rahmen der Durchführung des geplanten Projekts stützt sich der Autor infolge des fokussierten Adressatenkreises insbesondere auf das Verständnis des Case Management-Konzepts nach Neuffer (2009) und teilt dessen Auffassung über Position und Rolle der Adressat/-innen im Unterstützungsprozess. Da sich die geplante Projektkonzeption an Jugendliche richtet, welche sich in multibelasteten Situationen befinden und welche in der Folge nicht fähig sind, „mit ihren verbliebenen Ressourcen ihre Bedürfnisse und Wünsche zu realisieren" (Neuffer 2009: 26), wird das Konzept von Wendt (2008), welches in seinem Adressat/-innenbild von mündigen, autonomen und selbstständigen Bürger/-innen ausgeht (Wendt 2008: 44), abgelehnt und stattdessen die Auffassung Neuffers (2009) vertreten.

Darüber hinaus teilt der Autor Neuffers (2009) Kritik gegen Wendts (2007) These, dass *„die unmittelbare Beziehungsarbeit zwischen Klient/in und Case Manager/in .. nicht in Konkurrenz zu effektiver und effizienter Fallarbeit (steht)"* (Neuffer 2009: 26) und vertritt somit – genau wie Neuffer (2009) – die Meinung, dass die Beziehung zwischen Adressat/-in und Case Manager/-in eine zentrale Rolle einnehmen muss (Neuffer 2009: 27 ff.). Auch im Rahmen des BB2 Society-Projekts stellt der Aufbau einer gelingenden Beziehung zwischen professionell Tätigen und ihren jeweiligen Adressaten eine wichtige Voraussetzung dar (vgl. dazu auch Bentheim et al. 2004: 125; Sielert 2002: 102). Die Beziehung soll dabei auf Augenhöhe erfolgen sowie auf Vertrauen, Verlässlichkeit und einem ausgewogenen Nähe-Distanz-Verhältnis basieren. Hierzu müssen Grenzen im Vorfeld klar festgelegt werden, um Enttäuschungen zu vermeiden.

Angebotsstruktur

Um die in Kapitel 12 dargestellten Zielsetzungen und den damit einhergehenden sozialarbeiterischen Auftrag umsetzen zu können und die Teilhabesituation der Zielgruppe zu verbessern, wurde in Anlehnung an die festgestellten Unterstützungsbedarfe die im nun folgenden Kapitel dargestellte Angebotsstruktur entwickelt.

Zu den Angeboten des BB2 Society-Projekts zählen neben der im Rahmen des Case Managements angebotenen Beratung, Begleitung, Unterstützung, Vermittlung und (Case-)Koordination sozial benachteiligter Jugendlicher männlichen Geschlechts (vgl. Unterkapitel 13.1), die Befähigung und Kompetenzstärkung – insbesondere die Förderung sozialer, lebenspraktisch-administrativer (Bewältigungs-)Kompetenzen, die Förderung der Partizipationsfähigkeit und die Netzwerkkompetenz – im Rahmen kreativer, ressourcen- und lebensweltorientierter Angebote, welche in den nun folgenden Unterkapiteln kurz dargestellt werden sollen.

Angebot 1: Beratung, Begleitung, Unterstützung und Vermittlung im Rahmen eines adressatenspezifischen Case Managements

Wird mit Adressat/-innen mit Mehrfachbenachteiligungen bzw. Mehrfachproblematiken gearbeitet, kann dieses nach Ansicht des Autors ausschließlich im Rahmen eines bedarfsorientierten Case Management-Prozesses geschehen, sofern Hilfe und Unterstützung systemorientiert und ganzheitlich erfolgen sollen. Entsprechend ergibt sich im Rahmen des im nun folgenden Unterkapitel abgebildeten Angebots das Leitziel, die Adressaten – auf der Grundlage einer passgenauen sozialen Diagnose – bei der Bewältigung ihres Alltags und der Überwindung ihrer individuellen

Problemlagen zu beraten, zu begleiten, zu unterstützen und erforderlichenfalls an geeignete Institutionen oder Dienste zu verweisen, ihnen die für eine selbstbestimmte Lebensführung erforderlichen Kompetenzen zu vermitteln und sie in entsprechende soziale und institutionelle Netzwerke einzubinden.

Da es sich bei der fokussierten Adressatengruppe (infolge der Mehrfachproblematiken) um eine (schwierige) Zielgruppe mit vielfältigem und umfassendem Unterstützungsbedarf handelt, wird – abweichend von den in den Jugendmigrationsdiensten, Jugendämtern etc. üblichen Fallzahlen von 80 bis 100 Case Management-Fällen – eine Fallzahl von maximal 20 Fällen pro hauptamtlich tätige/n Sozialarbeiter/-in anvisiert, sodass bei zwei hauptamtlichen Sozialarbeiter/-innen maximal 40 Fälle im Rahmen von Case Management begleitet und unterstützt werden können. Diese weitaus geringere Fallzahl soll gewährleisten, dass die professionell Tätigen den Bedarfen dieser schwierigen Zielgruppe gerecht werden und den im Folgenden kurz dargestellten Prozess realisieren können.

Der Prozess des Case Managements folgt nach Herriger (2010), Neuffer (2009) und Wendt (2007) einer Art vorgegebenen Ablaufschema, von welchem der helfende Kontrakt gemäß der Erfahrungen des Autors in der Regel jedoch bedarfs- und adressat/-innenspezifisch abweicht. Nichtsdestotrotz gibt dieses Ablaufschema jedoch die Reihenfolge des methodischen Vorgehens vor. Die sich in verschiedene Stadien bzw. Phasen gliedernde Ablauforganisation soll an dieser Stelle jedoch nicht ausführlich dargestellt werden. Stattdessen soll auf die Ausführungen von Wendt/Löcherbach (2011), Herriger (2010), Neuffer (2009), Wendt/Löcherbach (2009) und Wendt (2008) verwiesen und stattdessen der Ablauf des Case Managements im Rahmen des BB2 Society-Projekts dargestellt werden.

Nachdem im Rahmen des Erstgesprächs (Intake) die Zuständigkeit und die Angemessenheit des Case Managementverfahrens geklärt worden ist, besteht die erste aktive Tätigkeit der Mitarbeiter/-innen darin, gemeinsam mit ihren Adressat/-innen eine Einschätzung und Beurteilung ihrer derzeitigen sowie ihrer zukünftigen Lebenssituation vorzunehmen. Hierzu führen die hauptamtlichen Mitarbeiter/-innen des BB2 Society-Projekts vor Beginn des Case Management-Prozesses (im Rahmen der „Assessmentphase") eine umfassende und methodisch vielfältige soziale Diagnose durch, welche fallbezogenes und ressourcenorientiertes Handeln ermöglichen sollen. Herriger (2010) und Neuffer (2009) verwenden hierfür den Begriff Assessment. Der Autor bevorzugt jedoch das Begriffspaar „soziale Diagnose" im genannten Kontext, meint hiermit allerdings dasselbe wie Neuffer (2009) mit seinem Assessment-Begriff, welcher den Fokus in diesem Kontext auf das strukturierte Urteilen richtet (vgl. dazu Neuffer 2009: 74 ff.). Ähnlich wie Turner (2002) hält der Autor die

Bezeichnung *„‚Assessment' für einen allzu verwaschenen Begriff, der verschleiert, dass Sozialarbeitspraxis stets Beurteilungen enthält, ohne sie nicht auskommen kann"* (Turner 2002:127). Auch nach Ansicht von Pantuček (2009) fokussiert Assessment „zu sehr auf eine umfassende Datenerhebung, zu wenig auf strukturiertes Urteilen" (vgl. dazu Pantuček 2009: 85), weshalb sich schlussendlich für die Bezeichnung soziale Diagnose entschieden wurde. Trotz der Tatsache, dass soziale Diagnosen lediglich hypothetische Ergebnisse erbringen – welche der Bestätigung durch die Akzeptanz der Adressaten des BB2 Society-Projekts sowie der Kooperation der zuständigen Instanzen bedürfen – und unter Umständen zu Stigmatisierung und Ausgrenzung führen können, sind sie nach Ansicht des Autors für eine bedarfs- und zielorientierte Intervention im Rahmen der geplanten Unterstützung dennoch unerlässlich, da Sie unter anderem auch dazu dienen, erbrachte Leistungen nach außen hin zu legitimieren. Nach Ansicht von Müller in Heiner (2004), welcher sich hierbei auf die Ausführungen von Riemann (2000; 2002) bezieht, können Sozialarbeiter/-innen erst dadurch zu ernst zu nehmenden Partner/-innen werden, dass sie zum einen eine eigene begründete Auffassung von der Hilfeart oder Intervention, welche sie für richtig halten, entwickeln und diese Auffassung zum anderen auch glaubhaft vertreten können (Müller in Heiner 2004: 64 f). Voraussetzungen dafür, dass soziale Diagnosen den Prozess der Stigmatisierung und Ausgrenzung unter Kontrolle halten können, sind nach Pantuček (2009) die Konzentration auf die Diagnose von Situationen und Problemkonstellationen sowie die Gewährleistung eines dialogischen Charakters von Entscheidungsprozessen. Diese Bedingungen sind bei einem Verzicht auf kontrollierte soziale Diagnosen keineswegs gewährleistet, wie u.a. die Kritik von Finkel (2002) zeigt. (Pantuček 2009: 87; vgl. dazu auch Finkel 2002) Nach Harnach-Beck in Heiner (2004) müssen die Bedingungen und möglichen Folgen Sozialer Diagnosen genau bedacht werden, um deren negativen Auswirkungen weitestgehend zu begegnen, (Harnach-Beck in Heiner 2004: 111). Um Etikettierungen im Rahmen der sozialen Diagnosen zu vermeiden, werden im Rahmen der Diagnosetätigkeit der Mitarbeiter/-innen des BB2 Society-Projekts in Anlehnung an Pantuček (2009) stigmatisierende Kategorisierungen wie „unmotiviert", „Kooperationsverweigerung", „uneinsichtig" usw. vermieden und die Wege zur Gewinnung von Einschätzungen und Empfehlungen offen gelegt, damit sie einen Diskurs über die Angemessenheit von Interpretationen des Datenmaterials ermöglichen (Pantuček 2009: 86 f). Des Weiteren soll in diesem Kontext darauf hingewiesen werden, dass die Ergebnisse der sozialen Diagnosen im Rahmen des BB2 Society-Projekts niemals eine „gültige" Situationseinschätzung darstellen oder „Ergebnisse" festhalten, welche als weitgehend stabil betrachtet werden, sondern vielmehr subjektive Wahrnehmungen bzw. begründete Vermutungen über den Zustand zum Zeitpunkt ihrer Erstellung darstellen

(Pantuček 2009: 88). Auch Neuffer (2009) betont den vorläufigen Charakter Assessmenteinschätzungen und fügt hinzu, dass während des Unterstützungsprozesses wieder in die Assessmentphase zurückgekehrt werden muss, wenn sich veränderte Lebenssituationen oder neue Problemlagen ergeben haben.

Die Erstellung der sozialen Diagnose soll gemeinsam mit den Adressaten an einem von ihnen selbst gewählten Ort durchgeführt werden. Der gesamte Prozess der sozialen Diagnose (ohne schriftliche Darstellung der Ergebnisse) muss dabei klar strukturiert und auf einer professionellen und zugleich niedrigschwelligen Ebene ablaufen. Die Moderation im Rahmen der sozialen Diagnose übernehmen dabei die Case Manager/-innen des BB2 Society-Projekts. Im Kontext der sozialen Diagnose sollen (schrittweise) diverse Situationen, Anforderungen und Gegebenheiten mit den Adressaten thematisiert werden, welche in seinem Alltag Barrieren darstellen (können), um auf der Grundlage dessen Lösungswege und Bewältigungsstrategien zu entwickeln. Ferner soll es im Rahmen der sozialen Diagnose um eine Analyse und Interpretation der Lebenswirklichkeit der Adressaten und der darin eingelagerten Belastungen und Lebenskrisen gehen, weshalb zunächst vorrangig analysiert werden soll, welche (aktuellen) Probleme und Erschwernisse zu einer Überforderung mit den Alltagsanforderungen führen (könnten). Ferner soll die Diagnose personaler und sozialer Netzwerk-Ressourcen (unter Einbezug des sozialen Kontaktschemas; vgl. Anhang D sowie der Methode der „Ecomap“; vgl. Anhang E) im Fokus stehen. Im Zuge dessen geht es um eine Identifikation potenzieller Ressourcen in privater Lebenswelt und öffentlicher Dienstleistungslandschaft, welche das Netzwerk der Hilfen vervollständigen können. Letztlich soll sich der Fokus der sozialen Diagnose auf die Thematisierung subjektiver Unfertigkeiten, Negativbeurteilungen und innerer Barrieren (Vorbehalte, Unsicherheiten, Hemmungen, Unabhängigkeitswünsche) der Adressaten richten, welche diesen bezüglich einer Mobilisierung und Nutzung von Unterstützungsressourcen im Wege stehen (vgl. dazu auch Herriger 2010: 104). Im Anschluss daran soll dann gemäß den Anforderungen sozialer Diagnosen, in die Komplexität der Probleme eine erste Ordnung gebracht, die vermuteten problematischen Anteile der zukünftigen Lebenssituation präzise erfasst und entsprechende Anspruchsberechtigungen – insbesondere unter sozialrechtlichen Aspekten – geprüft werden (Vgl. dazu Herriger 2010: 104 f; Pantuček 2009: 60).

Um im Rahmen des Unterstützungsprozesses individuell und ressourcenorientiert an vorhandene Kompetenzen anknüpfen zu können, soll im Kontext der sozialen Diagnose ein eigens konzipiertes (und im Rahmen der Tätigkeit des Autors als Eingliederungshilfe im Jugendmigrationsdienst der AWO Soziale Dienste gemeinnützige GmbH erfolgreich erprobtes) Kompetenzfeststellungsverfahren durchgeführt werden (vgl. Anhang G). Im Rahmen des Kompetenzfeststellungsverfahrens sollen vorhandene Kenntnisse, Fähigkeiten und Fertigkeiten analysiert und entsprechend an diese angeknüpft werden. Da die Sicht der Jugendlichen sowie deren subjektive Empfindungen und Bedürfnisse im Vordergrund der unterstützenden Tätigkeit stehen, wird diesen zu Beginn der Kompetenzanalyse ein vom Autor entwickelter Fragebogen ausgehändigt (vgl. Anhang G) und gemeinsam mit diesem beantwortet. In dem Fragebogen werden die Selbsteinschätzungen der Jugendlichen bezüglich zentraler – und für eine erfolgreiche soziale, gesellschaftliche, kulturelle und politische Teilhabe relevanter – Kompetenzen quantitativ erhoben und anschließend gemeinsam mit den Adressaten reflektiert.

Da der Autor es für besonders wichtig erachtet, dass die Mitarbeiter/-innen des BB2 Society-Projekts die Adressaten – weit über die Informationen aus Akten und alltäglichen Interaktionen hinaus – in ihrer biografischen Situation verstehen, kommen im Rahmen des Kompetenzfeststellungsverfahrens bestimmte Übungen der sozialarbeiterisch orientierten Biografiearbeit (vgl. dazu Gudjons et al. 2008; Hölzle/Jansen 2009; Ruhe 2003) zur Anwendung – z.B. die von Gudjons et al. (2008) als „Lebenslinie“ bezeichnete und vom Autor erweiterte und zur Übung „Lebenskoordinatensystem“ (vgl. Anhang H.1) umbenannte biografische Übung und die zur Planung des Vorgehens im Unterstützungsprozess geeignete biografische Übung „Lebensplanung“ (vgl. Anhang H.2) zur Anwendung. Ein weiterer Grund für die Anwendung der genannten Übungen zur Biografiearbeit im Rahmen der Kompetenzanalyse liegt in der Tatsache begründet, dass diese sehr niedrigschwellig und relativ leicht handhabbar sind und zudem auf die Zielgruppe (multidimensional) sozial benachteiligte Jugendliche männliche abgestimmt werden können. Ein weiterer Grund für die Anwendung von Biografiearbeit im Rahmen der Kompetenzfeststellungsverahrens des BB2 Society-Projekts knüpft an die Haltung an, dass Menschen im Kontext der Rekonstruktion biografischer Zusammenhänge in ihren Lebensdeutungen und eigenen Erfahrungen eine Art „roten Faden“ entdecken, wenn sie sich ihres Lebenszusammenhanges zu vergewissern suchen. Umgekehrt entfaltet sich von den Einzelereignissen her der Gesamtzusammenhang ihres Lebens und aus ihren Geschichten wird ihre „Geschichte“, was für die beabsichtigte Ressourcenaktivierung im Kontext der Herstellung und Sicherung einer Basisausrüstung an Lebensbewältigungsressourcen sowie für eine angemessene Identitätsentwicklung der Adressaten des BB2 Society-Projekts von zentraler Bedeutung ist. Es wird erhofft, dass die Anwendung der genannten Übungen der Biografiearbeit die Bewältigungskompetenzen der Jugendlichen sichtbar machen und diesen in Anknüpfung an ihre persönlichen „Erfolgsgeschichten“ zu neuen Zukunftsperspektiven verhilft (vgl. Gudjons et al. 2008). Ein entscheidender Vorteil der Anwendung der aufgeführten Methoden der Biografiearbeit besteht darin, dass die genannte Zielgruppe die vorgestellte Übung in ihrem zukünftigen Alltag in Selbstständigkeit und Eigenverantwortung ohne professionelle Unterstützung durchführen kann und diese ihr somit bei der (Wieder-)Herstellung von Orientierung und Handlungsfähigkeit dienlich sein können.

Wie sehr schnell deutlich wird, handelt es sich bei dem in Unterkapitel 12.2 beschriebenen – sich aus dem (auf der Grundlage der Lebenslagenanalysen) ermittelten Unterstützungsbedarf ergebenden sozialarbeiterischen Auftrag – um ein breites Spektrum sozialarbeiterischer Anforderungen bei der Herstellung und Sicherung einer Basisausrüstung an Lebensbewältigungsressourcen, welche es im Kontext dieser „Unterstützungsarbeit" zu bewältigen gilt. Wird den Ausführungen Herrigers (2010) gefolgt, benötigen die Adressaten der fokussierten Zielgruppe im weiteren Unterstützungsprozess eine vernetzende, arrangierende und koordinierende Leistung, welche einerseits verfügbare Hilferessourcen der privaten Lebenswelt – wie z.B. soziale Unterstützung im Familien-, Freundes- und Nachbarschafts-Netzwerk – sowie der (sozialen) Dienstleistungsanbietern zusammenführt und andererseits die diversen Unterstützungsangebote der unterschiedlichen Anbieter zu einem koordinierten und geschlossenen Ganzen zusammenfügt. Im Rahmen des Unterstützungsprozesses wird in der sozialen Intervention auf das Erreichen eines selbstständig nicht erreichbaren sozialen Wohlbefindens abgezielt, wobei die dafür notwendigen Ressourcen sowohl in den Adressaten und ihrem familiären sowie sozialen Umfeld, als auch im Sozialleistungssystem sowie in der Infrastruktur des Gemeinwesens liegen. Wie bereits erwähnt, zielt die vernetzende, arrangierende und koordinierende Leistung einerseits auf die Organisation eines Netzwerkes von Ressourcen ab, welches die Unterstützungsbeiträge von privater Umgebung und öffentlichen Dienstleistungsträgern in einer „abgestimmt-konzentrierten Aktion der Hilfe" zusammenfügt. Andererseits zielen diese Beiträge zum gelingenden Lebensmanagement aber auch auf die Stärkung der subjektiven Netzwerkkompetenz, d.h. des persönlichen Vermögens der Adressat/-innen, das aufgebaute Netzwerk selbstbestimmt und ohne Unterstützung professionell tätiger Sozialarbeiter/-innen zu handhaben (Herriger 2010: 103 f). Entsprechend streben die Mitarbeiter/-innen an, die Unterstützungsressourcen der einzelnen (sozialen) Dienstleistungsanbieter aufeinander abzustimmen und die Kommunikation zwischen diesen zu fördern. Auf diese Weise sollen Konflikte und Doppelbetreuungen vermieden und nahtlose Anschlüsse an den Schnittpunkten der einzelnen Hilfen gewährleistet werden. An der Stelle, an welcher die Adressat/-innen durch Ermutigung, Anregung und Ratschlag bei deren ersten (noch unsicheren) Versuchen, ein selbstbestimmtes Leben zu führen, unterstützt werden müssen, werden die professionell Tätigen zu „Lebensbegleiter/-innen“. Ferner sollen den Adressaten des BB2 Society-Projekts in der Weise Kompetenzen (Wissen, Fertigkeiten und Einstellungen) vermittelt werden, dass sie für sich selbst die erschlossenen Hilfequellen erhalten und die Organisation ihrer Netzwerk-Ressourcen künftig selbstbestimmt und selbstgestaltend orchestrieren können. In den Fällen, in denen die Übermacht administrativer sowie rechtlicher Vereinbarungen und Verfahrensvorschriften für die Adressaten eine Überforderung darstellen, versuchen die Mitarbeiter/-innen des BB2 Society-Projekts berechtigte Adressateninteressen in stellvertretender Parteilichkeit gegenüber Dritten durchzusetzen (vgl. dazu Herriger 2010: 103 f).

Da die unterstützende Tätigkeit im Rahmen des Case Management-Prozesses das Kernangebot des BB2 Society-Projekts darstellt, findet das Case Management sowohl in der offenen Beratungszeit (Montag von 12 bis 16 Uhr, Dienstag von 7 bis 13 Uhr, Donnerstag von 12 bis 15 Uhr) als auch nach vorheriger Terminabsprache statt. In Konflikt- und Krisensituationen erfolgt die Intervention unverzüglich, d.h. ohne schuldhaften Verzug.

Angebot 2: „Fit für die eigene Wohnung ?!“ – Förderung administrativ-lebenspraktischer Bewältigungskompetenzen für ein selbstständiges, selbstbestimmtes und eigenverantwortliches Leben in der eigenen Wohnung

In Anbetracht der in Anlehnung an die Ergebnisse der Lebenslagenanalysen festgestellten Unterstützungsbedarfe bzw. der formulierten Handlungsempfehlungen (Kapitel 9), ergeben sich als Leitziele des 2. Angebots des BB2 Society-Projekts (1) die Begegnung von sozialen Ungleichheitsverhältnissen bzw. Benachteiligungen in der Dimension „Wohnen“ sowie im Zuge dessen (2) die Verbesserung der Wohnsituation (durch Auszug in die eigene Wohnung). Dieses Leitziel lässt sich in die folgenden Mittler- bzw. Teilziele unterteilen: (1) die Vermittlung der für ein eigenverantwortliches und selbstbestimmtes Leben in der eigenen Wohnung erforderlichen Kenntnisse, Fähigkeiten und Fertigkeiten sowie (2) der Ausbau des hierfür erforderlichen (institutionellen) Unterstützungsnetzwerkes.

Somit zielt das zweite Angebot des BB2 Society-Projekts auf die Begegnung von Ungleichheitsverhältnissen in der Dimension „Wohnen“ ab. Auch wenn dies sicher nicht auf alle Jugendlichen der genannten Zielgruppe zutrifft und die Ergebnisse der durchgeführten Lebenslagenanalysen nicht wahrheitsgetreu die komplexe Wirklichkeit abbilden, sondern lediglich Realitätsausschnitte darstellen (vgl. dazu Mayer 2009: 37 f), bestätigen ebenfalls diverse Jugendstudien der Lebenslagen-, Milieu- und Lebensstilforschung, dass sozial benachteiligte Familien oft in prekären

Wohnverhältnissen sowie in einem von diesen als „schlecht" bewerteten Wohnumfeld leben. Nicht selten teilen sich Jugendliche aus sozial randständigen Familien mit einem oder sogar mehreren Geschwistern ein Zimmer. Zudem werden diese Jugendlichen oft nicht ausreichend unterstützt, leiden an den (häufig autoritären) Erziehungsstilen der Eltern, erfahren psychische oder physische Gewalt(androhungen) oder sind anderen negativen Einflüssen ausgesetzt. Zudem leiden Eltern sozial randständiger Familien nach Leutschacher (2007) häufiger unter psychischen Krankheiten (z.B. Alkoholismus oder Depression), welche sich auch negativ auf die Befindlichkeit der im selben Haushalt lebenden Jugendlichen auswirken (Leutschacher 2007: 5 f). Unter den genannten Wohnbedingungen bleibt Jugendlichen aus sozial benachteiligten Familien oft der Raum zur Selbstentfaltung verwehrt, wodurch diese in ihrer Persönlichkeitsentwicklung gehemmt werden. So entsteht bei dieser Zielgruppe, früher das Bedürfnis oder – wie bei den Interviewten J.P. und R. – die dringende Erforderlichkeit, in eine eigene Wohnung zu ziehen. Auch im Rahmen der vorangegangenen Lebenslagenanalysen hat sich gezeigt, dass für die interviewten Jugendlichen ein Auszug in die eigene Wohnung bevorsteht bzw. wie bei O. gerade schrittweise erfolgt. Ebenso hat sich gezeigt, dass ihnen die für ein selbstständiges und selbstbestimmtes Leben in der eigenen Wohnung erforderlichen Kenntnisse, Fähigkeiten und Fertigkeiten fehlen. Damit sozial benachteiligte Jugendliche zur autonomen und eigenverantwortlichen Lebensführung in der eigenen Wohnung befähigt werden, zu Handlungsfähigkeit gelangen bzw. diese (auch ohne professionelle Unterstützung) erhalten können, müssen diesen – wie bereits erwähnt – die entsprechenden Kompetenzen für ein selbstbestimmtes Leben (vgl. Herriger 2010) ausgehändigt und deren Lebensbewältigungskompetenzen (vgl. Böhnisch 2008) und deren soziale Kompetenz gefördert werden, was im Rahmen des dargestellten Angebots erfolgen soll. Das Hauptaugenmerk wird dabei jedoch auf die Herstellung und Sicherung einer Basisausrüstung an Lebensbewältigungsressourcen gerichtet (vgl. dazu Herriger 2010). Die für das Leben in der eigenen Wohnung erforderlichen Lebensbewältigungskompetenzen sollen auf der Grundlage eines (fitforlife-ähnlichen) Sozialkompetenztrainings (vgl. dazu Jugert et al. 2011) vermittelt werden, in welchem die Aneignung von für ein Leben in der eigenen Wohnung erforderlichen Kenntnissen (z.B. sich aus Mietverträgen ergebende Rechte und Pflichten von Mieter/-innen und Vermieter/-innen, Überblick über die Ämter-, Behörden- und Versicherungslandschaft und damit über relevante Anlaufstellen, gesetzliche Verpflichtungen und zentrale Gesetzesbestimmungen, z.B. Bestimmungen des BGB, SGB II etc.), Fähigkeiten (adäquater Umgang mit finanziellen Mitteln) und Fertigkeiten (z.B. Haushaltsführung, Erstellung eines Haushaltsplans und einer Kostenkalkulation, Briefe verfassen, Anträge stellen, Widersprüche erheben etc.) im Fokus stehen.

Darüber hinaus sollen Jugendliche, bei welchen der Bedarf und die Erforderlichkeit besteht, in eine eigene Wohnung zu ziehen, durch das Aufzeigen von Möglichkeiten und Grenzen bei der Wohnungssuche (Wo finde ich eine Wohnung? Worauf muss ich achten? Wie teuer darf die Wohnung sein, um diese in jeder Lebenslage halten zu können?) unterstützt, bei Wohnungsbesichtigungen begleitet und bei der Entscheidung, den Mietvertrag für ein ausgewähltes Mietobjekt zu unterzeichnen, beraten werden. In diesem Kontext sollen den Jugendlichen Finanzierungsgrenzen (z.B. maximale Miethöhe, maximale Nebenkosten etc.) aufgezeigt sowie Aspekte und Details, welche bei der Auswahl und der Besichtigung von Mietobjekten unbedingt berücksichtigt werden müssen. Ebenso sollen diese bei der Beantragung der Übernahme der Kosten der Unterkunft, der Hilfe zum Lebensunterhalt, der Übernahme der Mietkaution (auf Darlehensbasis) sowie der Übernahme der Kosten für die Erstausstattung der Wohnung (z.B. beim AfSD oder beim Jobcenter) unterstützt werden. Da die Kosten der Erstausstattung in der Regel pauschal bewilligt werden und die Auszahlungssumme (erfahrungsgemäß) zur Deckung der anfallenden Kosten nicht ausreicht, sollen den Jugendlichen alternative Anschaffungsmöglichkeiten (z.B. über Second-Hand-Möbellager, in Bremen: Elrond, „zu verschenken-Inserate" u.v.m.) aufgezeigt und deren Erwartungshaltung verändert bzw. den realen Gegebenheiten angepasst werden.

Ein weiteres Ziel dieses zweiten Angebots besteht in der Förderung der (für ein selbstständiges und eigenverantwortliches Leben in der eigenen Wohnung unabdingbaren) Netzwerkkompetenz (vgl. dazu Herriger 2010) und damit einhergehend in der Reduzierung oder (sogar) dem Abbau von Unsicherheiten und Hemmungen vor bestimmten Alltagssituationen (z.B. Schwellenängste bzw. Zugangshemmungen im administrativ-lebenspraktischen Bereich). Um eine existenzielle Grundsicherung und somit das Überleben (multidimensional) sozial benachteiligter Jugendlicher im (zukünftigen) eigenständigen Alltag sichern zu können, müssen diese außerdem dazu befähigt werden, dass sie durch einen geübten Umgang mit administrativ-lebenspraktischen Bewältigungsanforderungen (Ämter- und Behördengänge, Anträge schreiben, Widersprüche erheben etc.) Zugangshemmungen und Schwellenängste abbauen, sich im Sozialleistungssystem angemessen zurechtfinden und wissen, an welche Institutionen sie sich bei Unsicherheiten und Problemen ihrerseits wenden können (vgl. dazu Herriger 2010: 103 ff.). In diesem Zusammenhang ist es besonders wichtig, dass den Jugendlichen angemessene Umgangsformen vermittelt werden und diese z.B. lernen, höflich und freundlich um Hilfe zu bitten, weil sie dies oft nicht gelernt haben. Auch in diesem Kontext steht das Prinzip der Hilfe zur Selbsthilfe an oberster Stelle, sodass die Adressaten in primärer Position agieren und der soziale

Helfer lediglich eingreift, wenn der Adressat verlauten lässt, dass er mit der Situation überfordert ist.

Das dargestellte Angebot soll zweimal wöchentlich für jeweils 3 Stunden über einen Zeitraum von jeweils 6 Monaten (inklusive Dokumentation und Evaluation) im Helene-Kaisen-Haus der AWO Bremen stattfinden. Die exakten Termine werden in Abstimmung mit den Angebotsteilnehmern vereinbart. Die Teilnehmer sollen dabei von einem Sozialarbeiter und einer geschulten Honorarkraft angeleitet und unterstützt werden, wobei die Teilnehmerzahl eine Gruppengröße von zehn Teilnehmern – infolge des umfassenden (individuellen) Unterstützungsbedarfs, z.B. bei der Wohnungssuche, bei Wohnungsbesichtigungen, bei der Organisation von Umzügen etc. – keinesfalls überschreiten darf.

Angebot 3: „You and Me" – Die Erweiterung der sozialen Kontakte und die Förderung eines kreativ-förderlichen Freizeitverhaltens im Rahmen eines Mentoringprogramms

In Anbetracht der – in Anlehnung an die Ergebnisse der Lebenslagenanalysen formulierten – Handlungsempfehlungen (vgl. Kapitel 9), ergibt sich als Leitziel des dritten Angebots des BB2 Society-Projekts die Begegnung von sozialen Ungleichheitsverhältnissen in den Dimensionen „soziale Beziehungen" sowie „Alltag und Freizeit". Um dieses Leitziel zu erreichen, müssen folgende Mittler- bzw. Teilziele umgesetzt werden: (1) die Förderung der sozialen Kompetenz, (2) die Erweiterung persönlicher Kontakte und damit einhergehend (3) der Gewinn positiver Rollenvorbilder, (4) der Ausbau der jeweiligen sozialen Netzwerke sowie (5) das Aufzeigen kreativ-förderlicher Freizeitmöglichkeiten. Diese Mittler- bzw. Teilziele sollen wiederum durch (6) die Initiierung und Organisation eines sozialarbeiterisch angeleiteten Mentoringprogramms realisiert werden, durch welches förderliche, unterstützende und nachhaltige „Beziehungen" initiiert und begleitet werden sollen (Handlungsziel).

Ein weiterer Entscheidungsgrund für die Initiierung des dritten Angebots liegt in der gegenwärtigen Wirtschafts- und Finanzkrise begründet, welche die vermehrte Initiierung von Ehrenämtern im Zuge der Ressourcenknappheit zwingend erforderlich macht. Da das Bundesland Bremen infolge der durch die hohe Verschuldung (vgl. dazu z.B. Lahmann 2012) bedingten Knappheit von kommunalen Mitteln bei der Finanzierung von sozialen Projekten auf Drittmittel angewiesen ist und im Kontext der Finanzierungsplanung des BB2 Society-Projekts auf ESF-Mittel gehofft wird, sollen die genannten Zielsetzungen (gemäß den EU-Förderrichtlinien) im Rahmen eines sozialarbeiterisch angeleiteten Mentoring-Projekts mit Ehrenamtlichen (Freiwilligen) verfolgt werden. In diesem Zusammenhang betont Böhmer (2009b), dass die Verbesserung der sozialen Teilhabe nicht bloß als Aufgabe des Staates (bzw. der Sozialen Arbeit) betrachtet werden darf, sondern hierfür viele engagierte (freiwillige) Bürger/-innen gebraucht werden, welche sozial benachteiligte Jugendliche im Rahmen von Patenschaften bzw. Mentorings individuell und direkt fördern, indem sie die persönliche, schulische und berufliche Entwicklung ihrer Patenkinder (Mentees) begleiten und unterstützen und auf diese Weise Brücken zum Erfolg bauen (Böhmer 2009b: 4). [62]

In Anbetracht dessen wurde beschlossen, die oben genannten Zielsetzungen im Rahmen eines Mentoring-Angebots zu verfolgen – welches sich bedarfs- und lebensweltorientiert danach richtet, was die Mentees ihrer Ansicht nach zur Verbesserung ihrer Teilhabesituation benötigen – und für die Teilnehmer des Angebots eine persönliche, längerfristige und vor allem individuelle Begleitung und Unterstützung durch ältere (bzw. erfahrenere) Mentor/-innen (beiden Geschlechts!) zu initiieren.

Entsprechend der Ergebnisse der Lebenslagenanalysen, wurde sich dafür entschieden, dass die Mentor/-innen über gleiche oder ähnliche, bereits bewältigte Problematiken bzw. Benachteiligungen verfügen sollen wie ihre Mentees. Hierfür wurde sich in Anlehnung an die Aussage von R. entschieden. Dieser hat im Rahmen seines Interviews berichtet, dass er der Meinung ist, dass jeder Depressive andere Depressive kennen sollte, denen er sich anvertrauen kann und von welchen er sich verstanden fühlt (R. 2011: S. 17, Z. 23-27). Auch der Autor ist der Auffassung, dass die für das Mentoringprogramm akquirierten Mentor/-innen unter der genannten Voraussetzung die erforderliche Sensibilität, Verständnis und Empathie für die Mentees aufbringen können. Entsprechend sollen die Patenschaften bzw. Mentorings z.B. zwischen ehemaligen Straffälligen oder Ex-Inhaftierten (nach umfassender Überprüfung der persönlichen Eignung: z.B. straffreie Lebensführung seit mindestens fünf Jahren u.v.m.) und straffälligen Jugendliche initiiert werden, welche über die sozialen Dienste der Justiz akquiriert werden sollen. Weiterhin kommen Patenschaften und Mentorings zwischen depressiven Jugendlichen und depressiven Erwachsenen (mit Therapieerfolg, d.h. diejenigen, welche gelernt haben mit ihrer Erkrankung umzugehen und mit dieser zu leben und welche sich zudem stark genug fühlen, depressiven Jugendlichen Unterstützung zu bieten) in Betracht. In diesem Sinne wird weiterhin geplant, dass

[62] An dieser Stelle soll betont werden, dass in Anbetracht der Tatsache, dass sich das Angebot an Jugendliche richtet, anstelle des Begriffs Patenschaft von Mentoring gesprochen wird, um somit den Begriff Paten***kind*** zu umgehen, welcher nach Ansicht des Autors wegen seiner Endung (***-kind***) die Selbstständigkeit und das Verantwortungsbewusstsein der Jugendlichen determiniert und diese – entgegen des Leitbilds – als „unmündig" darstellt.

Mentorings zwischen ehemaligen Adressaten der stationären Jugendhilfe für Jugendliche, welche aktuell in einer Einrichtung der Hilfen zur Erziehung gemäß §§ 27 ff. SGB VIII leben, initiiert werden usf.

Aufgrund der – dem Autor aus seiner Leitungstätigkeit im Rahmen eines Patenschaftsprojekts für Migrant/-innen im Land Bremen bekannten – Schwierigkeit der Gewinnung (und der im Vorfeld erforderlichen Einarbeitung, der nachfolgenden Qualifizierung und Schulung sowie der anschließenden Begleitung, Beratung und Unterstützung) von Freiwilligen wird realistisch eine Akquirierung von acht bis zehn freiwilligen Mentor/-innen über den gesamten Projektzeitraum geplant. Als potenzielle Mentor/-innen fokussiert das BB2 Society-Projekt Personen ab dem Alter von 27 Jahren, welche nach einem sorgfältigen Auswahlverfahren gewählt werden. So müssen die Mentor/-innen zwar nicht über fachliche Kompetenzen, wohl aber über die erforderliche soziale Kompetenz verfügen und die Entwicklungsaufgaben der Lebensphase Jugend erfolgreich bewältigt haben. Insbesondere müssen diese jedoch empathisch, zuverlässig, verständnisvoll, frustrationstolerant und interkulturell kompetent sein, was nicht zuletzt durch Schulungen, Fortbildungen und Trainings gewährleistet werden soll. Die Mentor/-innen sollen dabei insbesondere in Selbsthilfegruppen, über die Freiwilligenbörse, den sozialen Dienst der Justiz, an Hochschulen und Universitäten sowie in Mütterzentren, Nachbarschafts- und Bewohnertreffs u.a. lokalen Treffpunkten gewonnen werden. Zudem sollen regelmäßig Presseartikel in den lokalen und örtlichen Zeitungen geschaltet werden, sodass für die Initiierung des Mentoringprogramms ein hoher zeitlicher und (folglich) personeller Aufwand für Öffentlichkeitsarbeit entstehen. Im Rahmen der Öffentlichkeitsarbeit geht es dementsprechend zusätzlich darum, den Fokus – neben der Präsenzdarstellung bezüglich des Gesamtprojekts – auf die Akquirierung von freiwilligen Mentor/-innen zu richten (vgl. Kapitel 15).

Die Jugendlichen sollen durch die Mentor/-innen eine (zusätzliche) Bezugsperson erhalten, welche diese individuell fördert und sie darin unterstützt, ihre Stärken, Fähigkeiten, Kompetenzen und verschütteten Ressourcen zu entdecken, einzusetzen und auszubauen (vgl. dazu Herriger 2010). Nach Böhmer (2009a) helfen Mentoringprogramme den Mentees, die eigene Lebenssituation (besser) einzuschätzen, in der Folge Chancen und Risiken eigener Handlungen und Verhaltensweisen zu erkennen, zu bewerten und gegeneinander abzuwägen sowie autonom Entscheidungen zu treffen. Zudem motivieren und unterstützen die Mentor/-innen die Mentees bezüglich der Setzung und Verfolgung von Zielen und Herausforderungen, welche sich im Laufe der Zeit steigern lassen. Im Zuge dessen lernen die Jugendlichen, sich selbst realistische (d.h. für diese erreichbare) Ziele zu setzen und Herausforderungen erfolgreich zu meistern (Böhmer 2009b: 10 f). In Anbetracht dessen spielt im Kontext des geplanten Mentoringprogramms die Beratung, Begleitung und Unterstützung beim Übergang zwischen Schule und Ausbildung bzw. Beruf sowie die Begleitung in schwierigen Lebensphasen eine zentrale Rolle. Den Mentees soll durch die Mentor/-innen aufgezeigt werden, wie sie mit besonders schwierigen Lebenssituationen umgehen und wie sie bestimmte Hindernisse im Kontext der Lebensführung bewältigen können. Dabei sollen diese aus ihren eigenen Erfahrungen sowie aus den im Kontext von Schulungen, Trainings und Fortbildungen erworbenen Kenntnissen, Fähigkeiten und Fertigkeiten schöpfen, ihre Mentees vor dem Rückzug und der Isolation bewahren und sie begleitend und unterstützend in entsprechende Netzwerke einbinden.

Im Rahmen des geplanten Mentoringprogramms des BB2 Society-Projekts gewinnen die Mentees in vielerlei Hinsicht. Einerseits werden ihre persönlichen Fähigkeiten im Rahmen des Mentorings gefördert, indem sie beispielsweise lernen, Arbeitsziele zu erreichen und Ideen zu verwirklichen. Aufgrund der positiven Verstärkung durch die Mentor/-innen steigt deren Lern- und Leistungsmotivation. Ferner sammeln sie Erfahrungen der Selbstwirksamkeit, entwickeln ein positives Selbstwertgefühl und werden im Zuge dessen emotional stabiler, was nach Ansicht von Böhmer (2009a) wiederum die solide Grundlage für ein Leben in Eigenverantwortung darstellt. Andererseits lernen die Mentees durch die Rückkoppelung der Mentor/-innen, mit positiven und negativen Reaktionen ihrer Umwelt umzugehen, eigene Handlungen und Verhaltensweisen zu erfassen beziehungsweise zu bewerten und in der Folge anzupassen oder zu korrigieren. Auf diese Weise werden sowohl die Kommunikations- und Konfliktfähigkeit als auch die Teilhabechancen gesteigert. Des Weiteren eröffnet das Mentoringprogramm sozial benachteiligten Jugendlichen die Chance, neue Möglichkeiten und Formen der eigenen Lebensführung zu erkennen und zu verwirklichen. Ebenso verbessert sich die sprachliche, schulische, berufliche und soziale Orientierung der Mentees und sie erhalten die Möglichkeit, sich – im Rahmen der Zusammenarbeit mit ihren Mentor/-innen – die für eine (Berufs-)Ausbildung oder die Ausübung eines Berufs erforderliche Schlüsselqualifikationen anzueignen. Des Weiteren können Mentor/-innen über Unternehmenskontakte und Netzwerke verfügen, welche ihren Mentees den Zugang zu Ausbildungsbetrieben erleichtern (Böhmer 2009a: 10).

Auch aus Sicht der Mentor/-innen ergeben sich im Rahmen eines Mentorings zahlreiche Vorteile, weil diese neben dem unschätzbaren Engagement, Freude und unersetzliche (kulturelle) Erfahrungen sowie persönliche Bestätigung und das Erleben von Selbstwirksamkeit mit sich bringen. Durch das Erleben von Selbstwirksamkeit entsteht wiederum ein positives Selbstbild, weil diese erkennen, dass sie imstande sind, anderen Menschen zu helfen, indem sie ihre Erfahrungen an diese weitergeben. Überdies erhalten sie die Gelegenheit, sich auf vielfältige Weise mit anderen Mentor/-innen auszutauschen und im Zuge dessen neue soziale Kontakte zu knüpfen (Böhmer 2009a: 10 f).

Neben den Vorteilen für die Mentor/-innen und die Mentees gehen mit der Initiierung und Durchführung des Mentoringprogramms auch diverse Vorteile für die gesamte Gesellschaft einher. Es gibt zahlreiche gesetzliche Regelangebote, welche die Bildungs- und Berufschancen sozial benachteiligter Jugendlicher deutlich verbessern und deren Teilhabe am gesellschaftlichen und kulturellen Leben fördern (z.B. Sprachtests, Integrationskurse oder andere Förderangebote). Allerdings können solche Regelangebote lediglich in begrenztem Umfang auf individuelle Bedürfnisse, Bedarfe und Belange eingehen. Auf diese Weise entsteht eine Lücke, welche im Rahmen von sozialarbeiterisch angeleiteten Mentoringprogrammen geschlossen werden kann. Damit leisten diese einen entscheidenden Beitrag zur Verbesserung von Bildungschancen sozial benachteiligter Jugendlicher und verbessern deren soziale Teilhabe, was sich langfristig auf die gesamte Gesellschaft auswirkt (Böhmer 2009b: 11).

Nicht zuletzt vor dem Hintergrund der sich durch die Initiierung von Mentoringprogrammen ergebenden Vorteile wurde beschlossen, diese Methode auch im Rahmen des BB2 Society-Projekts zur Anwendung kommen zu lassen. Das Mentoring-Angebot soll über die gesamte Projektlaufzeit durchgeführt werden, weil die Akquise geeigneter Mentor/-innen, gemäß der beruflichen Erfahrung des Autors der vorliegenden Arbeit, sehr (zeit-)aufwendig ist und auch die Initiierung bzw. der Aufbau von Mentorings zu Beginn und die Durchführung bzw. Aufrechterhaltung eine starke sozialarbeiterische Begleitung erfordert.

Angebot 4: „Youngstars for Youngstars (Y 4 Y): Politik modern, gerecht und cool - Ein Angebot zur Förderung der politischen Teilhabe und des gemeinwesenorientierten Engagements im Stadtteil

Die Ergebnisse der vorangegangenen Lebenslagenanalysen ließen deutlich werden, was in politischen Debatten, der (Forschungs-)Literatur sowie im Rahmen der medialen Berichterstattung immer wieder laut wird – nämlich die Politikverdrossenheit unter (multidimensional) sozial benachteiligten Jugendlichen (vgl. z.B. Shell Jugendstudie 2010; Hradil 2001). Dementsprechend berichten auch die drei befragten Jugendlichen im Rahmen der durchgeführten Interviews, dass sie weder Interesse an politischen Themen haben noch an politischen Aktivitäten (z.B. Bundes- oder

Landtagswahlen) partizipieren. Kurzum, dass sie – wie der Interviewte R. es (trotz seines vergleichsweise hohen Bildungsgrades) betont – *„mit Politik .. nichts am Hut (haben)"* (R. 2011: S. 57, Z. 2).
In Anbetracht des sich im Kontext der Untersuchung herauskristallisierten fehlendem Interesse an politischen Themen und der herrschenden Politikverdrossenheit soll im Rahmen des vierten Angebots das Leitziel verfolgt werden, (1) die Teilhabe am politischen Leben sowie im Zuge dessen (2) das Engagement im Stadtteil zu stärken. Um diese Leitziele zu verwirklichen, sollen die folgenden Mittler- bzw. Teilziele verfolgt werden: (1) Weckung von Interesse und Begeisterung für politische Themen und gemeinwesenorientierte Aktivitäten, (2) Förderung der Partizipationsfähigkeit, (3) Förderung der für die Kommunikation mit Vertreter/-innen der Politik erforderlichen sozialen Kompetenz (z.B. kommunikative und rhetorische Fähigkeiten, Durchsetzungsvermögen, Umgangsformen etc.), (4) die Stärkung von Partizipation und Engagement im Stadtteil sowie die Begeisterung für die Aktivität in politischen Gremien. Um diese Mittler- bzw. Teilziele zu realisieren, sollen im Rahmen des vierten Angebots (1) eine Interessenvertretung von und für (multidimensional sozial benachteiligte) Jugendliche gebildet, (2) Selbsthilfegruppen von und für (multidimensional sozial benachteiligte) Jugendliche gegründet sowie (3) Aufklärungskampagnen initiiert und (z.B. an Schulen) gestartet werden, in deren Kontext (4) die hierfür erforderliche soziale Kompetenz in der alltäglichen Interaktion sowie in reflektierten Gruppenarbeitsprozessen vermittelt werden soll.
Entsprechend zielt das vierte Angebot darauf ab, (multidimensional) sozial benachteiligte Jugendliche mittels kreativer Methoden für politische Themen und gemeinwesenorientierte Aktivitäten zu begeistern, deren Politikverdrossenheit zu überwinden und somit nachhaltig deren politische Teilhabe zu steigern.

Damit der Glaube an die Wirksamkeit der Politik erhöht wird, soll den Jugendlichen zu Beginn der Angebotsdurchführung niedrigschwellig an Beispielen der Vergangenheit aufgezeigt werden, welchen Nutzen und welchen Vorteil die aktive Teilhabe am politischen Geschehen haben kann, wo die Politik sich für (multidimensional sozial benachteiligte) Jugendliche einsetzt und, wo sie in der Vergangenheit Wirkung gezeigt hat. Im Anschluss daran sollen die Jugendlichen in Kleingruppen erarbeiten, wie die Gesellschaft ohne Politik (d.h. auch ohne Bundestagswahlen) aussehen würde und die Ergebnisse anschließend in der Großgruppe vortragen und diskutieren.

Nachdem die Zielgruppe dann im Rahmen kreativer Trainings politisches Grundwissen erworben bzw. vertieft hat, soll (unter sozialarbeiterischer Anleitung) eine Interessenvertretung von und für Jugendliche gegründet werden, welche jugendspezifische Themen und Bedürfnisse von Jugendlichen im Stadtteil vertritt, Probleme im

Stadtteil aufspürt, Lösungsstrategien und Projektideen von und für (sozial benachteiligte) Jugendliche entwickelt und entsprechende Projektanträge stellt. Das BB2 Society-Projekt möchte den Adressaten dadurch eine Plattform bieten, eigene Kompetenzen, (politische) Vorstellungen, Interessen und Bedürfnisse zu entwickeln und zu kommunizieren. Die zu diesem Zweck geschaffene Plattform bietet entsprechende Beteiligungschancen für die Jugendlichen, wodurch dem Partizipationsgedanken Rechnung getragen werden soll. Darüber hinaus soll hierzu – unter sozialarbeiterischer Anleitung – ein Stammtisch (im Sinne einer Interessenvertretung für Jugendliche) eingerichtet werden, an welchem lebensweltorientiert sowie im Kontext einer für Jugendlichen angenehmen Atmosphäre (z.B. bei Keksen, Kuchen, warmen und kalten Getränken) die Wünsche und Interessen der Jugendlichen gehört, ihre Probleme besprochen und entsprechende Lösungsstrategien entwickelt, über politische Themen (im Stadtteil) diskutiert und Projekte von und für (multidimensional sozial benachteiligte) Jugendliche konzipiert werden. An dem Stammtisch soll den Jugendlichen „Gehör" geschenkt werden, Probleme der (multidimensional sozial benachteiligten) Jugendlichen im Stadtteil aufgegriffen und Lösungsstrategien entwickelt werden. Dabei soll den Angebotsteilnehmern verdeutlicht werden, dass deren Anliegen und Interessen seitens der Politik und der gesellschaftlichen Akteure nicht erhört werden, wenn diese damit nicht an die zuständigen Behörden und Institutionen herantreten. In diesem Kontext sollen den Jugendlichen Möglichkeiten aufgezeigt werden, wie Interessen und Bedürfnisse Jugendlicher im Stadtteil – mittels niedrigschwelliger Forschungsmethoden – erhoben sowie – mittels moderner Präsentationsmedien – an die Politik herangetragen werden können. Um die Stammtisch-Themen nach außen zu tragen, soll die Interessenvertretung „Jugend für Jugend" dabei aktiv in politischen (Stadtteil-)Gremien – z.B. auf „Bewohnerversammlungen" (WiN-Foren) oder im „AK Jugend Gröpelingen" – agieren.

Damit die Jugendlichen sich auf einen Diskurs mit Politiker/-innen oder anderen gesellschaftlichen Akteuren vorbereitet fühlen, sollen zunächst in einem dreimonatigen Konflikt- und Kommunikationsmanagement-Kurs deren rhetorische Fähigkeiten gefördert werden. In diesem Kontext sollen Jugendliche lernen, Kurzvorträge zu halten, niveauvolle (Streit-)Gespräche zu führen sowie jugendspezifische Probleme zu formulieren und anschließend vor (fremdem) Publikum zu präsentieren. In diesem Rahmen sollen z.B. Hemmungen und Unsicherheiten bezüglich des Präsentierens mit der Methode der „Powerpoint-Karaoke" überwunden werden. Hierfür sollen die Jugendlichen in einer ersten Phase dazu befähigt werden, mit dem Medium „Powerpoint" umzugehen und damit Kurz-Präsentationen zu erstellen. Anschließend beginnt der „Powerpoint-Karaoke-Wettbewerb", welcher wie folgt abläuft: Die anwesenden

Jugendlichen ziehen ein Los, durch welches ihnen jeweils zwei vorgefertigte Powerpoint-Präsentationen zugeordnet werden, die inhaltlich wenig (bis gar keinen) Sinn ergeben und zudem lustig und erheiternd sind. Aufgabe der Jugendlichen ist es dabei, die „unsinnigen" Vorträge der Gruppe so seriös wie möglich zu präsentieren und dabei voll hinter dem Thema zu stehen. Die unsinnigen Präsentationen, welche der Präsentierende nicht selbst erstellt hat, werden für gemeinsames Gelächter sorgen, sodass der Präsentierende folglich eine neue Situation erlernt hat: Trotz der Tatsache, dass er vorne steht, ist er eins mit der Gruppe. Dies reduziert bei den Jugendlichen (erfahrungsgemäß) nicht nur Unsicherheiten und Hemmungen (vor der Gruppe zu sprechen) und lockert die Situation, sondern es werden darüber hinaus deren rhetorische Fähigkeiten gestärkt und neue Umgangsformen für die Kommunikation mit Vertreter/-innen aus Politik und Gesellschaft erlernt. Hier sollen die Jugendlichen die Erfahrung sammeln, dass ihre Wünsche und Interessen umso eher gehört werden, je höflicher und freundlicher diese kommuniziert bzw. an Entscheidungsträger herangetragen werden. Läuft der Prozess erfolgreich ab, findet bei den Jugendlichen ein Umdenken statt und sie lernen, dass sie mit Höflichkeit und einer angemessenem Ausdrucksweise weiterkommen.

Ebenso soll das Element Video eine zentrale Rolle im genannten Kontext einnehmen, welches sich nach Ansicht des Autors der vorliegenden Arbeit im Rahmen von Rhetorik- bzw. Kommunikationstrainings als selbstwahrnehmungs- und potenzialfördernd erweist. Die Jugendlichen sollen sich im Kontext dieser Angebotsphase über (selbst gewählte) politische Themen informieren und diesbezüglich eine zehnminütige Präsentation erarbeiten. In den darauffolgenden Wochen sollen die Vorträge dann vor der Gesamtgruppe präsentiert und diskutiert werden. Anschließend sollen die aufgezeichneten Videoaufnahmen gemeinsam ausgewertet und konstruktive Feedbacks gegeben werden. Hiernach werden erfahrungsgemäß (persönlichkeits-)entwicklungsförderliche Selbst- und Fremdwahrnehmungsprozesse in Gang gesetzt, welche die Grundlage für Veränderungen von Haltung, Mimik, Gestik, Ausdrucksweise o.Ä. darstellen können.

Im Anschluss daran sollen die Jugendlichen Probleme oder jugendspezifische Themen im Stadtteil aufsuchen, analysieren und diesbezüglich eine Präsentation erarbeiten, welche die Folgen für die (jugendlichen) Bewohner/-innen im Stadtteil thematisiert. Hierzu können z.B. Interviews bzw. Befragungen mit Bewohner/-innen durchgeführt, ausgewertet und deren Ergebnisse in der Gruppe präsentiert werden. In Anlehnung an die vorangegangene Phase wird dann ein spezielles – im Rahmen der Feldforschung – analysiertes Problem aufgegriffen werden. Für dieses werden dann gemeinsam Lösungswege und Lösungsstrategien erarbeitet werden, welche wiederum die Grundlage für eine Projektkonzeption bilden sollen. Die Projektkonzeption wird dann schriftlich festgehalten, um anschließend gemeinsam einen stadtteilbezogenen Projektantrag (z.B. in politischen Gremien, im Win-Forum Gröpelingen o.Ä.) zu stellen und bei entsprechender Bewilligung umzusetzen.

Da sich im Kontext der geführten Interviews gezeigt hat, dass die Interviewten in ihrer Vergangenheit häufig – aufgrund des mit ihrer Adressatengruppe verbundenen Negativ-Images – Beleidigungen und Beschimpfungen ertragen sowie vielfach Diskriminierung und Isolation erfahren mussten, kann festgestellt werden, dass es von zentraler Wichtigkeit ist, vermehrt Aufklärungsarbeit zu leisten und im Zuge dessen Verständnis, Toleranz, Akzeptanz und Empathie für bestimmte (sozial benachteiligte und randständige) Personengruppen zu vermitteln. Diesem Aufklärungsbedarf soll im Rahmen des vierten Angebots des BB2 Society-Projekts begegnet werden, indem die Jugendlichen Aufklärungskampagnen (z.B. Anti-Diskriminierungs-Kampagnen, Anti-Drogen-Kampagnen o.Ä.) von und für Jugendliche starten. Dabei sollen verschiedene Elemente (z.B. Präsentationen und Vorträge an öffentlichen Schulen und Einrichtungen der Jugendhilfe, Internetauftritte, Filme, Plakate, Flugblätter, Steckbriefe etc.) zum Einsatz kommen, welche von den Jugendlichen in Eigeninitiative (unter sozialarbeiterischer Anleitung) entworfen und öffentlichkeitswirksam gestaltet werden. Im Rahmen der Aufklärungskampagnen sollen die Teilnehmer/-innen soziale Probleme in der Gesellschaft sichtbar machen und in diesem Kontext für Verständnis, Toleranz und Akzeptanz der von diesen sozialen Problemen betroffenen Personen sorgen. Neben der Tatsache, dass die betroffenen Jugendlichen lernen, mit ihrer eigenen Lebenssituation offen umzugehen und eigene Erfahrungen (gewinnbringend) an andere weiterzugeben, wird der Unwissenheit und dem Unverständnis nicht betroffener Jugendlicher begegnet. Die Initiierung und Organisation von Aufklärungskampagnen zeigt den Jugendlichen, dass sie ihre Interessen nach außen tragen müssen, sofern diese gehört werden sollen. Eine andere Möglichkeit wäre eine von und für Jugendliche initiierte Anti-Drogenkampagne. Auch in diesem Kontext muss sich der Fokus darauf richten, dass die persönliche Berichterstattung der teilnehmenden Jugendlichen über eigene Erfahrungen, negative Konsequenzen und Gesundheitsschäden im Mittelpunkt der Kampagne steht.[63] Durch die persönliche Berichterstattung von und für Jugendliche wird erwartet, dass im Zuge der Durchführung der Aufklärungskampagnen eine größere Anzahl an Jugendlichen erreicht wird, weil diese kreativ und modern (auf der Grundlage biografischer Erfahrungen)

[63] Alternativ denkbar wären in einem solchen Rahmen auch niedrigschwelligere Angebote, wie Verschönerungs-Aktionen (z.B. Spray-Aktionen) im Stadtteil u.v.m..

entwickelt werden, somit echte Lebensgeschichten und Biografien widerspiegeln und dementsprechend eine authentische Wirkung auf die Adressaten haben.

Im Kontext des vierten Angebots ist eine (motivierende) Unterstützung seitens der Politik unerlässlich. Diese muss dafür Sorge tragen, dass die Jugendlichen und deren Anliegen gehört und die von ihnen geäußerten Forderungen und Wünsche ernst genommen werden. Dadurch sammeln diese Jugendlichen positive Erfahrungen mit der Politik und erleben gleichzeitig vermehrt das Gefühl von Selbstwirksamkeit. Die Politik bzw. deren Entscheidungsträger/-innen (z.B. Stadtteilgruppensitzungsleitungen etc.) für diese Aktion zu gewinnen, wird – nach Vorlage der Projektkonzeption – gemäß der Erwartungen des Autors schnell gelingen, weil auch diese ein Interesse daran haben, dass Vertrauen von Jugendlichen in die Politik (zurück) zu gewinnen und diese zur politischen Teilhabe anzuregen.

Auch im Rahmen des vierten Angebots sollen die Teilnehmer von einem Sozialarbeiter und einer geschulten Honorarkraft angeleitet und unterstützt werden, wobei auch hier die Teilnehmerzahl eine Gruppengröße von zehn Teilnehmern – infolge des umfassenden (individuellen) Unterstützungsbedarfs, z.B. bei der Vermittlung politischer Grundkenntnisse oder der Gestaltung gemeinwesenorientierter Aktivitäten – keinesfalls überschreiten darf.

Das Projekt soll ebenfalls zweimal wöchentlich für jeweils drei Stunden stattfinden, wobei auch im Rahmen dieses Angebots die festen Termine gemeinsam mit der Gruppe vereinbart werden sollen. Ferner sollen in Absprache mit den Teilnehmern zusätzliche Termine für die Einrichtung eines Stammtischs, die Initiierung und Durchführung von Kampagnen etc. sowie für Sitzungen der geplanten Selbsthilfegruppen besprochen und der jeweilige Unterstützungsbedarf seitens der Mitarbeiter/-innen und Honorarkräfte geklärt werden.

Projektfinanzierung

Im nun folgenden Kapitel richtet sich der Fokus auf die Finanzierung des geplanten Projekts. Dabei soll sich der Fokus zunächst auf die in Anlehnung an Antes (2010) und Antes/Czech-Schwaderer (2010) im Vorfeld kalkulierten Gesamtkosten des Projekts (Unterkapitel 14.1) und im Anschluss daran auf potenzielle Projektfinanzierungsmöglichkeiten (Unterkapitel 14.2) richten.

Projektkosten (Mittelverwendung)

Auch wenn es im Vorfeld der Durchführung eines Projektvorhabens schwierig ist, einzelne Kostenpositionen zu kalkulieren, führt nach Antes (2010) und Antes/Czech-Schwaderer (2010) hieran kein Weg vorbei. Dies begründet sich dadurch, dass bei jeder Projektvorstellung sowie bei jeder Beantragung von Fördermitteln für Projektvorhaben das Gesamtkostenvolumen von zentraler Bedeutung ist. Um die Gesamtkosten des Projekts im Vorfeld einzuschätzen, wurden zunächst die einzelnen Kostenpositionen festgelegt und mit allgemeinen Begriffen betitelt. Gemäß der Empfehlungen von Antes (2010) und Antes/Czech-Schwaderer (2010) wurden hierfür allgemeine Begriffe gewählt, anstatt einzelne Positionen detailliert aufzuführen[64] (vgl. dazu Antes 2010: 37 f; Antes/Czech-Schwaderer 2010: 12 f).

Im nun folgenden Gesamtkostenplan werden sämtliche Kosten, welche für die Gesamtlaufzeit des Projekts anfallen, berechnet, aktuellen Tariftabellen und eingeholten Kostenvoranschlägen entnommen oder (sofern nicht anders möglich) geschätzt.

Tabelle 1: Gesamtkostenplan (Mittelverwendung) des BB2 Society-Projekts

Ausgabenart	Betrag
Personalkosten	179.916,86 €
Honorare	14.400,00 €
Fortbildungen, Schulungen, Trainings	10.000,00 €
Mieten	19.200,00 €
Versicherungen	8.400,00 €
Büromaterial	3.600,00 €
Telefon, Porto	3.600,00 €
Öffentlichkeitsarbeit	3.688,83 €
Fahrkosten	4.800,00 €
Investitionsanschaffungen	5.048,87 €
Kosten der Angebotsdurchführung	6.000,00 €
Kosten für Exkursionen	6.000,00 €
Gesamtostenvolumen	264.654,56 €

64 Eine detaillierte Zusammensetzung der Kostenpositionen wird im Anschluss an den Gesamtkostenplan dargestellt.

Wie anhand des abgebildeten Gesamtkostenplans deutlich wird, ergibt sich die Summe der Gesamtkosten des Projekts in Höhe von insgesamt 264.654,56 € aus den oben abgebildeten und im Folgenden dargestellten Einzelkosten.

Zunächst wurde beschlossen, dass die Projektkonzeption von zwei hauptamtlichen Sozialarbeiter/-innen mit dem Abschluss „Master of Arts“ umgesetzt werden soll, weil diese aufgrund der längeren und intensiveren Ausbildung über ein umfassenderes Wissen als Sozialarbeiter/-innen mit dem Abschluss „Bachelor of Arts“ verfügen. Zudem sollen die Mitarbeiter/-innen über eine abgeschlossene Case Management-Ausbildung, über eine therapeutische Zusatzausbildung sowie über eine fundierte Kenntnis einschlägiger Sozialgesetze verfügen, um den Bedarfen der Zielgruppe gerecht zu werden.[65] Entsprechend wurde der Tarif für den öffentlichen Dienst (TVÖD/ TV-L) und hierin die Entgeltgrupp E 13 (im ersten Jahr Stufe 1 und im zweiten Jahr Stufe 2) im Rahmen der Gesamtkostenkalkulation als Berechnungsgrundlage für die Gehaltskosten und schlussendlich für die Personalkosten herangezogen (vgl. dazu TV-L-Rechner 2012). Im Rahmen der Personalkosten wurden das Doppelte des in der Tariftabelle für den öffentlichen Dienst vorgesehenen Jahresbruttogehalts (inklusive Jahressonderzahlung) sowie der abzuführende Arbeitgeberanteil für Sozialabgaben in die Personalkosten mit einkalkuliert. Angesichts der dargestellten Berechnungsgrundlage ergibt sich eine Personalkostensumme in Höhe von 179.916,86 €, wodurch die Personalkosten (wie in vielen Projekten der Sozialen Arbeit) mit beinahe 75% den weitaus größten Anteil am Gesamtkostenvolumen des Projekts einnehmen. Auch die Honorarkosten für die drei auf 400-Euro-Basis tätigen Honorarkräfte stellen mit einer Höhe von 14.400,00 € für die Projektlaufzeit von zwei Jahren einen gewichtigen Anteil der Gesamtkosten des Projektvorhabens dar. Hinzu kommen 10.000,00 € Fortbildungskosten für die Gesamtdauer des Projekts, welche als Pauschalbetrag veranschlagt wurden, um die Fachlichkeit und Qualifizierung im Rahmen der praktischen Tätigkeit des BB2 Society-Projekts zu sichern. Knapp 10% stellen die für die Mieten (für Büro- und Seminarräume) veranschlagten Kosten in Höhe von 19.200,00 € für die Gesamtdauer des Projekts dar. Die Kosten für die Versicherungen (Haftpflicht- und Unfallversicherung für Mitarbeiter/-innen und Adressaten), welche in Anbindung an die AWO Soziale Dienste gemeinnützige GmbH bei der Dekra e.V. abgeschlossen werden sollen, belaufen sich auf monatlich 350,00 € sodass für die Projektlaufzeit von zwei Jahren eine Summe von insgesamt 8.400,00 € für Versicherungsbeiträge veranschlagt wird. Für Büromaterial (Papier, Briefumschläge, Druckerpatronen etc.) werden monatliche Kosten in Höhe von 150,00 €

[65] Auf eine weitere Beschreibung der Qualifikationsvoraussetzungen der Mitarbeiter/-innen soll im Rahmen der vorliegenden Arbeit verzichtet werden.

kalkuliert, sodass – in Anlehnung an die Praxiserfahrungen des Autors – über die Gesamtprojektlaufzeit ein Betrag in Höhe von 3.600,00 € geschätzt worden ist. Die Gebühren für Telefon (inklusive Anrufkosten) und die Kosten für Porto wurden unter einer Kostenposition zusammengefasst und – ebenfalls in Anlehnung an die Praxiserfahrungen des Autors – auf insgesamt 3.600,00 € geschätzt, wobei jeweils 100,00 € im Monat für Telefongebühren und Anrufkosten sowie 50,00 € für Porto veranschlagt wurden. Da es sich bei dem BB2 Society-Projekt um ein neues Projekt handelt, welches im Sozialraum bekannt gemacht werden muss, müssen die hauptamtlichen Mitarbeiter/-innen des BB2 Society-Projekts intensiv Öffentlichkeitsarbeit leisten. Hierzu werden zunächst die Kosten für 3 DIN A1-große Plakate in Höhe von insgesamt 149,94 € (jeweils 49,98€) veranschlagt, welche bei der Onlinefirma „PosterXXL.de" (vgl. dazu Posterxxl.de 2012) bezogen werden sollen. Hingegen sollen Flyer und Infobroschüren (für die Zielgruppe und für die Multiplikatoren) mit einer jeweiligen Auflage von 2.000 Stück bei der Firma „Mediahaven GmbH" (vgl. dazu Mediahaven GmbH 2011) über die AWO Soziale Dienste gemeinnützige GmbH bezogen werden, weil hier bereits günstige Konditionen ausgehandelt worden sind. Die Kosten hierfür belaufen sich auf 0,32 € pro Flyer und 0,64 € pro Broschüre (15 Seiten, DIN-A5), sodass sich eine Gesamtsumme von 1.920,00 € ergibt. Hinzu kommen die Kosten für insgesamt 3.000 Visitenkarten (jeweils 1.000 Stück für die hauptamtlichen Mitarbeiter/-innen sowie etappenweise 100 Stück für die Honorarkräfte), welche für insgesamt 268,99 € bei der Onlinefirma „Vistaprint.de" erworben werden sollen. Zu den Visitenkarten erhält man bei der Firma „Vistaprint.de" kostenlos 2 (Firmen-) Stempel, für welche Text und Slogan frei wählbar sind. Ebenso sollen die zu diesem Angebot erhältlichen 1.000 (Firmen-)Aufkleber und 500 Postkarten (mit Firmenslogan) bestellt werden, sodass sich hier eine Gesamtsumme von 268,99 € für 3.000 Visitenkarten, 2 Firmenstempel, 1.000 Aufkleber und 500 Postkarten ergibt (Vistaprint.de 2012). Um einen professionellen Auftritt zu gewährleisten soll über das Jugendministerium eine öffentlichkeitswirksame (zusammensteckbare) Plakat-Stellwand für das BB2 Society-Projekt bestellt werden, auf welcher die fokussierte Zielgruppe, die Zielsetzungen, der sozialarbeiterische Auftrag, die Angebote sowie die Kontaktmöglichkeiten (öffentlichkeitswirksam) dargestellt werden. Die im Rahmen der Angebotseinholung ermittelten Kosten belaufen sich auf insgesamt 700,00 € (inklusive Versand). Um die Zielgruppe besser zu erreichen, sollen außerdem Spiele und Unterhaltungsangebote für Jugendliche angeschafft werden, welche beispielsweise auf Einrichtungsfesten (z.B. Sommerfesten etc.) zum Einsatz kommen. Hierfür soll eine Gesamtsumme von 300,00 € veranschlagt werden. Zum anderen soll über die Unternehmensgruppe Öffentlichkeitsarbeit und die EDV der AWO Soziale Dienste gemeinnützige GmbH eine niedrigschwellige Homepage eingerichtet werden. Hierfür veranschlagt die EDV einen Stundensatz von 34,99 € und geht von einem Umfang von 10 Stunden aus, sodass sich für die Einrichtung der Homepage des BB2 Society-Projekts ein Betrag in Höhe von 349,90 € ergibt. Zudem ist ein Facebook-Auftritt geplant, weil dieses Online-Forum beinahe flächendeckend unter Jugendlichen verbreitet ist. Der Auftritt bei Facebook ist für gemeinnützige Projekte im Jugendbereich kostenlos. Zusätzlich ergeben sich durch die Öffentlichkeitsarbeit zusätzliche Personalkosten, welche allerdings bereits unter der Kostenposition „Personalkosten" erfasst sind. Schlussendlich ergibt sich somit für die Kosten der Öffentlichkeitsarbeit ein Betrag in Höhe von 3.688,83 €. Im Anschluss an die Öffentlichkeitsarbeit sollen die anfallenden Fahrtkosten aufgeführt werden, welche mit einer monatlichen Summe von 100,00 € für jeden der beiden hauptamtlichen Mitarbeiter/-innen veranschlagt werden (Fahrten im Rahmen des Case Managements zu sozialen Diensten, Kooperationspartnern, Netzwerktreffen oder zum Zweck von Wohnungsbesichtigungen, Öffentlichkeitsarbeit u.v.m.). Insgesamt ergibt sich somit eine geschätzte Fahrkostensumme in Höhe von 4.800,00 € für die Gesamtdauer des Projekts. Ferner müssen die Investitionsanschaffungskosten in die Gesamtkosten des Projekts mit einkalkuliert werden. Unter dieser Kostenposition sind ausschließlich die Kosten für die Anschaffung der technischen Ausstattung (zwei Laptops für jeweils 399,99 €; ein PC für 429,99 €; ein Drucker mit integriertem Scanner 119,00 €; ein Beamer für 699,90 €) in Höhe von insgesamt 2.048,87 € erfasst. Büromöbel und –einrichtung sowie Kopierer und Faxgeräte können unentgeltlich über das „Helene-Kaisen-Haus" genutzt werden. Da die hierfür anfallenden Kosten entsprechend als Eigenanteil (der AWO Soziale Dienste gemeinnützige GmbH) verbucht werden können, soll hier ein Pauschalbetrag in Höhe von 3.000,00 € veranschlagt werden. Folglich ergibt sich ein kalkulierter Gesamtkostenbetrag in Höhe von 6.000,00 € unter der Kostenposition „Investitionsanschaffungen". Da die Kosten für die Angebotsdurchführung – im Zuge der Tatsache, dass diese primär von den Jugendlichen gestaltet werden – nicht genau kalkuliert werden können, wurde auch für diese Kostenposition ein Pauschalbetrag in Höhe von 6.000,00 € (1.000 € für das Angebote 2, 2.000 € für das Angebot 3 und 3.000,00 € für das Angebot 4) geschätzt, welcher für die kreative und zielgruppenorientierte (Aus-)Gestaltung der Angebote (z.B. Erstellung von Skripten; Anschaffung von Lehrmaterial, Terminplanern, Ordnern, Fotos, die Einrichtung eines Stammtischs, die Initiierung und Organisation von Antidiskriminierungskampagnen; die Initiierung und Organisation von Selbsthilfegruppen etc.) als erforderlich geschätzt worden ist. Im Übrigen sollen die Jugendlichen im Rahmen des Angebots vier lernen, selbstständig mit vorhandenen finanziellen Mitteln zu haushalten und zu kalkulieren. Entsprechend sollen die Teilnehmer von Angebot 4 die kalkulierten Kosten für geplante Aktionen eigenverantwortlich beim BB2

Society-Projekt beantragen. Damit den Adressaten kreativ-förderliche Freizeitmöglichkeiten aufgezeigt werden können, muss eine entsprechend hohe Summe für die Kosten der von den Jugendlichen gewählten Freizeitaktivitäten aufgebracht werden. Hier wird eine pauschaler Betrag in Höhe von 6.000,00 € für die Gesamtdauer des Projekts veranschlagt, der effizient und effektiv investiert werden soll. Addiert man die dargestellten Kostenpositionen, so ergibt das eingangs aufgeführte Gesamtkostenvolumen in Höhe von insgesamt 264.654,56 €, welches für eine erfolgreiche Umsetzung des geplanten Projektvorhabens aufgebracht werden soll.

Projektfinanzierung (Mittelherkunft)

Im nun folgenden Unterkapitel sollen potenzielle Finanzierungsmöglichkeiten für das geplante BB2 Society-Projekt dargestellt werden. Da die Entscheidungsträger für die Vergabe von Fördermitteln in der Regel im wirtschaftlichen Bereich oder im Verwaltungsbereich angesiedelt sind, soll an dieser Stelle vorrangig unter ökonomischen Gesichtspunkten argumentiert werden.

Auch, wenn das in Unterkapitel 14.1 dargestellte Gesamtkostenvolumen in Höhe von 264.654,56 € auf den ersten Blick sehr hoch scheint, rentiert sich eine Übernahme der Gesamtkosten des Projekts letzten Endes, was im Folgenden an einigen simplen Beispielen dargelegt werden soll.

Um die Rentabilität des Projekts zu belegen, wurden zunächst die Kosten (1) für eine stationäre Unterbringung in einer Einrichtung der Kinder- und Jugendhilfe, (2) für freiheitsentziehende Maßnahmen bzw. die Unterbringung in einer Justizvollzugsanstalt sowie (3) für die Behandlung in einer psychiatrischen Anstalt bei den jeweils zuständigen Stellen (Jugendamt, Sozialer Dienst der Justiz, Sozialpsychiatrischer Dienst) recherchiert. Nach der Einholung der entsprechenden Auskünfte bei den jeweils zuständigen Stellen konnte festgestellt werden, dass (1) die stationäre Unterbringung in einer Einrichtung der Kinder- und Jugendhilfe zwischen 3.000,00 € und 5.000,00 € im Monat kostet (AfSD Bremen 2012). So kostet die stationäre Unterbringung des Interviewten J.P. in der stationären Einrichtung der Hilfen zur Erziehung monatlich 5.000,00 €. Dies ergibt über den Zeitraum der Projektlaufzeit eine Summe von insgesamt 120.000,00 €. Hingegen kostet (2) die Unterbringung in einer Haftanstalt (je nach Strafausmaß und Sicherheitsstufe) zwischen 4.000,00 € und 6.000,00 € (SdJ Bremen 2012). Wird von dem Mittelwert in Höhe von 5.000,00 € ausgegangen, ergibt sich auch hier ein Betrag in Höhe von 120.000,00 € für eine Haftunterbringung (eines einzelnen Insassen) für die Dauer der Projektlaufzeit. Hingegen kostet (3) die Unterbringung in der Kinder- und Jugendpsychiatrie im Klinikum Bremen-Ost (je nach Intensität der Behandlung) zwischen 4.000,00 € und 12.000,00 € im Monat (Sozialpsychiatrischer Dienst 2012). Wird von dem Mittelwert in Höhe von 8.000,00 € ausgegangen, so ergibt sich eine Kostensumme von 192.000,00 € für die Dauer der Projektlaufzeit. Wird diesen Berechnungen gefolgt, kann geschlussfolgert werden, dass sich das Projekt (allein aus finanzieller Sicht) bereits rentiert, wenn in der gesamten Projektlaufzeit (1) vier Adressaten einer stationären Einrichtung der Kinder- und Jugendhilfe ihre stationäre Maßnahme sechs Monate früher beenden könnten, weil sie imstande sind, selbstständig und eigenverantwortlich in der eigenen Wohnung leben zu können (Kostenersparnis beträgt in diesem Fall 120.000,00 €). (2) Wenn dann beispielsweise zusätzlich zwei freiheitsentziehende Maßnahmen für die Dauer von jeweils zwei Jahren vermieden werden können, weil die jeweiligen jugendlichen Adressaten (vor dem Hintergrund der vorangegangenen Darstellungen) im Rahmen des Projekts gelernt haben, Probleme gewaltfrei zu lösen, Streitereien verbal zu kommunizieren und straffrei zu leben, ergibt sich bereits für diese beiden Jugendlichen eine Kostenersparnis 384.000,00 € für die Vermeidung der Haftstrafen. (3) Kann dann noch nur bei einem einzelnen Jugendlichen mit depressiver Störung die „depressive Spirale“ (vgl. Unterkapitel 6.1) gestoppt (bestenfalls eine Spontanremission hergestellt) und ein Klinikaufenthalt für die Dauer von lediglich einem halben Jahr vermieden werden, ergibt sich – wenn der Mittelwert die Berechnungsgrundlage darstellt – eine Kostenersparnis von 48.000,00 €. Allein die Vermeidung im Vorangegangenen aufgeführten Unterbringungen würde somit eine Gesamtkostenersparnis von 552.000,00 € mit sich bringen. Diese Summe beträgt bereits mehr als das Doppelte des für die Projektlaufzeit von zwei Jahren veranschlagten Gesamtkostenvolumens des BB2 Society-Projekts.

Wie auf der Grundlage der vorangegangenen beispielhaften Berechnungen deutlich wird, müssten im Rahmen des BB2 Society-Projekts lediglich einzelne Erfolge erzielt werden, damit sich das Projektvorhaben aus Kostengründen rentiert. Im Rahmen des Projektvorhabens werden allerdings weitaus größere Erfolge angestrebt, sodass das Projekt (bei erfolgreicher Umsetzung) nicht nur als effizient, sondern als äußerst rentabel bewertet werden kann.

Wird in diesem Sinne die unter Kapitel 3.1 erwähnte und im Kontext der Lebenslagenanalysen (Teil II) gezeigte Verunsicherung sowie die vielfach zu beobachtende „gelernte Hilflosigkeit“ (Seligmann 1999) bei (multidimensional) sozial benachteiligten Jugendlichen in Augenschein genommen, erhebt sich der (begründete) Verdacht, dass die Zielgruppe (auch) im Erwachsenenalter – entgegen der Zielsetzungen der gegenwärtigen Sozialpolitik – von (kostenaufwendigen) sozialstaatlichen Unterstützungsleistungen abhängig sein wird, sofern keine geeigneten sozialarbeiterischen

Unterstützungsangebote initiiert und (von staatlicher Seite) finanziert werden. Unter Verdeutlichung möglicher negativer Auswirkungen auf die Gesellschaft soll versucht werden, die Politik, die gesellschaftlichen Akteure sowie die aufgeführten Finanzierungsträger davon zu überzeugen, dass den Auswirkungen der gegenwärtigen gesellschaftlichen Entwicklungen aktiv entgegengewirkt werden könnte, wenn für die Umsetzung des bedarfs- und lebensweltorientierten, innovativen, kreativen, effizienten, effektiven, wirksamen und nachhaltigen BB2 Society-Projekts die Grund- und Ergänzungsfinanzierung[66] gesichert wäre. Denn eine erfolgreiche Umsetzung des geplanten Projekts würde, wie bereits dargestellt, zu einer Verbesserung von Lebensqualität und sozialer Teilhabe sowie folglich zur Mobilisierung von Sozialkapital für eine der nach Ansicht des Autors am schwersten zu erreichende Zielgruppe (sozial benachteiligte Jugendliche) führen. Aus diesen und zahlreichen weiteren Gründen würde sich eine Investition in die jeweiligen Projekte des beabsichtigten Gründungsvorhabens langfristig rentieren.

Als Grundfinanzierung für einzelne Vorhaben oder Projekte soll die AWO Soziale Dienste gemeinnützige GmbH Personal- und Sachmittel zur Verfügung stellen. Auch Eigenmittel von projektbezogenen Partnern, Spenden oder Mittel von Stiftungen (z.B. von der Freidrich-Ebert-Stiftung, der Körberstiftung oder der Vodafone-Stiftung[67]) können als Grundfinanzierung eingesetzt werden. Hingegen erfolgt eine Ergänzungsfinanzierung in der Regel auf der Grundlage sozialstaatlicher Finanzierungsprogramme in Form von Fördergeldern, Zuschüssen und/ oder Zuwendungen (Freie Hansestadt Bremen 2003: 11). Da das Bundesland Bremen bekanntermaßen als hoch verschuldet gilt (vgl. dazu z.B. Lahmann 2012) und kommunale sowie regionale Finanzierungsmöglichkeiten entsprechend begrenzt sind, sind Projektfinanzierungsvorhaben in der Regel auf Drittmittel angewiesen.

Um die Ergänzungsfinanzierung in Höhe von 50% des Gesamtkostenvolumens (130.402,85[68] €) sicherzustellen, ergeben sich im Zuge der Standortwahl (vgl. Kapitel 11) verschiedene Möglichkeiten sozialstaatlicher Förderung und Bezuschussung auf regionaler Ebene – z.B. aus dem Stadtteilprogramm „Wohnen in Nachbarschaften (WiN)“ –, auf Bundesebene – z.B. das Bund-Länder-Programm „Soziale Stadt“ und das ESF-Bundes-Programm „Lokales Kapital für Soziale Zwecke (LOS)“ – sowie auf EU-Ebene – z.B. aus dem Europäischen Sozialfonds (ESF). Im Kontext des beabsichtigten Projektvorhabens sollen Gelder aus dem Europäischen Sozialfonds

[66] Die Ergänzungsfinanzierung wird auch als Kofinanzierung bezeichnet (vgl. Elmaz 2010).

[67] Die Vodafone-Stiftung stellt projektbezogene Mittel für die Förderung sozial benachteiligter Jugendlicher zur Verfügung (vgl. dazu Vodafone Stiftung Deutschland gGmbH 2010).

[68] Betrag wurde aufgerundet.

(ESF) beantragt werden. Neben dem Kohäsionsfonds und dem Europäischen Fonds für regionale Entwicklung (EFRE) stellt der ESF einen von drei europäischen Strukturfonds der EU dar und gilt als ihr bedeutendstes arbeitsmarktpolitisches Instrument sowie als wichtigstes „Finanzierungsinstrument der Europäischen Union für Investitionen in Menschen“ (Europäische Kommission 2007: 3) (ebd.; MASGFF 2010). Als zentraler „Eckpfeiler der Europäischen Beschäftigungsstrategie“ (MASGFF 2010) leistet der ESF einen entscheidenden Beitrag zur Verbesserung von Arbeitsmarktchancen, zur gelingenden Inklusion benachteiligter Personen, zur erfolgreichen Mobilisierung von Humanvermögen sowie zur Verbesserung der Wettbewerbs- und Anpassungsfähigkeit von Beschäftigten und Unternehmen (MASGFF 2010). Besondere Aufmerksamkeit erhalten im Rahmen der ESF-Verordnung diejenigen Personengruppen, welchen Gefahr droht, aus dem Arbeitsmarkt exkludiert zu werden, hierunter primär Minderheiten, wie Menschen mit Migrationshintergrund, Menschen mit Behinderungen sowie andere benachteiligte Personengruppen (Europäische Kommission 2007a: 7).

In Anbetracht der vorangegangenen Darstellungen soll sich die Projektfinanzierung detailliert wie folgt gestalten:

Projektfinanzierung (Mittelherkunft)

Europäischer Sozialfonds	130.402,85 € (anteilige Personalkosten)
WiN-Gelder	49.514,02 € (anteilige Personalkosten)
BMFSFJ	24.400,00 € (Fortbildungs- und Honorarkosten)
AWO Soziale Dienste gemeinnützige GmbH	19.200,00 € (Mieten)
AWO Soziale Dienste gemeinnützige GmbH	3.600,00 € (Versicherungen)
AWO Soziale Dienste gemeinnützige GmbH	3.600,00 € (Büromaterial)
AWO Soziale Dienste gemeinnützige GmbH	3.600,00 €(Telefon und Porto)
Körberstiftung	3.688,83 € (Öffentlichkeitsarbeit)
Friedrich-Ebert-Stiftung	4.800,00 € (Fahrkosten)

Körberstiftung	6.000,00 € (Investitionsanschaffungen)
Friedrich-.Ebert-Stiftung	6.000,00 € (Kosten d. Angebotsdurchführung)
Vodafone-Stiftung	6.000,00 € (Kosten für Freizeitaktivitäten etc.)
Gesamtsumme (Mittelherkunft)	260.805,69 €

(Tabelle 2: Projektfinanzierung des BB2 Society-Projekts)

Wie anhand der vorangegangenen Kalkulation für die aufzubringenden Mittel deutlich geworden ist, setzt sich die Mittelherkunft wie folgt zusammen: Um eine Ergänzungsfinanzierung in Höhe von 50% der anfallenden Gesamtkosten (also 130.402,85 €) durch Fördermittel aus dem Europäischen Sozialfonds (ESF) zu sichern, muss die AWO Soziale Dienste gemeinnützige GmbH als so genannte „Begünstigte“ Kontakt mit der ESF-Verwaltungsbehörde ihres Mitgliedstaates bzw. ihrer Region aufnehmen (vgl. dazu Europäische Kommission 2010). Ansprechpartner bezüglich des Themas ESF ist insbesondere das Bundesministerium für Arbeit und Soziales (BMWi 2010). In Bremen ist der ESF bei der Senatorin für Arbeit, Frauen, Gesundheit, Jugend und Soziales angesiedelt (BMAS 2010). Sofern der Antrag bewilligt wird und die 130.402,82[69] € dem Projekt zugeführt werden, soll dieser Betrag einen Teil der entstehenden Personalkosten decken. Da die verschiedenen Angebote des BB2 Society-Projekts verschiedene Handlungsfelder[70] des Programms „Wohnen in Nachbarschaften (WiN)“ bedienen (vgl. dazu Freie Hansestadt Bremen 2003: 68), soll die restliche aufzubringende Summe (zur Deckung der Personalkosten) in Höhe von 49.514,01[71] € durch WiN-Gelder gedeckt werden. Das in ressortübergreifender Trägerschaft vom Bremer Senat beschlossene „WiN-Programm – Stadtteile für die Zukunft entwickeln“ richtet sich an alle Menschen im Stadtteil, d.h. primär an die Bewohner/-innen, aber auch an für die Quartiersentwicklung entscheidende Institutionen und Unternehmen (SAFGJS o.J.: 2). Im Rahmen des WiN-Programms wird das Ziel verfolgt, komplexen Polarisierungs- und Segregationsproblemen zu begegnen, die alltäglichen

[69] Betrag wurde aufgerundet.

[70] Die Handlungsfelder der derzeitigen Programmlaufzeit beziehen sich auf die Aktionsbereiche (1) Wohnungsbestand und Neubau, (2) Städtebau, (3) Wirtschaftliche Effekte und regionale Ökonomie, (4) Bildung, Qualifizierung und Beschäftigung, (5) Gemeinwesenbezogene Prävention und Integration sowie (6) soziale und kulturelle Netzwerke/ Förderung von Eigeninitiative und Selbstorganisation (Freie Hansestadt Bremen 2003: 9).

[71] Betrag wurde abgerundet.

Wohn- und Lebensbedingungen der Bewohner/-innen im Quartier zu verbessern sowie die Handlungsspielräume auf lokaler Ebene zu erweitern (BMLFWU 2006: 1; SAFGJS o.J.: 2). Für die zehn WiN-Gebiete in Bremen (darunter auch Gröpelingen) werden während der Programmlaufzeit von 2007-2013 insgesamt 16 Mio. Euro zur Verfügung gestellt[72] (Freie Hansestadt Bremen 2003: 11). WiN-Projekte werden bis zu einer Dauer von maximal vier Jahren gefördert, bis ein entsprechender Projektverlängerungsantrag bzw. ein leicht modifizierter Antrag gestellt werden muss (Freie Hansestadt Bremen 2003: 72). Kontaktstelle für die Beantragung einer Aufnahme in die Förderung durch das WiN-Programm ist der Senator für Arbeit, Frauen, Gesundheit, Jugend und Soziales in Bremen (SAFGJS o.J.) sowie die unterschiedlichen WiN-Foren (z.B. Stadtteilgruppensitzungen, Bewohner/-innenversammlungen etc.). Hingegen sollen die Gelder zur Deckung der Honorar- und Fortbildungskosten in Höhe von insgesamt 24.400,00 € von der AWO Soziale Dienste gemeinnützige GmbH als Projektträger beantragt werden. Da diese weiterhin für die anfallenden Mietkosten, die Kosten für Versicherungen der Mitarbeiter/-innen, der Honorarkräfte und der Adressaten des BB2 Society-Projekts sowie für die Kosten für Büromaterial, Porto und Telefongebühren aufkommt, übernimmt diese als Projektträger insgesamt 54.400,00 € der anfallenden Gesamtkosten. Ferner wird die Beantragung von Fördermitteln von Stiftungen anvisiert, welche (mitunter) Projekte zum Ausgleich sozialer Benachteiligung bzw. zur Förderung sozial Benachteiligter fördern. Diesbezüglich wurde sich für die Beantragung von Stiftungsmitteln bei der Friedrich-Ebert-Stiftung (vgl. dazu FES 2012), der Körberstiftung (vgl. dazu Körberstiftung 2012) und der Vodafone-Stiftung (vgl. dazu Vodafone-Stiftung 2012) entschieden. So wurde beschlossen, den kalkulierten Aufwand für (1) Öffentlichkeitsarbeit sowie die Investitionsanschaffungskosten in Höhe von insgesamt 9.688,83 € bei der Körberstiftung, (2) den Pauschalbetrag für die Fahrkosten und die Kosten der Angebotsdurchführung in Höhe von insgesamt 10.800,00 € bei der Friedrich-Ebert-Stiftung sowie (3) die Kosten für die Durchführung von Freizeitaktivitäten und Exkursionen in Höhe von 6.000,00 € bei der Vodafone-Stiftung zu beantragen. Von der Deckung bestimmter Kosten durch Spenden und Sponsorings wurde im Rahmen der Gesamtkostenkalkulation abgesehen, weil das Projekt hierfür in der Regel bereits über einen gewissen Bekanntheitsgrad und ein gewisses Image verfügen muss, um erfolgreich Sponsor/-innen und Spender/-innen akquirieren zu können (vgl. Antes 2010; Antes/Czech-Schwaderer 2010). Im Anschluss an die Regelfinanzierung soll versucht werden, dass das BB2 Society-Projekt durch eine Regelfinanzierung gesichert wird, was

[72] Vgl. Abbildung 2: Finanzierung der Projektkosten im Kontext des WiN-Programms.

angesichts der wirtschaftlichen Situation im Land Bremen sehr schwierig (aber nicht unmöglich) ist.

Zusammenfassend kann festgehalten werden, dass die Kosten für die erfolgreiche Umsetzung des geplanten Projektvorhabens über Eigenmittel der AWO Soziale Dienste gemeinnützige GmbH (als Projektträger), über ESF- und WiN-Gelder sowie über Stiftungsmittel (Friedrich-Ebert-Stiftung, Körberstiftung, Vodafone-Stiftung) gedeckt werden sollen. Wie die vorangegangenen Darstellungen und die dargelegten Berechnungsbeispiele zeigen, würden sich die Ausgaben des BB2 Society-Projekts auf lange Sicht betrachtet amortisieren. Die Notwendigkeit der Finanzierung des Gesamtkostenvolumens lässt sich somit nicht ausschließlich mit ethischen, sondern darüber hinaus auch mit ökonomischen Argumenten begründen.

Öffentlichkeitsarbeit, Kooperation und Vernetzung

Um bei den Einrichtungen, Diensten und Organisationen im Stadtteil Bremen-Gröpelingen (sowie im Land Bremen generell) einen ersten guten Eindruck zu hinterlassen, sich bei den Multiplikatoren bekannt zu machen, die geplante Anzahl von Adressaten im Einzugsgebiet[73] des BB2 Society-Projekts zu erreichen und potenzielle Mentor/-innen für das Mentoringprogramm zu akquirieren, soll intensiv Öffentlichkeitsarbeit betrieben sowie regelmäßig an Netzwerktreffen, Stadtteilforen etc. teilgenommen werden. Des Weiteren erfordern die durch die fokussierte Zielgruppe bedingte Komplexität des sozialarbeiterischen Auftrags des BB2 Society-Projekts sowie die kontinuierlichen Veränderungen hinsichtlich der Anforderungen des Alltags und der Lebensführung Jugendlicher eine regelmäßige Netzwerkarbeit mit allen Akteuren des Sozialraums (Bremen-Gröpelingen), welche in die Unterstützungstätigkeiten mit den Adressaten der Zielgruppe integriert sind.

Da ein wesentlicher Teil der Öffentlichkeitsarbeit heutzutage über das Medium Internet erfolgt, soll für das BB2 Society-Projekt eine professionelle und vor allem übersichtliche Homepage eingerichtet werden, welche sowohl die Zielgruppe als auch die Akteure des Sozialraums detailliert und niedrigschwellig über Zielsetzungen, Erreichbarkeit und Inhalte des Projekts informieren soll. Weiterhin soll das Projekt über den Anbieter Facebook (vgl. Unterkapitel 3.3.3.2) publik gemacht werden, weil dort online gestellte Werbung (im Gegensatz zu Zeitungsinseraten o.Ä.) inzwischen die überwiegende Mehrheit aller Jugendlichen erreicht. Durch die Online-

[73] Auch wenn das BB2 Society-Projekt seinen Sitz im Stadtteil Bremen-Gröpelingen hat, umfasst das Einzugsgebiet das gesamte Bundesland Bremen.

Präsenz sollen Interessierte (Jugendliche und Akteure des Sozialraums) die Möglichkeit erhalten, sich über das Projekt zu informieren und die Projektkonzeption einzusehen. Überdies soll in diesem Rahmen die Kontaktaufnahme zu den Mitarbeiter/-innen des Projekts gewährleistet werden. Entsprechend sollen die Namen zuständiger Ansprechpartner/-innen, Sprechzeiten und andere Informationen für eine persönliche Kontaktaufnahme (telefonische Erreichbarkeit, E-Mail-Adresse etc.) dort ersichtlich sein.

Darüber hinaus ist geplant, kurze Pressemitteilungen zu verfassen, welche an verschiedene Bremer Tageszeitungen weitergeleitet werden, um den Bekanntheitsgrad des Projekts zu erhöhen. Hierbei muss besonders beachtet werden, die relevanten Informationen kurz und prägnant sowie in verständlicher Sprache zu präsentieren, um unter Umständen auch die Zielgruppe mit diesen anzusprechen. Ferner ist in diesem Zusammenhang der jeweilige Sprachstil der ausgewählten Medien zu berücksichtigen (vgl. dazu Pleiner/Heblich 2009: 139 f).

Entsprechend soll neben der aktiven Teilnahme an und Präsenz auf Fachveranstaltungen, Tagungen etc., Kontakt zu wichtigen Kooperationspartnern im Sozialraum hergestellt und das Projekt im Rahmen von Team-, oder Dienstbesprechungen vorgestellt werden, um die fokussierte Zielgruppe, die Zielsetzungen, Angebote und die Möglichkeiten zur Kontaktaufnahme (Ansprechpartner, Zuständigkeiten, Kontaktdaten etc.) des BB2 Society-Projekts bekannt zu machen, gemeinsam mögliche Synergieeffekte herauszuarbeiten und im Anschluss Kooperationsvereinbarungen zu erstellen. Um die Kooperationen zu stärken, soll ein regelmäßiger Austausch mit den jeweiligen Kooperationspartnern stattfinden. Besonders intensiv – sowie im Rahmen einer detaillierten Kooperationsvereinbarung festgehalten – soll die Zusammenarbeit mit dem Jugendamt, dem Sozialen Dienst der Justiz (SDJ), dem Sozialpsychiatrischen Dienst, den Jugendmigrationsdiensten und den Kompetenzagenturen im Land Bremen gestaltet werden. Hierzu sollen regelmäßig gemeinsame Angebote, Dienste und Veranstaltungen durchgeführt werden. Ebenso wird eine intensive Kooperationen mit dem Jobcenter und der Agentur für Arbeit, dem Aus- und Fortbildungszentrum, der Ausländerbehörde sowie mit Jugendhilfeeinrichtungen und örtlichen Schulen – um nur einige zu nennen (vgl. Anhang I) – angestrebt werden.

Darüber hinaus soll das BB2 Society-Projekt im Rahmen seiner Öffentlichkeitsarbeit diverse Veranstaltungen, Tagungen etc. besuchen und sich spontan bietende Gelegenheiten nutzen, um deren Angebote, Dienste und Leistungen publik zu machen und sich nach außen zu präsentieren. Darüber hinaus wird in diesem Kontext eine regelmäßige Teilnahme an regionalen und überregionalen Arbeitskreisen und Netzwerken zum Thema Jugend angestrebt, um sich mit Kooperationspartnern und anderen

Multiplikator/-innen auszutauschen und die Vorteile einer Zusammenarbeit (z.B. Nutzung von Synergieeffekten etc.) hervorzuheben. Entsprechend sollen die hauptamtlichen Mitarbeiter/-innen an diversen zielgruppenspezifischen Arbeitskreisen, Netzwerken, Foren und (sozial-)politischen Gremien teilnehmen. Zu den Arbeitsgruppen und Arbeitskreisen, an welchen diese regelmäßig teilnehmen sollen, zählen die Arbeitsgruppe (AG) Jugend (in Bremen-Gröpelingen), der Arbeitskreis (AK) Jugend (im Bremer Westen) und der AK Jugendsozialarbeit (in Bremen-Mitte).

Zu den geplanten Kooperationspartnern zählen die in der Netzwerkkarte des BB2 Society-Projekts (vgl. Anhang I) abgebildeten sozialen Institutionen aus dem Einzugsgebiet (Bremen), wobei an dieser Stelle nicht der Anspruch auf Vollständigkeit erhoben wird, da sich weitere potenzielle und gewinnbringende Kooperationsmöglichkeiten in der Regel erst nach Aufnahme der Projekttätigkeit ergeben werden. Neben der Tatsache, dass die Kooperation mit den in der Netzwerkkarte aufgeführten Einrichtungen, Diensten, Organisationen, Projekten, Ämtern, Behörden etc. für ein ordnungsgemäßes Case Management von zentraler Bedeutung ist, können die Adressaten über die genannten Kooperationspartner zum Projekt vermittelt und Synergieeffekte genutzt werden. Insofern ist das BB2 Society-Projekt auf eine unterschiedlich intensive Zusammenarbeit mit den aufgeführten Kooperations- und Netzwerkpartnern angewiesen. Ferner können über die genannten Kooperations- und Netzwerkpartner Kontakte zu potenziellen Mentor/-innen hergestellt werden, was ebenfalls einen Grund für die intensive Öffentlichkeits- und Netzwerkarbeit darstellt.

Gender Mainstreaming und Partizipation

Da die Angebote, Dienste, Kurse und Maßnahmen des BB2 Society-Projekts sich ausschließlich an männliche Adressaten richten und die Angebote folglich in geschlechtshomogenen Gruppen stattfinden, werden sämtliche Angebote, Dienste, Leistungen und Maßnahmen des BB2 unter besonderer Berücksichtigung des Gender Mainstreaming-Prinzips durchgeführt. Unter Gender Mainstreaming wird im Rahmen des Projekts die Integration der Gleichstellungsperspektive bzw. eine durchgängige Gleichstellungsorientierung verstanden. In diesem Sinne wird das Ziel verfolgt, die Gleichstellung von Frauen und Männern in allen Bereichen der gesellschaftlichen Inklusion von Jugendlichen durchzusetzen, unterschiedliche Interessen und Rollenbilder von Männern zu beachten und im Rahmen des Projekts den Fokus auf Adressaten männlichen Geschlechts zu richten. In der Folge wird parteilich gearbeitet, eine entsprechende geschlechtersensible Perspektive entwickeln und die

Gleichstellungsorientierung in sämtliche Angebote, Dienste und Leistungen des BB2 Society-Projekts integriert.

Ferner sollen die Adressaten des BB2 Society-Projekts in ihrer jeweils individuellen Eigenart angenommen und deren individuelle Bedürfnisse berücksichtigt werden. Die Adressaten sollen dort abgeholt werden, wo sie – auch in ihrer Gesellschaftsrolle – stehen, um ihnen den Zugang zu entsprechenden Ressourcen zu ermöglichen.

Um die Partizipationsfähigkeit der Adressaten zu stärken, sollen diese im Rahmen der in Kapitel 13 dargestellten Angebote in die Lage versetzt werden, ihre Bedürfnisse und Wünsche zu sammeln, zu sortieren, selbstsicher zu formulieren und an Entscheidungsträger/-innen heranzutreten. Hierzu wurden deren kommunikative bzw. rhetorische Fähigkeiten gefördert und im Zuge dessen deren Fähigkeiten zum Präsentieren gestärkt. Im Rahmen kompetenzfördernder Spiele (z.B. Power-Point-Karaoke), soll dieses sichere Auftreten dann erprobt und (unter Einbezug des Mediums Video) gemeinsam in der Gruppe reflektiert und erforderlichenfalls neu modelliert werden. Damit die Adressaten auch am sozialen und gesellschaftlichen Leben partizipieren können, soll durch die hauptamtlichen Mitarbeiter/-innen des BB2 Society-Projekts ein vom Autor entwickelter integrativer Methodenansatz zur Überwindung von Schwellenängsten und Zugangshemmungen zur Anwendung kommen. In diesem Kontext sollen den Adressaten in einem schrittweisen Verfahren zur Angst- und Unsicherheitsreduzierung Vorbehalte genommen und das Selbstbewusstsein dahingehend gestärkt werden, dass diese dazu befähigt werden, (eigene) Wünsche, Bedürfnisse etc. zu formulieren und entsprechend einzufordern.

Dokumentation und Evaluation

Im nun folgenden Kapitel der vorliegenden Projektkonzeption soll auf die Dokumentation (Unterkapitel 17.1) sowie auf die Evaluation (Unterkapitel 17.2) im Kontext des BB2 Society-Projekts eingegangen werden.

Dokumentation und Berichtswesen

Bei der Dokumentation des BB2 Society-Projekts lassen sich die hauptamtlichen Mitarbeiter/-innen von bestimmten gesetzlichen und ethischen Standards leiten, auf welche Harnach-Beck (2004) im Zusammenhang mit der Dokumentation im Bereich der Kinder- und Jugendhilfe besonders hinweist. Auf der einen Seite betrachtet sie es als unabdingbar, bestimmte Daten von Adressat/-innen zu erheben und zu dokumentieren, da Hilfeprozesse ansonsten nicht geplant, strukturiert und koordiniert werden können. Andererseits betont sie allerdings ebenso deutlich, dass „ausufernder Wissbegier“ (Harnach-Beck 2004: 120) von professioneller Seite schon allein durch gesetzliche Datenschutzvorschriften, wie diese etwa in §§ 61-68 des SGB VIII formuliert sind, eine deutliche Grenze gesetzt wird. Ferner dürfen ihrer Ansicht nach allein schon aus ethischen Gründen nur diejenigen Sozialdaten erfasst, verarbeitet und verwendet werden, welche für die Planung des Hilfeprozesses bzw. zur Entscheidungsfindung unabdingbar sind. Dementsprechend müssen Sozialarbeiter/-innen jede erhobene und dokumentierte Information dem jeweiligen Adressaten gegenüber begründen können (Harnach-Beck 2004: 120).

Diesen Standards und Anforderungen versucht das BB2 Society-Projekt wie folgt gerecht zu werden. In der Vorbereitungsphase des Projekts soll in internen Sitzungen allen Teammitgliedern – auch den Honorarkräften (studentischen Mitarbeiter/-innen) – noch einmal nachdrücklich die Bedeutung eines sensiblen Umgangs mit (persönlichen) Daten der Adressaten vor Augen geführt werden. In diesem Kontext wird besonders Wert darauf gelegt, Dokumentationsprozesse für die Adressaten transparent zu gestalten, d.h. wenn im Rahmen des Projektes bestimmte persönliche Daten der Adressaten erhoben und dokumentiert werden (müssen), soll dieses den Betroffenen mitgeteilt und ihnen gegenüber begründet werden. Ferner sollen diese davon in Kenntnis gesetzt werden, dass sie jederzeit das Recht haben, Einsicht in ihre jeweilige Fallakte zu nehmen.

Die Erhebung von Daten im Rahmen des BB2 Society-Projekts erfolgt durch die hauptamtlichen Sozialarbeiter/-innen, welche hierbei durch die Honorarkräfte des BB2 Society-Projekts unterstützt werden. Aufgrund der knappen personellen Ausstattung soll sich das Berichtswesen des BB2 Society-Projekts allerdings lediglich auf bestimmte Schwerpunkte konzentrieren. Hierzu zählt einmal, dass über jeden der Adressaten eine kurze soziale Diagnose erstellt werden soll, wobei auf enge Mitwirkung der Betroffenen großer Wert gelegt wird. Die soziale Diagnose geschieht mit Hilfe einer Dokumentationsmethode des Case Managements, der Problem- und Ressourcenanalyse (Neuffer 2007: 120). Mit ihrer Hilfe sollen wichtige Daten der Adressaten, wie z.B. deren individuelle Lebenssituation (Gesundheit, Verhaltensweisen, kognitive Bereiche), ihre sozioökonomische bzw. sozioökologische Situation (Einkommen, Wohnung), die familiäre Situation etc. erfasst werden, um die Case Management-Prozesse im Rahmen des BB2 Society-Projekts möglichst passgenau und bedarfsgerecht gestalten und gegebenenfalls auch modifizieren zu können. Ferner wird über jeden Adressaten ein kurzes Datenstammblatt erstellt, welches Auskunft über die jeweiligen Präsenzzeiten im Rahmen des Case Management sowie über die persönliche Entwicklung etc. geben soll.

Die sozialen Diagnosen werden – nach Zustimmung der jeweiligen Betroffenen – auch den institutionellen Kooperationspartnern des BB2 Society-Projekts zur Verfügung gestellt. Ebenso erhalten diese auf Wunsch Zwischenberichte, welche immer dann erstellt werden sollen, wenn bestimmte Meilensteine des Projekts erreicht sind. Hierauf wird im folgenden Unterkapitel noch näher eingegangen. Ferner können die Kooperationspartner auch den Abschlussbericht des Projektes anfordern, welcher (unter anderem) detailliert über die Effektivität und Effizienz der durchgeführten Angebote Auskunft geben soll. Auch hier gilt die Zustimmung der jeweiligen Adressaten als zwingend erforderliche Voraussetzung.

Andere Dokumente und Berichte sollen nur allein dem Projektteam zugänglich sein. Hierzu zählt einmal das zu erstellende „Übergabebuch"[74], in welchem der aktuelle Stand und Verlauf der Projektangebote, die Entwicklung der Adressaten etc. festgehalten werden. Mit Hilfe dieser Dokumentationsmethode soll die professionelle Durchführung des Projektes sichergestellt werden, z.B. dann, wenn es aufgrund von Erkrankungen zu kurzfristigen Umbesetzungen im Projektteam kommt. Schließlich sollen auch noch regelmäßig Protokolle von Besprechungen und Sitzungen des BB2 Society-Projektteams erstellt werden, welche ebenfalls nur für den internen Gebrauch bestimmt sind. Die Archivierung der Dokumente erfolgt EDV-gestützt, wobei auf eines der von Antes/Czech-Schwaderer (2010) dargestellten EDV-gestützten Evaluationsprogramm zurückgegriffen werden soll (vgl. Antes-Czech-Schwaderer 2010), in welchem sowohl statistische Daten als auch individuelle Betreuungsverläufe dokumentiert werden.

Evaluation

Im Rahmen der Evaluation orientieren sich die Initiatoren des BB2 Society-Projekts grundsätzlich an den im nun folgenden Unterkapitel aufgeführten Leitgedanken. So sind insbesondere bestimmte Vergleichsdimensionen zu berücksichtigen, welche laut Heiner (2001) für die Evaluation Sozialer Arbeit von elementarer Bedeutung sind (Heiner 2001: 52 f). Hierzu zählt vor allem die Berücksichtigung der folgenden Aspekte:

(1) Erwartungen von Seiten der Adressaten bzw. der professionell Tätigen zur Sicherung der Adressaten- bzw. Mitarbeiter/-innenzufriedenheit,

(2) Erwartungen aus der Umwelt des Projekts, d.h. der AWO Soziale Dienste gemeinnützige GmbH (als Projektträger), der Senatorin für Arbeit, Frauen,

[74] In dem „Übergabebuch" sollen sämtlich zentralen Aspekte des Projektablaufs erfasst werden, welche für die Mitarbeiter/-innen zur weiteren Arbeit wichtig sind (erreichte Ziele und Zwischenstationen, behandelte Themen, erworbene Kompetenzen, Klärungsbedarfe etc.).

Gesundheit, Jugend und Soziales in Bremen, der Stiftungen (als Financiers) sowie der in der Netzwerkkarte (vgl. Anhang I) aufgeführten Kooperationspartner/-innen,

(3) Verbesserung bzw. Ausbau des Leistungsspektrum sozialarbeiterischer Angebote, d.h. inwieweit können die durch die Durchführung des BB2 Society-Projekts gewonnenen Erkenntnisse konkret die Praxis Sozialer Arbeit stimulieren und befruchten.

Auf der Basis dieser drei Grundsätze soll die Evaluation des BB2 Society-Projekts methodisch wie folgt realisiert werden:

Zur Ermittlung der Zufriedenheit der Adressaten soll auf einen Mix aus quantitativen bzw. qualitativen Erhebungsmethoden zurückgegriffen werden. So ist einmal vorgesehen, die Adressaten anonym mittels eines kurzen Evaluationsbogens zu ihrer Zufriedenheit in verschiedenen Projektphasen zu befragen. Hierdurch soll ihnen ein entsprechend geschützter Rahmen geboten werden, um Anregungen, Wünsche, Kritik und (Un-)Zufriedenheit klar thematisieren zu können. Bei der Erstellung und Anwendung dieses Evaluationsinstrumentes ist auf die kognitiven Fähigkeiten der Adressaten Rücksicht zu nehmen. So ist der Evaluationsbogen graphisch sehr übersichtlich und niedrigschwellig zu gestalten. Falls das Ausfüllen eines Evaluationsbogens eine Überforderung für den Adressaten darstellt, ist darauf völlig zu verzichten und auf rein qualitative Evaluationsmethoden zurückzugreifen, welche ebenfalls im Rahmen des BB2 Society-Projekts zur Anwendung kommen sollen. Hierzu zählen vor allem Gespräche bzw. leitfadengestützte Kurzinterviews, die mit den Adressaten in regelmäßigen Abständen (z.B. einmal monatlich) zu führen sind. Bei der Durchführung der Interviews greifen die Initiatoren des BB2 Society-Projekts vor allem auf die Methode des problemzentrierten Interviews nach Flick und Witzel zurück, welche es ermöglicht, Interviews mittels eines flexiblen Leitfadens zu strukturieren, ohne dabei die Befragten in ihren Antworten zu sehr einzuengen (Lamnek 2005: 363 ff.).

Die Daten zur Zufriedenheit der am Projekt beteiligten Mitarbeiter/-innen (sozialarbeiterisches Fachpersonal und die Honorarkräfte) sollen intern auf ähnlichem Wege, d.h. durch Gespräche in Teamsitzungen, Evaluationsbögen etc. durch die Projektleitung erhoben werden. Hierbei steht die Frage im Fokus, inwieweit die professionell formulierten, Leit-, Teil- und Handlungsziele erreicht wurden, woran es gelegen hat, wenn einzelne nicht realisiert werden konnten, welche Lehren hieraus für die Umsetzung künftiger Projektphasen zu ziehen sind etc.

Die detaillierte und kontinuierliche Ermittlung von Daten zur Adressaten- bzw. Mitarbeiter/-innenzufriedenheit stellt eine unverzichtbare Grundlage dar, um auch gegenüber Geldgeber/-innen, institutionellen Kooperationspartnern und Stakeholdern dokumentieren zu können, inwieweit das BB2 Society-Projekt letztlich seinen Erwartungen (Verbesserung der Teilhabechancen und der Teilhabesituation, Stärkung der sozialen Teilhabe der Adressaten, professionelle Durchführung und Ausgestaltung der Angebote etc.) zu entsprechen vermochte.

Insgesamt findet die Evaluation des BB2 Society-Projekts nach einem festen Meilensteinplan statt. Wenn in der einjährigen Durchführungsphase bestimmte Angebotsblöcke abgeschlossen und damit bestimmte Meilensteine erreicht sind, erfolgen Zwischenevaluationen mit entsprechenden Zwischenberichten. Nach zwei Jahren Projektdurchführung erfolgt mit allen Beteiligten eine große Abschlussevaluation, deren Ergebnisse in einem Abschlussbericht zusammengefasst werden sollen, welcher später an den Projektträger an Financiers und Kooperationspartner des BB2 Society-Projekts weitergeleitet werden kann. Für die Durchführung der Evaluation und die Erstellung des Abschlussberichts ist insgesamt ein Zeitfenster von drei Monaten geplant, weil diese (aus ökonomischen Gründen) neben dem „Tagesgeschäft" erfolgen soll.

Darüber hinaus ist geplant, den Abschlussbericht – das Einverständnis aller Beteiligten vorausgesetzt – in gekürzter Form in einer Fachzeitschrift zu veröffentlichen und ihn hierdurch einem breiteren Publikum zugänglich zu machen, womit ein weiteres wichtiges Ziel der Evaluation des BB2 Society-Projekts erreicht werden soll, nämlich der Praxis Sozialer Arbeit neue Anregungen und Impulse zu geben.

Fazit

Die vorangegangenen Darstellungen haben gezeigt, dass eine aussagekräftige Definition des Begriffs Jugend sowie die Abgrenzungskriterien zur vorangegangenen und zur nachgeschalteten Lebensphase nur schwer schriftlich festzuhalten sind. Richtet sich das Erkenntnisinteresse auf die zeitliche Abgrenzung der Jugendphase sowie auf vorhandene Ressourcen und Bedingungen der Lebensführung Jugendlicher, ist eine (ganzheitliche) Betrachtung der Pluralität jugendlicher Lebenslagen erforderlich. Als geeignetes Konzept hierfür hat sich das Lebenslagenkonzept erwiesen, welches nach Tamke (2008) die Pluralität jugendlicher Lebenszusammenhänge zu veranschaulichen und die „unverbundene Darstellung des Zusammenhangs einzelner sozialstruktureller Merkmale" (Tamke 2008: 340) zu überwinden versucht (vgl. dazu Tamke 2008: 340). Des Weiteren zeigt sich das Konzept der Lebenslage als für das vorangegangene Vorhaben geeignet, weil es nach Tamke (2008) „soziale Ungleichheit sehr komplex abzubilden vermag und dabei flexibel genug ist, um für Jugendliche Anwendung zu finden“ (Tamke 2008: 334) (ebd.: 333 f). Nach Tamke (2008) richtet sich das in der Jugendforschung fokussierte Erkenntnisinteresses im Kontext der Analyse jugendlicher Lebenslagen allerdings zu sehr auf die berufliche Integration. Dies kritisiert sie vehement, weil soziale Disparitäten Jugendlicher ihrer Ansicht nach nicht nur hinsichtlich der Bildungschancen, sondern auch im Hinblick auf Lebenschancen von Bedeutung sind (Tamke 2008: 344). Diese Meinung teilt der Autor, wie im Rahmen der vorangegangen Darstellungen deutlich geworden ist. Um eine Begrenzung der vorangegangenen Ausführungen auf soziale Ungleichheitsverhältnisse im Kontext der Dimension „Bildung“ zu vermeiden, hat der Autor versucht, die sozialen Disparitäten Jugendlicher umfassender abzubilden, indem im gleichen Maße die Ungleichheitsdimensionen „Wohnen“, „Alltag und Freizeit“, „soziale Beziehungen“ sowie (fallspezifisch) die Dimension „(psychische) Gesundheit“ bei der Konstitution jugendlicher Lebenslagen berücksichtigt worden sind.

Wie sowohl die dargelegten theoretischen Grundlagen in Teil I als auch die vorangegangenen Lebenslagenanalysen in Teil II gezeigt haben, unterscheiden sich die Bedingungen der Lebensführung und somit die der Lebenswelten und Lebenslagen Jugendlicher gravierend voneinander. Während ein Teil der Jugendlichen in privilegierten (wohlbehüteten, positiven emotionalen Rückhalt bietenden und einkommensstarken) Elternhäusern aufwächst, günstigen Wohn-, Alltags- und Freizeitbedingungen unterliegt, über zahlreiche persönliche Kontakte verfügt und umfangreich vernetzt ist, betonen Fachleute (z.B. Jugert et al. 2011, Hurrelmann 2010, die Autor/-innen der Shell Jugendstudie 2010, Tamke 2008 und Hradil 2001), dass nicht alle Jugendlichen diese Vorzüge der Lebensführung genießen. Während etwa die individuellen Gestaltungsmöglichkeiten bei sozial besser gestellten Jugendlichen in der Regel den Raum zur kreativen Gestaltung der eigenen Zukunft schaffen, lösen sie im Kontext der Lebensführung sozial benachteiligter Jugendlicher vielfach Unsicherheiten und Probleme aus (Shell Jugendstudie 2006: 443). Noch schwieriger gestaltet sich die Situation multidimensional sozial benachteiligter Jugendlicher, bei welchen sich in mehreren bzw. vielen Dimensionen ihrer Lebenslagen (sich gegenseitig beeinflussende) Benachteiligungen verzeichnen lassen. Diesen Jugendlichen fehlen meist die für eine selbstbestimmte und eigenständige Lebensführung erforderlichen Lebensbewältigungskompetenzen und die nötige soziale Kompetenz. Die Folgen sind determinierte Teilhabechancen, welche im schlimmsten Fall zu einem Ausschluss aus der Gesellschaft (Exklusion) führen oder in dauerhafter Abhängigkeit von sozialstaatlichen Angeboten, Diensten und/oder Leistungen münden. In diesem

Kontext betont Tamke (2008), dass eine Exklusion sozial benachteiligter Jugendlicher infolge ungleicher Lebenschancen und fehlender gesellschaftlicher Partizipation (vor dem Hintergrund des demografischen Wandels) kaum abschätzbare Konsequenzen in Bezug auf den Generationenvertrag und die soziale Absicherung haben wird, weil nur ein Teil der Jugendlichen über die Möglichkeiten verfügt, Vorsorge zu treffen (vgl. dazu auch Klocke 1998b). In diesem Kontext merken die Autor/-innen der Shell Jugendstudie (2010) an, dass (multidimensional) sozial benachteiligten Jugendlichen das Potenzial zur selbstständigen, eigenverantwortlichen und selbstbestimmten Lebensgestaltung und -bewältigung zwar prinzipiell zur Verfügung steht, ihre Lebensumstände ihnen die selbstständige Nutzung allerdings erschweren. Sie betonen jedoch, dass viele dieser Jugendlichen bei entsprechender Unterstützung durchaus imstande sind, ihre Lebensumstände und ihre Lebenssituation zu verbessern (Shell Jugendstudie 2010: 31 f). Obwohl sich also die Lebenslage bei sozial benachteiligten Jugendlichen ungünstiger darstellt als bei privilegierten Gleichaltrigen, dürfen sozial benachteiligte Jugendliche somit nicht pauschal aufgegeben und als „Abgehängte“ der Gesellschaft betrachtet werden. Hierbei geht es laut der Autor/-innen der Shell Jugendstudie (2010) nicht bloß um Ethik. Vielmehr geht es auch darum, dass das pauschale Bild der Chancenlosen nicht der Realität entspricht, wobei es an dieser Stelle ganz klar zu betonen gilt, dass durch die dargestellten Überlegungen die Politik sowie die gesellschaftlichen Akteure allerdings nicht davon entlastet werden sollen, für die Verbesserung der Rahmenbedingungen des Aufwachsens in der Unterschicht, für die Ermöglichung eines sozialen Aufstiegs und somit für die Beseitigung sozialer Ungleichheitsverhältnisse Sorge zu tragen (Shell Jugendstudie 2010: 226 f). Soll die genannte Adressat/-innengruppe also nicht dauerhaft von (sozial-)staatlichen Transferleistungen abhängig und auf sozialarbeiterische Unterstützung angewiesen sein, ist es zwingend erforderlich, den aufgedeckten sozialen Ungleichheitsverhältnissen mit einem Konzept der Sozialen Arbeit zu begegnen und diesen zu guten Startbedingungen sowie zu einer verbesserten Teilhabe am sozialen (schulischen bzw. beruflichen, gesellschaftlichen, kulturellen und politischen) Leben zu verhelfen.

Um den – im Kontext der drei (exemplarischen) Lebenslagenanalysen aufgedeckten – sozialen Ungleichheitsverhältnissen im Rahmen einer Projektkonzeption der Sozialen Arbeit zu begegnen, wurden auf der Grundlage der Ergebnisse der durchgeführten Forschungen gemeinsame Unterstützungsbedarfe der Adressaten ermittelt und hieran anknüpfend Handlungsempfehlungen für die Soziale Arbeit formuliert. Trotz der unterschiedlichen Ausgestaltung der individuellen Lebenslagen der interviewten Jugendlichen, ließen sich (wenn auch sehr individuelle) soziale

Ungleichheitsverhältnisse und folglich gemeinsame Unterstützungsbedarfe in den für Jugendliche zentralen Lebenslagendimensionen „Wohnen“, „Bildung und Beschäftigung“, „Alltag und Freizeit“; „soziale Beziehungen“ sowie (einzelfallspezifisch) „psychische Gesundheit“ feststellen, welche bereits in Kapitel 9 in zusammengefasster Form dargestellt worden sind und daher an dieser Stelle nicht noch einmal gesondert aufgeführt werden sollen. Festzuhalten bleibt jedoch, dass die Überwindung aufgedeckter sozialer Ungleichheitsverhältnisse und Problemlagen im Rahmen gezielter sozialarbeiterischer Interventionen (mit an Sicherheit grenzender Wahrscheinlichkeit) zu einer Verbesserung der Teilhabesituation der fokussierten Adressatengruppe führt. Die Orientierungshypothese, in welcher die Annahme formuliert worden ist, dass (multidimensional) sozial benachteiligte Jugendliche – trotz ihrer jeweils individuellen Lebenslagen und der vielfach differierenden sozialen Ungleichheitsverhältnisse innerhalb dieser – gemeinsame Unterstützungsbedarfe zur Verbesserung der Teilhabesituation aufweisen, konnte somit – unabhängig davon, ob die Lebenslage der Zielgruppe theoretisch (auf der Grundlage von Literaturrecherchen) oder empirisch (auf der Grundlage der Lebenslagenanalysen) untersucht wurde – bestätigt werden.

Soll die genannte Zielgruppe erfolgreich am schulischen bzw. beruflichen, kulturellen, gesellschaftlichen, politischen und sozialen Leben teilhaben, müssen diesen die hierfür erforderlichen „Lebensbewältigungskompetenzen“ (Böhnisch 2008) an die Hand gereicht werden und ihnen muss zu „sozialer Kompetenz“ (Jugert et al. 2011) verholfen werden, damit diese zu selbstständigen, selbstbestimmten, eigenverantwortlichen und partizipierenden Individuen werden. Um den aufgedeckten sozialen Ungleichheitsverhältnissen und Benachteiligungen in den verschiedenen Lebenslagendimensionen Jugendlicher zu begegnen, sollen den Angehörigen der fokussierten Zielgruppe im Rahmen eines passgenauen Case Managements sowie im Rahmen lebensweltorientierter, kompetenzstärkender, partizipationsfördernder Angebote zu Selbstständigkeit, Selbstbestimmung, Eigenverantwortung und Partizipationsfähigkeit verholfen werden. In Anbetracht der genannten Zielsetzungen erachtet der Autor die Einbettung des theoretisch unterfütterten und empirisch begründeten Projekts in eine von Empowerment geleitete psychosoziale Praxis als besonders geeignet, weil das Empowerment-Konzept für die professionell Tätigen des BB2 Society-Projekts einen guten Ansatz bietet, die Adressaten des Projekts dabei zu unterstützen, eigene Stärken wahrzunehmen, diese auch auf andere Lebenssituationen zu projizieren und sie im Zuge dessen in ihrer Alltagskompetenz zu stärken. Auf diese Weise erleben die Adressaten sich als autonom handelnde Personen und machen die Erfahrung, dass sie selbst über Kräfte verfügen, welche sie dazu befähigen, ihre Stärken in den

Vordergrund zu rücken. Es bleibt festzuhalten, dass die auf der Grundlage der eigens durchgeführten Forschungen entwickelte Projektkonzeption dem Autor letzten Endes eine neue Perspektive eröffnet hat, welche den allzu selbstverständlichen sozialarbeiterischen Fokus auf Defizite und Unfertigkeiten von Adressat/-innen überwindet (vgl. Herriger 2010; Lenz 2002), den Blick stattdessen vielmehr auf deren Fähigkeiten und Ressourcen richtet und im Zuge dessen mit einem Selbstverständnis einhergeht, welches die Fähigkeiten und Selbstorganisationskräfte der Adressat/-innen stärkt und fördert (Lenz 2002: 7). In diesem Kontext kann festgestellt werden, dass die sozialarbeiterische Intervention durch den Blickwinkel der professionell Tätigen auf die Adressat/-innen stark geprägt wird. Ein negativer Blickwinkel kann sich folglich negativ auf die Selbstinterpretation der Adressat/-innen auswirken. Zudem werden wertvolle Ressourcen meist nicht in die Arbeit mit einbezogen, wodurch die Adressat/-innen das Gefühl bekommen, sich in ihrer Situation nicht aus eigenen Kräften helfen zu können. Auf diese Weise kann es zu einer Art Aussichtslosigkeit bzw. zu einer „Erlernten Hilflosigkeit“ (Seligmann 1999) kommen, wodurch die Gefahr der Entstehung eines „Teufelskreises der Hilflosigkeit“ (Herriger 2010) besteht. Hieran wird deutlich, wie wichtig im Rahmen sozialarbeiterischer Interventionen der Abschied vom Defizitblickwinkel und die Fokussierung der Stärken und Ressourcen der Adressat/-innen ist. Denn nur dadurch, dass hilfesuchende Adressat/-innen in einer „Situation der Aussichtlosigkeit“ zur eigenständigen, selbstbestimmten und autonomen Lebensführung befähigt werden, kann diesen auch tatsächlich geholfen werden, die Probleme ihres Alltags zu lösen und die Anforderungen in den unterschiedlichen Lebensbereichen selbstständig und unabhängig von sozialarbeiterischer Unterstützung zu bewältigen. Aus dem genannten Grund erachtet der Autor es als besonders wichtig für die unterstützende Tätigkeit, dass den Adressat/-innen unter keinen Umständen die Rolle von „Mängelwesen“ zugeschrieben bzw. die Grundhaltung vertreten wird, sie seien unfähig, ihr Leben selbstbestimmt und eigenverantwortlich zu gestalten. Nur so können sie sich als autonom handelnde Personen erleben und die Erfahrung machen, dass sie selbst über Kräfte verfügen, welche sie dazu befähigen, ihre Stärken in den Vordergrund zu rücken sowie diese in ihrer Alltagskompetenz zu stärken. Nach Ansicht von Herriger (2010) ist diese Stärken- und Ressourcenorientierung für Sozialarbeiter/-innen ein hilfreicher und dienlicher Startpunkt für eine unterstützende Arbeit und zugleich ein guter Ansatz für einen Beziehungsaufbau sowie für die Schaffung von Vertrauen. Denn nichts kann die Adressaten der Sozialen Arbeit mehr stärken, als das ihnen entgegengebrachte Vertrauen in ihre eigenen Stärken und Ressourcen (vgl. dazu Herriger 2010).

Abschließend kann festgehalten werden, dass die vorangegangenen Untersuchungen zur Analyse der individuellen Lebenslagen nicht auf der Einstellungsebene verhaftet geblieben sind, sondern dass dabei sowohl nützliches Handlungswissen für die empirische Jugendforschung als auch für die Jugendarbeit und somit für die Praxis der Sozialen Arbeit gewonnen werden konnte. Durch die Nutzbarmachung der empirischen Daten für die soziale Praxis konnte die von Böhnisch (2008) aufgeführte „problematische Kluft zwischen Jugendforschung und sozialpädagogischer Jugendarbeit" (Böhnisch 2008: 144) letztlich überwunden werden. Die ermittelten gemeinsamen Unterstützungsbedarfe bilden die Grundlage der vom Autor entwickelten bedarfs- und lebensweltorientierten, zielgruppenspezifischen, innovativen, kreativen, effizienten, effektiven, wirksamen Projektkonzeption, welche auf die nachhaltige Verbesserung der Teilhabechancen durch die Begegnung sozialer Ungleichheitsverhältnisse und die Stärkung der sozialen Kompetenz abzielt. Somit kann letzten Endes festgehalten werden, dass durch die vorangegangenen Untersuchungen zur Analyse individueller Lebenslagen (multidimensional) sozial benachteiligter Jugendlicher ein weiterer Baustein zur lebenslagenbezogenen Jugendforschung beigefügt worden ist.

Quellenverzeichnis

ADB [Arbeitsgemeinschaft der Deutschen Bewährungshelfer und Bewährungshelferinnen] e.V. (2000): *Bundesweite Befragung zur Erhebung der Lebenslage der Klientinnen und Klienten der Bewährungshilfe*. Aurich.

Adorno, T.W. (1971): *Erziehung zur Mündigkeit.* Vorträge und Gespräche mit Helmut Becker 1959-1969. Frankfurt am Main.

Adler, H.K. (2004): Das Person-in-Environment-System (PIE). Vorteile einer eigenständigen, standardisierten Diagnostik in der Sozialen Arbeit. In: Heiner, M. (Hrsg.): *Diagnostik und Diagnosen in der Sozialen Arbeit.* Ein Handbuch. Berlin. S. 165-183.

AfSD [Amt für Soziale Dienste] **Bremen** 2012: *Telefonische Auskunft vom Amtsleiter des Jugendamtes in Bremen-Gröpelingen.* Telefonat vom 04.04.2012. Bremen.

AfSD [Amt für Soziale Dienste] **Bremen** (1999): *Entwicklungsbericht vom 12.03.1999.* Bremen.

Bundesagentur für Arbeit (2011): Analyse des Arbeitsmarktes in Bremen im Januar 2011. Analytikreport der Statistik. URL: http://statistik.arbeitsagentur.de/Statischer-Content/Statistische-Analysen/Analytikreports/Regionale-Analytikreports/Bremen/Generische-Publikationen/Analyse-Arbeitsmarkt-Laender/201101-Analyse-Arbeitsmarkt-Laender.pdf. Letzter Zugriff: 08.04.2012.

Anderson, E. (1999): *Code of the street.* Decency, violence and the moral life of the inner city. New York.

Anhorn, R. (2011): Von der Gefährdung zum Risiko – Zur Genealogie der Lebensphase „Jugend“ als soziales Problem. In: Dollinger, B./ Schmidt-Semisch, H. (Hrsg.): *Handbuch Jugendkriminalität.* Kriminalität und Sozialpädagogik im Dialog. S. 23-43.

Antes, W. **(2010)**. *Projektarbeit für Profis.* Praxishandbuch für moderne Projektarbeit. Weinheim und München.

Antes, W., **Czech-Schwaderer**, W. (Hrsg.). **(2005)**. *Projektfinanzierung für Profis.* Weinheim und München.

APA [American Psychiatric Association] (1994): *Diagnostic and statistical Manual of mental disorders*. Washington D.C.

Babka von Gostomski, C. (2003): Gewalt als Reaktion auf Anerkennungsdefizite? Eine Analyse bei männlichen deutschen, türkischen und Aussiedler-Jugendlichen mit dem IKG- Jugendpanel. In: *Kölner Zeitschrift für Soziologie und Sozialpsychologie*, 55(2). Köln. S. 253-277.

BAG [Bundesarbeitsgemeinschaft] **Polizei** (2001): Seminar der BAG Polizei. In: *Deutsche Vereinigung für Jugendgerichte und Jugendgerichtshilfen (DVJJ)*, 2. Hannover. S. 197.

Baier, D.J./ **Rabold**, S. (2009): Drogenkonsum im Jugendalter. Verbreitung, Bedingungsfaktoren und Zusammenhang mit Gewaltverhalten. In: *Zeitschrift für Jugendkriminalrecht und Jugendhilfe*, 20. S. 292-306.

Baudisch, W./ **Albrecht**, I./ **Stiller**, J. (Hrsg.) (2007): *Von sozialer Ausgrenzung zu selbstbestimmter Teilhabe – Möglichkeiten und Grenzen ganzheitlicher Förderung.* Berlin.

Baving, L. (2008): Aggressiv-dissoziales Verhalten. In: Petermann, F. (Hrsg.): *Lehrbuch der klinischen Kinderpsychologie.* Göttingen. S. 295-310.

BAWO [Bundesarbeitgemeinschaft Wohnungslosenhilfe] (o.J.): *Begriffsdefinitionen von Obdachlosigkeit, Wohnungslosigkeit und prekärer Wohnversorgung.* URL: http://www.bawo.at/de/content/wohnungslosigkeit/definitionen.html. Letzter Zugriff: 08.04.2012.

Beblo, J./ **Bomba**, F./ **Grünberger**, E./ **Huber** M./ **Hüpfl**, U./ **Knigge**, I./ **Müller**, J./ **Opitz**, Y./ **Winklmaier**, L. (2007): *Vergleich der Leistungsmotivation von Hauptschülern und Gymnasiasten im Schul- und Freizeitbereich mit dem RLMI-K/J.* URL: http://epub.uni-regensburg.de/3350/1/lukesch6.pdf. Letzter Zugriff: 08.04.2012.

Beck, U. (1986): *Risikogesellschaft.* Auf dem Weg in eine andere Moderne. Frankfurt am Main.

Beck, A.T./ **Hautzinger**, M./ **Bronder**, G./ **Stein**, B. (2001): *Kognitive Therapie der Depression.* Weinheim.

Becker-Lenz, R./ **Busse**, S./ **Ehlert**, G./ **Müller**, S. (2009): *Professionalität in der Sozialen Arbeit.* Standpunkt, Kontroversen, Perspektiven. Wiesbaden.

Becker-Schmidt, R./ **Brande-Erlhoff**, U./ **Karrer**, M./ **Rumpf**, M./ **Schmidt**, B. (1982): *Nicht wir haben die Minuten, die Minuten haben uns.* Zeitprobleme und Zeiterfahrungen von Arbeitermüttern. Studie zum Projekt „Probleme lohnabhängiger Mütter". Bonn.

Bentheim, A./ **May**, M./ **Sturzenhecker**, B./ **Winter**, R. (2004): *Gender Mainstreaming und Jungenarbeit.* München und Weinheim.

Berger-Schmitt, R. (1997): Mobilität sozialer Lagen in den neuen Bundesländern seit 1990. In: Hradil, S./ Panoke, E. (Hrsg.): *Aufstieg für alle?*. Opladen. S. 155-236.

Bertram, H. (2002): Jugendsoziologie. In: Endruweit, G./ Trommersdorf, G. (Hrsg.): *Wörterbuch der Soziologie.* Stuttgart. S. 257-261.

Bliesner, T./ **Lösel**, F. (2003): *Aggression und Delinquenz unter Jugendlichen.* Untersuchung von kognitiven und sozialen Bedingungen. München.

Bloomquist, M. L. (1996): *Skills trainings for children with behaviour disorders.* A parent and therapist guidebook. New York.

BMAS [Bundesministerium für Arbeit und Soziales] (2010): *Europäischer Sozialfonds in Deutschland.* URL: http://www.esf.de/portal/generator/1472/was__ist__der__esf.html. Letzter Zugriff: 08.04.2012.

BMBF [Bundesministerium für Bildung und Forschung] (Hrsg.) (2009): *Berufsbildungsbericht 2009.* URL: http://www.bmbf.de/pub/bbb_09.pdf. Letzter Zugriff: 08.04.2012.

BMI/ BMJ [Bundesministerium des Innern und Bundesministerium der Justiz] (Hrsg.) (2006): *Zweiter Periodischer Sicherheitsbericht (2. PSB).* Berlin. URL: http://www.bka.de/nn_193360/DE/Publikationen/JahresberichteUndLagebilder/PeriodischerSicherheitsbericht/psb__node.html?__nnn=true. Letzter Zugriff: 08.04.2012.

BMI/ BMJ [Bundesministerium des Innern und Bundesministerium der Justiz] (Hrsg.) (2001): *Erster Periodischer Sicherheitsbericht (1. PSB).* Berlin. URL: http://www.bka.de/nn_193360/DE/Publikationen/JahresberichteUndLagebilder/PeriodischerSicherheitsbericht/psb__node.html?__nnn=true. Letzter Zugriff: 08.04.2012.

BMLFUW [Bundesministerium für Land- und Forstwirtschaft, Umwelt und Wasserwirtschaft] (2006): *Partizipation & nachhaltige Entwicklung in Europa.* WiN – Wohnen in Nachbarschaften. URL: http://www.partizipation.at/fileadmin/media_data/Downloads/Praxisbeispiele/Praxisbeispiel_Raster_Stand_31_08_06.pdf. Letzter Zugriff: 08.04.2012.

BMWi [Bundesministerium für Wirtschaft und Technologie] (2011): *Europäischer Sozialfonds.* URL: http://www.foerderdatenbank.de/Foerder-DB/Navigation/Foerderrecherche/suche.html?get=views;document&doc=2651. Letzter Zugriff: 08.04.2012.

Boers, K./ **Reinicke**, J. (2007): *Entstehung und Verlauf der Jugendkriminalität.* Münster.

Böhmer, M. (2009a): *Leitfaden für Patenschaften.* Brüggen.

Böhmer, M. (2009b): *Leitfaden zur Gründung von Patenschafts- und Mentoringprojekten.* Brüggen.

Böhnisch, L. (2009): *Abweichendes Verhalten.* Eine pädagogisch-soziologische Einführung.

Böhnisch, L. (2008): *Sozialpädagogik der Lebensalter.* Eine Einführung. Weinheim und München.

Böhnisch, L./ **Rudolph**, M./ **Wolf**, B. (1998): *Jugendarbeit als Lebensort.* Weinheim und München.

Böttger, A. (1998): *Gewalt und Biographie.* Eine qualitative Analyse rekonstruierter Lebensgeschichten von 100 Jugendlichen. Baden-Baden.

Bohmeyer, A. (2007): Gesellschaftliche Integration im Modus sozialer Anerkennung. In: Eckstein, C./ Filipovic, A./ Oostenryck, K. (Hrsg.): *Beteiligung, Inklusion, Integration. Sozialethische Konzepte für die moderne Gesellschaft.* Münster: Aschendorff. S. 39-52.

Bolte, K. M. (1990): Strukturtypen sozialer Ungleichheit. Soziale Ungleichheit in der Bundesrepublik Deutschland im historischen Vergleich. In: Berger, P.A./ Hradil, S. (Hrsg.): *Lebenslagen, Lebensläufe, Lebensstile.* Göttingen. S. 27-50.

Bolte, K.M./ **Hradil**, S. (1975): *Soziale Ungleichheit.* Opladen.

Bolte, K.M./ **Kappe**, D./ **Neihardt**, F. (1967): Soziale Schichtung der Bundesrepublik Deutschland. In: Bolte, K. M. (Hrsg.): *Deutsche Gesellschaft im Wandel.* Opladen. S. 233-251.

Bolz, N. (2001): Sind Sinnfragen überholt? In: Teufel, E.: *Von der Risikogesellschaft zur Chancengesellschaft.* Frankfurt am Main. S. 15-24.

Bonfadelli, H. (1994): *Die Wissenskluft-Perspektive.* Massenmedien und gesellschaftliche Information. Konstanz.

Borg, I./**Mohler**, P.-P. (1994): *Trends and Perspectives in Empirical Research.* Berlin und New York.

Bosse, H./ **King**, V. (2000): *Männlichkeitsentwürfe.* Wandlungen und Widersprüche im Geschlechtsverhältnis. Frankfurt am Main.

Bourdieu, P. (1992): *Die verborgenen Mechanismen der Macht.* Frankfurt am Main.

Bourdieu, P. (1983): Ökonomisches Kapital, kulturelles Kapital, soziales Kapital. Frankfurt am Main.

Bronfenbrenner, U. (1979): *The ecology of human development.* Cambridge/Mass.

Brüderl, L. (1988): *Theorien und Methoden der Bewältigungsforschung.* Weinheim und München.

Buhlmann, T. (1996): *Sozialstruktureller Wandel: Soziale Lagen, Erwerbsstatus, Ungleichheit und Mobilität.* Wiesbaden.

Burt, K.B./ **Obradović**, J./ **Long**, J.D./ **Mastens**, A.S. (2008): *The interplay of social competence and psychopathology over 20 years: Testing transactional and cascade models.* Washington D.C.

Burzan, N. (2005): *Soziale Ungleichheit.* Eine Einführung in die zentralen Theorien. Wiesbaden.

BZgA [Bundeszentrale für gesundheitliche Aufklärung] (2012): *Die Drogenaffinität Jugendlicher in der Bundesrepublik Deutschland 2011.* Der Konsum von Alkohol, Tabak und illegalen Drogen: aktuelle Verbreitung und Trends. Köln. URL: http://www.sozial.de/index.php?id=14&tx_ttnews[tt_news]=24963&cHash=43d9c7242d63d97ad5deaf0e58aed96e. Letzter Zugriff: 08.04.2012.

BZgA [Bundeszentrale für gesundheitliche Aufklärung] (2012): *Die Drogenaffinität Jugendlicher in der Bundesrepublik Deutschland 2011.* Der Konsum von Alkohol, Tabak und illegalen: Aktuelle Verbreitung und Trends **(Drogenaffinitätsstudie 2011)**. Köln.

BZgA [Bundeszentrale für gesundheitliche Aufklärung] (2004): *Die Drogenaffinität Jugendlicher in der Bundesrepublik Deutschland 2004.* Eine Wiederholungsbefragung der Bundeszentrale für gesundheitliche Aufklärung **(Drogenaffinitätsstudie 2004)**. Köln.

Cole, D.A./ **Peeke**, L.G./ **Ingold**, C. (1990): Relation of social and academic competence to depressive symptoms in childhood. In: *Journal of Abnormal Psychology*, 99. Pp. 422-429.

Collin, F. (2008): *Konstruktivismus für Einsteiger.* München.

Crane, J. (1991): The epidemic theory of ghettos and neighborhood effects on droping out and teenage childbearing. In: *American Journal of Sociology*, 96. Pp. 1226-1259.

Crick, N.R./ **Dodge**, K.A. (1994): A review and reformation of social information-processing mechanisms in children's social adjustment. In: *Psychological Bulletin*, 115. Pp. 74-101.

Dahrendorf, R. (1957): *Soziale Klassen und Klassenkonflikt in der industriellen Gesellschaft.* Stuttgart.

Diefenbach, H./ **Klein**, M. (2002): Bringing boys back. Soziale Ungleichheit zwischen den Geschlechtern im Bildungssystem zuungunsten von Jungen am Beispiel der Sekundärabschlüsse. In: *Zeitschrift für Pädagogik*, 48(6). S. 938-958.

Diekmann, A. (2006): *Methoden der Sozialforschung.* Wiesbaden.

Diemer, H./ **Schoreit**, A./ **Sonnen**, B. (2008): *Jugendgerichtsgesetz mit Vollzugsgesetzen.* Heidelberg.

Diezinger, A./ **Mayr-Kleffel**, V. (2009): *Soziale Ungleichheit.* Eine Einführung für soziale Berufe. Freiburg im Breisgau.

Dittler, U./ **Hoyer**, M. (2010): *Zwischen Kompetenzerwerb und Mediensucht: Chancen und Gefahren des Aufwachsens in digitalen Erlebniswelten aus medienpsychologischer und medienpädagogischer Sicht.* München.

Dodge, A. (1993): Social-cognitive mechanisms in the development of conduct disorder and depression. In: *Annual Review of Psychology*, 7. Pp. 559-584.

Dollinger, B./ **Schmidt-Semisch**, H. (Hrsg.) (2011): *Handbuch Jugendkriminalität.* Kriminologie und Sozialpädagogik im Dialog. Wiesbaden.

Drewniak, R. (2011): Ambulante sozialpädagogische Maßnahmen als Alternativen zum Freiheitsentzug. In: **Dollinger**, B./ **Schmidt-Semisch**, H.: *Handbuch Jugendkriminalität.* Kriminologie und Sozialpädagogik im Dialog. Wiesbaden. S. 393-402.

Dünkel, F. (2002): Vorwort für Kunkat, A. In: **Kunkat**, A.: *Junge Mehrfachauffällige und Mehrfachtäter in Mecklenburg-Vorpommern.* Eine empirische Analyse. Dissertation. Mönchengladbach.

Dumazedier, J. (1972): *Vers une civilsation du loisier.* Paris.

DVJJ [Deutsche Vereinigung für Jugendgerichte und Jugendgerichtshilfen e.V.] (2005): *Leitfaden für Jugendschöffen.* Arbeitshilfe für die ehrenamtlichen Richterinnen und Richter in der Jugendkriminalrechtspflege. Hannover.

DVJJ [Deutsche Vereinigung für Jugendgerichte und Jugendgerichtshilfen e. V.] (1990): *Mehrfach Auffällige – Mehrfach Betroffene.* Dokumentation des 21. Deutschen Jugendgerichtstages in Göttingen. Hannover.

Eberhard, K. (1987): *Einführung in die Erkenntnis- und Wissenschaftstheorie.* Stuttgart.

Eckstein, C./ **Filipovic**, A./ **Oostenryck**, K. (2007): *Beteiligung, Inklusion, Integration. Sozialethische Konzepte für die moderne Gesellschaft.* Münster: Aschendorff.

Egloff, B. (2002): *Praktikum und Studium.* Diplom-Pädagogik und Humanmedizin zwischen Studium, Beruf, Biographie und Lebenswelt. Dissertation. Opladen.

Eichler, G. (1979): Spiel und Arbeit. Zur Theorie der Freizeit. In: *Media Perspektiven,* 31(8). S. 338-349.

Eisenberg, N./ **Harris**, J.D. (1984): Social competence: A developmental perspective. In: *School Psychology Review, 12.* Pp. 267-277.

Elliot, D.S./ **Menard**, S./ **Rankin**, B.H./ **Wilson**, W.J./ **Huizinga**, D. (Eds.) (2006): *Good kids from bad neighborhoods.* Successful development in social context. Cambridge.

Elsner, E./ **Steffen**, W./ **Stern**, G. (1998): *Kinder- und Jugendkriminalität in München.* München.

Endruweit, G. (2002) (Hrsg.): *Wörterbuch der Soziologie.* Stuttgart.

Engel, U./ **Simonson**, J. (2005): Sozialer Kontext in der Mehrebenenanalyse. In: Diekmann, A. (Hrsg.): *Methoden der Sozialforschung.* Wiesbaden. S. 303-329.

Engels, D. (2008): Lebenslagen. In: Maelicke, B. (Hrsg.): *Lexikon der Sozialwirtschaft.* Baden-Baden. S. 643-646.

Enzmann, D./ **Brettfeld**, K./ **Wetzels**, P. (2003): Männlichkeitsnormen und die Kultur der Ehre. Empirische Prüfung eines theoretischen Modells zur Erklärung erhöhter Delinquenzraten jugendlicher Migranten. In: Karstedt, S./ Oberwittler, D. (Hrsg.): *Soziologische Kriminalität.* Wiesbaden. S. 264-278.

Erbslöh, B./ **Hagelstange**, T./ **Holtmann**, D./ **Singelmann**, J./ **Strasser**, H. (1990): *Ende der Klassengesellschaft?* Eine empirische Studie zu Sozialstruktur und Bewusstsein in der Bundesrepublik. Regensburg.

Erikson, E.H. (1966): *Identität und Lebenszyklus.* Frankfurt am Main.

Essau, C.A./ **Petermann**, F. (Eds.) (1997): *Developemental psychopathology: Epidemiology, diagnostics and treatment.* London.

Essau, C.A. (2000): *Angst und Depressionen bei Jugendlichen.* Habilitationsschrift. Bremen.

Essau, C.A. (2007): *Depressionen bei Kindern und Jugendlichen.* München und Basel.

Europäische Kommission (2010): *Beschäftigung, soziale Angelegenheiten und Chancengleichheit – Europäischer Sozialfonds.* URL: http://ec.europa.eu/employment_social/esf/discover/esf_de.htm. Letzter Zugriff: 08.04.2012.

Europäische Kommission (2007): *Europäischer Sozialfonds – Investitionen in Menschen.* Luxemburg.

Fähnrich, O. (2011) *Jugendkriminalität und Mehrfachtäterschaft.* Biografische Kontexte straffälliger Jugendlicher. Bochum und Freiburg.

Farrington, D.P. (1992): Criminal Career Research in the United Kingdom. In: *The britisch Journal of Criminology*, 32. S. 521-536.

Farwick, A. (2007): Soziale Segregation in den Städten. Von der geplanten Gesellschaft zur gespaltenen Stadt. In: Baum, D. (Hrsg.): *Die Stadt in der sozialen Arbeit: Ein Handbuch für soziale und planende Berufe.* Wiesbaden. S. 111-121.

Fend, H. (1990): *Entwicklungspsychologie der Adoleszenz in der Moderne.* Vom Kind zum Jugendlichen: Der Übergang und seine Risiken. Bern.

Ferchhoff, W./ **Neubauer**, G. (1997): *Patchwork-Jugend.* Eine Einführung in postmoderne Sichtweisen. Opladen.

Finanztip.de (2012): *Informationen zum Übungsleiterfreibetrag (Übungsleiterpauschale).* URL: http://www.finanztip.de/recht/steuerrecht/uebungsleiterfreibetrag.htm. Letzter Zugriff: 08.04.2012.

Finkel, M. (2002): Auf der Suche nach Zwischenräumen. Überlegungen zu Hilfeentscheidungen vor dem Hintergrund einer Evaluationsstudie teil- und vollstationärer Erziehungshilfen. Wien, Köln und Weimar.

Flick, U. (2010): *Qualitative Sozialforschung.* Eine Einführung. Reinbek bei Hamburg.

Flick, U. (2007): *Qualitative Sozialforschung.* Eine Einführung. Reinbek bei Hamburg.

Flick, U./ **Kardorff**, E. von/ **Steinke**, I. (2010): *Qualitative Forschung.* Ein Handbuch. Reinbek bei Hamburg.

Forehand, R./ **Brody**, G./ **Long**, N./ **Fauber**, R. (1988): The interactive influence of adolescent and meternal depression on adolescent social and cognitive functioning. In: *Cognitive Therapy and Research*, 12. Pp. 341-350.

FES [Friedrich-Ebert-Stiftung] (2012): *Prävention und Gesundheitsförderung.* Ein Programm für eine bessere Sozial- und Gesundheitspolitik. Bonn.

Friedrichs, J. (1998): Do poor neighborhoods make their residents poorer? Context effects of poverty neighborhoods on residents. In: Andreß, H.-J. (Ed.): *Empirical Poverty Research in Comparative Perspective.* Aldershot. Pp. 473-505.

Friedrichs, J. (1997): Normenpluralität und abweichendes Verhalten: Eine theoretische und empirische Analyse. In: **Heitmeyer**, W. (Hrsg.): *Was treibt die Gesellschaft auseinander?*. Frankfurt am Main. S. 473-505.

Friedrichs, J./ **Blasius**, J. (2000): *Leben in benachteiligten Wohngebieten.* Opladen.

Friedrichs, J./ **Galster**, G./ **Musterd** (2003): Neighborhood effects on social opportunities: The European and American research and policy context. In: *Housing Studies*, 18(6). Pp. 797-806.

Frehsee, D. (1979): *Strukturbedingungen urbaner Kriminalität.* Eine Kriminalgeographie der Stadt Kiel unter besonderer Berücksichtigung der Jugendkriminalität. Göttingen.

Freie Hansestadt Bremen (2003): *Wohnen in Nachbarschaften (WiN) – Stadtteile für die Zukunft entwickeln.* „Stadtteile mit besonderem Entwicklungsbedarf - die soziale Stadt". Bremen.

Fuchs-Heinritz, W./ **Lautmann**, R./ **Rammstedt**, O./ **Wienold**, H. (2005): *Lexikon zur Soziologie.* Opladen.

Fuchs-Heinritz, W. (1994a): Jugendforschung, Stichwort. In: Fuchs-Heinritz, W./ Lautmann, R./ Rammstedt, O./ Wienold, H. (Hrsg.): *Lexikon zur Soziologie.* Opladen. S. 321.

Fuchs-Heinritz, W. (1994b): Soziale Lebenslage, Stichwort. In: Fuchs-Heinritz, W.; Lautmann, R., Rammstedt, O., Wienold, H. (Hrsg.): *Lexikon zur Soziologie.* Opladen. S. 393.

Fuhrer, U. (2008): Jugendalter: Entwicklungsrisiken und Entwicklungsaufgaben. In: Petermann, F. (Hrsg.): *Lehrbuch der Klinischen Kinderpsychologie.* Göttingen. S. 99-116.

Galuske, M. (2007): Case Management und aktivierender Sozialstaat. In: *Soziale Arbeit*, 11-12.

Geiger, T. (1987[32]): *Die soziale Schichtung des deutschen Volkes.* Soziodemografischer Versuch auf statistischer Grundlage. Nachdruck der Ausgabe aus dem Jahr 1932. Stuttgart

Geißler, R. (1998): Das mehrfache Ende der Klassengesellschaft. Diagnosen sozialstrukturellen Wandels. In: Freidrichs, J./ Lepius, R.M./ Mayer, K.U. (Hrsg.): *Kölner Zeitschrift für Soziologie und Sozialpsychologie, 38(2).* Die Diagnosefähigkeit der Soziologie. S. 207-236.

Geißler, R. (1996a): Klassen und Schichten im Schmelztiegel? Kontroversen um Begriffe, Theorien und Modelle. In: Geißler, R. (Hrsg.): *Die Sozialstruktur Deutschlands.* Zur gesellschaftlichen Entwicklung mit einer Zwischenbilanz zur Vereinigung. Opladen. S. 69-89.

Geißler, R. (1996b): Kein Abschied von Klasse und Schicht. Ideologische Gefahren der deutschen Sozialstrukturanalyse. In: *Kölner Zeitschrift für Soziologie und Sozialpsychologie, 48(2).* Köln. S. 319-338.

Geißler, R. (1994): Die pluralisierte Schichtstruktur der modernen Gesellschaft: zur aktuellen Bedeutung des Schichtbegriffs. In: Geißler, R. (Hrsg.): *Soziale Schichtung und Lebenschancen in Deutschland.* Stuttgart. S. 6-36.

Geißler, R. (1990): Schichten in der postindustriellen Gesellschaft. Die Bedeutung des Schichtbegriffs für die Analyse unserer Gesellschaft. In: Berger, P./ Hradil, S. (Hrsg.): *Soziale Welt,* 7. Lebenslagen, Lebensläufe, Lebensstile. Göttingen. S. 81-102.

Geißler, R. (1985): *Die Schichtungssoziologie von Theodor Geiger.* Zur Aktualität eines fast vergessenen Klassikers. In: *Kölner Zeitschrift für Soziologie und Sozialpsychologie*, 37. Köln. S. 387-410.

Geissler, B. (1994): Klasse, Schicht oder Lebenslage? Was leisten diese Begriffe bei der Analyse der neuen sozialen Ungleichheiten? In: *Leviathan*, 22(4). S. 541-559.

Georg, W. (1998): *Soziale Lage und Lebensstil.* Eine Typologie. Opladen.

Georg, W. (1996): Zur quantitativen Untersuchung des Zusammenhangs von Lebensstilen und sozialer Ungleichheit. In: Schwenk, O.G. (Hrsg.): *Lebensstil zwischen Sozialisationsstruktur und Kulturwissenschaft.* Opladen. S. 165-182.

Gerlach, A. (2009): *Neue ambulante Maßnahmen nach dem Jugendgerichtsgesetz im Zeichen des "KICK".* Studienarbeit. München.

Gintzel, U. (o.J.): *Thesen zu Professionalität, Ethik und Politik in der Sozialen Arbeit.* URL: http://www.ehs-dresden.de/fileadmin/uploads_hochschule/Aktuelles/Infoblaetter/Infoblatt_Extra_Dezember.pdf. Letzter Zugriff: 08.04.2012.

Glaser, B.G./ **Strauss**, A.L. (1979): Die Entdeckung gegenstandsbezogener Theorie: Eine Grundstrategie qualitativer Sozialforschung. In: Hopf, C./ Weingarten, E. (Hrsg.): *Qualitative Sozialforschung.* Stuttgart. S. 91-111.

Glatzer, W./ **Zapf**, W. (1984): *Lebensqualität in der Bundesrepublik.* Objektive Lebensbedingungen und subjektives Wohlbefinden. Frankfurt am Main und New York.

Gluchowski, P. (1988): *Freizeit und Lebensstile.* Plädoyer für eine integrierte Analyse von Freizeitverhalten. Erkrath.

Gluchowski, P. (1987): Lebensstile und Wandel der Wählerschaft in der Bundesrepublik Deutschland. In: *Aus Politik und Zeitgeschichte*, 12. S. 18-32.

Glueck, S./ **Glueck**, E. (1973): *Jugendliche Rechtsberater.* Stuttgart.

Göppinger, H. (Hrsg.)/ **Bock**, M./ **Jehle**, J.-M./ **Werner**, M. (1983): *Der Täter in seinen Bezügen. Ergebnisse aus der Tübinger Jungtäter-Vergleichsuntersuchung.* Berlin, Heidelberg, New York, Tokyo. URL: http://tocs.ub.uni-mainz.de/pdfs/018382177.pdf. Letzter Zugriff: 08.04.2012.

Göttlich, U. (2004): Selbstauslegung – Anerkennung – Kreativität. Daily Soaps, Daily Talks und „Big Brother" in der Medienrezeption Jugendlicher. In: Hoffman, D./ Merkens, H. (Hrsg.): *Jugendsoziologische Sozialisationstheorie.* Impulse für die Jugendforschung. Weinheim. S. 173-188.

Grundmann, M./ **Lüscher**, K. (2000): *Sozialökologische Sozialisationsforschung.* Ein anwendungsorientiertes Studien- und Lehrbuch. Konstanz.

Gudjons, H./ **Wagener-Gudjons**, B./ **Pieper**, M. (2008) : *Auf meinen Spuren.* Übungen zur Biografiearbeit. Bad Heilbrunn.

Haan, N. (1977): *Coping and Defending.* New York.

Häußermann, H. (2008): Wohnen und Quartier. Ursachen sozialräumlicher Segregation. In: Huster, E.-U./ Boekh, J./ Mogge-Grotjahn, H. (Hrsg.): *Handbuch Armut und Soziale Ausgrenzung.* Wiesbaden. S. 335-349.

Hammen, C./ **Rudolph**, K.D. (1996): Childhood depression. In: Mash/ E.J., Barkley/ R.A. (Eds.): *Child psychopathology.* New York. Pp. 153-195.

Harding, D.J. (2007): Cultural context, sexual behavior, and romantic relationships in disadvantaged neighborhoods. In: *American Sociological Review*, 72. Pp. 341-364.

Harnach-Beck, V. (2004): Diagnostische Aufgaben des Jugendamtes bei der Planung von Eingliederungshilfen für seelisch behinderte Kinder und Jugendliche. In: Heiner, M. (2004): *Diagnostik und Diagnosen in der Sozialen Arbeit.* Ein Handbuch. Berlin. S. 109-127.

Havighurst, R. J. (1982): *Developmental tasks and education.* New York.

Havighurst, R. J. (1981): *Developmental tasks and education.* New York.

Havighurst, R. J. (1956): *Developmental tasks and education.* New York.

Haynie, D.L. (2002): Friendship networks and delinquency: the relative nature of peer delinquency. In: *Journal of Quantitative Criminology*, 18(2). Pp. 99-134.

Haynie, D.L./ **Osgood**, D.W. (2005): Reconsidering peers and delinquency: How do peers matter?. In: *Social Forces*, 84(2). Pp.1109-1130.

Hees, K./ **Wahl**, K. (2009): *Täter oder Opfer?* Ursachen und Präventionen. München.

Heiner, M. (2001): *Planung und Durchführung von Evaluationen – Anregungen, Empfehlungen, Warnungen.* In: Heil, K. (Hrsg.): Evaluation sozialer Arbeit. Eine Arbeitshilfe mit Beispielen zur Selbstevaluation. Frankfurt am Main. S. 35-58.

Heinz, W. (2005): Zahlt sich milde aus? Diversion und ihre Bedeutung für die Sanktionspraxis. In: *Zeitschrift für Jugendkriminalrecht und Jugendhilfe (ZJJ),* 16. S. 166-178; S. 302-313.

Heinz, W. (2004): Die neue Rückfallstatistik – Legalbewährung junger Straftäter. In: *Zeitschrift für Jugendkriminalrecht und Jugendhilfe (ZJJ)*, 1. S. 35-48.

Heinz, W. (2003): *Jugendkriminalität in Deutschland.* Kriminalstatistische und kriminologische Befunde. Konstanz. URL: www.uni-konstanz.de/rtf/kik/. Letzter Zugriff: 08.04.2012.

Heinz, W. (1990): Mehrfach Auffällige – Mehrfach Betroffene. Dokumentation des 21. Deutschen Jugendgerichtstages in Göttingen. Göttingen. S. 30-73.

Hellmer, J. (1978): *Jugendkriminalität.* Neuwied.

Herriger, N. (2010): *Empowerment in der Sozialen Arbeit*. Eine Einführung. Stuttgart.

Hersen, M./ **Eisler**, R.M./ **Miller**, P.M. (1973): Development of assertative responses. Clinical measurement, and research considerations. In: *Behaviour, Research and Therapy.* 12(3). Pp. 505-521.

Hillmert, S. (2004): Soziale Ungleichheit im Bildungsverlauf: zum Verhältnis von Bildungsinstitutionen und Entscheidungen. In: Becker, R./ Lauterbach, W. (Hrsg.): *Bildung als Privileg?* Erklärungen und empirische Befunde zu den Ursachen von Bildungsungleichheiten. Wiesbaden. S. 69-97.

Hitzler, R. (1999): Existenzbastler im Wohlfahrtsstaat. Über „Vollkasko-Individualisierung“ als Handlungsrahmen. In: *Neue Praxis,* 29(6). S. 535-542.

Hitzler, R./ **Honer**, A. (1996): Individualisierung als Handlungsrahmen. Sozialpädagogik vor dem Hintergrund neuer sozialer Ungleichheiten. In: *Archiv für Wissenschaft und Praxis der sozialen Arbeit,* 27(2). S. 153-162.

Hölzle, C./ **Jansen**, I. (Hrsg.) (2009): *Ressourcenorientierte Biografiearbeit.* Grundlagen – Zielgruppen – Kreative Methoden. Wiesbaden.

Hoffmann, D./ **Merkens**, H. (2004): *Jugendsoziologische Sozialisationstheorie.* Impulse für die Jugendforschung. Weinheim.

Hradil, S. (2005): *Soziale Ungleichheit in Deutschland.* Wiesbaden.

Hradil, S. (2001): *Soziale Ungleichheit in Deutschland.* Wiesbaden.

Hradil, S. (1999): *Soziale Ungleichheit in Deutschland.* Opladen.

Hradil, S. (1997): Soziale Ungleichheit. In: Reinhold, G. (Hrsg.): *Soziologie-Lexikon.* München und Wien. S. 589-593.

Hradil, S. (1987): *Sozialstrukturanalyse in einer fortgeschrittenen Gesellschaft.* Von Klassen und Schichten zu Lagen und Milieus. Wiesbaden.

Hradil, S. (1983): Die Ungleichheit der „Sozialen Lage“. Eine Alternative zu schichtungssoziologischen Modellen sozialer Ungleichheit. In: Kreckel, R. (Hrsg.): *Soziale Ungleichheit.* Göttingen. S. 101-118.

Huck, W. (2002): Kinder und Jugendliche als Intensivtäter: Anamnese, Früherkennung und dissoziales Verhalten. In: *DVJJ-Journal*, 13. S. 187-193.

Hurrelmann, K. (2010): *Lebensphase Jugend.* Eine Einführung in die sozialwissenschaftliche Jugendforschung. Weinheim und München.

Hurrelmann, K. (2006): *Einführung in die Sozialisationstheorie*. Weinheim und München.

Hurrelmann, K. (2005): *Lebensphase Jugend.* Eine Einführung in die sozialwissenschaftliche Jugendforschung. Weinheim und München.

Hurrelmann, K. (1997): *Lebensphase Jugend.* Eine Einführung in die sozialwissenschaftliche Jugendforschung. Weinheim und München.

Hurrelmann, K. (1995): *Lebensphase Jugend.* Eine Einführung in die sozialwissenschaftliche Jugendforschung. Weinheim und München.

Hurrelmann, K. (1985): Soziale Ungleichheit und Selektion im Erziehungssystem. In: Strasser, H./ Goldthorpe, J. H. (Hrsg.): *Die Analyse sozialer Ungleichheit.* Kontinuität, Erneuerung, Innovation. Opladen. S. 48-69.

Jacobsen, R.H./ **Lahey**, B.B./ **Strauss**, C.C. (1983): Correlates of depressed mood in normal children. In: *Journal of Abnormal Child Psychology*, 11. Pp. 29-39.

Jöbgen, M. (2004). „… und doch kein Fall für die Justiz" Oder: Vom Nutzen der hermeneutischen Diagnostik. In: Heiner, M. (Hrsg.): *Diagnostik und Diagnosen in der Sozialen Arbeit.* Ein Handbuch. Berlin. S. ….

J.P. (2011): *Problemzentriertes Interview mit einem Adressaten einer stationären Wohngemeinschaft (Jugendwohngruppe).* Bremen.

Jugendpsychiatrischer Dienst (2003): *Gutachten des Jugendpsychiatrischen Dienstes vom 12.03.2003.* Bremen.

Jugendwohngruppe (2003): *Konzept der Jugendwohngruppe XY* (anonymisiert!). Bremen.

Jugert, G./ **Rehder**, A./ **Notz**, P./ **Petermann**, F. (2011): *Soziale Kompetenz für Jugendliche.* Grundlagen und Training. Weinheim und München.

Jungbauer-Gans, M./ **Kriwy**, P. (2004): Ungleichheit und Gesundheit von Kindern und Jugendlichen. In: Jungbauer-Gans, M. (Hrsg): *Soziale Benachteiligung und Gesundheit.* Wiesbaden. S. 9-24.

Junge, M. (2004): Sozialisationstheorien vor dem Hintergrund von Modernisierung, Individualisierung und Postmodernisierung. In: Hoffmann, D./ Merkens, H. (Hrsg.): *Jugendsoziologische Sozialisationstheorie.* Weinheim und München. S. 35-50.

Kamawura-Reindl, G. (2011): Bewährungshilfe im Spannungsfeld von Resozialisierung und sozialer Kontrolle. In: Dollinger, B./ Schmidt-Semisch, H. (Hrsg.): *Handbuch Jugendkriminalität.* Kriminologie und Sozialpädagogik im Dialog. Wiesbaden. S. 493-507.

Karstedt, S./ **Oberwittler**, D. (Hrsg.): *Soziologische Kriminalität.* Wiesbaden.

Kashani, J.H./ **Carlson**, G.A. (1987): Seriously depressed preschoolers. *American Journal of Psychiatry*, 144. Pp. 348-350.

Kashani, J. H./ **Holcomp**, W.R./ **Orvaschel**, H. (1986): Depression and depressive symptoms in preschool children from the general population. In: *American Journal of Psychiatry, 143.* S. 1138-1143.

Kelle, U./ **Kluge**, S. (1999): *Vom Einzelfall zum Typus.* Fallvergleich und Fallkontrastierung in der qualitativen Sozialforschung. Opladen.

Kerner, H.-J. (2004): Soziale Bindungen und Soziale Abweichung. In: Klosinski, G. (Hsrg.): *Empathie und Beziehung.* Tübingen. S. 41-64.

Keupp, H. (1997): *Ermutigung zum aufrechten Gang.* Tübingen.

Keupp, H. (1990): Lebensbewältigung im Jugendalter aus der Perspektive der Gemeindepsychologie. Förderung präventiver Netzwerkressourcen und Empowermentstrategien. In: Keupp, H./ Franzkowiak, P./ Stroessel, U. (Hrsg.): *Risiken des Heranwachsens.* Probleme der Lebensbewältigung im Jugendalter. Materialien zum 8. Jugendbericht. München und Weinheim. S. 1-52.

Keupp, H. (1987): Soziale Netzwerke – Eine Metapher des gesellschaftlichen Umbruchs? In: Keupp, H./ Röhrle, B. (Hrsg.): *Soziale Netzwerke.* Frankfurt am Main. S. 11-53.

Keupp, H./ **Franzkowiak**, P./ **Stroessel**, U. (1990): *Risiken des Heranwachsens.* Probleme der Lebensbewältigung im Jugendalter. Materialien zum 8. Jugendbericht. München und Weinheim.

Keupp, H./ **Röhrle**, B. (1987): *Soziale Netzwerke.* Frankfurt am Main.

Kiehn, E. (1993): *Sozialpädagogisch betreutes Jugendwohnen.* Freiburg.

Kristen, C. (2008): Primary school choice and ethnic school segregation in German elementary schools. In: *European Sociological Review*, 24(4). Pp. 495-510.

Klingler, W. (1999): Die Wissenskluft-Hypothese zur Nutzung von Informationsangeboten in den Medien. In: *Medien praktisch,* 91(23). S. 4-7.

Klocke, A. (1998): Reproduktion sozialer Ungleichheit in der Generationenfolge. In: Berger, P.A./ Vester, M. (Hrsg.): *Alte Ungleichheiten – Neue Spaltungen.* Opladen. S. 211-229.

Klüser, A. (2005): *Zum Verhältnis von Sozialer Arbeit und Betreuung unter besonderer Berücksichtigung beruflicher Selbständigkeit.* Verberuflichungs- und Professionalisierungsprozesse am Beispiel freiberuflicher Betreuungsführung in Köln. Dissertation. Köln. URL: http://deposit.ddb.de/cgi-bin/dokserv?idn=979595843&dok_var=d1&dok_ext=pdf&filename=979595843.pdf. Letzter Zugriff: 08.04.2012.

Köppel, M. (2009): *Existenzgründung in der Sozialen Arbeit.* Soziale Arbeit als selbstständiger Leistungserbringer. Ein einführender Leitfaden zur Firmen- und Praxisbegründung. Lage.

Körberstiftung (2012): *Starke Akteure für eine lebendige Bürgergesellschaft.* Die Förderung sozial benachteiligter Jugendlicher. URL: http://www.deutsche-kultur-international.de/de/org/organisationen/koerber-stiftung.html. Letzter Zugriff: 08.04.2012.

Koglin, U./ **Petermann**, F. (2008): Kindergarten- und Grundschulalter: Entwicklungsrisiken und Entwicklungsabweichungen. In: Petermann, F. (Hrsg.): *Lehrbuch der Klinischen Kinderpsychologie.* Göttingen. S. 81-98.

Kolip, P. (1993): *Geschlecht und Gesundheit im Jugendalter.* Die Konstruktion von Geschlechtlichkeit über somatische Kulturen. Opladen.

KoKoQ [Kommunikation, Kooperation und Qualifikation bei Partnern und Partnerinnen der Altenpflege] (2008): *Interkulturelle Öffnung.* Ein Leitfaden für Pflegeeinrichtungen. Bremen.

Konietzka, D. (1995): *Lebensstile im sozialstrukturellen Kontext.* Opladen.

Kordes, H. (1996): *Entwicklungsaufgaben und Bildungsgang.* Münster.

Krafeld, F.-J. (1997): *Anders leben lernen.* Von berufsfixierten zu ganzheitlicheren Lebensorientierungen. Weinheim.

Krafeld, F.-J. (1984): *Geschichte der Jugendarbeit.* Von den Anfängen bis zur Gegenwart. Weinheim.

Kraus, B. (2006): Lebenswelt und Lebensweltorientierung – eine begriffliche Revision als Angebot an eine systemisch-konstruktivistische Sozialarbeitswissenschaft. In: *Kontext.* Zeitschrift für

Systemische Therapie und Familientherapie, 02/06. Göttingen. S. 116-129. URL: http://www.deutsche-gesellschaft-fuer-sozialarbeit.de/pdf/Kraus_Lebenswelt.pdf. Letzter Zugriff: 08.04.2012.

Krause, D. (1994): Soziale Ungleichheit, Stichwort. In: Fuchs-Heinritz, W./ Lautermann, R./ Rammstedt, O./ Wienold, H. (Hrsg.): *Lexikon zur Soziologie.* Opladen. S. 697.

Kreher, R./ **Schmiedl**, U. (2000): *Mehrfachtatverdächtige im Freistaat Sachsen.* Sachsen.

Kronauer, M. (1996): *„Soziale Ausgrenzung" und „Underclass".* Über neue Formen der gesellschaftlichen Spaltung. Opladen.

Krüger, H.-H./ **Grunert**, C. (2002): Geschichte und Perspektiven der Kindheits- und Jugendforschung. In: Krüger, H.-H./ Grunert, C. (Hrsg.): *Handbuch Kindheits- und Jugendforschung.* Opladen. S. 11-42.

Krüger, H.-H. (1993): *Handbuch der Jugendforschung.* Opladen.

Krumdiek, N. (2008): Cannabis sativa L. und das Aufleben alter Vorurteile. In: *Neue Zeitschrift für Strafrecht*, 28. S. 437-444.

Kuckartz, U. (1997): Qualitative Daten computergestützt auswerten: Methoden, Techniken, Software. Weinheim und München.

Kunkat, A. (2002): *Junge Mehrfachauffällige und Mehrfachtäter in Mecklenburg-Vorpommern.* Eine empirische Analyse. Dissertation. Mönchengladbach.

Lahmann, K.-H. (2012): *Bremen zieht die Schuldenbremse.* Ab 2020 Haushalt ohne neue Kredite. URL: http://www.radiobremen.de/politik/dossiers/schulden/konsolidierungskurs100.html. Letzter Zugriff: 08.04.2012.

Lamnek, S. (2005): *Qualitative Sozialforschung.* Ein Lehrbuch. Weinheim.

Lamnek, S. (1995): *Qualitative Sozialforschung.* Ein Lehrbuch. Weinheim.

Lampert, T./ **Schenk**, L. (2004): Gesundheitliche Konsequenzen des Aufwachsens in Armut und sozialer Benachteiligung. In: Jungbauer-Gans, M. (Hrsg.): *Soziale Benachteiligung und Gesundheit bei Kindern und Jugendlichen.* Wiesbaden. S. 57-84.

Lattschar, B./ **Wiemann**, I. (2008): *Mädchen und Jungen entdecken ihre Geschichte.* Weinheim.

Lenz, A./ **Stark**, W. (Hrsg.) (2002): *Empowerment.* Neue Perspektiven für psychosoziale Praxis und Organisation. Tübingen.

Lenz, K. (1998): Zur Biografisierung der Jugend. Befunde und Konsequenzen. In: Böhnisch, L./ Rudolph, M./ Wolf, B. (Hrsg.): *Jugendarbeit als Lebensort.* Weinheim und München. S. 123-146.

Lenz, K. (1988): *Die vielen Gesichter der Jugend.* Frankfurt am Main.

Lerner, R.M. (1984): Jugendliche als Produzenten ihrer eigenen Entwicklung. In: Olbrich, E./ Todt, E. (Hrsg.): *Probleme des Jugendalters.* Berlin und Heidelberg. S. 69-88.

Leutschacher, M. (2007): *Sozial benachteiligte Jugendliche in der betreuten Wohngemeinschaft.* Diplomarbeit. München und Ravensburg.

Lewinsohn, P.M./ **Essau**, C.A./ **Hops**, H./ **Roberts**, R.E./ **Seeley**, J.R./ **Andrews**, J.A. (1993): Adolescent psychopathology. Prevalence and incidence of depression and other DSM-III-R disorders in high school students. In: *Journal of Abnormal Psychology,* 102. Pp. 133-144.

Lewinsohn, P.M./ **Essau**, C.A./ **Clarke**, G.N./ **Seeley**, J.R./ **Rohde**, P. (1994): Major depression in community adolescents: Age of onset, episode duration, and time to recurrence. In: *Journal of the American Academy of Child and Adolescent Psychiatry*, 33. S. 809-819.

Lewinsohn, P.M./ **Essau**, C.A./ **Seeley**, J.R. (1998a): Major depressive disorder in older adolescents: Prevalence, risk factors, and clinical implications. In: *Clinical Psychology Review,* 18. S. 765-794.

Lewinsohn, P.M./ **Essau**, C.A./ **Seeley**, J.R. (1998b): Treatment of adolescent depression: Frequency of services and impact on functioning in young adulthood. In: *Depression and Anxciety,* 7. S. 47-52.

Lindmeier, C. (2004): *Biografiearbeit mit geistig behinderten Menschen.* Weinheim

Lüdtke, H. (1990): Lebensstile als handlungsproduzierte Ungleichheit. Eine Anwendung des Rational-Choice-Ansatzes. In: Berger, P.A., Hradil, S. (Hrsg.): *Soziale Welt*, 7. Lebenslagen, Lebensläufe, Lebensstile. S. 433-454.

Lüdtke, H. (1989): *Expressive Ungleichheit.* Zur Soziologie der Lebenslage. Opladen.

Maelicke, B. (2008): *Lexikon der Sozialwirtschaft.* Baden-Baden.

Mansel, J. (1998): Zukunftsperspektive und Wohlbefinden von sozial benachteiligten Jugendlichen. In: Mansel, J. (Hrsg.): *Armut im Jugendalter. Soziale Ungleichheit, Gettoisierung und die psychosozialen Folgen.* Weinheim und München. S. 141-157.

Mansel, J. (1995): *Sozialisation in der Risikogesellschaft.* Eine Untersuchung zu psychosozialen Belastungen Jugendlicher als Folge ihrer Bewertung gesellschaftlicher Bedrohungspotenziale. Neuwied, Kriftel und Berlin.

Mansel, J./ **Hurrelmann**, K. (1998): Aggressives und delinquentes Verhalten Jugendlicher im Zeitvergleich. Befunde der „Dunkelfeldforschung" aus den Jahren 1988, 1990 und 1996. In: *Kölner Zeitschrift für Soziologie und Sozialpsychologie*, 50(1). S. 78-109.

Mansel, J./ **Hurrelmann**, K. (1991): *Alltagsstress bei Jugendlichen.* Eine Untersuchung über Lebenschancen, Lebensrisiken und psychosoziale Befindlichkeiten im Statusübergang. Weinheim und München.

Markowitsch, H.J./ **Welzer**, H. (2005): *Das autobiografische Gedächtnis.* Stuttgart.

Marotzki, W. (2003): Leitfadeninterview. In: Bohnsack, R./ Marotzki, W./ Meuser, M. (Hrsg.): *Hauptbegriffe Qualitativer Sozialforschung.* Ein Wörterbuch. Opladen.

Marx, K. (1987 [1867]): *Das Kapital: Kritik der politischen Ökonomie.* Der Produktionsbesitz des Kapitals. Neudruck aus dem Jahr 1867. Berlin

MASGFF [Ministerium für Arbeit, Soziales, Gesundheit, Familien und Frauen] (2010): *Europäischer Sozialfonds – Mehr Chancen für Rheinland-Pfalz.* URL: http://esf.rlp.de/. Letzter Zugriff: 08.04.2012.

Maslow, A.H. (2002): Motivation und Persönlichkeit. Reinebek.

Mayer, O. (2009): *Interview und schriftliche Befragung.* Entwicklung, Durchführung, Auswertung. München.

Mayring, P. (2010): *Qualitative Inhaltsanalyse.* Grundlagen und Techniken. Weinheim und Basel.

Mayring, P. (2010): Qualitative Inhaltsanalyse. In: Flick, U./ Kardorff, E. von/ Steinke, I. (Hrsg.): *Qualitative Forschung.* Ein Handbuch. Reinbek bei Hamburg. S. 468-475.

McCauly, E./ **Myers**, K./ **Mitchell**, J./ **Calderon**, R./ **Schloredt**, K./ **Treder**, R. (1993): Depression in young people: Initial presentation and clinical course. In: *Journal of the American Academy of Child and Adolecent Psychiatry*, 32. Pp. 714-722.

McFall, R./ **Dodge**, K.A. (1982): Self-management and interpersonal learning. In: Karoly, P., Kanfer, F. H. (Eds.): *Self-management and behavior change.* New York. Pp. 353-392.

Mediahaven GmbH (2011): Konzept der Mediahaven GmbH. Perfekte Lösungen für anspruchsvolle Medien. Bremen.

Menker, B. (2010). Schüler ohne Abschluss. Atlas der Bildungsverlierer. In: *Spiegel Online vom 08.10.2010.* URL: http://www.spiegel.de/schulspiegel/wissen/0,1518,721779,00.html. Letzter Zugriff: 08.04.2012.

Meulemann, H. (2000): Lebenszufriedenheit vom Ende der Jugend bis zum mittleren Erwachsenenalter. In: *Zeitschrift für Entwicklungspsychologie und pädagogische Psychologie,* 32. S. 207-217.

Meyer, T. (2001): Das Konzept der Lebensstile in der Sozialstrukturforschung – eine kritische Bilanz. In: *Soziale Welt,* 52(3). S. 255-271.

MFJFG [Ministerium für Frauen, Jugend, Familie und Gesundheit] (Hrsg.) (2002): *Jugendkriminalität – Wir diskutieren.* Informationen und Bausteine für Unterricht und außerschulische Jugendarbeit. Köln.

Mikos, L. (2004): Medien als Sozialisationsinstanz und die Rolle der Medienkompetenz. In: Hoffman, D./ Merkens, H. (Hrsg.): *Jugendsoziologische Sozialisationstheorie.* Impulse für die Jugendforschung. Weinheim. S. 152-169.

Mischel, W. (1971): *Introduction to personality.* New York.

Möbius, T. / **Friedrich**, S. (Hrsg.) (2010): *Ressourcenorientiert Arbeiten.* Anleitung zu einem gelingenden Praxistransfer im Sozialbereich. Wiesbaden.

MPFS [Medienpädagogischer Forschungsbund] (2012): *Jugend, Information und (Multi-)Media* **(JIM-Studie 2011)**. Basisstudie zum Medienumgang 12- bis 19-Jähriger in Deutschland. Stuttgart.

Müller, B. (2004): Diagnostik. In: Heiner, M. (2004): *Diagnostik und Diagnosen in der Sozialen Arbeit.* Ein Handbuch. Berlin.

Müller, H.-P. (1992a): *Sozialstruktur und Lebensstile.* Der neuere theoretische Diskurs über soziale Ungleichheit. Frankfurt am Main.

Müller, H.-P. (1992b): Sozialstruktur und Lebensstile. Zur Neustruktur der Sozialstrukturforschung. In: Hradil, S. (Hrsg.): *Zwischen Bewusstsein und Sein.* Die Vermittlung „objektiver" Lebensbedingungen und „subjektiver" Lebensweisen. Opladen. S. 57-66.

Müller, W. (1998): Klassenstruktur und Parteiensystem. Zum Wandel der Klassenspaltung im Wahlverhalten. In: *Kölner Zeitschrift für Soziologie und Sozialpsychologie, 50.* S. 3-46.

Müller, W. (1997): Ungleichheitsstrukturen im vereinten Deutschland. In: Müller, W. (Hrsg.): *Soziale Ungleichheit.* Neue Befunde zu Strukturen, Bewusstsein und Politik. Opladen. S. 13-42.

Münchmeier, R. (2008): Vorwort für Tamke, F. In: Tamke, F. (Hrsg.): *Jugenden, soziale Ungleichheit und Werte.* Theoretische Zusammenführung und empirische Überprüfung. Wiesbaden.

Münchmeier, R. (1997): Jugend, Stichwort. In: Reinhold, G. (Hrsg.): *Soziologie-Lexikon.* München und Wien. S. 316-319.

Nahrstedt, W. (1974): *Freizeitpädagogik in der nachindustriellen Gesellschaft.* Frankfurt am Main.

Naplava, T./ **Walter**, M. (2006): Entwicklung der Gewaltkriminalität. Reale Zunahme oder Aufhellung des Dunkelfeldes? In: *Monatsschrift für Kriminologie und Strafrechtsreform*, 89. S. 338-351.

Nave-Herz, R./**Sander**, D. (1998): *Heirat ausgeschlossen?* Ledige Erwachsene in sozialhistorischer und subjektiver Perspektive. Frankfurt am Main.

Neubacher, W. (2011): *Jugendkriminalität.* Eine systematische Darstellung. Köln.

Neuffer, M. (2009): *Case Management.* Soziale Arbeit mit Einzelnen und Familien. Weinheim und München.

Neuffer, M. (2007): *Case Management. Soziale Arbeit mit Einzelnen und Familien.* Weinheim und München.

Neurath, O. (1981 [1931]): Empirische Soziologie. Nachdruck aus dem Jahr 1931. Wiesbaden. S. 44.

Nevermann, C./ **Reicher**, H. (2009): *Depressionen im Kindes- und Jugendalter.* Erkennen, Verstehen, Helfen. München.

Nezu, A.M./ **Nezu**, C.M./ **Perri**, M.G. (1989): *Problem-solving therapy for depression: Theory, research, and clinical guidelines.* New York.

Nocon, A. (2004): *Angst und Depression bei Jugendlichen.* Häufigkeit, Komorbiditätsmuster und zeitlicher Verlauf. Saarbrücken.

Nolen-Hoeksema, S./ **Girgus**, J.S./ **Seligman**, M.E.P. (1986): Lerned helpness in children: A longitudinal study of depression, achievement, and explanatory style. In: *Journal of Personality and Social Psychology, 51.* Pp. 435-442.

Noll, H.-H./ **Zapf**, W. (1994): Social Indicators Research: Social Monitoring and Social Reporting. In: Borg, I./Mohler, P.-P. (Eds.): *Trends and Perspectives in Empirical Research.* Berlin und New York. Pp. 1-16.

Nollmann, G./ **Strasser**, H. (2004): Soziale Ungleichheit und gesellschaftliche Differenzierung. Handlungstheoretische Grundlagen von scheinbar unverträglichen Konzepten. In: Schwinn, T. (Hrsg.): *Differenzierung und soziale Ungleichheit.* Die zwei Soziologien und ihre Verknüpfung. Frankfurt am Main. S. 284-320.

Nottelmann, E.D./ **Jensen**, P.S. (1999): *Comorbidity of depressive disorders in children and adolescents: Rates, temporal sequencing, course and outcome.* New York.

Nowak, H./ **Becker**, U. (1985): „Es kommt der ‚neue' Konsument." Analysen, Thesen, Vermutungen, Modelle, Werte im Wandel. In: *Zeitschrift für Gestaltung,* 111. S. 13-17.

O. (2011): *Problemzentriertes Interview mit einem straffällig gewordenen Jugendlichen.* Bremen.

Oberwittler, D. (2011): Jugendkriminalität in sozialen Kontexten – zur Rolle von Wohngebieten und Schulen bei der Verstärkung von abweichendem Verhalten Jugendlicher. In: Dollinger, B./ Schmidt-Semisch, H. (Hrsg.): *Handbuch Jugendkriminalität.* Kriminologie und Sozialpädagogik im Dialog. Wiesbaden.

Oberwittler, D. (2007a): The effects of the ethnic and social segregation on children and adolescents: recent research an results from a German multilevel study. In: *Discussion Paper no. SP IV 2007-603.* Berlin. Pp. 163-191.

Oberwittler, D. (2007b): *The effects of neighbourhood poverty on children and adolescent problem behaviours: a multi-level analysis differentiated by gender and ethnicity.* Berlin.

OECD [Organisation for Economic Co-operation and Development] (2010): *PISA 2009* Ergebnisse. Zusammenfassung. Übersetzung durch den Deutschen Übersetzungsdienst der OECD. Berlin.

OECD [Organisation for Economic Co-operation and Development] (2007): *PISA 2006.* Science Competencies for Tommorow's World. Vol. 1 Paris: OECD.

OECD [Organisation for Economic Co-operation and Development] (2001): *Lernen für das Leben.* Erste Ergebnisse der internationalen Schulleistungsstudie PISA 2000. URL: http://www.pisa.oecd.org/dataoecd/44/31/33691612.pdf. Letzter Zugriff: 08.04.2012.

Oerter, R./ **Dreher**, E. (2002): Jugendalter. In: Oerter, R./ Montada, L. (Hrsg.): *Entwicklungspsychologie.* Ein Lehrbuch. Weinheim. S. 259-318.

Oerter, R./ **Montada**, L. (1995) (Hrsg.): *Entwicklungspsychologie.* Ein Lehrbuch. Weinheim.

Olk, T. (1985): Jugend und gesellschaftliche Differenzierung – Zur Entstrukturierung der Jugendphase. In: Heid, H./ Klafki, W. (Hrsg.): *Arbeit – Bildung – Arbeitslosigkeit.* Beiträge zum 9. Kongress der Deutschen Gesellschaft für Erziehungswissenschaft. Weinheim und Basel. S. 41-62.

Opaschowski, H.W. (1994): *Einführung in die Freizeitwissenschaft.* Wiesbaden.

Osterloh, K. (2004): Kriminelle Subkulturen bei Migranten aus den Nachfolgestaaten der ehemaligen Sowjetunion. In: *Zeitschrift für Jugendkriminalrecht und Jugendhilfe*, 15. S. 149-158.

Othold, F./ **Schumann**, K.F. (2003): Delinquenzverläufe nach Alter, Geschlecht und Nationalitätenstatus. In: Schumann, K.F. (Hrsg.): *Delinquenz im Lebensverlauf.* Bremer Längsschnittstudie zum Übergang von der Schule in den Beruf bei ehemaligen Hauptschülern. S. 67-94.

Pantuček, P. (2009): *Soziale Diagnostik.* Verfahren für die Praxis Sozialer Arbeit. Wien, Köln und Weimar.

Patzak, J./ **Goldhausen**, S. (2007): Die aktuellen Wirkstoffgehalte von Cannabis. In: *Neue Zeitschrift für Strafrecht*, 27. S. 195-198.

Petermann (2002): Klinische Kinderpsychologie: Das Konzept der sozialen Kompetenz. In: *Zeitschrift für Psychologie, 210.* S. 175-185.

Petermann, U./ **Petermann**, F. (2010a): *Lehreinschätzliste für Sozial- und Lernverhalten (LSL).* Göttingen.

Petermann, U./ **Petermann**, F. (2010b): *Training mit sozial unsicheren Kindern.* Weinheim.

Petermann, U./ **Suhr-Dachs**, L. (2008): Soziale Phobie. In: Petermann, F. (Hrsg.): *Lehrbuch der Klinischen Kinderpsychologie.* Göttingen. S. 359-375.

Petersen, A.C./ **Sarigiani**, P.A./ **Kennedy**, R.E. (1991): Adolescent depression: Why more girls? In: *Journal of Youth and Adolescence,* 20. S. 247-271.

Pfeiffer, C./ **Mößle**, T./ **Kleimann**, M./ **Rehbein**, F. (2007): *Die PISA-Verlierer – Opfer ihres Medienkonsums.* Eine Analyse auf der Basis verschiedener empirischer Untersuchungen. Kriminologisches Forschungsinstitut Niedersachsen. URL: http://www.kfn.de/versions/kfn/assets/pisaverlierer.pdf. Letzter Zugriff: 08.04.2012.

Picot, S./ **Willert**, M. (2010): *Jugend unter Druck?* 20 Fallstudien. Frankfurt am Main.

Pleiner, G./ **Heblich**, B. (2009): *Lehrbuch Pressearbeit.* Grundlagen und Praxismethoden für die Soziale Arbeit. Weinheim und München.

Pöggeler, F. (1984): *Jugend und Zukunft.* Erkenntnisse und Hoffnungen. Salzburg.

PosterXXL.de (2012): *Ihr Foto als Poster.* Angebot vom 08.04.2012. URL: http://www.posterxxl.de/produkte/poster/Ihr-Foto-als-Riesenposter.html?xxl_session=21530024269ef5395672c3523e82db42. Letzter Zugriff: 08.04.2012.

Prantl, H. (2005): *Kein schöner Land.* Die Zerstörung der sozialen Gerechtigkeit. München.

Preiser, S./ **Wagner**, U. (2003): Gewaltprävention und Gewaltminderung. In: *Report Psychologie,* 11(12). S. 660-666.

Prenzel, M./ **Artelt**, C./ **Baumert**, J./ **Blum**, W./ **Hammann,** M./ **Klieme**, E./ **Pekrun**, R. (2006): *PISA 2006.* Die Ergebnisse der dritten internationalen Vergleichsstudie. Zusammenfassung. URL: http://pisa.ipn.uni-kiel.de/zusammenfassung_PISA2006.pdf. Letzter Zugriff: 08.04.2012.

Puig-Antich, J./ **Lukens**, E./ **Davies**, M./ **Goetz**, D./ **Brennan-Quatrock**, J./ **Todak**, G. (1985): The psychosocial functioning in prepubertal children with major depressive disorders: Interpersonal relationships during the depressive episode. In: *Archives of General Psychiatry*, 42. Pp. 500-507.

R. (2011): *Problemzentriertes Interview mit einem depressiven Jugendlichen.* Bremen.

Raabe, W. (2004): *Biografiearbeit in der Benachteiligtenförderung.* Darmstadt.

Rappaport, J. (1987): Terms of empowerment/ exemplars of prevention: toward a theory for community psychology. In: *American Journal of Community Pschology*, 9. Pp. 121-144.

Rauschenbach, T. (1992): Soziale Arbeit und Soziales Risiko. Lage.

Rehm, L.P. (1981): A self-control therapy program for treatment of depression. In: Clarkin, J.F./ Glazer, A.I. (Eds.): *Depression: Behavioral and directive intervention strategies.* New York. Pp. 787-804.

Reinders, H. (2002): Entwicklungsaufgaben – Theoretische Positionen zu einem Klassiker. In: Merkens, H./ Zinnecker, J. (Hrsg.): *Jahrbuch Jugendforschung.* Opladen. S. 13-37.

Reinherz, H.Z./ **Pakiz**, B./ **Silvermann**, A.B./ **Frost**, A.K./ **Lefkowitz**, E.S. (1993): Psychosocial risks for major depression in late adolescence: A longitudinal community study. In: *Journal of the American Academy of Child and Adolescent Psychiatry*, 32. New York. Pp. 1155-1163.

Reinhold, G. (1997) (Hrsg.): *Soziologie-Lexikon.* München und Wien.

Reuband, K.-H. (1980): Rauschmittelkonsum in der Bundesrepublik Deutschland: Entwicklungstrends, Gebrauchsmuster und soziale Determinanten. In: *Kriminalsoziologische Bibliographie*, 7. Wien. S. 58-62.

Richter, D. (2006): *Die Biografie jugendlicher und heranwachsender Mehrfachtäter.* Ursachenforschung von Jugendkriminalität und Rückfalltäterschaft. Dissertation. Berlin.

Riemann, G. (2002): Biographien verstehen und missverstehen – die Komponente der Kritik in sozialwissenschaftlichen Fallanalysen des professionellen Handelns. Berlin.

Riemann, G. (2000): *Die Arbeit in der sozialpädagogischen Familienberatung.* Berlin.

Rittscher, W. (2004): Prinzipien und Verfahren systemischer Diagnostik in der Sozialen Arbeit. In: Heiner, M. (2004): *Diagnostik und Diagnosen in der Sozialen Arbeit.* Ein Handbuch. Berlin.

Röser, F. (2003): *Neue Ambulante Maßnahmen nach dem Jugendgerichtsgesetz als sozialpädagogisches Handlungsfeld.* Diplomarbeit. München.

Rössel, J. (2005): *Plurale Sozialstrukturanalyse.* Eine handlungstheoretische Sammlung der Grundbegriffe der Sozialstrukturanalyse. Wiesbaden.

Rossmann, P. (2009): Depression und Trauer. In: Irblich, D./ Renner, G. (Hrsg.): *Diagnostik in der klinischen Kinderpsychologie.* Die ersten sieben Lebensjahre. Göttingen.

Ruhe, H.G. (2003): *Methoden der Biografiearbeit.* Weinheim.

SAFGJS [Senatorin für Arbeit, Frauen, Gesundheit, Jugend und Soziales] (2008): *Konzeption zur Integration von Zuwanderern und Zuwanderinnen im Lande Bremen 2007-2011.* Grundsätze, Leitbilder und Handlungsziele für die bremische Integrationspolitik. Bremen.

SAFGJS [Senatorin für Arbeit, Frauen, Gesundheit, Jugend und Soziales] (o.J.): *„Wohnen in Nachbarschaften (WiN)" – Bremen.* Best Practises „Schnittstellen zwischen Verwaltung, Politik und Bürgerschaft". URL: http://www.bertelsmann-stiftung.de/cps/rde/xbcr/SID-9FB27BE8-4D876207/bst/1_bp_a02_win_bremen.pdf. Letzter Zugriff: 08.04.2012.

Sanvoss, A. (2011): *Systemisches Anti-Gewalt-Training.* URL: http://www.anti-gewalt-training.de/. Letzter Zugriff: 08.04.2012.

Sarigiani, P.A./ **Wilson**, J.L./ **Petersen**, A.C./ **Vicary**, J.R. (1990): Self-image und educational plans for adolescence from two contrasting communities. In: *Journal of Early Adolescence*, 10. Pp. 37-55.

Schaffer, H. (2009): *Empirische Sozialforschung für die Soziale Arbeit.* Eine Einführung. Freiburg im Breisgau.

Scheffler, G. (2010): *Wenn Jugendliche straffällig werden ….* Ein Leitfaden für die Praxis. Bonn.

Scherr, A. (2011): Jugendkriminalität – Eine Folge sozialer Armut und sozialer Benachteiligung? In: Dollinger, B./ Schmidt-Semisch, H. (Hrsg.): *Handbuch Jugendkriminalität.* Kriminologie und Sozialpädagogik im Dialog. Wiesbaden. S. 203-213.

Scheuch, E.K. (1977): *Soziologie der Freizeit.* Wiesbaden.

Scheuch, E.K. (1961): Sozialprestige und soziale Schichtung. In: *Kölner Zeitschrift für Soziologie und Sozialpsychologie,* 5. Opladen und Wiesbaden. S. 65-103.

Schimank, U. (1998): Funktionale Differenzierung und soziale Ungleichheit. Die zwei Gesellschaftstheorien und die konflikttheoretische Verknüpfung. In: Giegel, H.-J. (Hrsg.): *Konflikt in modernen Gesellschaften.* Frankfurt am Main. S. 61-88.

Schmidt, C. (2010): Analyse von Leitfadeninterviews. In: Flick, U./ Kardorff, E. von/ Steinke, I. (2010): *Qualitative Forschung.* Ein Handbuch. Reinbek bei Hamburg. S. 447-456.

Schneider, B.H./ **Attili**, G./ **Nadel**, J./ **Weissberg**, R.P. (1989) (Hrsg.): *Social competence in developmental perspective.* Dordrecht: Kluwer.

Schrappner, C. (2004): Sozialpädagogische Diagnostik zwischen Durchblick und Verständigung. In: Heiner, M. (Hrsg.): *Diagnostik und Diagnosen in der Sozialen Arbeit.* Ein Handbuch. Berlin. S. 40-55.

Schröder, H. (1995): *Jugend und Modernisierung.* Strukturwandel der Jugendphase und Statuspassage auf dem Weg zum Erwachsensein. Weinheim und München.

Schröer, W. (2004): Befreiung aus dem Moratorium? Zur Entgrenzung von Jugend. In: Lenz, K./ Schefold, W./ Schröer, W. (Hrsg.): *Entgrenzte Lebensbewältigung.* Weinheim und München.

Schubert, F.-C. (1999): Ressourcenorientierte psychosoziale Beratung: Der sozialökologische Ansatz. In: Köppel, M.: *Existenzgründung in der Sozialen Arbeit.* Soziale Arbeit als selbstständiger Leistungserbringer. Ein einführender Leitfaden zur Firmen- und Praxisbegründung. Lage. S. 27-28

Schumann, K.F. (2011): Jugenddelinquenz im Lebensverlauf. In: Dollinger, B./ Schmidt-Semisch, H. (Hrsg.): *Handbuch Jugendkriminalität.* Kriminologie und Sozialpädagogik im Dialog. Wiesbaden. S. 243-259.

Schütz, F. (1977): *Die Technik des narrativen Interviews in Interaktionsfeldstudien dargestellt an einem Projekt zur Erforschung von kommunalen Machtstrukturen.* Bielefeld.

Schütz, F. (1976): Zur Hervorlockung und Analyse von Erzählungen thematisch relevanter Geschichten im Rahmen soziologischer Feldforschung. In: Arbeitsgruppe Bielefelder Soziologen (Hrsg.): *Kommunikative Sozialforschung.* München. S. 159-260.

Schwarzer, R. (2000): Stress, Angst und Hilflosigkeit. Stuttgart.

Schwenk, O.G. (1999): *Soziale Lagen in der Bundesrepublik Deutschland.* Opladen.

Schwenk, O. (1997): *Soziale Lagen in der Bundesrepublik Deutschland.* Dissertation. Mainz.

Schwinn, T. (1998): Soziale Ungleichheit und funktionale Differenzierung. Wiederaufnahme einer Diskussion. In: *Zeitschrift für Soziologie,* 27(1). S. 3-17.

Seligmann, M.E.P. (1999): Erlernte Hilflosigkeit. München.

Shell Deutschland Holding (Hrsg.) (2010): *Jugend 2010.* Eine pragmatische Jugend behauptet sich. 16. Shell Jugendstudie **(Shell Jugendstudie 2010)**. Frankfurt am Main.

Shell Deutschland Holding (Hrsg.) (2006): *Jugend 2006.* Eine pragmatische Generation unter Druck. 15. Shell Jugendstudie **(Shell Jugendstudie 2006)**. Frankfurt am Main.

Shell Deutschland Holding GmbH (Hrsg.) (2002): *Jugend 2002.* Zwischen pragmatischem Idealismus und robustem Materialismus. 14. Shell Jugendstudie **(Shell Jugendstudie 2002)**. Frankfurt am Main.

Sielert, S. (2002). *Jungenarbeit.* Praxishandbuch für die Jungenarbeit. München und Weinheim

Silbereisen, R.K./ **Eyferth**, K./ **Rudinger**, G. (1986) (Hrsg.): *Development as action in context.* New York.

Silbereisen, R.K./ **Wiesner**, M. (1999): Erste romantische Beziehungen bei Jugendlichen aus Ost- und Westdeutschland. Ein Vergleich der Prädikatoren von 1991 und 1996. In: Silbereisen, R. K./ Zinnecker, J. (Hrsg.): *Entwicklung im sozialen Wandel.* Weinheim.

Simon, F.B./ **Rech-Simon**, C. (2009): *Zirkuläres Fragen.* Systemische Therapie in Fallbeispielen. Ein Lehrbuch. Heidelberg.

Solga, H./ **Wagner**, S. (2008): Die Zurückgelassenen – Die soziale Verarmung der Lernumwelt von Hauptschülern und Hauptschülerinnen. In: Becker, R./ Lauterbach, W. (Hrsg.): *Bildung als Privileg?* Ursachen von Bildungsungleichheit aus soziologischer Sicht. Wiesbaden. S. 189-217.

Sorlie, M.-A./ **Hagen**, K.A./ **Ogden**, T. (2008): Social competence and antisocial behaviour: Continuity and distinctiveness across early adolescence. In: *Journal of Research on Adolescence,* 22. S. 121-144.

SdJ [Sozialer Dienst der Justiz] (2012): *Telefonische Auskunft vom Leiter des Sozialdienst der Justiz in Bremen.* Telefonat vom 06.03.2012. Bremen.

Sozialpsychiatrischer Dienst (2012): *Telefonische Auskunft von einem Mitarbeiter des Sozialpsychiatrischen Dienstes.* Telefonat vom 06.03.2012. Bremen.

Spatscheck, C./ **Arnegger**, M./ Kraus, S./ **Mattner**, A./ **Schneider**, B. (2008): *Soziale Arbeit und Ökonomisierung.* Analysen und Handlungsstrategien. Milow.

Spellerberg, A. (1996): *Soziale Differenzierung durch Lebensstile.* Eine empirische Untersuchung zur Lebensqualität in Ost- und Westdeutschland. Berlin.

Stark, W. (1996): *Empowerment.* Neue Handlungskompetenzen in der psychosozialen Praxis. Freiburg im Breisgau.

Stark, W. (1993): Die Menschen Stärken. Empowerment als eine Sicht auf klassische Themen von Sozialpolitik und soziale Arbeit. In: *Blätter der Wohlfahrtspflege*, 2/93. S. 41-44.

Statistisches Bundesamt (2007): *Bevölkerung mit Migrationshintergrund – Ergebnisse des Mikrozensus 2005.* Bevölkerung und Erwerbstätigkeit. URL: http://www.migration-info.de/mub_artikel.php?Id=070507. Letzter Zugriff: 08.04.2012.

Statistisches Bundesamt (Hrsg.) (2000): *Im Blickpunkt: Jugend in Deutschland.* Wiesbaden.

Staub-Bernasconi, S. (2007): Soziale Arbeit als Handlungswissenschaft. Systemische Grundlagen und professionelle Praxis. Ein Lehrbuch. Stuttgart.

Staub-Bernasconi, S. (1995): *Systemtheorie, soziale Probleme und soziale Arbeit: lokal, national, international oder vom Ende der Bescheidenheit.* Bern.

Steffen, W. (2003): Mehrfach- und Intensivtäter. Aktuelle Erkenntnisse und Strategien aus dem Blickwinkel der Polizei. In: *Zeitschrift für Jugendkriminalrecht und Jugendhilfe*, 2. S. 152-158.

Stein, A. (2009): *Sozialtherapeutisches Rollenspiel.* Eine Methode in der psychosozialen Arbeit. München und Basel.

Steinkamp, G. (1998): *Sozialstruktur und Sozialisation.* In: Hurrelmann, K./ Ulich, D. (Hrsg.): Handbuch der Sozialisationsforschung: Studienausgabe. Weinheim und Basel. S. 251-278.

Stice, E./ **Ragan**, J./ **Randall**, P. (2004): Prospective relations between social support and depression: Differential direction of effects for parents and peer support? In: *Journal of Abnormal Psychology*, 113. Pp. 155-159.

Strauss, A./ **Corbin**, J. (1996): *Grounded Theory: Grundlagen qualitativer Sozialforschung.* Weinheim.

Tamke, F. (2008): *Jugenden, soziale Ungleichheit und Werte.* Theoretische Zusammenführung und empirische Überprüfung. Wiesbaden.

Teufel, E. (2001): *Von der Risikogesellschaft zur Chancengesellschaft.* Frankfurt/Main.

Thiersch, H./ **Grunwald,** K./ **Köngeter,** S. (2005): *Lebensweltorientierte Soziale Arbeit.* In: Thole, Werner (Hrsg.): Grundriss Soziale Arbeit. Ein einführendes Handbuch. Wiesbaden:

Thiersch, H. (1995): *Lebensweltorientierte Soziale Arbeit.* Aufgaben der Praxis im sozialen Wandel. Weinheim und München.

Thiersch, H. (1992): *Lebensweltorientierte Soziale Arbeit.* Aufgaben der Praxis im sozialen Wandel. Weinheim und München.

Thomasius, R. (2006): Cannabiskonsum und –missbrauch: Deutschlands Suchtproblem Nr. 3 bei Jugendlichen und jungen Erwachsenen. In: *Monatsschrift für Kriminologie und Strafrechtsreform*, 89. S. 107-130.

Thornberry, T.P./ **Krohn**, M.D./ **Lizotte**, A.J./ **Smith**, C.A./ **Tobin**, K. (2003): *Gangs and delinquency in developmental perspective.* Cambridge.

Timmer, G. (2010): *Jugendkriminalität und Jugendgewalt.* Ursachen, Bekämpfungsmaßnahmen und Lösungsvorschläge mit Statistiken zur Entwicklung der Jugendkriminalität. Studienarbeit. München.

Traulsen, M. (1999): Häufig auffällige Jugendliche. In: *DVJJ-Journal*, 10. S. 311-316.

Trotha, T. von (1977): Ethnomethodologie und abweichendes Verhalten. Anmerkungen zum Konzept des „Reaktionsdeppen". In: *Kriminologisches Journal*, 9. S. 98-115.

Turner, F.J. (2002): *Diagnosis in Social Work.* New Imperatives. New York.

TV-L-Rechner (2012): *Gehaltsrechner TV-L.* Tarifvertrag für den Öffentlichen Dienst der Länder, Tarifgebiet West. URL: http://oeffentlicher-dienst.info/c/t/rechner/tv-l/west?id=tv-l-2012. Letzter Zugriff: 08.04.2012.

Ver.di Publik (2010): *Verfälscht, getrickst und verschleiert.* URL: http://publik.verdi.de/2010/ausgabe-11/gewerkschaft/brennpunkt/seite-3/A0. Letzter Zugriff: 08.04.2012.

Vernberg, E.M. (1990): Psychological adjustment and experiences with peers during early adolescence: Reciprocal, incidental, or unidirectional relationships? In: *Journal of Abnormal Child Psychology and Psychiatrie*, 34. S. 767-783.

Vistaprint.de (2012): *Online-Angebot der Firma Vistaprint für Web.de-Kunden.* Angebot vom 06.03.2012. URL: http://www.vistaprint.de/visitenkarten-visitenkarte.aspx?mk=Vistaprint&ad=e&crtv=12138969124&psite=mkwid|xGkxMUcH&gclid=CNadnJKYt68CFcNF3wod4Rybhg&GP=4%2f15%2f2012+11%3a39%3a19+AM&GPS=2414938304&GNF=1&GPLSID=&rd=1. Letzter Zugriff: 06.03.2012.

Vodafone Stiftung Deutschland (2010): *Bildung, Integration und soziale Mobilität.* Herausforderungen erkennen – Zur Lösung gesellschaftlicher Probleme beitragen.

Voges, W./ **Jürgens**, O./ **Mauer**, A./ **Meyer**, E. (2003): *Methoden und Grundlagen des Lebenslagenansatzes.* Endbericht. Bremen.

Walter, M. (2003): Kriminalität junger Migranten. Strafrecht und gesellschaftliche (Des-) Integration. In: Raithel, J./ Mansel, J. (Hrsg.): *Kriminalität und Gewalt im Jugendalter.* S. 64-86.

Walter, N. (2001): Zurück in die Hölle oder hinauf zu den Sternen? In: Teufel, E. (Hrsg.): *Von der Risikogesellschaft zur Chancengesellschaft.* Frankfurt am Main.

Watzlawick, P. et al. (1972): *Menschliche Kommunikation.* Bern.

Weber, M. (1980 [22]): *Wirtschaft und Gesellschaft: Grundriss der verstehenden Soziologie.* Tübingen.

Weidenfeld, W./ **Zimmermann**, H. (1989): *Deutschland-Handbuch.* Eine doppelte Bilanz 1949-1989. Bonn.

Weiss, H. (2007): *Leben in zwei Welten.* Zur sozialen Integration ausländischer Jugendlicher der zweiten Generation. Wiesbaden.

Weisser, G. (1956): *Distribution.* Wiesbaden.

Wendt, W.R. (2008): *Case Management im Sozial- und Gesundheitswesen.* Eine Einführung. Freiburg.

Wendt, W.R. (2007): Wo bleibt die Beziehung? In: Case Management, 1/2007. S. 64-68.

Wendt, W.R. (1988): Das Konzept der Lebenslage. Seine Bedeutung für die Praxis der Sozialarbeit. In: *Blätter der Wohlfahrtspflege*, 4/1988. S. 79-88.

Wendt, W.R./ **Löcherbach**, P. (2011): *Case Management in der Entwicklung.* Stand und Perspektiven in der Praxis. Heidelberg.

Wendt, W.R./ **Löcherbach**, P. (2009): *Standards und Fachlichkeit im Case Management.* Heidelberg.

Whitaker, A./ **Johnson**, J./ **Shaffer**, D./ **Rapoport**, J.L./ **Kalikow**, K./ **Walsh** B.T./ **Davies**, M./ **Braiman**, S./ **Dolinsky**, A. (1990): Uncommon troubles in young people: Prevalence estimates of selected psychiatric disorders in a nonreferred population. In: *Archives of General Psychiatry,* 47. Pp. 487-496.

WHO [World Health Organization] (1992): *The ICD-10 classification of mental and behavioural disorders.* Geneva.

WHO [World Health Organization] (1993): *The ICD-10 classification of mental and behavioural disorders.* Geneva.

Wieland, D. (2002): *Individualisierung und Sozialstruktur – objektive und subjektive Dimensionen sozialer Ungleichheit.* Dissertation. Köln.

Wilson, W. J. (1997): *When work disappears: the world of the new urban poor.* New York.

Wittchen, H.-U./ **Essau**, C.A. (1993): Epidemiology of anxiety disorders. In: Wilner, P.J. (Ed.): *Psychiatry.* Philadelphia. Pp. 1-25.

Witzel, A. (2005): *Verfahren der qualitativen Sozialforschung.* Überblick und Alternativen. Frankfurt am Main.

Witzel, A. (1982): *Verfahren der qualitativen Sozialforschung.* Überblick und Alternativen. Frankfurt am Main.

Wohlrab-Sahr, M. (1997): *Individualisierung, Differenzierungsprozesse und Zurechnungsmodus.* In: Beck, U./ Sopp, P., (Hrsg.): Individualisierung und Integration. Opladen. S. 23-36.

Wolf-Fersdorff, C. von (1991): Lebenslagen und Bedürfnisse Jugendlicher. In: BMJ (Hrsg.): *Jugendgerichtshilfe – Quo vadis?.* S. 19-27.

Wordpress.com (o.J.): Pro und Contra Ganztagsschulen – Argumente für und gegen Ganztagsschulen. URL: http://ganztagsschulen.wordpress.com/pro-contra-ganztagsschulen/. Letzter Zugriff: 08.04.2012.

Wright, E.O. (1985): *Classes.* London and New York.

Wroblewski, R. (2012): *Gröpelingen gegen Rassismus – Gröpelingen mit Courage.* Gröpelingen. URL: http://www.wroblewski-hb.info/groepelingen.html. Letzter Zugriff: 08.04.2012.

Zapf, W. (1989a): *Die Sozialstruktur der Bundesrepublik in den 1980er Jahren.* Berlin.

Zapf, W. (1989b): Sozialstruktur und gesellschaftlicher Wandel in der Bundesrepublik. In: Weidenfeld, W./ Zimmermann, H. (Hrsg.): Deutschland-Handbuch. Eine doppelte Bilanz 1949-1989. Bonn. S. 99-124.

Zapf, W. (1984): Individuelle Wohlfahrt: Lebensbedingungen und wahrgenommene Lebensqualität. In: Glatzer, W./ Zapf, W. (Hrsg.): *Lebensqualität in der Bundesrepublik.* Objektive Lebensbedingungen und subjektives Wohlbefinden. Frankfurt am Main und New York. S. 13-26.

Zapf, W./ **Breuer**, S./ **Hampel**, J./ **Krause**, P./ **Mohr**, H.-M./ **Weick**, S./ **Wiegand**, E. (1987): *Individualisierung und Sicherheit.* Untersuchungen zur Lebensqualität in der Bundesrepublik Deutschland. München.

Zapf, W./ **Habich**, R. (1996): *Wohlfahrtsentwicklung im vereinten Deutschland.* Sozialstruktur, sozialer Wandel und Lebensqualität. Berlin.

Zimmermann, A./ **Schallberger**, P. (2008): *Auswirkungen auf die psychische Entwicklung von Heimkindern.* Aufsatz. Berlin.

Zinnecker, J./ **Stecher**, L. (1997): Zwischen Lernarbeit und Erwerbsarbeit. In: Silbereisen, R. (Hrsg.): *Jungsein in Deutschland.* Opladen.

Tabellenverzeichnis